广视角·全方位·多品种

权威·前沿·原创

皮书系列为
"十二五"国家重点图书出版规划项目

扬州经济社会发展报告
（2013）

ANNUAL REPORT ON ECONOMIC AND SOCIAL
DEVELOPMENT OF YANGZHOU (2013)

主　编／丁　纯
副主编／卢桂平　孙永如　董玉海
　　　　王少鹏　何金发

社会科学文献出版社
SOCIAL SCIENCES ACADEMIC PRESS (CHINA)

图书在版编目(CIP)数据

扬州经济社会发展报告.2013/丁纯主编.—北京:社会科学文献出版社,2013.12
(扬州蓝皮书)
ISBN 978-7-5097-5434-4

Ⅰ.①扬… Ⅱ.①丁… Ⅲ.①区域经济发展-研究报告-扬州市-2013②社会发展-研究报告-扬州市-2013 Ⅳ.①F127.533

中国版本图书馆 CIP 数据核字(2013)第 303304 号

扬州蓝皮书
扬州经济社会发展报告(2013)

主　　编/丁　纯
副 主 编/卢桂平　孙永如　董玉海　王少鹏　何金发

出 版 人/谢寿光
出 版 者/社会科学文献出版社
地　　址/北京市西城区北三环中路甲 29 号院 3 号楼华龙大厦
邮政编码/100029

责任部门/社会政法分社 (010) 59367156　　　责任编辑/曹长香
电子信箱/shekebu@ssap.cn　　　　　　　　　责任校对/张文飞
项目统筹/王　绯　　　　　　　　　　　　　　责任印制/岳　阳
经　　销/社会科学文献出版社市场营销中心 (010) 59367081　59367089
读者服务/读者服务中心 (010) 59367028

印　　装/北京季蜂印刷有限公司
开　　本/787mm×1092mm 1/16　　　　　　　　印　张/27.25
版　　次/2013 年 12 月第 1 版　　　　　　　　字　数/440 千字
印　　次/2013 年 12 月第 1 次印刷
书　　号/ISBN 978-7-5097-5434-4
定　　价/89.00 元

本书如有破损、缺页、装订错误,请与本社读者服务中心联系更换
▲ 版权所有 翻印必究

扬州蓝皮书编委会

主　　　任　丁　纯

副 主 任　卢桂平　孙永如　董玉海　王少鹏　何金发

委　　员　沙志芳　林正玉　汤天波　殷圣元　徐向明
　　　　　　陈　耀　张　勤　臧　民　张长金　夏洪春
　　　　　　陈博文　黄为民　陈长新　李忠盛　范天恩
　　　　　　黄俊华　尤在晶　夏正祥　杨　蓉　张　俐
　　　　　　阚肖虹　张　彤　徐洪喜　刘　流　杨正福
　　　　　　勾凤诚　王　骏　李春国　朱柏兴　周春光
　　　　　　季培均　杨　军　刘焕琴　潘学元　王志海
　　　　　　潘建民　刘　柏　唐齐鲁　殷天成　徐祖跃
　　　　　　张　强　张立坤　王华平　李继业　陈征宇
　　　　　　董　雷

执 行 主 编　徐向明

执行副主编　张　雷　刘　斌

编　　　辑　杜　平　肖建平　孔　悫

摘 要

本书是在《扬州蓝皮书》编委会的指导下，由市社科联、市社科院编写的第四本《扬州经济社会发展报告》，由专家学者和实际工作者共同撰写。全书分为综合发展报告、经济发展报告、社会发展报告等三个部分，重点聚焦扬州跨江融合发展、重大项目建设、产业转型、新型城镇化、名城建设，以及各项社会事业的年度发展分析。

2013年，扬州市总体发展情况是：经济增长平稳较快，质量效益同步提高，产业发展稳步向好，投资拉动持续有力，外向型经济形势严峻，节能减排有效推进。前三季度，全市实现地区生产总值2380.63亿元。预计全年可完成地区生产总值3250亿元，增长12%。2014年，扬州面临宏观经济增长放缓、改革和建设成本加大、区域竞争日益加剧、维护社会稳定和安全等四方面的压力，但总体经济发展的基本面比较稳定。全市将以项目建设带动经济总量增长和质态提升，以打造"宜居、宜游、宜创"城市推动城市功能优化和价值提升，以文化大发展大繁荣增强城市发展软实力，以生态文明建设倒逼经济转型和绿色发展，以民生工程建设推动百姓幸福感和归属感的同步提高，以党的群众路线教育实践活动为抓手全面推进党的建设重点工作。预期扬州市将继续保持经济社会平稳较快增长，经济将保持在10%~12%的增长水平。

Abstract

This book, the fourth Annual Report on the Economic and Social Development of Yangzhou, has been complied by the Yangzhou Federation of Social Scientists and the Yangzhou Academy of Social Sciences under the guidance of the Blue Book of Yangzhou Editorial Board, Contributors include experts, scholars as well as workers from actual practice. The book has three parts, namely the general report, reports on the economic progress and the social progress reports, among which the primary focus is on Yangzhou riverine development, key projects construction, industrial transformation and upgrading, new urbanization, "world famous city" Contruction and the analysis of various social undertakings.

The overall developments are: steady and rapid economic growth with improvement in quality and efficiency, solid and promising industrial development, continued strong investment, challenging export-oriented economy and effective energy-conservation. For the first three quarters of 2013, the total local output value reached 238.063 billion yuan, with an estimated total local output value reaching 325 billion yuan by the end of this year. In 2014, though Yangzhou will face the challenge of slowdown in macro-economic growth, increased costs of reform and construction, fiercer regional competition and maintenance of peace and social stability, the overall economic development will be stable and solid. The city will utilize its project construction to spur increase in aggregate economy and improvement in quality, advance city function optimization and city value improvement by building a city suitable for living, travelling and entrepreneurship, and strengthen the city's soft power by developing a prosperous and thriving culture. Yangzhou will also spare no efforts in furthering its economic transformation and green development through ecological development, promoting simultaneously its citizens' sense of happiness and belongingness through developing people's livelihood projects, and upholding CPC's the people-oriented policy to push forward thoroughly the Party's key priorities. Yangzhou is expected to maintain steady and rapid economic and social growth, with an economic growth rate of 10% -12%.

目录

BⅠ 综合发展报告

B.1 扬州市经济社会发展形势分析与预测
　　……………………………… 范天恩　黄俊华　孙景亮　夏卫峰 / 001
　　一　2013年扬州市经济社会发展总体形势分析……………… / 002
　　二　2013年扬州经济社会发展环境分析……………………… / 005
　　三　2014年扬州经济社会发展预测和建议…………………… / 007

BⅡ 经济发展报告

B.2　扬州沿江区域经济发展报告　……国家统计局扬州调查队课题组 / 010
B.3　扬州市重大项目建设报告　……………… 扬州市发改委课题组 / 026
B.4　扬州产业转型升级研究报告　……………………韩长金　陶小军 / 035
B.5　扬州汽车产业发展报告　……蒋　珊　王　峰　卞春宏　朱　枫 / 048
B.6　扬州市创新能力建设实证研究　…………… 扬州市审计局课题组 / 064
B.7　扬州企业自主创新发展对策研究
　　………………………… 赵宽安　章世华　李　晖　孙　颖 / 077
B.8　扬州科技综合体建设策略研究
　　………………………………… 扬州市人大教科文卫工委课题组 / 085
B.9　扬州市地区总部经济发展路径研究　……… 扬州市发改委课题组 / 094
B.10　扬州外经贸结构优化对策研究　…………扬州市商务局课题组 / 102

B.11 扬州新型城镇化发展报告
　　……………………………… 范天恩　黄俊华　孙景亮　万东民 / 108
B.12 扬州市财政支持推进新型城镇化建设研究
　　……………………………………………… 扬州市财政局课题组 / 125
B.13 扬州市区集体建设用地调查报告
　　……………………………… 黄华明　王　丹　叶卫东　沈少林 / 139
B.14 扬州农业转型发展对策研究 ………………………… 朱柏兴 / 163
B.15 扬州创新建立村经济合作社及产权制度改革研究
　　……………………………………… 黄为民　杨宗连　吴兆明 / 170
B.16 扬州市民营经济发展报告
　　……………………………… 赵振东　戴凌云　朱　宇　季文隽 / 179
B.17 2013年扬州市消费形势报告 ……………… 夏　坚　胡新林 / 190
B.18 扬州经济发展的社会融资规模支持研究
　　………………………………… 中国人民银行扬州市中心支行课题组 / 199
B.19 加速扬州经济转型升级的国税视角研究
　　……………………………………………… 扬州市国税局课题组 / 211
B.20 推进农业适度规模经营的税收政策选择
　　………………………………………… 扬州市国际税收研究会课题组 / 225

BⅢ　社会发展报告

B.21 纪检监察工作开放性实践路径探究
　　……………………………………………… 扬州市纪委课题组 / 238
B.22 扬州"三员一网"干部监督体系建设研究
　　………………………………………… 扬州市委组织部课题组 / 245
B.23 2013年法治扬州建设报告 ………… 扬州市委政法委课题组 / 252
B.24 2013年扬州政府法制发展报告 ………… 扬州市法制办课题组 / 261
B.25 扬州"双高"人才引进与培养对策研究
　　………………………………… 扬州市政协社会和法制委员会课题组 / 270
B.26 扬州世界名城建设路径分析与研究
　　……… 扬州市历史文化名城研究院、世界名城研究院课题组 / 279

B.27 基于世界名城建设要求的诚信体系研究
　　………………………………………………… 扬州市纪委课题组 / 293
B.28 扬州市水生态文明建设研究报告 ………… 扬州市水利局课题组 / 308
B.29 扬州运河文化旅游开发对策研究报告 …… 扬州市旅游局课题组 / 327
B.30 扬州市劳动力就业创业对策研究
　　………………………………… 扬州市人力资源和社会保障局课题组 / 341
B.31 扬州市民生幸福工程研究报告 ……… 潘学元　乔裕胜　胡　萍 / 349
B.32 2013年扬州医疗卫生事业发展报告 ……… 扬州市卫生局课题组 / 357
B.33 2013年扬州民政事业发展报告 ……… 杨向林　曾漳龙　章　咪 / 368
B.34 扬州市养老服务体系建设研究报告
　　………………………………… 扬州市地方人大工作研究会课题组 / 376
B.35 住房公积金归集缴存不公问题对策研究
　　………………………………… 扬州市住房公积金管理中心课题组 / 386
B.36 扬州社会志愿服务发展报告 ………… 刘　辕　袁　岷　林英涛 / 406

皮书数据库阅读使用指南

CONTENTS

BI　General Report

B.1　Analysis and Forecast of Yangzhou's Socio-economic Development
　　　　　　　　　Fan Tian'en, Huang Junhua, Sun Jingliang and Xia Weifeng / 001
　　1. The Overall Analysis of Yangzhou Economic and Social Development in 2013　/ 002
　　2. The Analysis on Development Environment of Yangzhou Economic and
　　　 Social Development in 2013　　　　　　　　　　　　　　　　　　/ 005
　　3. Forecasts and Suggestions Yangzhou's Economic and Social Development in 2014　/ 007

BII　Reports on the Economic Progress

B.2　Report on Riverine Area Economic Development in Yangzhou
　　　The Research Group of Yangzhou Investigation Team of National Bureau of Statistics / 010

B.3　Report on Key Projects Construction in Yangzhou
　　　　　　　The Research Group of Yangzhou Development and Reform Commission / 026

B.4　Research Report on Industrial Transformation and Upgrading
　　　in Yangzhou　　　　　　　　　　　　　　　　　Han Changjin, Tao Xiaojun / 035

B.5　Report on Car Industry Development in Yangzhou
　　　　　　　　　　　　　　Jiang Shan, Wang Feng, Bian Chunhong and Zhu Feng / 048

CONTENTS

B.6 Empirical Study on Innovation Capacity Building in Yangzhou
  The Research Group of Yangzhou Auditing Bureau / 064

B.7 Study on Countermeasures of Enterprise Independent in Yangzhou Innovation Development   *Zhao Kuan'an, Zhang Shihua, Li Hui and Sun Ying* / 077

B.8 Study on the Strategies of Science and Technology Complex Construction in Yangzhou
  The Research Group of Yangzhou Municipal People's Congress ESCH Working Committee / 085

B.9 Study on Overall Economic Development Path in Yangzhou Area
  The Research Group of Yangzhou Development and Reform Commission / 094

B.10 Study on Policies on Foreign Trade Structural Optimization in Yangzhou   *The Research Group of Yangzhou Bureau of Commerce* / 102

B.11 Report on New Urbanization Development in Yangzhou
  Fan Tian'en, Huang Junhua, Sun Jingliang and Wan Dongmin / 108

B.12 Study on New Urbanization Advancement under Financial Support in Yangzhou   *The Research Group of Yangzhou Bureau of Finance* / 125

B.13 Investigation Report on Downtown Area Collective Construction Land in Yangzhou   *Huang Huaming, Wang Dan, Ye Weidong and Shen Shaolin* / 139

B.14 Study on the Development of Yangzhou's Agricultural Transformation   *Zhu Boxing* / 163

B.15 Research on the Establishment of Village Economic Cooperatives in Yangzhou and the Reform of Property Rights
  Huang Weimin, Yang Zonglian and Wu Zhaoming / 170

B.16 Report on Private Economy Development in Yangzhou
  Zhao Zhendong, Dai Lingyun, Zhu Yu and Ji Wenjuan / 179

B.17 Report on 2013 Consumption Situation in Yangzhou   *Xia Jian, Hu Xinlin* / 190

B.18 Research on the Scale of Social Financing Support for Economic Development in Yangzhou
  The Research Group of Yangzhou Sub-Branch Bank of The People's Bank of China / 199

B.19 Study on the Facilitation of Economic Transformation and Upgrading from the Angle of National Tax in Yangzhou
The Research Group of Yangzhou Municipal Office, SAT / 211

B.20 Taxation Policy Options For Promoting Agricultural Operation of Reasonable Scale
The Research Group of Yangzhou International Taxation Institute / 225

BⅢ Social Progress Reports

B.21 Study of Open Implementation Approach to Discipline Inspection and Supervision
The Research Group of Yangzhou Commission for Discipline Inspection / 238

B.22 Study of Yangzhou's Government Official Supervision System Building   *The Research Group of Yangzhou Municipal Organization Department* / 245

B.23 Report on Building the Rule of Law in Yangzhou in 2013
The Research Group of Yangzhou Municipal Party Committee and Politics and Law Committee / 252

B.24 Report on Government Legal System Development in Yangzhou in 2013   *The Research Group of Yangzhou Legislative Affairs Office* / 261

B.25 Study on Strategies of Yangzhou's Policy to Attract and Train Talents
The Research Group of the Legislative Affairs Committee of Yangzhou Municipal Committee of CPPCC / 270

B.26 Analysis and Research on World Famous City Contruction
The Research Group of Yangzhou Historical and Cultural Famous City Research Institute, and World's Famous City Research Institute / 279

B.27 Study of Honor Systems that Meet the needs of World Famous City Contruction
The Research Group of Yangzhou Commission for Discipline Inspection / 293

CONTENTS

B.28 Report on Research of Water Ecological Civilization Construction in Yangzhou *The Research Group of Yangzhou Water Conservancy Bureau* / 308

B.29 Report on Policies of Canal Cultural Tourism Development in Yangzhou *The Research Group of Yangzhou Bureau of Tourism* / 327

B.30 Study on Policies of Labor Employment and Entrepreneurship in Yangzhou *The Research Group of Yangzhou Human Resources and Social Security Bureau* / 341

B.31 Report on People's Livelihood Project of Happiness in Yangzhou *Pan Xueyuan, Qiao Yusheng and Hu Ping* / 349

B.32 Report on 2013 Medical and Health Services Development in Yangzhou *The Research Group of Yangzhou Health Bureau* / 357

B.33 Report on 2013 Civil Administration Development in Yangzhou *Yang Xianglin, Zeng Zhanglong and Zhang Mi* / 368

B.34 Report on the Research of Pension Services System Building in Yangzhou *The Research Group of Yangzhou Local People's Congress Research Team* / 376

B.35 Study on the Policies of Ineqnity in Yangzhou's Housing Fund System *The Research Group of Yangzhou Housing Fund Management Office* / 386

B.36 Report on Social Volunteer Work Development in Yangzhou *Liu Yuan, Yuan Min and Lin Yingtao* / 406

综合发展报告

General Report

B.1
扬州市经济社会发展形势分析与预测

范天恩 黄俊华 孙景亮 夏卫峰*

摘　要：

2013年，扬州市牢牢把握"稳中求进、进字当先、强化基本、扎实开局"的总基调，聚焦聚力"重大产业项目突破年""重大城建项目会战年""改革攻坚年"，扎实推进基本产业、基本载体、基本格局、基本特质、基本民生、基本体制等"六个基本方面"的重点工作，经济社会发展稳中有进、进中有先、开局良好。前三季度，全市实现地区生产总值2380.63亿元，可比价增长12.1%。预计全年可完成地区生产总值3250亿元，可比价增长12%左右。2014年，扬州市将围绕省委"八项工程"和省政府"十项举措"以及市委"重大产业项目提升年""重大城建项目决战年""改革全面深化年"的举措部署，继续保持经济社会平稳较快增长，预期扬州市经济将继续保持在10%~12%的增长水平。

---

* 范天恩，扬州市发改委主任；黄俊华，扬州市发改委副主任；孙景亮，扬州市服务业办公室副主任；夏卫峰，扬州市发改委经济综合处。

关键词：

经济 运行 增长 预测

一 2013年扬州市经济社会发展总体形势分析

（一）基本情况

2013年前三季度，扬州市完成地区生产总值2380.63亿元左右，可比价增长12.1%；社会消费品零售总额795.15亿元，增长13.0%；城市居民人均可支配收入23658元，增长9.4%；农民人均现金收入12339元，增长11.9%。1~11月，完成规模以上工业总产值7840亿元，增长15%；财政总收入558.58亿元，增长23.6%。其中，公共财政一般预算收入226.5亿元，增长11.9%。全社会固定资产投资1850亿元，增长18%。新增民营企业注册资本金448.7亿元，增长9.9%；实际利用外资14.7亿美元，下降5%；出口69亿美元，下降8%；居民消费价格总水平上涨2.2%。

初步预计，扬州市全年可实现地区生产总值3250亿元左右，可比价增长12%左右。规模以上工业总产值8440亿元，增长15%。公共财政一般预算收入250.89亿元，增长11.5%，其中，税收收入205.7亿元，税收占比82%。全社会固定资产投资2000亿元，增长20%；社会消费品零售总额1094亿元，增长13.0%；出口75亿美元，下降8%。新增民营企业注册资本金482亿元，增长12%；实际利用外资17亿美元，下降20.5%。城市居民人均可支配收入30700元，增长9.5%；农民人均现金收入14145元，增长11.5%。居民消费价格总水平上涨2.2%，低于江苏省平均水平。

（二）主要特点

1. 经济增长平稳较快

一是经济实现较快增长。2013年前三季度，全市完成地区生产总值2380.63亿元左右，可比价增长12.1%，高于年初预期目标1.1个百分点以上，也比全国、全省增速分别高4.4个百分点和2.5个百分点左右。二是价格运行总体平稳。1~9月，全市居民消费价格上涨2.1%，与全省平均水平基本持平，处于温和可控的运行区间。三是就业形势稳定有序。截至9月末，全市城镇职工登记失业率控制在2.4%以下，低于4%的控制目标，就业形势比较稳定。

2. 质量效益同步提高

一是服务业占比稳步提高。前三季度，预计全市服务业增加值可完成929.17亿元左右，增长12.6%，占GDP比重40.75%，比上年同期提高近2.75个百分点。二是财税贡献力不断提高。1~9月，全市完成公共财政预算收入188.6亿元，增长13.2%。其中，税收收入150.98亿元，占财政收入比重80.1%。三是融资环境逐步改善。9月末，全市金融机构存款余额3773.05亿元，比上年末增加462.2亿元，增长12.3%；贷款余额2289.35亿元，比上年末增加282.8亿元，增长12.4%，与经济增长速度基本同步。金融机构存贷比60.7%，比上年末下降0.4个百分点。

3. 产业发展稳步向好

一是农村经济稳步发展。粮食生产再获丰收，预计全年完成粮食产量322.1万吨，比上年增长4.4%。出栏生猪139.8万头，比上年同期增长1.5%。二是建筑业加速成长。1~9月，全市完成建筑业总产值1700亿元。其中，市外施工产值1150亿元，均比上年同期增长15%以上。三是工业经济运行平稳。工业经济规模不断壮大，9月末，全市列统规模以上工业企业2580家，比上半年增加20家；工业增速平稳较快，1~9月，预计全市规模以上工业企业完成总产值6367亿元，同比增长15.8%，增速比全省高4.6个百分点。第三方指标支撑有力，全市工业用电量102.9亿千瓦时，增长12.5%，比全省高5.2个百分点。工业经济效益稳步提高，1~9月，全市规模以上工业完成增加值1493.12亿元，可比价增长13.2%，比全省高1.7个百分点；规模以上工业企业产销率始终保持在97.5%以上，与全省平均基本持平。重点产业增势强劲，1~9月，全市五个千亿级产业合计完成规模以上工业总产值4623.5亿元，占全市规模以上工业总量的72.0%，拉动全市产值增长11.8个百分点，比上半年提高0.7个百分点。其中，汽车产业实现产值686.6亿元，占全市的10.7%，增长36%，增幅比上

半年提高1.7个百分点;机械装备业实现产值1908.8亿元,增长17.7%,增幅快于全市1.1个百分点,占比达到29.7%;软件和信息服务业实现业务收入212.5亿元,增长56.7%。四是服务业发展持续加速。前三季度,全市当地统计的社会消费品零售总额795.15亿元,增长13.0%。物流业呈现多元增长,1~9月,全市公路、水路、航空分别完成货物运输6014万吨、3726万吨和2371.6万吨,在航空运输净增加货运量的基础上,公路、水路货运仍保持10.1%和9%的较快增长。1~9月全市港口货物吞吐量7256万吨,其中,集装箱吞吐量36.02万标箱,同比分别增长15.1%和18.2%。物流集聚区加速发展,全市9家市级以上物流集聚区完成营业额160.9亿元,增长17.2%。旅游业发展形势稳定,1~9月,全市各旅游景点累计接待旅游者3126万人次,增长10.3%;实现旅游收入386亿元,增长14.3%;65家星级以上宾馆客房平均出租率保持64%左右,与上年同期基本持平。房地产市场运行平稳,1~9月,全市商品房合同成交390万平方米,同比增长50%。

4. 投资拉动持续有力

一是有效投入增长较快。1~9月,全市完成固定资产投资1480亿元,同比增长19.2%。其中,房地产完成投资198.2亿元,增长37.8%。二是民间投资相对活跃。1~9月,全市完成民间投资1090亿元,占全部固定资产投资比重73.6%,比全省平均高5.8个百分点。三是重大项目快速推进。新开工项目数增加较快,1~8月,全市总投资500万元以上列入统计的固定资产投资项目1460个。其中,当年新开工项目1216个,比上年同期增加103个。市级重点项目建设进度较快,1~8月,全市认定市级重点项目249个,完成投资733.1亿元。竣工项目加速投产达效,1~8月,全市共竣工投产项目676个,其中,经市重大项目办公室认定的重大项目竣工43个。重大项目前期工作推进较快,连淮扬镇铁路项目建议书已获国家发改委批复,宁扬联络线已向省政府上报"关于启动建设宁扬联络线的请示",宁仪扬城际轨道交通已通过中咨公司评估,城市快速轨道交通已着手启动建设规划编制工作。

5. 外向型经济形势严峻

1~9月,扬州市实现进出口71亿美元,同比下降3%。其中,出口56.25亿美元,列全省第六,同比下降3.6%(剔除上年同期"非常量"基数增长

8.2%），完成年度目标的59.4%；进口14.7亿美元，同比下降0.3%。全市外资实际到账11.62亿美元，同比下降8.3%，完成年度目标的47.7%；完成对外经济营业额4.1亿美元，同比增长16%，完成年度目标的85.3%。

6. 节能减排推进有力

1~9月，预计单位地区生产总值综合能耗下降4%。截至9月底，全市14个重点减排项目累计实现化学需氧量减排2617.6吨、氨氮258.7吨、二氧化硫1620.1吨、氮氧化物2725.65吨，分别完成省政府下达全年减排目标的68.3%、75.3%、84.3%和39.8%。

2013年以来，全市经济平稳较快发展的同时，一些客观矛盾和困难也比较突出。一是部分产业发展仍比较艰难。船舶产业仍处于负增长水平，船舶企业交船矛盾大、订单数量少的矛盾较为集中。二是企业两极分化严重。1~8月，全市亏损企业数达194家，亏损额18.61亿元，亏损企业数虽然较年初减少了98家，但亏损规模增加了近2倍。三是外贸形势仍不乐观。由于外需扩张有限，贸易摩擦较多，出口商品"有量无价"，2013年以来扬州市外贸出口增幅一路走低，1~9月，全市完成外贸出口56.25亿美元，下降3.6%；实际利用外资11.62亿美元，下降了8.3%。四是居民收入增长乏力。上半年全市城市居民人均可支配收入和农民人均现金收入分别增长9.1%和11.5%，均低于GDP增幅，预计1~3季度情况会略有好转，但与"十二五"前两年相比，居民收入增长动力下降明显，实现"居民收入倍增计划"的压力较大。

二 2013年扬州经济社会发展环境分析

2014年是学习贯彻落实十八大、十八届三中全会和全省苏中发展工作会议精神，全面组织实施"十二五"发展规划纲要的关键之年，也是扬州加快中心城市建设，迎接建城2500周年城市庆典的冲刺年。当前，国内宏观经济形势总体平稳，2013年9月份制造业采购经理人指数（PMI）为51.1，创出自2012年5月份以来的新高，总体预测宏观经济从2013年三季度往后，会呈现稳定加速的走势。2013年前三季度，扬州市经济分别实现11.6%、12.1%、12.2%的增长，经济形势向好的趋势也比较稳定。按照这一趋势，只要宏观政策继续保持稳

定性、连续性，预计2014年扬州市经济仍将延续目前平稳较快的增长势头。

对于2014年宏观环境和走势，总体上有四个基本判断。一是外部积极因素较多。美国2013年9月份制造业采购经理人指数连续4个月扩张，并从6月份的50.9稳定回升到56.2，失业率也从6月份的7.6%小幅下降到8月份的7.3%，显示美国经济呈现持续复苏势头。虽然美国政府债务上限意见不一，"关门"两周左右时间，但一些权威机构认为，这种短期"关门"对全球影响较小，不会大范围冲击国际市场（10月17日债务上限到期，具体影响有待观察）。欧元区9月综合采购经理人指数初值升至52.2，也创下2011年6月份以来最高水平，特别是欧元区最大经济体德国，其商业活动在9月份加速扩张，第二大经济体法国民间活动19个月以来也首次呈现扩张。日本9月份采购经理人指数从8月份的52.2上升至52.5，9月份制造业增速也达到自2011年2月份以来最高。新兴经济体整体仍保持较快增长。10月10日国际贸易和国际经济的领先指标波罗的海干散货海运指数升至2011点，比2012年同期回升近1000点。二是面临的困难和挑战较多。当前，全球经济仍处于深度调整期，发达经济体增长低迷态势不会发生根本改变，贸易保护主义不断升温，新兴经济体增长的外部风险加剧，将制约对外贸易增长和跨境资本流动。国际货币基金组织预计2013~2014年两年全球经济可分别增长2.9%和3.6%，较2013年7月的预测值分别下调了0.3和0.2个百分点，对2013~2014年两年中国经济增长速度的预测也分别下调了0.2和0.4个百分点，说明权威机构对世界经济和中国经济的预期都比较谨慎。另外，随着新一届政府执政理念的改变和各项改革政策陆续付诸实施，国内经济正处于增长速度换挡期、结构调整阵痛期、前期刺激政策消化期相互叠加的关键阶段，未来宏观经济预期虽然会有所好转，但面临复杂严峻的形势不容忽视。三是省内的竞争在加剧。当前，全省经济增长总体处于中速平稳状态，三大国家战略、六大发展战略和八项工程稳步推进，创新驱动、城乡发展一体化等新竞争优势正加快形成。但是，外部环境和江苏特殊的发展阶段决定了全省经济仍处于转型升级攻坚过程中，经济运行中多重周期性困难和积累性矛盾叠加，面临创新驱动力下降、制度创新能力不足、经济增长点不多的压力也比较大。与此同时，全省各市对人才、项目、资金、政策等要素竞争将越来越白热化，产业结构趋同、发展思路雷同、政策红利消减的矛盾将会越来越突出。四是市域环境变化喜忧参半。喜的是,当前全市经济增长稳中较快,社会状态稳定,基本产业稳定,重大项目支撑有力,前期工作项目接续性较好;省委省政府关于支持扬州推进跨江融合发展、支持高邮和宝应地区发展、新一轮沿江开发等一系列政策已经出台,政策红利预期稳定;市委市政府关于汽车、机械、旅游等基本产业发展,汽车、机械、船舶、石化、新能源和新光源等五大千亿级产业发展,以及创新型城市建设、生态文明建设等重大发展战略的政策部署,也基本落实到位,全市经济发展的思路清晰,目标明确,措施有力,只要全市上下按照市委"一张蓝图绘到底"的总体部署和要求,狠抓落实,全市经济平稳较快发展的基础工作比较扎实,预期比较稳定。忧的是,由于上汽仪征项目的基数效应消除,2014年工业经济增长点目前还不明确,实现一季度"开门红"和保持全年工业经济较快增长的压力很大;由于房地产市场不确定性增加,财政税收收支平衡的压力也将加大;由于支撑居民收入增长的政策性因素较少,工业企业工资增长压力较大,城乡居民收入倍增计划实施的难度将加大。

综合分析,就外部而言,2014年影响扬州市经济平稳发展的外部不稳定、不确定因素仍然较多,资源要素的瓶颈制约仍然较紧,周边地区的竞争压力仍然较大,但外部环境趋稳回升的趋势没有改变,有利于扬州市经济平稳发展的条件仍然存在。就内部而言,扬州市经济虽然面临的挑战较多,竞争在加剧,但保持全市经济平稳增长的内生积极因素仍然较多,产业运行仍会保持较为平稳的增长,投资、消费的拉动仍将持续有力,改革开放的红利仍将稳步释放,"三个扬州"和"宜居、宜游、宜创"城市建设的前景仍然十分美好。

三 2014年扬州经济社会发展预测和建议

(一)2014年扬州市主要经济指标预测

课题组预测,2014年扬州市地区生产总值可实现增长10%~12%。其中,规模以上工业增加值可保持11%的增长水平,服务业增加值增长达到11.5%~13%,服务业占地区生产总值比重可达到42.5%~43%。公共财政预算收入增长9%～10%，固定资产投资增长18%～20%，出口增长5%～8%，全社会消费品零售总额增长13%。利用外资保持在18.7亿美元左右。民间投资增长18%以上。城市居民人均可支配收入增长10%，农民人均纯收入增长11%。全年居民消费价格总水平（CPI）上涨保持在全省平均水平以下运行。城镇登记失业率控制在3.5%以下。

（二）2014年扬州市经济社会发展对策建议

（1）努力实现扩内需稳增长目标。继续加大重大项目推进力度，增加有效投入，激活民间资本，引进外来资本，用好财政资金，加强城市功能设施和城镇基础设施建设，增强投资对经济增长的持续拉动力。努力增加居民收入，全面落实一类地区工资标准，提高居民消费能力。加快推进各类城市综合体建设，培育消费经济新的增长点。积极鼓励发展总部经济、会展经济和本地网络消费，改善消费环境，激发潜在的消费需求。通过投资和消费"双轮驱动"，加速转变经济增长方式，努力保持经济平稳健康可持续发展。

（2）努力促进重点产业发展。深化落实汽车、机械、旅游、建筑、软件与信息服务业等基本产业发展政策，打造五大千亿级产业集群，夯实经济社会发展的产业基础。加快推进创新型城市建设，提升科技创新力，促进产业转型升级和高端化发展。抓住国家积极扶持太阳能光伏、节能环保产业发展政策机遇，大力发展光伏、半导体照明、新材料、新医药和节能环保产业，提升产业综合竞争力。大力发展现代服务业，鼓励发展软件信息、文化创意、会展旅游、健康服务等高端服务业，加快提高服务业在经济增长中的贡献份额。

（3）努力改善区位条件。积极呼应高铁、航空、高速公路现代综合交通运输的时代需求，努力打造扬州"通江达海"的交通门户枢纽地位，不断提升扬州在宁镇扬、长三角区域的区位比较优势。加快推进京沪高速公路扩容改造，解决高速公路"卡脖子"的矛盾。加快推进淮扬镇铁路和宁扬城际轨道交通工程前期工作，努力实现扬州人的"高铁梦""轻轨梦"，突破制约宁镇扬同城化和扬州跨江融合发展"长江天堑"。加快扬州港"一港三区"建设，争创"保税港区"，主动接受上海国际经济中心和自贸区的辐射带动。

（4）努力提升城市竞争力。深化古城保护性开发，运用现代规划建设理念，挖掘扬州古代文化内涵，提高扬州古代文化与现代文明的契合度和美誉度。大力推进江广融合地带建设，优化"七河八岛"建设规划，加快推进基础设施和标志性工程建设，打造扬州现代文明和生态文明融合发展的"城市名片"。

（5）努力用好各项发展政策。认真贯彻落实省委省政府苏中发展工作会议精神，加快跨江融合发展综合改革试验区建设，积极承接苏南现代化示范区的产业、信息、人才、资金等要素辐射，全面提升扬州经济社会发展的速度和质量。积极对接落实省政府关于支持苏中、苏北接合部经济薄弱地区加快发展的文件精神，用足用好扶持政策，充分发挥主观能动性，加快促进全市沿江和高邮、宝应地区统筹协调发展。

（6）努力推进新型城镇化和城乡一体化。制订全市新型城镇化发展意见，实施新一轮城镇体系布局调整，提高城乡基础设施综合配套水平，加快推进城乡文化、教育、卫生和社会保障等一体化进程。稳步推进农村土地产权制度改革，加快发展家庭农场，积极创新投融资模式，引进民间资本参与新型城镇化建设。巩固"美好城乡"建设行动和村庄环境整治成果，提高城镇社会化管理水平，努力提高城乡居民生活质量和幸福感。

（7）努力深化各项改革。围绕简政放权，深化行政审批制度改革，取消和调整行政审批项目，缩短审批时间，完善重大项目审批"绿色通道"制度，规范行政审批和服务类市场中介组织，完善市、县公共资源交易市场，推行行政办事网点式服务。深化投融资体制改革，优化政府投资项目管理，提高决策的科学性。积极拓展融资渠道，鼓励政府投融资平台通过直接融资的方式获取资金。研究制定全市轨道交通、保障房建设等重大项目融资方案。引导企业灵活运用股权、债权等方式开展融资，积极对接多层次资本市场。

（8）努力推进生态文明建设。积极创建水生态文明城市，加大水环境保护力度，加快水文化和水利风景区建设，加大重点领域水污染治理、重点工程整治、污水处理扩能提标改造力度。实施植树造林工程，推进生态防护林、绿色村庄、南水北调生态走廊以及"七河八岛"等生态中心建设。强化大气污染综合防治，开展工业企业排放、机动车尾气排放、施工扬尘和秸秆禁烧等专项治理。推动工业园区循环化改造，强化节能减排，淘汰落后产能。加快发展循环经济、低碳经济和节能环保产业，进一步加大公共机构节能技改力度。

经济发展报告

Reports on the Economic Progress

B.2
扬州沿江区域经济发展报告

国家统计局扬州调查队课题组*

摘　要：

　　扬州地处长三角，紧邻省城南京，向南接纳苏南、上海等地区经济辐射，向北作为开发苏北的前沿阵地和传导区域，给扬州的经济发展带来较大利好。本文着重研究沿江开发十年间扬州沿江区域经济发展情况，并与江苏沿江八市的沿江区域进行比较分析。

关键词：

　　扬州　沿江区域　经济发展　跨江融合　江苏沿江八市

一　沿江开发十年间扬州沿江地区概况

　　扬州有着优越的地理环境，坐拥76.82公里长江岸线，一级岸线长度在沿

---

* 课题组负责人：刘春来。成员：蔡吕华、丁超、徐嵘（执笔）

江八市中位居前列。在省委省政府沿江开发战略的指引下,扬州自2003年启动实施沿江开发战略。经过十年的开发建设,沿江地区在经济社会发展、基础设施建设和宜居环境建设方面取得了显著成效,沿江地区的先发效应日益突出,对扬州经济社会发展的贡献日益显现。

扬州沿江地区包括市区和仪征市的全部行政区域,2012年末该区域土地面积3208平方公里,占全市总面积的48.34%;总人口286.37万人,占全市总人口的62.47%。目前沿江区域已形成了以扬州主城区为中心,江都区和仪征市为两翼的"一体两翼"布局。沿江地区人口众多,经济发达,是扬州经济、科技、文化较为发达的地区。沿江发展战略实施十年以来,扬州经济社会取得了长足发展,呈现出以下特点。

(一)经济实力大幅提升

2012年,扬州沿江区域GDP总额达2319.46①亿元,较2002年的438.68亿元年均增长18.12%。沿江区域人均GDP从2002年的15818元增长到2012年的80995元,年均增长17.74%(见表1)。

表1 2002~2012年扬州市沿江区域主要经济指标增长情况

指标	单位	2002年	2012年	年均增长水平(%)
1. 地区生产总值	亿元	438.68	2319.46	18.12
其中:第一产业增加值	亿元	33.63	92.46	10.64
第二产业增加值	亿元	230.34	1281.96	18.73
第三产业增加值	亿元	174.71	945.04	18.39
2. 人均地区生产总值	元	15818	80995	17.74
3. 工业总产值	亿元	574.19	5864.03	26.16
4. 利税总额	亿元	45.57	732.93	32.02
5. 财政总收入	亿元	47.58	461.16	25.50
6. 固定资产投资	亿元	117.44	1351.66	27.67
7. 社会消费品零售总额	亿元	145.31	751.95	17.87
8. 实际利用外资	亿美元	2.27	19.40	23.93
9. 进出口总额	亿美元	13.74	92.55	21.01
其中:出口	亿美元	6.99	73.99	26.61
10. 城乡居民储蓄余额	亿元	294.83	1322.22	16.19

---

① 本文中沿江区域数据均来自历年《江苏统计年鉴》。

1. 产业结构更趋合理

十年来，扬州沿江地区大力发展先进制造业和现代服务业，产业结构进一步优化，三次产业比重从2002年的7.7∶52.5∶39.8调整到2012年的4.0∶55.3∶40.7。十年间，沿江地区第一产业比重下降了3.7个百分点，第二产业、第三产业比重分别提高了2.8个和0.9个百分点，三次产业比重更趋合理，但离扬州市政府总体规划的目标3.0∶49.0∶48.0尚有一定距离。

从表2可以看出，十年间沿江地区第一产业的比重呈逐年下降趋势，第二产业始终在GDP结构中占据重要地位，第三产业占比整体呈现稳步提升态势（见图1）。目前扬州沿江地区产业结构工业主导型经济特征依然明显，服务业正迎头赶上。主导产业为仪征的汽车和化工产业、江都的船舶制造业、城市边缘高新技术产业和都市型农业以及中心城区的现代服务业。

表2 2002～2012年扬州三次产业增加值对比

单位：亿元，%

指标	2002年		2005年		2010年		2012年	
	数值	占比	数值	占比	数值	占比	数值	占比
地区生产总值	438.63		719.77		1759.06		2319.46	
其中：第一产业增加值	33.63	7.67	40.37	5.61	73.83	4.20	92.46	3.99
第二产业增加值	230.34	52.50	436.64	60.66	1007.17	57.26	1281.96	55.27
第三产业增加值	174.71	39.83	242.76	33.73	678.06	38.55	945.04	40.74

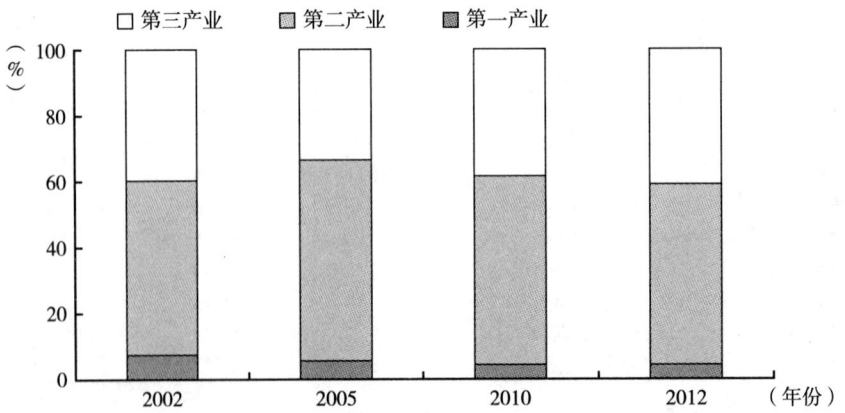

图1 2002～2012年扬州三次产业增加值对比图

2. 三大需求大幅增长

十年来，扬州沿江地区加大投资力度，固定资产投资、居民消费和出口这三大需求大幅增长。2012年该地区固定资产投资总额1351.66亿元，占全市的75.78%，较2002年提高10.62个百分点，较2002年的117.44亿元年均增长27.67%；每平方公里固定资产投资达0.42亿元，是2002年的11.51倍；进出口总额92.55亿美元，较2002年的13.74亿美元年均增长21.01%；社会消费品零售总额751.95亿元，是2002年的5.17倍，年均增长17.87%。在外生发展方面，抓住国际资本和产业转移的机遇，沿江地区成为扬州利用外资的重要集聚地，2012年实际外商投资额19.40亿美元，是2002年的8.55倍，年均增长23.93%。

3. 经济运行质量逐步提高

十年间，沿江地区整体经济在稳步增长的同时，经济运行质量逐步提高，财政收入、企业效益均保持较快增长。2012年扬州沿江地区实现财政总收入461.16亿元，较2002年的47.58亿元年均增长25.50%。工业总产值5864.03亿元，较2002年的574.19亿元年均增长26.16%；利税总额732.93亿元，较2002年的45.57亿元年均增长32.02%。

（二）基础设施日趋完善

十年来，扬州市委市政府着力加强重大基础设施建设。2002年以来，扬州先后建成了宁启铁路扬州站、润扬长江公路大桥和扬州泰州机场等标志性工程，从"水、陆、空"三方面大大改善了扬州的对外交通条件。路网方面，扬溧高速西北绕城段、江海高速、沿江高等级公路和安大公路等多条高速公路也相继建成。港口方面，完成了京杭大运河"三改二"工程，建成了扬州港"一港三区"，2012年扬州港码头吞吐量达8820万吨、集装箱41.4万标箱。第五水厂、六圩污水处理厂、港口环保热电、二电厂二期、港口环保热电等功能性设施相继建成，整体提升了沿江地区的承载力。现代立体交通体系的加快构建，使扬州跨江融合发展和沿江、沿河联动发展的步伐明显加快。

（三）园区建设日臻成熟

按照集约开发、创新服务的要求，扬州不断加大对经济园区的建设，截至2012年，扬州10家开发园区中有8家落户沿江地区，其中国家级开发区1家、省级开发区6家、市级开发区1家。同年，沿江地区城市新区建设全面提速，江广融合地带生态智慧新城、开发区临港新城、仪征汽车科技城等产城融合区建设加快推进。沿江地区7家省级以上开发区全部进入全省第一板块，其中扬州经济技术开发区获批成为国家科技兴贸创新基地；邗江经济开发区创建成省高新技术开发区；广陵产业园升级为省级开发区，并更名为广陵经济开发区。全市开发园区业务总收入、工业产品销售收入和公共财政预算收入分别增长36%、36%和30%，上述指标中，80%以上的贡献份额都来自沿江地区。

（四）宜居环境不断改善

区域竞争力的重要指标之一是人居环境状况，良好的宜居的环境是吸引投资和人才的重要保障。

1. 城镇化进程加快推进

十年来，扬州沿江地区经济社会的发展也推动了城镇化的发展。2012年扬州沿江地区城镇化率达68.15%，较2006年的64.59%年均增长0.59个百分点，比全市的59.20%高8.95个百分点。

2. 人民生活水平不断提高

随着沿江区域经济的不断发展，沿江区域城乡居民的收入也相应大幅增加。2012年，扬州市区城镇居民人均可支配收入为27523元，比2002年的7833元高19690元，年均增长13.39%。2012年，全市沿江地区农村居民人均纯收入13332元，比同时期全市农民人均纯收入高646元，高5.09%；与2002年的4057元相比，年均增长12.63%。2012年末沿江地区人均居民存款46172元，与2002年的10631元相比，年均增长15.82%。

3. 科教文卫发展迅速

沿江开发十年来，沿江地区科教文卫事业蓬勃发展。2012年扬州沿江地区公共图书馆 5 个，藏书量 251.2 万册，是 2002 年的 2.07 倍；卫生机构 1275 个，卫生技术人员 1.61 万人，是 2002 年的 2.02 倍。

二 扬州与江苏沿江八市对比分析

由于历史基础、地理位置、自然资源、人才资源和政策环境等各种不同条件长期作用的结果，江苏省苏南、苏中、苏北经济差距较为明显。

沿江八市中，扬州、南通和泰州属于苏中地区，南京、无锡、常州、苏州和镇江属于苏南地区。八市中，南京市区，无锡江阴，常州市区，苏州的常熟市、张家港市和太仓市，南通的市区、启东市、如皋市和海门市，扬州的市区和仪征市，镇江的市区、丹阳市、扬中市和句容市，泰州的市区、靖江市和泰兴市被划入沿江开发区域。

八市的沿江开发区域面积 25351 平方公里，占八市总面积的 52.49%；人口 2534.38 万人，占 61.48%；人口密度 1000 人/平方公里。图 2 的数据显示，八市的沿江开发区域中，南通以 5160 平方公里的面积和 556.73 万的人口领衔第一，扬州沿江开发区面积 3208 平方公里，居第四位，人口 286.37 万人，居第三位。

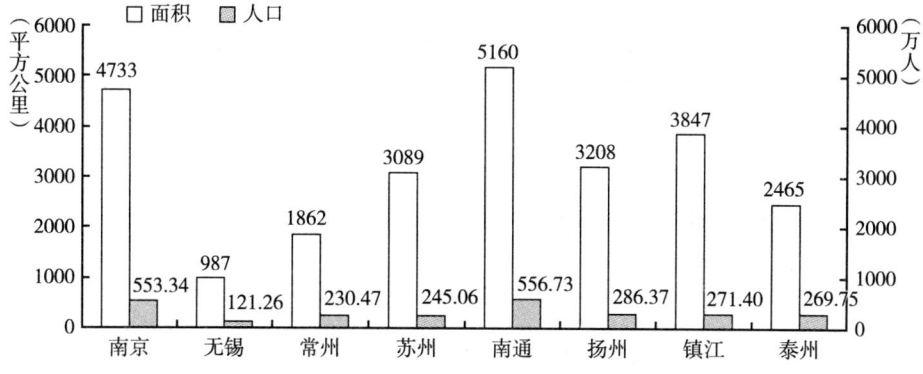

图 2 2012 年江苏八市沿江开发区域人口和面积

表 3 中的数据显示，与八市的沿江开发区域平均水平相比，在 12 个均量指标中，扬州沿江地区呈现"两高十低"的态势。"两高"中，扬州沿江地区

人均利税总额2.56万元，较八市沿江开发区域平均值2.28万元高12.28%，人均实际利用外资677美元，高0.30%。

表3　2012年扬州与八市沿江开发区域人均指标比较

指标	单位	扬州	八市	比较(%)
1. 人均地区生产总值	元	80995	108060	-25.05
2. 人均工业总产值	万元	20.48	22.79	-10.14
3. 人均利税总额	万元	2.56	2.28	12.28
4. 人均公共财政预算收入	万元	0.64	0.97	-34.02
5. 人均固定资产投资	万元	4.72	5.79	-18.48
6. 人均社会消费品零售总额	万元	2.63	3.50	-24.86
7. 人均实际利用外资	美元	677	675	0.30
8. 人均进出口总额	美元	3232	8590	-62.37
其中：出口	美元	2584	5067	-49.00
9. 人均城乡居民储蓄余额	元	46172	60928	-24.22
10. 城镇居民人均可支配收入	元	27523	32826	-16.15
11. 农民人均纯收入	元	13332	15879	-16.04

"十低"中可以分为三个层次，扬州与八市的沿江开发区域平均水平差距最大的指标是人均进出口总额，低62.37%，其中人均出口额低49.00%。第二个层次是人均公共财政预算收入、人均地区生产总值、人均社会消费品零售总额和人均城乡居民储蓄余额，分别低34.02%、25.05%、24.86%和24.22%。其他四个指标属于第三层次，差距在20.00%以下。

（一）苏中三市沿江区域比较

区域合作是大势所趋，苏中三市也是一个大的区域，区域之间也要巩固和加强合作。这也要求我们看清扬州在三市中的位次，看清扬州的优势所在和不足之处，从中取长补短，以最大化地整合沿江资源，推进深度融合，谋求苏中三市的共同发展。

表4中的数据显示，扬州沿江地区大部分人均指标高于南通和泰州沿江地区。

表 4 2012 年苏中沿江区域人均指标比较

指　标	单位	扬州	南通	比较(%)	泰州	比较(%)
1. 人均地区生产总值	元	80995	63532	27.49	69955	15.78
2. 人均工业总产值	万元	20.48	13.04	57.06	19.91	2.86
3. 人均利税总额	万元	2.56	1.52	68.42	2.68	-4.48
4. 人均公共财政预算收入	万元	0.64	0.62	3.23	0.63	1.59
5. 人均固定资产投资	万元	4.72	3.98	18.59	3.89	21.34
6. 人均社会消费品零售总额	万元	2.63	2.36	11.44	1.86	41.40
7. 人均实际利用外资	美元	677	288	135.07	446	51.79
8. 人均进出口总额	美元	3232	4150	-22.12	3342	-3.29
其中:出口	美元	2584	2913	-11.29	2168	19.19
9. 人均城乡居民储蓄余额	元	46172	49630	-6.97	37695	22.49
10. 城镇居民人均可支配收入	元	27523	28181	-2.33	27534	-0.04
11. 农民人均纯收入	元	13332	13760	-3.11	13221	0.84

与南通沿江区域相比，扬州"七高五低"。优势指标中，最明显的是人均实际利用外资这一指标，扬州人均677美元，是南通的2.35倍。其次是人均利税总额2.56万元和人均工业总产值20.48万元，分别比南通高68.42%和57.06%。劣势指标中，人均进出口总额3232美元与南通的4150美元相比差距较大，低22.12%，其中人均出口总额低11.29%。

与泰州沿江地区相比，扬州"八高二低二平"。优势指标中有较大优势的是人均实际利用外资677美元和人均社会消费品零售总额2.63万元，分别是泰州的1.52倍和1.41倍。劣势指标中扬州人均利税总额和人均进出口总额分别比泰州低4.48%和3.29%。城镇居民人均可支配收入和农民人均纯收入这两个指标两市基本持平。

（二）与苏南五市沿江区域比较

从发展趋势分析，扬州与苏南五市比较，无论是均量指标还是发展势头，均存在不同程度的差距（见表5），且部分差距较大，扬州赶超苏南的难度逐年加大，较为可行的办法是通过加强与苏南合作，逐步融入苏南。

表5　2012年扬州与苏南沿江区域人均指标比较

指标	单位	扬州	南京	比较(%)	无锡	比较(%)	常州	比较(%)	苏州	比较(%)	镇江	比较(%)
1. 人均地区生产总值	元	80995	116871	-30.70	209086	-61.26	131108	-38.22	198967	-59.29	98730	-17.96
2. 人均工业总产值	万元	20.48	18.38	11.43	48.78	-58.02	30.56	-32.98	40.41	-49.32	22.50	-8.98
3. 人均利税总额	万元	2.56	2.16	18.52	4.67	-45.18	2.44	4.92	2.28	12.28	2.09	22.49
4. 人均公共财政预算收入	万元	0.64	1.23	-47.97	1.38	-53.62	1.37	-53.28	1.50	-57.33	0.79	-18.99
5. 人均固定资产投资	万元	4.72	7.06	-33.14	6.88	-31.40	8.80	-46.36	7.15	-33.99	5.53	-14.65
6. 人均社会消费品零售总额	万元	2.63	5.21	-49.52	4.25	-38.12	4.59	-42.70	4.35	-39.54	2.82	-6.74
7. 人均实际利用外资	美元	677	705	-3.97	658	2.89	1174	-42.33	1110	-39.01	816	-17.03
8. 人均进出口总额	美元	3232	9869	-67.25	15887	-79.66	11409	-71.67	26252	-87.69	4205	-23.14
其中:出口	美元	2584	5654	-54.30	8671	-70.20	7697	-66.43	12810	-79.83	2851	-9.37
9. 人均城乡居民储蓄余额	元	46172	76871	-39.94	65355	-29.35	82924	-44.32	82882	-44.29	47950	-3.71
10. 城镇居民人均可支配收入	元	27523	36322	-24.22	39437	-30.21	33587	-18.05	39559	-30.43	30465	-9.66
11. 农民人均纯收入	元	13332	15590	-14.48	19660	-32.19	17508	-23.85	19446	-31.44	14518	-8.17

与南京沿江地区相比，扬州人均工业总产值和人均利税总额这两个指标分别比南京高11.43%和18.52%；其他十个指标均落后于南京，且差距明显，其中人均进出口总额、人均社会消费品零售总额和人均公共财政预算收入这三个指标分别比南京低67.25%、49.52%和47.97%。

与无锡沿江地区相比，扬州人均实际利用外资比无锡的658美元高2.89%，其他指标均大幅低于无锡，其中人均进出口总额（79.66%）、人均出口额（70.2%）、人均地区生产总值（61.26%）和人均工业总产值（58.02%）差距居前。

与常州沿江地区相比，扬州沿江区域人均利税总额比常州的2.44万元高4.92%，其他指标均大幅低于常州，其中人均进出口总额（71.67%）、人均出口额（66.43%）和人均公共财政预算收入（53.28%）差距最大。

与苏州沿江地区相比，扬州沿江区域人均利税总额比苏州高12.28%，其他指标均比苏州低，其中人均进出口总额、人均出口额、人均地区生产总值和人均公共财政预算收入差距最为明显，分别低87.69%、79.83%、59.29%和57.33%。

苏南五市中扬州和镇江经济发展差距最小，2012年扬州地区生产总值2933.20亿元，比镇江的2630.42亿元低11.51%。就沿江地区而言，从人均指标来看，扬州仅有人均利税总额这一指标比镇江高22.49%，其他指标均低于镇江，但差距比苏南其他四市要小。扬州与镇江差距较大的指标是人均进出口总额、人均地区生产总值和人均公共财政预算收入，分别低23.14%、17.96%和18.99%。

三 优势和存在的问题

从上文的比较可以看出，江苏省沿江八市的沿江地区人均指标可以分为两大方阵，苏南五市位于第一方阵，苏中三市位于第二方阵，扬州沿江地区处于第二方阵的前列。

（一）优势

沿江八市范围内，扬州沿江地区的人均利税总额和人均实际利用外资水平高于江苏省平均水平。综合扬州沿江地区的发展阶段，当前扬州沿江经济发展有以下机遇。

1. "发展包袱"较轻，产业结构更容易调整转型

在城镇化方面，扬州"城市病"不明显，各种发展要素成本还远没有达到增长的极限，发展的空间相对比较广阔。因此，扬州沿江地区既要抓住政策机遇，又要继续发挥自身长处，通过"取长、补短"突出和扩大自身优势，加快崛起步伐。

2. 交通条件大为改善，融合发展更容易实现

"大枢纽""大通道""大路网""大港口""大物流"这五大对外交通格局基本奠定，全市"2、3、6"便捷交通圈也已初步建成，建成后市区及主要城市节点可实现20分钟上高速、30分钟到火车站、60分钟到机场。立体便捷的交通优势为扬州以交通为先导，推进融合发展奠定了良好的基础。

3. 重大产业项目进入投产期，经济发展更有活力

十年间扬州狠抓项目建设，推进实施一批重大产业项目和基础设施项目。2012年上海大众30万辆整车、中海造船等30个重大项目投产，普洛斯物流等100个重大项目开工。重大产业项目陆续进入投产期，将为扬州经济发展注入新的活力。

4. 增长极效应明显，苏南地区产业转移更易接收

作为江苏省经济发展的领头区域，苏南地区的制造业发展已经比较成熟，但是目前苏南多方面的比较优势已不再明显，产业结构调整和转移势在必行。根据增长极理论，扬州紧邻苏南，交通便捷，人力资源丰富，是苏南产业转移的重要承接点。因此，扬州应抓住机遇，出台相应政策进行配合，主动出击，跨江融合发展，寻找合作的共同点和适合扬州市情的产业。

（二）问题

扬州沿江经济在扬州占有重要地位，与苏中地区相比也优势明显，但与苏南沿江地区相比，差距较明显，扬州沿江开发在发展方式、联动机制等方面是短板，在如何实现跨江融合、尽快融入长三角核心圈方面还存在较大挑战。人均进出口总额、人均公共财政预算收入和人均社会消费品零售总额是扬州的最主要短板。

1. 区域竞争关系长期存在，合作方式有待明确

目前，扬州沿江地区与周边城市沿江地区的关系是竞争大于合作，各市在产业结构、发展重点方面同质化竞争明显，在重大发展战略上合作尚不紧密。例如，在新兴产业发展方面，扬州与泰州、镇江基本雷同，地区竞争削弱了产业的产出效应；在区域发展方面，宁镇扬三市主要从本市利益出发采取选择性"合作"，宁镇扬同城化的效应难以充分发挥。

2. 经济总量和发展质态有待提升，产业布局的均衡性有待加强

从经济发展看，扬州沿江地区传统的经济发展方式仍占主导地位，转变经济发展方式仍处于不断探索过程中。扬州经济的总量还不大、效益还不高，经济发展对土地、能源、原材料和环境容量的依赖性还很大。

3. 经济运行质量不高，市民消费率偏低

沿江地区公共财政预算收入占GDP的比重为7.87%，这一比重在沿江八市中总体偏低，说明扬州财政收入结构不够合理，财政收入质量不高。作为拉动经济增长的"三驾马车"，消费是投资和净出口的先导因素，更是经济持续发展的根本动力。扬州沿江地区人均消费品零售总额不高说明消费水平低，人均消费能力较弱，制约了经济发展和城乡居民生活幸福指数的提升。

4. 外向型经济发展尚不充分，承接国际资本力度不够

尽管沿江开发区域进出口总额近年来不断扩张，但扬州沿江地区人均进出口总额指标与沿江各市差距明显，说明扬州外向型经济发展尚不充分。同时利用外资结构不够合理，外商投资企业规模偏小，产品结构较为单一，市场适应能力不强。

5. 高层次的交通体系尚不健全，现代产业体系的基础条件有待完善

尽管近几年扬州交通发展很快，但高铁和快速交通网络的建设依然给扬州带来了很大挑战，扬州有被最主流的交通方式边缘化的趋势。

四 加快扬州沿江区域经济发展的条件分析

（一）加快沿江开发符合社会经济发展的趋势

从国内外经验看，重要的水道交汇处以及入海口附近，城市经济都较为繁荣,如英国的泰晤士河带、美国的波士顿城市带和欧洲的莱茵河城市带等。扬州处于京杭大运河、长江和淮河三条水道的交汇处,拥有独特的发展优势。近十年来,经济全球化、区域一体化的趋势日益明显,全球产业结构调整和产业转移持续进行,扬州市的经济也经历了新一轮的增长期,产业结构的调整与升级成为必然趋势。沿江开发是扬州在科学发展观的指导下,谋求新发展,增创新优势的战略举措。

(二)加快沿江开发符合宏观政策的积极导向

2013年5月国家发改委正式印发《苏南现代化建设示范区规划》,明确苏南要建设"宁镇扬大都市区",承东启西,加强与上海的全面互动对接,"宁镇扬同城化"正式进入国家战略。2013年6月江苏省委省政府在扬州召开苏中发展工作会议,进一步明确了扬州沿江地区"跨江融合发展,加快建设古代文化与现代文明交相辉映的名城"的特色定位,要求扬州主动顺应宁镇扬同城化发展的趋势,在全面对接、跨江融合上迈出更大步子,不断增强扬州的经济竞争力、文化软实力和对外吸引力。会议明确省财政将每年安排专项补助,支持扬州汽车产业发展。2013年8月,中国(上海)自由贸易试验区获批,今后10万吨的海轮将可以驶入扬州,由此给扬州带来新机遇,扬州应利用好自贸区的"窗口"优势,实现有效的产业转移。

(三)加快沿江开发符合民生发展的需求

社会经济的发展应坚持以民生为导向统筹经济、政治、文化和社会建设,要使得城乡居民收入与经济增长速度相匹配,医疗、卫生、文化、体育、教育资源均衡分布,提高社会保障总体水平。加快扬州沿江地区经济发展,并带动沿河地区均衡发展,是促进经济增长与民生保障的重要举措。

(四)加快沿江开发符合扬州自身发展的内在要求

经过十年的大开发,扬州已经积累了一定的资源和财富,尤其是沿江地区,拥有良好的发展环境和资源基础。目前扬州基础设施得到了极大改善,城市建设取得了巨大成绩,扬州的区位优势、产业优势和环境优势日趋明显。沿江地区利用长江水资源丰富和港口条件优良等条件,发展形成了现代重化工业为主的滨江基础产业带,吸引越来越多的"生根型"企业落户。加快沿江开发,不仅是对现有产业结构缺失的补充,更可以进一步发展扬州的物流、商贸、旅游等,使产业结构加快调整,在全市范围内形成较为合理的产业结构和布局。

五 对策及建议

(一)咬定发展目标,突出工作重点

扬州市委六届五次会议上谢正义书记强调,扬州未来发展的战略取向是跨江融合,目标任务是加快融入苏南和长三角核心区,要努力实现"一个高于,两个达标",即主要经济指标增幅高于全省平均水平,力争到2016年,整体达到省定更高水平全面小康社会指标体系新要求,人均GDP达到全省平均水平。扬州要咬定发展目标,把江广融合地带作为城市建设的主战场,以沿江区域为龙头,江河联动共同发展,增强综合实力和创新能力,将提升经济增长质量和效益、深化产业结构调整、做大做强战略性新兴产业、提高城乡居民收入等作为下一步发展的重点。

(二)抓住政策机遇,思想先行过江

扬州跨江融合发展的基础较为薄弱,与苏南地区相比,不管是产业结构调整、城市建设管理还是社会事业发展方面,都有着较大差距。苏南地区思想的解放、改革的精神和开放的姿态,也给我们很大的启发。扬州要学习苏南地区的创新意识和改革勇气,努力突破思想上的天堑;要以新一轮解放思想为动力,坚持科学发展观,抓住跨江发展的政策机遇,在跨江融合中实现跨越式发展。

(三)找对合作方式,加快融入苏南和长三角核心区

一是要交通先行,首先在交通上合作,努力实现宁镇扬交通同城化。引入市场机制,成立宁镇扬城际交通营运公司,统一负责三市的城际公交、航运

等,以便利的交通优势,加快扬州融入宁镇扬大都市圈的速度。同时依托南北贯穿的淮扬镇铁路,通过江广融合带打开融合发展的新局面,推动特色发展,促进新产业、新型人才、新城市的建设良性互动。二是要做好宁镇扬同城化板块,做好产业、基础设施、城市建设的融合。扬州沿江地区要积极出击,加强与苏南地区的联系,主动承接苏南地区的资本转移。同时为苏南地区发展提供农产品、能源、材料、劳动力和配套产品等支撑,使沿江地区资源在更大的范围内得到流动和合理配置,带动并深化沿江地区产业参与苏南地区区域发展分工,充分利用宁镇扬同城化的地理优势,形成与苏南地区联动发展的优势产业体系。通过宁镇扬大都市圈实施带动,起到苏南板块向苏北产业延伸的传承作用。三是要推动跨江融合平台建设,与苏南合作共建园区,在体制上创新区域合作模式。通过跨江合作园区引领经济转型发展,为扬州经济发展注入新理念、新模式。

(四)推进县域经济发展,加快小城镇建设

一是要积极发展县域经济,在加速发展沿江地区的同时,带动沿河地区共同发展。要以县城为依托,充分发挥沿河地区的农业资源、生态优势和品牌效应,加快特色产业基地建设,发展有机农业和生态旅游业;重点做大做强沿河区域的县城镇和重点中心镇,依托其较好的城镇与农业生产基础,打造全市高效农业的对外示范窗口。二是要做好城镇化文章,在对接上海、苏南的过程中,推动中心城市建设与区域经济发展和产业布局的紧密衔接,走就地城镇化和小规模城市化的道路,重点发展特色小城镇,避免中心城市盲目摊大饼和城市病现象的发生。

(五)跨江融合发展,打造合理的产业转型之路

一是要靠创新驱动来取代传统的要素驱动,提升扬州产业特别是企业发展的水平层次和核心竞争力。要凝练特色产业,做大做强旅游、汽车、软件信息等有一定基础的产业;要在规划的基础上实现产业聚集,搭建有效的政产学研商界平台,加强对产业转型的支撑。二是要以人才为核心,驱动产业结构优化升级。要加强高层次创新型科技人才队伍建设,建设一批高层次创新型科技人才培养基

地；加强领军人才和核心技术研发人才培养，推动科技人才向企业集聚；加强对优秀企业家与管理人才的培育，推动企业健康、稳健发展。三是要打造高端产业链，培育区域总部型经济，塑造区域品牌。要加快招商引资和技术进步步伐，大力发展新兴产业，主动为长三角地区服务，拓展与苏南地区发展产业链之间的合作。

（六）坚持特色发展，打造古代文化与现代文明交相辉映的名城

在跨江融合的过程中，扬州既要接力苏南发展扬州的经济，又要突出扬州的特色。要准确定位扬州的特色发展突破口，提升扬州产业发展的层次和水平。要突出自身特色，将扬州打造为"宜居、宜游、宜创"的"三宜"城市，将沿江、沿河两大区域进行深度融合。沿河区域产业带要走自己的特色发展之路，要形成独具特色的沿运河生态文化产业化发展。

参考文献

谭崇台：《发展经济学》，上海人民出版社，2000。
李小建：《经济地理学》，高等教育出版社，1999。
陈才：《区域经济地理学》，科学出版社，2001。
高洪深：《区域经济学》，中国人民大学出版社，2002。
钱志新：《江苏跨世纪的发展》，中国经济出版社，2001。
喻莎莎：《论文化产业集聚对我国区域经济发展的影响》，《商业时代》2013年第20期。
燕小青、范廷国：《县级竞争、县际合作与区域经济协调发展》，《科学与管理》2013年第4期。
杨亚琴：《中国区域经济合作的趋势及相关对策》，《上海经济研究》2003年第3期。
葛守琨：《沿江开发：江苏区域经济增长的战略选择》，《扬州大学学报（人文社会科学版）》2004年第5期。
葛守琨：《大河流域经济发展的战略选择》，《南京财经大学学报》2005年第3期。
周勇：《安庆市县域经济发展现状及对策思考》，《决策咨询通讯》2009年第4期。
奚加鹏：《江苏沿江跨江区域经济合作研究》，《科技经济市场》2012年第8期。
《扬州政府工作报告》，2013。

B.3 扬州市重大项目建设报告

扬州市发改委课题组

摘　要：

　　加快重大项目建设，是优化经济结构、促进经济转型升级的重要战略举措。2013年，按照市委市政府"重大产业项目突破年""重大城建项目会战年"决策部署，扬州市坚持以重大项目为抓手，加大力度抓前期、促开工，加快进度抓在建、促竣工，努力扩大有效投入。全市重大项目推进取得明显成效，对固定资产投资增长支撑作用显著，对经济发展的拉动作用稳步增强。

关键词：

　　重大项目　建设　推进　举措

一　扬州市重大项目建设现状

（一）重大项目安排情况

（1）界定标准。扬州市对重大项目的界定标准是，计划总投资10亿元人民币或1亿美元以上的工业、服务业项目，计划总投资1亿元人民币或1000万美元以上的农业项目，以及计划总投资5亿元人民币以上的基础设施项目。

（2）计划编排。为做好固定资产投资管理工作，保持重大项目对固定资产投资增长的支撑作用，促进全市经济社会平稳较快健康发展，每年，扬州市均开展重大项目投资计划编制工作，经市政府常务会议讨论通过后，正式印发。

（3）动态推进。2012年以来，扬州市每年均印发重大项目投资计划。

2012年重大项目226个,均得到了较好推进和建设。2013年扬州市印发的重大项目投资计划中,重大项目335个,截至9月底,扬州市在手重大项目405个,其中:2013年(部分)竣工投产项目47个,在建项目237个,拟开工及储备项目121个。

(二)实施情况

2013年前三季度全市固定资产投资运行情况,归纳起来,可以用"增长平稳,结构优化,同步发展,带动显著"这16个字来概括。

"增长平稳",是指投资运行总体呈平稳较快增长态势。

扬州市始终把扩大有效投入作为促进经济社会特色发展、融合发展、协调发展的重大任务,坚持不懈地抓项目、抓投入、增后劲,前三季度固定资产投资继续保持了平稳较快增长的态势,对经济增长的拉动作用显著增强。前三季度全市固定资产投资完成1480亿元,同比增长19.2%。

"结构优化",是指三次产业投资结构趋于优化。

工业化和城镇化进程继续加快,先进制造业和现代服务业"双轮"驱动逐步形成。第一、二、三产业投资结构进一步优化,前三季度全市固定资产投资中,第二产业完成投资901.3亿元,同比增长13.2%,第三产业完成投资556.5亿元,同比增长29.5%。三次产业投资结构由2012年同期的1.2∶63.6∶35.2逐步优化为1.5∶60.9∶37.6,第三产业投资占固定资产投资总量的比重从2012年的35.2%提高到37.6%。

"同步发展",是指沿江、沿河投资增幅基本相当。

沿江、沿河地区充分发挥各自的比较优势,对投资的集聚作用逐步显现,一批规模大、技术含量高的重大产业项目加速转移,区域投资保持平稳较快增长,增幅基本相当,沿江、沿河发展基本保持同步。前三季度沿河完成投资348.5亿元,同比增长20%,占全市固定资产投资比重23.5%;沿江完成投资1131.3亿元,同比增长19%,占全市固定资产投资比重76.5%。

"带动显著",是指重大项目对经济的带动作用显著。

截至2013年9月底,市级重大项目库共有入库项目405个,其中,实施项目284个(含在建项目237个,2013年(部分)竣工投产项目47个)。根据2013年初下发的《扬州市2013年重大项目库》（扬办发〔2013〕10号文），全市重大项目计划投资959.15亿元。市统计数据显示，1~9月，已完成投资702.54亿元，完成全年目标的73.25%（见表1）。

表1　1~9月全市实施重大项目完成投资情况一览表

单位：亿元，%

地　　区	2013年计划投资	1~9月实际投资	序时进度
仪　　征	76.69	88.97	116.01
化工园区	35.65	37.98	106.54
江　　都	130.36	109.04	83.65
市开发区	156.5	116.63	74.52
宝　　应	54.42	40.28	74.02
邗　　江	132.64	97.61	73.59
新城西区	29.3	20.54	70.10
广　　陵	124.51	82.74	66.45
市　　直	92.25	49.64	53.81
高　　邮	118.13	58.71	49.70
蜀冈—瘦西湖	8.7	0.4	4.6
合　　计	959.15	702.54	73.25

二　主要工作

1. 营造推进重大项目浓厚氛围

2012年以来，扬州市始终将推进重大项目建设作为贯彻落实省、市党代会精神的"第一抓手"，作为贯彻中央和省经济工作会议的"第一支撑"，作为一张蓝图绘到底的"第一体现"，作为凝心聚力抓落实的"第一任务"。

2012年，扬州市先后召开了全市项目建设推进大会，重大项目汇报会，重大项目协调会，重大项目现场办公、协调推进、督察督办会等一系列重要会议，市委市政府主要领导反复强调，全市上下要把思想统一到省委省政府的决策部署上来，把工作重点聚焦到重大项目建设上来，牢固树立"项目为王"理念，把推进重大项目建设作为"稳增长"的重中之重，作为扬州市经济转型升级的重要路径,作为推动扬州市经济社会发展、建设世界名城的长期战略,坚持不懈全力推进。

2. 加强推进重大项目组织领导

一方面,强化组织领导。2012年,扬州市调整提升了市重大项目建设领导小组,由市委书记、市长任组长,市委市政府分管领导任副组长,市相关部门主要负责人为成员,并设立了正处级的市重大项目推进办公室,在市委办公室挂牌,与市委督察室合署办公,专职承担重大项目的协调服务、督察推进和考核评价工作。同时,还要求全市各地、各部门也成立相应的工作机构,明确专职工作人员,加强工作对接,为推动重大项目建设提供组织保障。另一方面,强化联系推进。2013年,扬州市四套班子负责同志联系推进60多个重大项目,并每月深入项目点,现场协调解决重大项目推进过程中遇到的问题,积极推动重大项目建设。此外,扬州市还结合各级领导干部"三下三联三交"活动,明确每个领导干部必须挂钩联系一个重大项目,建立"一个重大项目、一个领导、一个责任单位、一张项目卡片、一揽子抓到底"的推进机制,确保各级领导干部将工作的着力点放到重大项目上来,共同推进重大项目建设。

3. 提升推进重大项目服务水平

一是以加强作风建设为突破口,强化和提升机关干部自觉主动服务和保障重大项目建设的意识和能力。二是针对重大项目的引进、审批、建设等关键环节,要求相关部门抓紧研究出台各类要素保障机制,确保各类重大项目享受市级层面的所有优惠政策,确保扬州市在省内做到对重大项目的政策最优惠、服务最到位。三是以深化审批制度改革为着力点,提升重大项目服务水平。坚持"能放则放、能简则简、能快则快"的原则,着力打造重大项目服务"绿色通道",减少审批环节,简化办事程序,急事急办、特事特办,确保重大项目审批实现"政策上最宽限、手续上最简化、时间上最快捷"。2013年,已先后出台《市政府关于基本建设项目并联审批实施意见》《市政府关于开设重大城建项目行政办事服务事项"绿色通道"的实施意见》。四是派驻重大项目秘书。2013年3月,为了更好地服务重大项目建设,扬州市从市级机关部门选派了53名优秀干部担任重大项目秘书,赴各地项目建设一线,主要职责是,当好"协调员",帮助项目方协调解决相关问题;当好"信息员",做好各地和市级机关部门重大项目推进机构与市重大项目推进办公室的业务联系、信息沟通；当好"督察员"，督察各地重大项目有没有连续施工、是不是真正开工，督察各地新开工重大项目指标序时完成情况、新竣工项目投产达效情况。

4. 健全推进重大项目制度体系

2012年，扬州市先后出台了《扬州市重大项目推进机制》《扬州市重大项目建设考核办法（试行）》《扬州市重大项目建设工作问责办法》《扬州市重大项目认定办法》等制度。2013年，先后出台了《市政府关于基本建设项目并联审批实施意见》《市政府关于开设重大城建项目行政办事服务事项"绿色通道"的实施意见》，修订完善了《扬州市重大项目认定办法》等制度文件。2012年，扬州市制定出台了重大项目建设考核办法，并将其作为县（市、区）党政正职考核的"第一权重"。2013年，还将对考核办法作进一步的修改完善，并加大考核权重。一是覆盖所有考核对象。除了作为县（市、区）党政正职考核的重要方面外，在2013年扬州首次对四个功能区实行的差别化考核办法中，重大项目建设仍是"第一重点"，同时对市级机关部门服务重大项目的情况也将作为年终考核的重要依据。二是涵盖所有项目类型。在扬州市的重大项目考核办法中，无论是工业、服务业、农业等产业项目，还是城建、交通、水利、能源等基础设施项目，均纳入了考核范畴，明确了产业与民生项目并重、经济与社会事业协调发展的工作导向。三是突出重点考核指标。2013年，扬州市将坚持量、质并举的原则，在高度重视重大项目招引的同时，将进一步突出签约项目开工率、在建项目建设进度以及重大项目的投资强度、投入产出比、税收效益等关键指标，进一步修改完善重大项目考核办法，以更好地发挥重大项目对地方经济社会发展的支撑和带动作用。另外，扬州市重大项目建设考核办法正在修订完善中，重大项目绿色通道实施办法正在制定中。建立健全一系列重大项目推进管理制度体系，将对扬州市的重大项目推进工作起到很大的规范和促进作用。

5. 研究推进重大项目工作方法

2012年以来，扬州市采取了一系列实实在在的举措，对重大项目从签约、开工到竣工、投产实行全过程跟踪推进，确保项目引得来、留得住、建得快、早达产。一方面，高度重视重大项目信息源的收集。进一步加强重大项目的储备,将重大项目推进工作向招商前端延伸。紧抓重大项目信息源,特别是计划总投资 50 亿元、100 亿元的项目信息源。在每月 10 日、20 日和 30 日,要求全市各地、各相关部门、驻外办事处集中报送重大项目信息源,由市里统筹后,集中力量、全力攻坚,加快推动项目招引和落地。另一方面,紧盯"四新"重大项目推进情况。从 2012 年开始,每月第一个工作日,扬州市都会在主要媒体上公示全市各地、各开发园区的新签约、新开工、新竣工、新投产"四新"重大项目情况。对新签约项目,密切跟踪,积极帮助协调问题,加快推动其完善相关前置条件,以早日开工;对新开工项目,第一时间在施工现场安装视频探头,全天候向市委市政府实时传输建设场景,时刻督促其抓紧施工、早日竣工;对新竣工、新投产项目,促动其尽早达产,并密切跟踪分析其投资强度、投入产出比、税收效益等情况。

在重大项目推进过程中,也形成了一套自成体系的工作方法。归结起来就是"123""111""222"工作法。

"123",即一次展示、两次观摩、三次开工。一次展示,即在年初的全市人大、政协"两会"期间,集中展示上年重大项目推进情况;两次观摩,即每年年中和年尾召开全委会前,首先开展重大项目集中观摩活动;三次开工,即每年的正月十八以及阳历的 4 月 18 日、8 月 18 日,分别举行重大项目集中开工仪式。要说明的是,参加开工的项目并不是搞形式上的奠基仪式,而是必须正式打桩、进入实质性开工阶段。

"111",即每月研究一次、每月公示一次、每月督察一次。每月研究一次,即每月第一次市委常委会都要听取上月全市重大项目推进工作情况的汇报,并通过项目现场视频传输系统,实时调看部分重点项目的建设情况,研究部署当月重大项目推进工作;每月公示一次,即每月第一个工作日,市级主要媒体公布上月全市新签约、新开工、新竣工、新投产重大项目情况,《扬州日报》专版刊载项目建设进展月度对比截图,让重大项目建设推进工作接受全市人民的监督和检验;每月督察一次,即市重大项目推进办公室每月都要对进展缓慢、问题突出的重大项目进行一次专题督察,推动项目抓紧实施。

"222",即"两考"明确导向、"两系统"及时监控、"两报"定期通报。"两考"明确导向,即将重大项目建设作为县(市、区)党政正职考核和市级机关部门综合考评的"第一权重";"两系统"及时监控,是指建立了重大项目网上管理系统和重大项目建设现场视频传输系统,随时通过手机、计算机跟踪重大项目建设情况;"两报"定期通报,即通过每周的《重大项目推进工作简报》和每月的《重大项目推进情况月报》,及时通报全市各地、各部门服务和推动重大项目建设的动态与成效。

三 主要问题

1. 工业投资增速显著放缓

2013年以来,工业投资虽由一季度的10%逐步回升到二季度的13%,但是仍明显低于全市投资增幅,工业投资增速明显放缓,对全市投资增长拉动作用明显减弱。1~9月份,工业投资增幅比全市投资增幅低6个百分点,较上年同期低4.8个百分点,较全省平均增幅低4.8个百分点,增幅居全省13个省辖市之末,比镇江、泰州、淮安分别低9.4、8.6、9个百分点。从各主要行业看,以船舶业为主的铁路、船舶、航空航天和其他运输设备制造业完成投资13.8亿元,同比下降72%;计算机通信及其他电子设备制造业完成投资39.3亿元,同比下降34.2%;专用设备制造业完成投资71.6亿元,同比下降26%;汽车制造业投资增幅由正转负,1~9月份完成投资95亿元,同比下降18.6%(上半年同比增长8.5%)。

2. 重大项目投资占比不高

从重大项目完成投资情况来看,1~9月份,重大项目完成投资702.5亿元,占全市投资比重为47.5%,与往年相比,重大项目投资占比尚待进一步提高。从重大项目开工情况来看,1~9月份,全市新开工重大项目116个,但是农业项目占比过大,工业、服务业项目明显偏少,目前在建项目中,尚有一些项目未能实质性开工建设和形成有效投入,一些项目投资序时进度明显偏慢。同时,2013年以来组织的三次集中开工活动中,仍然有一些重大项目未能及时开工建设。

3. 重特大项目仍然偏少

一方面,受国家宏观调控政策影响,部分重大项目前期工作进展比较缓慢,报批手续周期较长,致使部分重大项目推进未能达到要求。另一方面,重大项目储备机制不够完善,制约因素依然存在,从近年来项目投资的情况看,投资体量大、市场前景好、产业链长、关联度大、经济效益高、能够带动全市投资有效增长的大项目、好项目仍然偏少。

4. 其他方面

从纳入统计项目情况来看,计划总投资 500 万元以上项目个数同比下降 6.9%,其中新开工项目个数同比仅增长 5.3%,计划总投资同比仅增长 7.1%,投资增长后劲明显不足。从资金来源情况看,利用外资同比增长 8.3%,增幅不甚理想,显示吸引外资难度加大。

四 发展举措

1. 挖掘储备,强化包装

着力强化重大项目推进前期工作。一是努力提高重大项目前期工作的针对性。认真研究扬州市比较优势,准确把握国家产业政策,重点在基础设施、生态建设、传统产业升级改造和结构调整、战略性新兴产业等领域,谋划扬州市重大战略支撑项目,重点在抓重特大项目上下功夫。二是突出做好重大产业项目的前期工作。重点是围绕五大千亿元产业集群和现代服务业,加大前期工作推进力度,争取国家重大产业项目布点扬州。三是不断完善和充实重大项目储备库。要加强研究、科学谋划、发现项目、创造项目、培育项目,做到"建设一批、启动一批、储备一批",形成重大项目储备循序渐进和滚动发展的良性机制。

2. 合力推进,强化服务

在土地方面,一是搞好土地现状调查,摸清底数,尽快拿出切实可行、操作性强的利用土地办法,确保重大项目建设用地。同时,定期召开征地问题协调会,同项目业主、有关部门一起寻求突破口,解决项目用地问题。二是继续积极争列省和国家重大建设项目计划,充分利用优惠政策,优先保证国家、省和市重大项目用地。三是统筹考虑区划调整土地规划问题、自主权问题,加快江都区与主城区的融合发展,为解决重大项目建设用地创造条件。四是充分挖掘潜力，盘活存量土地，利用好各类闲置土地，坚持节约集约用地，围绕"厂往两边摆，人往中间来"，引导重大项目向园区集中、人口向中心城区集聚。五是兼顾群众和项目单位双方利益，做好拆迁补偿工作，确保重大项目顺利开工建设。在融资方面，一是抓实国省资金争取工作。继续做实、做细重大项目前期工作，摸准国省资金投向，紧紧盯住不放，并全力包装争取。二是加强重大项目与金融机构之间的协调沟通，继续做好金融机构与企业之间的牵线搭桥工作，主动与金融单位衔接、推介项目，为重大项目解决资金问题做好相关协调服务工作。三是加大融资力度，扩大融资渠道，引导和鼓励民间投资积极参与重大项目建设。同时，积极探索和运用上市融资、企业债券、投资基金、基金融资等多种金融手段。

3. 完善制度，强化考核

2013年，先后出台了《扬州市关于基本建设项目并联审批实施意见》《扬州市关于开设重大城建项目行政办事服务事项"绿色通道"的实施意见》，修订完善了《扬州市重大项目认定办法》等制度。为进一步强化扬州市重大项目推进的管理，保证重大项目推进力度和工程质量，提高投资效益，建议市委市政府抓紧研究制定扬州市重大项目后期评价办法、重大项目稽查办法等一系列管理制度，确保重大项目有序推进，并真正成为经济社会又好又快发展的有力抓手和坚强支撑。

B.4
扬州产业转型升级研究报告

韩长金 陶小军*

摘　要：

2013年，扬州市按照"坚持项目为王，夯实基本产业"的要求，举全市之力发展基本产业，统筹发展战略性新兴产业、现代农业、现代服务业、基地型产业、特色产业，初步构建了与扬州城市特质相契合、发展相伴随的现代产业体系。未来两年，扬州市将更加突出基本产业加快发展、现代服务业提速发展、现代农业规模发展、新兴产业加速发展、基地型产业稳步发展等重点，以科技创新推进产业升级，以产业升级推动结构优化，着力打造特色鲜明、竞争力强的现代产业体系，不断加快产业转型升级步伐。

关键词：

产业　转型升级　路径　研究

一　2013年扬州产业发展的基本情况

（一）基本产业支撑作用不断显现

（1）汽车产业形成"三园一带"发展格局。全市汽车产业形成了以上海大众仪征公司、潍柴亚星汽车、江淮轻型汽车等整车制造企业为核心的仪征、江都、邗江三大整车制造园区；集聚了中集通华、潍柴亚星、亚普、双环活塞环等一批实力较强的整车及零部件制造企业的沿江汽车产业带。1~9月份，

---

* 韩长金，扬州市发改委副主任；陶小军，扬州市发改委经济体制改革处副处长。

全市汽车产业实现产值686.6亿元，增长41%。

（2）机械产业形成良好的产业集群。全市机械行业布局集中，产业链比较完整，形成了宝应电工电气、高邮特种电缆、江都建材机械、邗江数控金属板材成型设备、广陵液压件等特色产业集群。牧羊、亚威、扬力、扬锻、恒远、宝胜、玛切嘉利、海沃等一批龙头骨干企业已成为行业的领跑者。1～9月份，全市机械产业实现产值1908.8亿元，增长25.3%。

（3）旅游业品质和规模得到同步提升。全市拥有星级饭店65家，旅行社126家，国家A级景区33家，江苏省三星级以上乡村旅游点17家，江苏省特色景观旅游名镇（村、乡）2家，省级旅游度假区1家，省级自驾游基地3家，省级工业旅游示范点1家。1～9月份，全市旅游接待人数3126万人次，增长10.3%；实现旅游收入386亿元，增长14.3%。

（4）建筑业企业发展和品牌建设取得重大突破。江都建设、江苏弘盛、江苏华建、江苏天宇、江苏邗建等近20家企业跻身江苏省建筑业百强企业行列。至9月底，全市有特级资质企业3个，一级资质108个，二级资质企业320个；累计荣获鲁班奖39个、国优工程42项。1～9月份，全市实现建筑业产值1759亿元，增长17%。

（二）现代高效农业快速发展

（1）农业产业结构加快调整。粮食生产再获丰收。受粮食补贴、最低保护价收购逐年上调影响，农民种粮积极性不断提高，预计全年可完成粮食产量322.1万吨，增长4.4%。高效设施农业快速发展。1～9月份，全市新增设施农业面积达9.6万亩，累计达60万亩；县级以上农业龙头企业实现销售收入320.4亿元，增长23.6%。畜牧水产养殖健康发展。1～9月份，生猪存栏76.7万头，增长2%；特种水产养殖面积101.6万亩，增加1.5万亩。1～9月份，全市实现农业增加值127.6亿元，增长3%。

（2）农民专业合作社发展态势良好。按照"公平公正、动态调整、有进有退"的原则，建立完善农民专业合作社名录，全市有1387个合作社列入省名录。鼓励合作社走联合之路，成立销售合作联社，在城区开设农产品直供直销门店，有力促进了合作社农产品的销售，较好地展示了农民专业合作社的形象。至9月底，全市经工商部门注册登记的农民专业合作社达3584个，工商登记成员数84.2万户，占总农户数的82.5%。

（三）现代服务业提速发展

1~9月份，全市服务业实现增加值929.17亿元，增长12.5%，高于GDP增幅0.4个百分点；服务业增加值占GDP的比重达39%，比上年同期提高0.7个百分点；服务业固定资产投资561.8亿元，增长29.7%，增幅比全社会固定资产投资增幅高10.5个百分点。

（1）软件与信息服务业规模持续壮大。全市软件和信息服务业新认定软件企业11家，登记软件产品21件。交通银行金融服务数据中心、联创国际软件园、税友软件园等项目加快建设。"江苏省信息服务业基地（扬州）"主题特色鲜明、产业配套完备，吸纳了腾讯、神州数码、汉云科技、江苏易图等100多家著名企业入驻，被省经信委确定为"江苏省软件和信息服务产业园优秀园区"。1~9月份，全市软件与信息服务业业务收入212.5亿元，增长56.7%。

（2）文化产业主体影响力日益提升。全市共有文化经营单位约5000家，从业人员10万余人，涌现出一批文化骨干企业。工艺美术集团连续六年实现30%以上的增长。报业传媒集团形成了"4报6网2刊10公司"的发展格局。广电传媒集团现拥有4个广播频道、4个电视频道、2个数字电视频道和2大网站，成为省内有影响的广电宣传媒体。江苏笛莎公主从传统毛绒玩具制作商转型为文化创意企业，成为新兴业态发展的新亮点。

（3）物流业基础设施日臻完善。扬州市沿江、沿河港口建设加快推进，拥有生产用码头泊位549个；拥有航道184条，总里程2289公里。全市现拥有公路里程达10230公里。1~9月份，全市物流项目完成投资27.96亿元，新增A级物流企业4家，总数达16家，全省排名第5，扬州港集装箱吞吐量36万标箱，增长18%，货物吞吐量5108万吨，增长20%。

（4）科技服务业发展粗具规模。西安交大扬州科技园建成开园，东南大学扬州科技园和研究院加快建设。全市建有省级以上"两站三中心"（院士工作站、博士后工作站和技术中心、工程技术研究中心、工程中心）304家，高新技术创业服务中心10家，留学生创业园3家，科技成果转化服务中心5家，各类检测服务中心10家。1~9月份，全市科技服务业实现总收入43.74亿元，增长22.3%。

（5）金融业发展布局更加优化。积极推动村镇银行设立步伐，新设村镇银行2家，分别为宝应锦程村镇银行、邗江联合村镇银行。积极引导股份制银行优化机构布局，3家股份制银行在县域设立分支机构，新设立的3家分支机构分别为：浦发银行江都支行、中国光大银行江都支行、招商银行高邮支行。1~9月份，全市实现金融业增加值109.75亿元，增长10.9%。

（6）商务服务业发展环境进一步优化。市政府出台了加快发展总部经济、会展经济等扶持政策，商务服务业软环境不断优化。重点建设"扬州京华城商务集中区""广陵新城商务集聚区""开发区'商城—蝶湖'商务集聚区"和"江都滨江新城商务集聚区"等四大商务服务重点集聚区。扬州电广文化传播有限公司在扬州会展业中的龙头作用初显，独立办展20多场，营业收入2000余万元。

（7）商贸流通业品牌化程度不断提高。沃尔玛、欧尚、麦德龙、乐天玛特、乐购、金鹰、大润发等世界500强和跨国公司纷纷进驻。富春、谢馥春、扬州漆器、玉器、三和四美、大德生等9家企业获批"中华老字号"，数量列全省第三。文昌商圈商务中心地位不断提升，京杭高端商务中心、京华城西部副中心辐射效应日益扩张。1~9月份，全市实现社会消费品零售总额795.15亿元，增长13%。

（四）新兴产业发展继续保持稳定

全市新能源、新光源、智能电网、电子书等新兴产业现有重点企业550多家。1~9月份，新兴产业实现产值1827.3亿元，增长12.4%。

（1）新能源产业形成较为齐全的产业链。已形成了"多晶硅—单晶硅—硅片—太阳能电池及组件—光伏照明（发电）"的完整产业链条。目前，拥有晶澳（扬州）太阳能、荣德新能源、天威新能源、辛普森新能源、协鑫光伏等一批骨干企业。1~9月份，新能源产业实现产值178.2亿元，下降8.1%。

（2）新光源产业规模快速壮大。半导体照明产业已形成"衬底材料—外延片—芯片—封装—应用"的完整产业链条。尤其是上游MOCVD关键设备，拥有132台，占全国七分之一，形成340万片蓝绿光外延片和150万片红黄光外延片的年生产规模。LED产品已基本形成多领域全覆盖格局。在衬底材料方面，有华夏光电的蓝宝石衬底、中显的砷化镓衬底；在外延片和芯片方面，璨扬光电、隆耀光电、德豪润达、中科半导体、银雨芯片等企业都是从事高亮度外延片和芯片方面的垂直整合型专业生产企业。1~9月份，实现产值245.8亿元，下降2.4%。

（3）智能电网产业具有较强竞争优势。智能电网产业的宝胜集团为国内规模最大的电缆制造企业，在高压、超高压电缆、超导电缆和传感产品技术开发上具有竞争优势。世界500强美国通用电气公司（GE）、ABB公司在扬州成立研发机构，美国森萨塔科技公司加快海外战略性重组，把在其他国家的自动断路器生产基地搬至宝应，迅速形成了规模生产的集聚效应。1~9月份，智能电网产业实现产值734.8亿元，增长24.1%。

（4）电子书产业新技术和新产品不断升级。电子书产业形成了以川奇光电为核心的全球最大电子纸生产基地。针对目前市场主流产品黑白显示、难以折叠、刷新速度慢等问题，川奇光电重点研发彩色显示、新型户外大屏、电子标签等新技术、新产品，成功获取欧美市场大批量订单。1~9月份，电子书产业实现产值119.6亿元，下降13.3%。

（五）基地型产业形成较好的发展基础

（1）船舶及配套产业具有较强的产业基础。船舶工业基础建设基本完成，生产能力超1000万载重吨。沿江地区确立了以大洋造船、中海工业和江苏金陵为龙头的船舶制造产业集群。骨干企业作用明显，8家重点骨干船舶生产企业的造船完工量占全市总量的85%。扬州市船舶及配套产业经历过前几年的高速扩张之后，从2012年开始了漫长的探底下行之路。1~9月份，船舶及配套产业实现产值468.4亿元，增长3.1%。

（2）石油化工产业门类较为齐全。已形成石油化工、基本有机化工、无机化工、精细化工、化学纤维、化工新材料、日用化工、生物化工等门类。目前，全市拥有326家化工生产企业，其中规模以上企业160家。1~9月份，石化产业实现产值1167.8亿元，增长22%。

（六）特色产业发展具有较强的文化和资源优势

（1）食品加工产业资源十分丰富。扬州是中国四大菜系淮扬菜的发源地。淮扬菜的代表作满汉全席、红楼宴、三头宴美誉世界，扬州炒饭、扬州小吃、富春面点更是闻名遐迩。从产品看，有具有完全自主知识产权和统一标准的扬州炒饭；有富春、五亭、扬扬牌速冻包子、百年老字号扬州酱菜、"中国一绝扬州牛皮糖"、"亲亲"八宝粥等食品生产企业百余家；还有一批配套企业。食品资源非常丰富，是国家优质商品粮生产基地和国家优质农副特产品生产基地。全市已建成无公害农产品基地330万亩，拥有无公害食品、绿色食品、有机食品的品牌403个。

（2）工艺美术产业文化底蕴深厚。主要有雕版印刷、漆器、玉器、剪纸、古筝、水晶工艺、毛绒玩具等行业或产品，是"国家文化产业示范基地""中国传统工艺美术特色基地"。建成了扬州工艺美术馆、中国剪纸博物馆、扬州玉石料市场、中国玉器博物馆，在全国具有较大规模和影响力的工艺美术特色基地已基本形成。以精品推进传承保护，全国34个特等奖中累计有14个落户扬州。全市拥有国家级大师12人、省工艺美术大师40人、省工艺美术名人35人，市工艺美术大师98人，占到全省总数的四分之一以上。1~9月份，工艺美术集聚区营销总额达15亿元，增长30%以上。

（七）产业科技创新步伐不断加快

（1）高新技术产业发展跨上新台阶。1~9月份，全市完成高新技术产业产值3198亿元，同比增长17.8%，占规模以上工业产值比重达到43.5%；新增国家高新技术企业76家，全市高新技术企业累计达412家。2012年底，省政府正式批复邗江经济开发区成立江苏省扬州高新技术产业开发区，高新技术产业集聚度进一步提高。

（2）科技创新平台建设发挥重要作用。加大了对企业研发机构建设的引导、扶持和服务力度，创新载体日益壮大，自主创新能力日渐增强，科技产出不断增加，在建设创新型城市、推进科技创新型经济发展中发挥了举足轻重的作用。2013年4月，科技部正式批复扬州市为最新一批国家创新型试点城市，实现了从全国科技进步先进市到国家创新型试点城市的跨越。大中型工业企业和规模以上高新技术企业已普遍建立研发机构。至9月底，扬州市"两站三中心"累计达304家。

虽然扬州市推进产业转型升级取得了一些成绩，但同时也面临着许多困难和问题。

一是从基本产业发展看，汽车产业规模偏小，产值占全市规模工业的10%；机械产业核心技术创新能力不足、行业话语权偏弱等问题尚未根本解决，产品的更新换代速度仍然滞后，缺少核心竞争力，总体上仍处于产业链和价值链的中低端；建筑业改革改制有待进一步深化，仍有少数企业存在产权改革不到位、法人治理结构不完善等问题；旅游业仍处于全省第二方阵。

二是从现代农业发展看，农业生产的基础仍然比较薄弱，高效设施农业比重还偏低，农业抵御自然灾害能力还不强，农田水利基础设施还不完全配套；农业劳动者素质仍然偏低；农业产业化经营水平仍然较低，农业产业集聚度不高，农业龙头企业规模较小、带动力不强；农产品精深加工不够，产品附加值低；农业服务体系还相对薄弱，农业社会化服务组织带动面不够，缺乏产前、产中和产后的全程系列化服务。

三是从现代服务业发展看，服务业占比水平较低，扬州市服务业主要指标在全省排名比较落后，服务业占比仍低于全省平均水平。大企业数量较少，目前全市共有列入统计的服务企业数量处于全省第7位；全市限额以上批发零售、住宿、餐饮法人企业数处于全省第11位。高端人才缺乏，服务业人才队伍存在总量偏小、层次偏低、分布不平衡，人才引进难度大、高素质复合型人才缺乏且流失严重等问题。

四是从新兴产业发展看，产业集聚度还不够高，智能电网、节能环保、新材料等新兴产业缺少龙头型、基地型的大项目，尚未形成集聚效应；产业链还不够完善，智能电网、电子书等新兴产业尚未形成有机衔接的上下游产业链条，太阳能光伏的上游多晶硅、下游集成应用等关键环节还未形成较大规模；技术创新能力还比较弱，缺乏自主知识产权和核心技术；专业技术人才还比较缺乏，无论是高端人才还是熟练技工均难以满足新兴产业发展的需要。

五是从基地型产业发展看，船舶及配套产业土地、岸线等要素资源保障不

到位；总体自主创新能力不强，拥有自主知识产权的核心技术和产品较少；配套产品发展滞后，高新关键配套件仍有缺失，产业链条亟待加长增粗。"十二五"期间节能减排和环境保护的任务对石化产业发展提出了更高、更严格的要求，给石化产业发展带来了很大压力；技术、人才和市场竞争更加激烈，特别是江苏省沿江周边地区化工园区建设起步较早，基础设施完善，吸引了众多的国内外大型化工企业落户，使得扬州市石化产业功能发展空间受到挤压。

总的来看，扬州市推动产业转型升级仍面临着产业层次偏低、竞争力不强、工业投资增量不足、自主创新能力不足、节能减排压力较大等方面的问题。

二　扬州推进产业转型升级的目标和路径

（一）指导思想

以科学发展为主题，以转变经济发展方式为主线，推进基本产业加快发展、现代服务业提速发展、现代农业规模发展、新兴产业加速发展、基地型产业稳步发展、以科技创新推进产业升级，以产业升级推动结构优化，着力构建特色鲜明、竞争力强的现代产业体系，不断加快产业转型升级步伐。

（二）发展目标

1. 基本产业

（1）汽车产业。到2015年，整车生产能力超过100万辆，其中，新能源汽车10万辆，全行业产值达1800亿元。

（2）机械产业。到2015年，全市机械装备制造业总产值达3500亿元，年均增长25%。全市机械产业拥有国家高新技术企业数不少于200家，省级以上"两站三中心"不少于70家。

（3）旅游业。到2015年，全市旅游业增加值占GDP比重6.9%，年均增幅15%；接待入境过夜游客年均增长10%以上。

（4）建筑业。到2015年，全市建筑业总产值达3000亿元，年均增长

12%；增加值达 700 亿元；实现利税 130 亿元，年均递增 12%。全市建筑企业中一级资质企业达 110 家，二级企业 290 家，二级以上企业占企业总数的 30% 以上。

2. 现代农业

到 2015 年，粮食总产量稳定在 250 万吨；全市农业总产值达到 342 亿元，农业增加值达到 200 亿元以上，年均分别增长 4%；高效农业面积占耕地比重达到 40% 以上，设施农业比重达 10% 以上，高效渔业面积占养殖水面比重达到 80% 以上；创建市级以上"五好"示范农业合作社 400 家以上。

3. 现代服务业

服务业增加值年均增幅明显高于 GDP 增速；服务业固定资产投资增速年均达到 25%，高于全社会固定资产投资增速 5 个百分点。到 2015 年，服务业增加值占 GDP 比重、服务业从业人员占全社会从业人员比重达到 48%。软件和信息服务、现代物流、科技服务、创意服务、金融服务、商务服务、服务外包等现代服务业产业体系基本完善。建成 30 个以上产业特色鲜明、集聚示范带动作用显著的现代服务业集聚区。

4. 新兴产业

至 2015 年，全市新兴产业产值年均增长约 36%，其中新能源产业实现产值 2000 亿元，六大新兴产业产值占规模以上工业总产值的比重达到 40%。重点建设 15 个特色产业基地（园区），形成一批在全国全省具有特色和影响力的产业集聚区，着力打造国内重要的太阳能电池制造基地、LED 外延片和芯片制造基地、智能电网产品制造基地和电子书生产基地。

5. 基地型产业

（1）船舶产业。到 2015 年，全市船舶工业实现产值 1000 亿元，年均增幅为 16%，年产量超 1000 万载重吨，占全省船舶制造总量的 30% 以上，占全国船舶制造总量的 10% 以上。

（2）石油化工产业。力争到 2015 年，实现产值 2100 亿元，年均增长 15%，其中化工园区工业总产值达到 1000 亿元；培育 50 亿以上企业 10 家，新增上市企业 3 家；拥有国家级高新技术企业 69 家、省以上品牌 125 个。

6. 特色产业

（1）食品加工产业。到2015年，全市规模农业龙头企业达350家，农产品加工企业年销售收入达300亿元以上，出口创汇8亿美元以上，建成年销售10亿元以上龙头企业5家；建成年成交额15亿元以上的农产品批发市场3家。

（2）工艺美术产业。到2015年，工艺美术产业营销总规模超过100亿元；争创1个国家级技术研发中心、1个国家级产品质量检测中心。

（三）发展路径

1. 基本产业

汽车产业，以节能环保为方向，推进新能源汽车、环保型发动机和核心配套件的开发和生产，做大各类乘用车、特种专用车生产规模，推进关键零部件技术升级和产业化，打造全国有影响的品牌轿车生产基地。机械产业，重点推进零部件加工向整机生产转变，单机生产向柔性化、多功能、复合性装备生产线转变，低端装备制造向高精度、高速度、大型化、智能化、节能环保装备制造转变，全面提高压力机械、节能环保机械、建设机械、水泥机械、石油机械、饲料机械、农产品加工机械的制造水平和技术含量，部分产品努力达到国际国内先进水平。旅游业，树立"城市即旅游""大产业、大融合、大市场"的发展理念，加强旅游与其他产业的融合度，突出旅游与文化、商务的结合效应，不断提升旅游的经济功能和对外形象，打造"扬州——真正的中国城市"旅游品牌，把扬州建设成古代文化与现代文明交相辉映的国内著名和国际知名度大幅度提升的旅游目的地。建筑业，加快建筑业转型升级、结构优化、信息化、工业化和建筑产业园建设步伐，着力推动市场开拓、品牌创优、科技创新和人才培养，着力发展机电安装、装饰装潢、钢结构、市政、古建筑等高附加值产业和特色产业，着力培植具有自主创新能力和核心竞争力的企业集团。

2. 现代农业

按照高产、优质、高效、生态、安全的要求，以实现农业现代化为主攻方向，以加快转变农业发展方式为主线，以促进专业化、标准化、规模化、集约化为重点，强化政策、科技、装备、基础设施等支撑，提高农业综合生产能力、抗风险能力、市场竞争能力，确保主要农产品有效供给，显著提高农业现代化水平。重点构建优质粮油、高效蔬菜、规模畜禽、生态花茶果、特色水产、农产品加工、休闲观光、种质资源等八大产业体系。重点打造宝应有机农业、高邮特色水禽、仪征生态农业、江都设施园艺、邗江水产水禽、广陵食品加工六大特色产业基地，创成国家级现代农业示范区1个、省级现代农业产业园区8个。着力打造粮油高产增效创建、现代农业园区建设、农产品质量安全提升、重大动植物疫病防控、城市森林建设、龙头企业提质、新一轮"菜篮子"建设、农业科技创新、农业面源减排、农业服务能力提高等十大工程。

3. 现代服务业

按照产业发展指导原则，结合服务业发展现状，着力打造服务业主导产业、基础产业、新兴产业三个服务业产业板块，构建功能完备的产业体系。一是服务业主导产业。瞄准扬州经济结构调整与城市转型升级，围绕城市战略定位，立足扬州现阶段优势特色产业，选择能够引领服务业发展方向、推动产业转型、反映城市特质的产业，形成以旅游、软件与信息服务、文化、现代物流、金融和科技服务等六大产业为核心的重点产业集群。二是服务业基础产业。以消费性现代服务为基础，以提升城市经济社会发展内生活力为目标，选择具有传统优势、对服务业发展能够起到较强拉动作用的产业，形成以商贸流通、特色房地产为重点的基础产业集群。三是服务业新兴产业。关注新经济形态，选择产业关联度高、发展前景好、社会需求广的新兴产业，聚合零散资源，形成以商务服务、服务外包、家庭服务为重点的新兴产业集群。

4. 新兴产业

新能源产业，重点发展高纯硅材料、晶硅电池、聚光电池、薄膜电池及组件、光伏发电集成系统，积极培育风电、核电、生物质能发电、光热利用等设备制造业，大力推广太阳能屋顶计划，做强做大国家绿色新能源产业基地。新光源产业，大力引进MOCVD等关键设备，努力掌握LED外延片和芯片制造关键技术，加快提高芯片、封装和模块制造水平；重点扩大LED照明及背光源产品应用，推进"十城万盏"半导体照明应用示范工程建设。新材料产业，重点发展电子信息材料、先进金属材料和化工、特种纤维新材料，增强聚丙烯腈基碳纤维、玄武岩系列产品生产能力。智能电网产业，大力发展高压超高压电缆、新能源发电集成系统、量测与通信设备、电源和储能系统、高效能源材料、用户端智能设备和智能电网应用软件,加快建设国家级智能电网产业基地。电子书产业,重点发展显示屏、控制芯片、处理器和操作系统,着力引进电子书内容服务商,推进电子书产业与文化、出版、网络等传媒产业融合,扩大和完善产业链,做大产业规模。节能环保产业,重点发展节能装备和环保装备及产品,大力推进资源综合利用和节能环保服务业发展,努力实现城市生产、生活与废弃物集中处理、循环利用同步。

5. 基地型产业

船舶及配套产业,重点提升散货、油品和集装箱等三大主力船型的档次和规模,发展化学品、液化气等高技术含量特种专用船,开发海工装备,发展船舶零部件产业,实现从造船向"造芯"的延伸。石油化工产业,重点发展烯烃类及其衍生产品,围绕乙烯、丙烯、芳烃、氯碱产业链增粗接长,加速补链扩链,推动产业向系列化、专用化、精细化和高性能方向发展。

6. 特色产业

食品加工产业,以提高农产品增加值为目标,大力发展农产品加工企业,积极培育壮大出口创汇型龙头企业,提高农业产业化和外向化水平。健全优质粮油、特色畜禽、出口蔬菜、水产品和林木产品等五大加工集群。工艺美术产业,突出创新发展模式和项目重组两个重点,进一步放大品牌效应,做大产业规模,继续坚持走工艺美术与文化创意、旅游商贸相结合的多元发展之路,加快产业结构调整,实现产品转型升级;加快实施战略重组,引进战略合作伙伴,实现产业发展新模式;加快品牌连锁经营,开拓国内外市场,组建产业联盟,实现扬州工艺规模扩张;加快人才引进与培养,搭建展示才华的平台。

(四)具体措施

一是调整规划布局。按照现代产业体系建设要求,结合"十二五"规划中期评估,对原有的产业规划执行情况进行检查,对不靠实的指标体系进行调整,对不适应形势发展需求的内容进行修订,制定基本产业、现代农业、现代服务业、新兴产业、基地型产业、特色产业等六大产业发展路线图,重新梳理、尽快出台实施扬州市现代产业体系建设总体规划和指导目录,完善产业调整和振兴规划,以便更好地引导社会各方面力量积极参与名城建设。同时,注意产业规划和城市规划之间的协调与融合。

二是严格政策落实。建立健全各负其责、协调配合的抓落实工作机制，严格督促考核，确保把每一项加快产业结构调整和现代产业体系建设的政策措施都不折不扣地落到实处。注意政策的前瞻性和引导性；发挥好人大、政协作用，将产业结构调整和现代产业体系建设作为民主监督、民主协商的重点内容，确保决策的科学性和执行的落实率。

三是增加产业投入。要在加大政府投资力度的同时，进一步科学推进招商引资工作，重视存量企业的转型升级，积极引导民间资本投入重点产业发展。要积极支持龙头企业做大做强，要支持广大中小企业在龙头企业和产业联盟、行业协会的组织下，自觉地在产业链相关节点定位。要创新科技金融工作，既保证龙头企业发展所需大额发展资金，也着力解决中小企业融资难题。对大型企业采取个性化服务；用风险池、创投引导资金和重大科技项目贷款贴息资金等财政手段，为科技型中小企业发展提供资金支持。

四是抓好重点突破。要大力发展提升现代服务业，加快发展先进制造业，突出发展战略性新兴产业，积极发展现代高效农业，狠抓传统支柱产业的改造升级，并加大淘汰落后产能的工作力度，坚决遏制"两高一资"和产能过剩行业过快增长。注重科技创新型企业与高端人才的引进；注重主城区现代产业高地的打造；注重战略性新兴产业与传统产业的融合发展，用高新技术改造提升有竞争优势的传统产业，提升技术产业的总体竞争能力。

五是强化自主创新。要深化政产学研结合，努力形成原始创新、集成创新和引进消化吸收再创新齐头并进的创新格局，同时积极改善对科技创新的服务，努力促进自主创新能力和产业竞争力的"双提升"。要梳理行业关键技术和重大研发平台需求，创新体制机制，积极推进共性技术推广、重大技术攻关、公共平台创建等工作。重视共性技术对全行业辐射所带来的产业技术链、价值链水平的总体提升功能。

六是改善发展环境。要加快政府职能转变，创新财税政策，高度重视人才服务体系建设，为产业的发展营造良好的环境。积极打造能够统领全局的工作平台与体系，加快现代金融集团、高水平产业研究院、创新创业服务综合体建设，推动要素的科学流动和现代产业体系的科学形成，引领全市产业融合、转型发展。

B.5
扬州汽车产业发展报告

蒋珊 王峰 卞春宏 朱枫*

摘　要：

　　汽车工业具有产业链长、关联度高、带动作用强的显著特点，是规模效益明显、技术集成度非常高的行业。作为优势主导产业，扬州市明确提出，到2015年全市汽车整车生产能力将达100万辆，汽车及零部件实现产值1100亿元目标。如何加快扬州市汽车产业的集聚发展，做大做实汽车产业链的各个环节，真正成为在全国乃至全球具有一定影响力和竞争力的汽车制造产业基地，已经成为摆在我们面前的新课题。

关键词：

　　扬州　汽车产业　现状分析

一　汽车产业发展现状及趋势

（一）国际和国内汽车产业发展现状及趋势

在经济全球化和技术进步不断加快的背景下，汽车产业依然是国际和国内经济发展的主导产业，并呈现出一系列不同于以往的发展特点。

1. 汽车产量

2012年全球汽车产量达到8410万辆，比2011年增长5%（见图1）。2013年上半年，全球汽车产量为4354.7万辆，同比增长1.6%。得益于亚洲

---

* 蒋珊，扬州市发改委副主任；王峰，扬州市发改委高技术产业处处长；卞春宏，扬州市发改委高技术产业处副处长；朱枫，扬州市发改委高技术产业处副处长。

特别是中国,以及南美洲等其他新兴市场的需求增长,汽车产业正从2008年以来的全球经济危机中缓慢复苏。

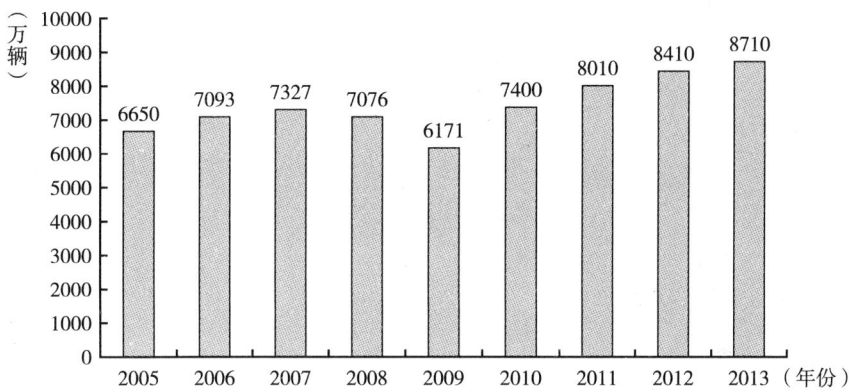

图1　2005~2013年全球汽车产量变化情况（2013年数据为预计全球全年汽车产量）
资料来源：中国汽车工业协会统计信息网。

随着国内居民消费水平的不断提高和国家对汽车产业扶持政策的陆续出台,我国的汽车产业步入了快速发展期,汽车产量从2000年的206.8万辆大幅增加到2012年的1927.2万辆,年均增幅超过20%（见图2）,大大高于同期全球汽车产量增长水平。2013年1~9月份,我国汽车产量已达1593.84万辆。自2009年以来,我国汽车产销量连续4年蝉联世界第一。

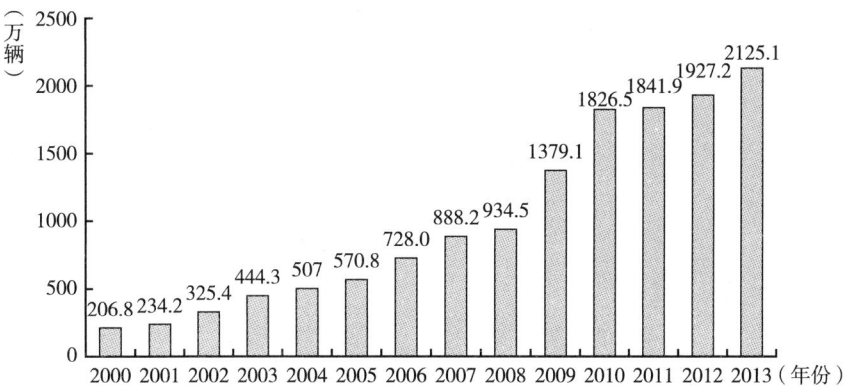

图2　2000~2013年我国汽车产量增长情况（2013年数据为预计全国全年汽车产量）
资料来源：中国汽车工业协会统计信息网。

2. 汽车生产格局

从区域分布看,全球汽车生产格局已经打破"三足鼎立"的态势,逐步向亚洲"一枝独秀"转变。2005年,亚洲、欧洲与北美洲为三大汽车生产基地,分别占据39.6%、30.3%和24.2%的市场份额(见图3)。伴随着以中国为代表的新兴市场的崛起,全球汽车生产格局发生了巨大变化。截至2013年9月全球销量位居前十位的汽车集团依次为:丰田、通用、大众、雷诺—日产联盟、现代起亚、福特、菲亚特、本田、标致雪铁龙、铃木,其中亚洲企业占了一半。2012年亚洲市场份额已上升至52.0%,欧洲、北美洲市场份额双双下降至19.0%,全球汽车生产中心已从欧美转移到亚洲(见图4)。

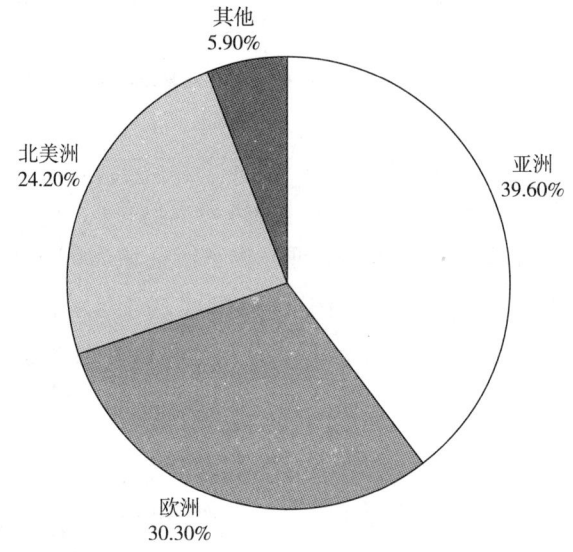

图3 2005年亚洲、欧洲与北美洲三大汽车生产基地以及其他地区市场份额

资料来源:根据中国汽车工业协会统计信息网数据整理。

国内的汽车生产格局,一方面,产品结构趋于合理。客车、货车、轿车均得到迅速发展,国内生产的各种类型的汽车基本能够满足国内市场的需求。在客车以及载重货车方面,我国的企业已经具备相当的研发能力,在国际市场上也具有相当的竞争力,只是在轿车生产方面,我国的技术研发水平与发达国家还有较大差距。另一方面,汽车产业的组织结构不断优化。重点骨干企业的主

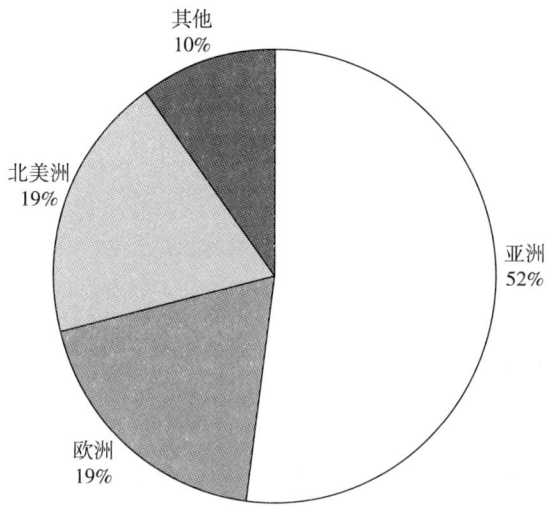

图 4　2012 年亚洲、欧洲与北美洲三大汽车生产基地以及其他地区市场份额

资料来源：根据中国汽车工业协会统计信息网数据整理。

导作用明显增强，资本集中度显著提高，规模效应逐步显现。2013 年 1~9 月份，上汽、东风、一汽、长安和北汽五大集团共销售汽车 1149.27 万辆，占全国汽车销售总量的 81.72%，比 2012 年猛增 10 个百分点。

3. 汽车产业发展趋势

从产业空间布局来看，国际汽车产业链日益全球性配置。整车制造企业零部件的全球采购以及零部件工业的国际化，模糊了汽车产品的"国家特征"，使其成为了典型的全球化产品。产业链中低端环节将进一步向发展中国家集聚，发达国家仍将在较长时期内占据产业链的高端环节。国内汽车产业在加强国际合作的同时，将更加注重自主品牌的培育和发展，产业集聚步伐也将明显加快，上汽、东风、一汽、长安和北汽等几大汽车工业集团的市场占有率将稳步提高。

从技术发展方向来看，主要是追求节能、环保、安全、舒适的发展目标，新能源汽车和汽车小型化将成为主流趋势，并呈现出一些具体的技术潮流。乘用车柴油机化的比例将越来越高，汽车安全标准将不断提高，汽车排放控制标准日趋严格，油耗不断降低，轻量化、电子、电控、智能装置将广泛应用，前轮驱动汽车的比例不断增加，发动机横置技术进一步发展，通信、网络技术应用越来越普遍，重型载货汽车向高吨位发展，电动汽车将进入实用阶段。

（二）江苏省汽车产业发展现状

目前江苏省汽车产业已形成了以轿车、客车、载货车、专用车以及汽车零部件为主体的多品种、全系列较为完整的生产制造和科研开发体系，具备较大的产业规模和较明显的特色优势。

1. 整车生产规模逐步壮大

近几年，江苏省汽车工业实现了稳步健康发展。2012年，全省共生产汽车144.29万辆，销售汽车144.83万辆，同比分别增长18.6%和19%，产销增长幅度比全国平均水平分别高出14和14.7个百分点。其中乘用车分别生产和销售127.64万辆和128.11万辆。2013年1~9月份，省内几大整车重点企业继续保持较快增长势头，东风悦达起亚公司产销乘用车突破40万辆，上海大众南京分公司产销乘用车近30万辆，金龙联合汽车工业（苏州）有限公司产销客车超过1.8万辆。

2. 产业集聚步伐不断加快

省内逐步形成了南京、盐城、扬州三大乘用车制造基地，乘用车产销量占整车的比重达到了88.5%。拥有南汽集团、东风悦达起亚、南京长安和长安福特马自达南京公司、上海大众南京分公司、上海大众仪征分公司等全国有影响力的轿车生产企业。客车企业主要集中在苏州、扬州等地，苏州金龙在规模、品种、水平等方面处于国内同行业前列。载货车重点企业主要分布在南京等地。专用车企业呈现区域集聚态势，已初步形成了南京、无锡、徐州、苏州、镇江、淮安、扬州等各具特色的专用车生产基地（见表1）。

表1 江苏省专用车主要生产基地

地区	南京	无锡	徐州	苏州	镇江	淮安	扬州
特色产品	高速公路养护车、应急通信车、水泥搅拌运输车、干混砂浆运输罐车等	城市快速公交大型客车、探矿钻机、城市公用工程专用车等	汽车起重机、随车吊、登高消防车、大型泵车和高空作业车以及混凝土机械系列等重型专用车辆	深冷介质运输车、金融专用车、旅居车等	冷藏保温车、应急通信车、沥青综合养护车、特种消防车、特种救护车等	联合吸污车、沥青综合养护车等	集装箱运输车、罐式车、市政专用车等

3. 零部件制造业优势明显

相对于整车制造业，江苏省的汽车零部件制造业具有更强的竞争力，行业利润总额和总资产利润率多年排在全国前三位。在传统零部件领域，形成了一批具备较大规模、具有技术和品牌优势、实行专业化供货的企业（集团），如长安福特马自达、一汽锡柴、无锡威孚、扬州亚普、江阴模塑、仪征活塞环等。拥有一批技术含量高、市场占有率大、有一定生产规模和知名度的名牌产品，如汽车发动机、冲压件、饰件、塑料油箱、汽车空调及压缩机、火花塞、油泵油嘴、喷油器、精锻齿轮、微电机、膜片离合器、保险杠、汽摩灯具、减震器、汽车音响、排气净化器、增压器等。

二 扬州汽车产业发展现状

（一）产业规模不断壮大

扬州汽车工业起步较早，历史上曾先后涌现出"亚星"客车、"女神"面包车、"黎明"吉普、"扬子"旅游车等一批国内知名品牌。亚星 JT663 客车是中国公路客车的主流车型，市场占有率超过 30%。"黎明"吉普作为警用车跑遍全国。扬州汽车工业多年来历经周折，近几年产业规模才稳步壮大。2012 年全市汽车及零部件产业规模以上企业完成产值 584.87 亿元，同比增长 27%，占全市规模以上工业总量的 8%。2013 年 1~9 月份，汽车产业实现产值 686.6 亿元，同比增长 36.0%，占规模以上工业比重上升至 10.7%（见图 5）。目前，全市共有规模以上汽车及零部件生产企业 175 家。其中整车生产企业 18 家，包括国家公告内企业 12 家。2013 年 1~9 月份全市整车产量 28.9 万辆，其中轿车 23.7 万辆，客车 8190 辆，轻型车 2.5 万辆，特种车 1.3 万辆，新能源汽车 5707 辆（见图 6）。

（二）产品结构渐趋完善

目前全市已形成以上海大众仪征分公司、潍柴亚星、扬州江淮、九龙客车、上海汇众汽车仪征公司等整车龙头企业为主导，中集通华、三源机械等专用（特种）车生产企业为骨干，凯尔斯迈、五环龙、道爵等新能源汽车生产

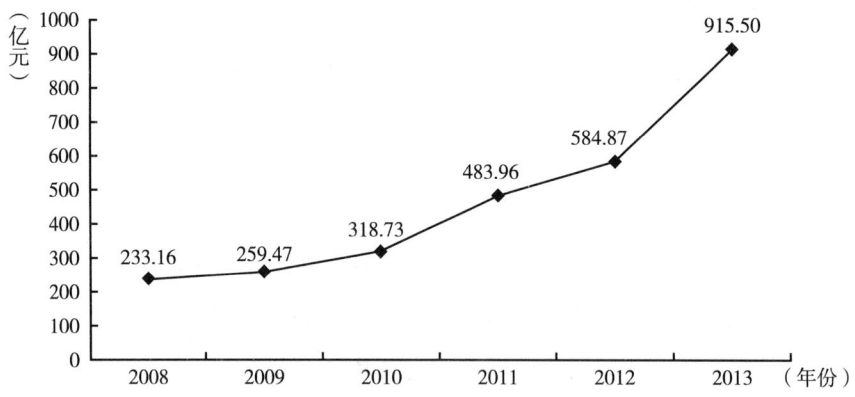

图5 2008～2013年扬州市汽车产业产值增长情况
（2013年数据为预计全市全年汽车产业产值）

资料来源：扬州市统计局。

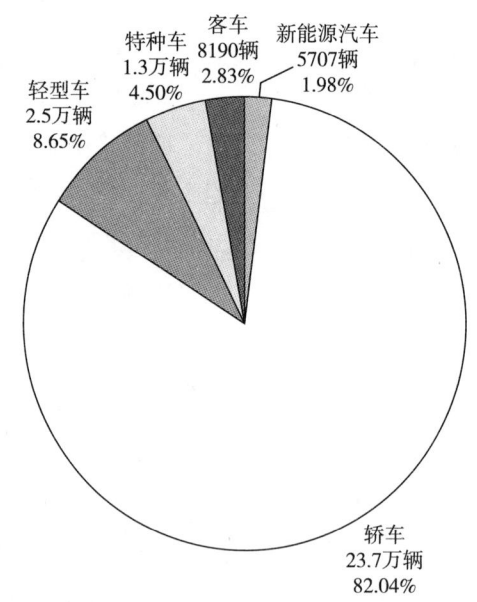

图6 2013年1～9月份扬州市汽车产业整车产量

资料来源：扬州市经济和信息化委员会。

企业为亮点，亚普汽车塑料燃油箱、双环活塞环、英瑞车材（散热器）、海沃机械（自卸车液压系统）、罗思韦尔（汽车电子）、江苏奥力威（油量传感器）、神舟内饰等零部件生产企业为配套的发展格局。其中上海大众仪征分公司年产 30 万辆 A 级乘用车项目是德国大众在全球第二个、在中国首个标杆式整车工厂；上海汇众汽车仪征公司轻型客车曾被北京奥运会作为接待宾客专用车；凯尔斯迈电动轿车曾作为中国唯一节能环保产品赴哥本哈根联合国气候变化大会参展，并通过了欧盟 9 个成员国权威检测机构的 EEC 认证，获得在欧洲 27 国准予销售的通行证；亚普汽车部件有限公司是亚洲最大的塑料油箱生产企业，自 2009 年起油箱销量一直稳居全球第四位（见表2、表3）。

表2 扬州市整车主要车型基本情况

整车分类	主要产品	主要生产企业
轿车	大众 polo、桑塔纳 NF、斯柯达 Rapid 等车型	上海大众汽车有限公司仪征公司
客车	大、中、轻型客车等	潍柴（扬州）亚星汽车有限公司 上海汽车商用车有限公司仪征公司 江苏九龙汽车制造有限公司 上海汇众汽车仪征公司
轻型车	轻型载货汽车、多用途货车等	扬州江淮轻型汽车有限公司
专用（特种）车	集装箱运输车、厢式运输车、仓栅运输车、罐式运输车、车辆运输车、半挂系列运输车、泵车、混凝土搅拌车、扫路车、垃圾车、洒水车、清障车、体检医疗车、高空作业车等	扬州中集通华专用车有限公司 潍柴（扬州）亚星汽车有限公司 扬州江淮轻型汽车有限公司
节能与新能源汽车	纯电动客车、混合动力客车、纯电动轿车、纯电动轻型载货汽车、低速电动场地车、低速电动环卫车等	潍柴（扬州）亚星汽车有限公司 扬州凯尔斯迈电动车业有限公司 扬州五环龙电动车有限公司 江苏道爵新能源车业有限公司

资料来源：本课题组调查整理。

表3 扬州市汽车零部件主导产品基本情况

产品类别	主要产品	主要生产企业
动力装置类	柴油机、油箱、缸套、变速箱壳体、凸轮轴、缓速器、中冷器、散热器、活塞环、活塞销、气门、机油泵等	亚普汽车部件股份有限公司（塑料油箱） 潍柴动力扬州柴油机有限责任公司（柴油机） 扬州五亭桥缸套有限公司（缸套） 扬州神驰缸套有限公司（内燃机缸套） 高邮市新高明动力机械有限公司（变速箱壳体） 扬州凯翔电气制造有限公司（变速箱壳体） 亚新科凸轮轴（仪征）有限公司（凸轮轴） 扬州市洪泉实业有限公司（缓速器） 扬州英谛车材实业有限公司（中冷器） 扬州英瑞车材实业有限公司（散热器） 扬州通宇散热器有限公司（散热器）

续表

产品类别	主要产品	主要生产企业
		仪征双环活塞环有限公司(活塞环)
		江苏仪征威龙活塞环有限公司(活塞环)
		江苏仪征金派内燃机配件有限公司(活塞环)
		扬州光辉内燃机配件有限公司(气门、活塞销)
		江都市扬子机油泵厂(机油泵)
		扬州华光橡塑新材料有限公司(加油管、燃油管)
汽车底盘类	汽车前后桥、车架总成、汽车空气悬架、钢制车轮、钢圈、铝合金轮毂、镁合金轮毂、减震器、制动器	仪征跃进车桥有限责任公司(汽车前后桥)
		扬州市奥德机电有限公司(车架)
		仪征上汽通程汽车悬架有限公司(空气悬架)
		明岐铝轮毂(仪征)有限公司(铝合金轮毂)
		江苏荣镁轮毂有限公司(镁合金轮毂)
		扬州市别克机电有限公司(轮毂)
		宝应广达钢圈制造有限公司(钢制车轮)
		扬州金世纪车轮制造有限公司(钢圈)
		扬州福克斯减震器有限公司(减震器)
		扬州星宇汽车配件有限公司(制动器)
车身及附件类	驾驶室总成、车身覆盖件、自卸车液压系统、仪表板总成、车门、门锁、座椅、安全带、内外装饰件、电机、空调等	江苏昌明车身制造有限公司(中、轻型商用车驾驶室)
		扬州市欣辉汽车附件有限公司(驾驶室)
		扬州宏运车业有限公司(客车覆盖件、车厢冲压件、空调)
		仪征申威冲压有限公司(冲压件)
		海沃机械(扬州)有限公司(自卸车液压系统)
		扬州市洪泉实业有限公司(座椅)
		延峰伟世通仪征汽车饰件系统有限公司(座椅、内外装饰件)
		扬州神舟汽车内饰件有限公司(内饰件、仪表台)
		扬州市邗江扬子汽车内饰件有限公司(仪表台)
		江苏汇众车业有限公司(车门)
		扬州中基机电有限公司(汽车门锁)
		江苏弗莱迪斯汽车系统有限公司(安全带)
		扬州市昌盛车业有限公司(车身模具、驾驶室模具)
		江苏亚泰机电有限公司(空调用冷凝风机、空调用蒸发风机)
电子电器、仪表及相关配件类	电子油门、CAN总线、传感器、音响、车灯等	江苏罗思韦尔电气有限公司(电子油门、CAN总线、汽车音响)
		江苏奥力威传感高科股份有限公司(油量传感器)
		扬州良诚汽车部件有限公司(油量传感器)
		扬州暻泰车材实业有限公司(车灯)
节能与新能源汽车关键零部件	电池、电机、电控	江苏华富储能新技术发展有限公司(动力蓄电池)
		江苏欧力特能源科技有限公司(动力蓄电池)
		英泰集团有限公司(驱动电机及控制系统)
		扬州飞驰动力科技有限公司(动力控制系统总成)
		扬州中瑞科技发展有限公司(电动汽车充电桩)

资料来源:本课题组调查整理。

（三）产业集聚日益明显

目前扬州正在重点建设仪征、邗江北山、江都三个汽车及零部件产业基地，初步形成了市级层面相对错位、县级层面高度集聚的空间布局。其中仪征板块，以上海大众仪征分公司及上海汇众仪征公司为龙头，重点发展轿车、轻型客车等系列产品及配套零部件企业；邗江北山板块，形成了以潍柴亚星为核心的客车、专用车生产基地以及柴油机生产基地；江都板块，依托扬州江淮、九龙汽车、凯尔斯迈等骨干企业，重点生产皮卡、微（轻）客车、新能源汽车等。

近年来，扬州汽车产业虽然取得了长足发展，但仍存在不少问题。一是整车生产规模还不够大。乘用车产能位于盐城、南京之后，随着盐城悦达起亚三期30万辆整车项目的上马，差距将进一步拉大；客车产能与苏州相比也有较大差距。二是拥有核心技术的关键零部件产品比较少。产品附加值较低，加工工艺较为落后，尚未形成总成化、模块化供货能力。三是自主创新能力还不强。基础性技术研发能力薄弱，技术来源单一，支撑产业发展的技术创新体系尚未有效形成。

三 扬州汽车产业发展的钻石模型分析

根据波特"钻石模型"理论，课题组从生产要素、需求条件、企业战略与竞争的时空背景、相关支持产业、机遇和政府等六个要素对扬州汽车产业进行分析，说明扬州汽车产业已具有较强的竞争力，形成了千亿级产业集群的雏形（见图7）。

（一）生产要素

扬州是上海经济圈和南京都市圈节点城市。近年来，国际资本加速向长三角地区集聚，扬州依托其区位优势、资源优势和产业基础，成为接纳国际资本和制造业转移的最佳区域之一。扬州是"国家火炬计划汽车及零部件特色产业基地"和"江苏省汽车及零部件特色产业基地"，域内拥有整车制造龙头企

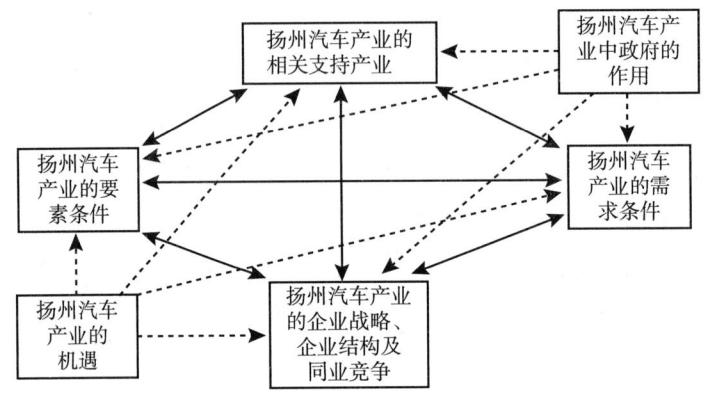

图7 扬州汽车产业竞争优势的钻石模型

业和一大批零部件配套企业,各类公共服务及创新平台基本完善,依托仪征、邗江北山、江都三大汽车生产基地,初步形成了较为完整的汽车生产制造和科研开发体系。

扬州交通便捷,公路、铁路、水运、空运均比较发达,各类园区水、电、气等基础设施保障供应充分。

作为中西部剩余劳动力重要接收地之一,扬州劳动力资源丰富。周边拥有110万适龄劳动力人口,其中具有中专以上学历及初级以上职称人员20多万人。扬州十多所大中专院校每年可提供2.5万余名大学生,1.5万余名各类技术工人。扬州大学"特色本科专业"汽车工程、扬州汽车技师学院专门培养高素质的汽车研发人才及技术工人,为扬州汽车产业的发展提供了较为充裕的人力资源。

(二)需求条件

从全球来看,近年来汽车生产格局发生了巨大变化,汽车产销中心正从欧美向亚洲转移,2012年亚洲市场份额已上升至52%,中国连续4年成为产销最多的国家。从国内来看,目前我国汽车千人保有量不足70辆,还不及世界平均水平的一半。预计到2015年,国内汽车的产能将达到4000万辆,中国汽车消费将占全球汽车总消费的25%左右。现阶段国内除少数特大城市汽车市场增长受到约束外,二、三线城市及广大农村汽车消费市场仍在成长中,稳定增长的市场需求为汽车工业发展提供了广阔舞台和有力支撑。从市内来看,2007~2012年,全市新增汽车241893辆,较2006年底增长了两倍多。截至2012年底,全市拥有的机动车数量为352041辆,其中市区122580辆。市场需求规模的不断扩大为汽车生产企业提供了充分的发展空间。可以预见,未来10年将是汽车产业自主创新、加快发展的重要机遇期。

(三)相关支持产业

汽车产业作为一个关联性很强的产业,需要钢铁、机械、化工、电子等产业的支撑,也离不开分销、物流、维修与养护、金融等汽车服务业的支持。扬州是国家火炬计划数控金属板材加工设备产业基地,拥有扬力、扬锻、亚威、金方圆等一批行业领先企业,2013年1~9月份全市机械装备产业规模以上企业总产值达1908.8亿元,冶金、化工、电子产业也已形成较大规模,对汽车产业的发展起到了较好的支撑作用。维扬经济开发区扬州国际汽车城、仪征汽车物流园等一批汽车服务业集聚区促进了汽车后市场的形成和发展,为扬州汽车产业的发展壮大提供了有力保障。

(四)企业战略、结构及同业竞争

扬州汽车产业依托仪征、邗江北山、江都三个基地,各有侧重,错位发展,产业集群化发展趋势明显,具有鲜明的块状经济产业布局特色。全市汽车产业已经形成以整车生产企业为龙头,汽车零部件生产企业为配套的协同发展格局。整车企业涵盖轿车、客车、载货车、专用车以及新能源汽车等多个品种,拥有"亚星"、"THT(通华)"、"凯尔斯曼"等知名品牌。这些企业具有明确的发展战略,拥有较强的技术创新能力和市场竞争力,构成了产业集群的中坚力量,并与省内的盐城、南京、苏州等汽车强市形成了比较明显的竞争格局。零部件企业涉及塑料燃油箱、汽车铸锻件、汽车电子电器、汽车空调、汽车散热器和水箱、汽车内饰件及附件等,拥有"亚普""双环"等知名品牌。但企业集中度相对较低,处于分散竞争状态,尚未体现出有效的集约化增长。

（五）机遇分析

上汽大众仪征分公司30万辆整车项目建成投产，潍柴控股集团通过战略重组入主亚星集团，安徽江淮汽车集团成功兼并江苏女神汽车集团，三大国际国内汽车巨头布局扬州带动了一大批零部件配套企业入驻，衍生出达到欧洲先进标准的发动机、CAN总线、汽车电子芯片等高端零部件产业，为扬州市汽车产业的再次腾飞提供了绝佳的机遇。与此同时，国际汽车产业布局调整步伐加快，国内汽车产业整合趋势明显，也为扬州进一步招引跨国公司、国内大集团创造了机遇。

（六）政府作用

近年来，国家先后出台了"减免汽车购置税""汽车下乡""以旧换新""节能车补贴"等利好政策刺激汽车消费，并颁布实行了新的《汽车产业发展政策》，发布了《节能与新能源汽车产业发展规划（2012~2020年）》《电动汽车科技发展"十二五"专项规划》等政策，鼓励推广使用节能和新能源汽车，鼓励汽车行业兼并重组，鼓励自主创新，鼓励汽车产品出口等。江苏省也出台了《江苏省汽车产业"十二五"发展规划》《江苏省新能源汽车推广应用指导意见》等相关文件，支持和引导全省汽车产业做大做强。扬州市委市政府已将汽车产业确立为优先发展的第一基本产业，制定出台了《市政府关于推进汽车产业加快发展的实施意见》和《扬州市汽车产业发展引导资金管理办法》等政策文件，举全市之力支持汽车产业发展。

四 扬州汽车产业发展对策与思考

（一）实施整车战略，尽快释放产能

现阶段重点发展整车工业，全力支持上海大众仪征分公司迅速释放30万辆乘用车产能，抢占国内外市场，同时积极推进二期30万辆乘用车项目规划建设。依托山东重工潍柴动力的技术和规模优势，支持潍柴亚星打造客车、商

用车和特种车研发制造基地。扬州江淮等整车生产骨干企业应抓紧制定整车发展规划，加快项目建设步伐，尽快形成轻型载货车和SUV产能。中集通华作为"全国整车出口基地企业"，应进一步扩大罐式车、混凝土搅拌车、泵车、半挂车等现有车型的生产和销售规模，并积极上马高技术含量、高附加值的高档消防车项目。全市汽车产业继续推进与跨国公司、国内大集团的战略合作，实现资源上的互补和共享。通过做大整车生产规模，在国内汽车产业布局中占据有利位置，并带动零部件等配套产业集聚发展。

（二）围绕龙头企业，培植产业集群

以上海大众仪征分公司、潍柴亚星、扬州江淮等整车龙头企业为中心，在零部件最优配套半径内，统筹规划建设零部件产业基地，成片开发，招引国内外知名零部件企业入驻，主攻一、二级配套，聚焦德尔福、博世等世界级零部件制造商，重点在汽油发动机、柴油发动机、混合动力总成等关键零部件上取得突破。支持和引导本土零部件企业，加大研发投入，提升技术水平，形成整车同步开发能力和模块化供货能力，大幅提高关键零部件本地化比例。依托海沃机械世界领先的自卸车液压技术，大力发展自卸车液压系统、自卸车顶盖密闭系统、拉臂车上装系统、随车吊上装系统、活动式垃圾压缩设备等中、重型车用专用设备。支持罗思韦尔、蓝宝为代表的汽车电子产品研发和生产，打造汽车电子产业集群。

（三）推进技术进步，培育自主品牌

引导企业围绕市场需求，加强企业博士后工作站、企业院士工作站、企业研究生工作站以及工程研究中心、工程技术研究中心、企业技术中心等"三站三中心"建设，鼓励清华大学、同济大学等高校院所在扬建立汽车研发机构，建立健全技术研发、产品创新、科技成果转化的机制。重点攻关高标环保发动机、变速箱、汽车电子等关键产品技术。加快自主品牌汽车发展，鼓励企业提升整车集成开发技术，研发自主产品，做响做亮"亚星""九龙"等自主品牌。

（四）强化资金支持，创新金融模式

充分发挥"扬州市汽车产业发展引导资金"的引导作用，重点支持汽车整车和零部件生产企业的产业升级、自主创新、兼并重组。现有工业、科技、服务业、人才等专项资金向汽车产业倾斜。探索商业银行与汽车产业合作新模式，对资信良好的企业，尝试供应链融资授信等贷款方式，缓解企业快速发展期的资金制约问题。优先支持汽车及零部件企业在境内外上市，发行债券、短期融资券、中期票据以及上市公司再融资。鼓励和引导民间资本通过组建多元化的投资公司或参股、并购等方式，投资于汽车及零部件大项目。

（五）鼓励汽车消费，发展汽车后市场

制定鼓励使用本地产汽车的相关政策和优惠措施。将本地产汽车纳入政府采购范围，政府机关、事业单位和市属国有控股企业在同等条件下，优先选购本地产汽车。公路交通、公共交通、出租汽车优先使用本地产汽车。本地产新车上牌，公安部门办理免检手续，减免相关费用。金融部门提供按揭贷款，实行优惠利率。鼓励个人购买本地产汽车。加快发展生产性物流、汽车零售和售后服务、汽车租赁、二手车交易、停车服务、报废回收、汽车金融和保险、第三方汽车研发等服务业，支持骨干汽车生产企业建立汽车金融公司，开展汽车消费信贷业务。

（六）完善交通设施，营造良好环境

加强对城市道路交通的长远规划，完善道路交通基础设施建设和停车场建设，增加道路交通面积和停车场面积，打通断头路、拓宽瓶颈路和疏通拉链路，优化城市路网，促进各种交通方式的有机衔接。以汽车文化为主题，依托上海大众仪征公司、潍柴亚星、扬州江淮等龙头企业，举办汽车展及零部件专业展，举办汽车产业高峰论坛，开辟汽车工业旅游专线，形成特色化、品牌化的汽车会展和博览文化，营造良好的汽车消费和产业发展环境。

（七）加快人才培养，提供智力支撑

鼓励扬州大学等高校设置、扩充汽车专业，培养适合本地汽车产业发展的专业人才；以扬州汽车技师学院等骨干职业学校为基础，培养高素质的产业工人。鼓励企业采取多种形式，引进国内外高层次汽车技术人才和经营管理人

才，对企业引进的急需人才，在户籍、住房、配偶就业、子女入学、医疗保健、出国签证、专业技术职务评定等方面给予优惠待遇，并积极帮助申报省"双创人才""企业博士集聚计划"以及市"绿扬金凤"等引才计划。支持汽车生产企业独立创办或与教育机构合作创办人才培养机构。

（八）抢抓转型升级，布局新能源汽车

以国家示范推广节能和新能源汽车为契机，依托潍柴亚星、华富集团等骨干企业，聚焦插电式混合动力汽车、纯电动汽车和电池、电机、电控等关键零部件，加强技术攻关，加快新品开发，推动潍柴亚星扩大混合动力客车量产规模，支持潍柴亚星超级电容纯电动城市客车的示范运行和产业化。推进上海大众开发生产新能源乘用车，加大新能源汽车的生产比例。依托凯尔斯迈、五环龙等企业，进一步做大环卫、邮政等低速电动车生产规模。现阶段，加快建设和完善新能源汽车充换电站（桩）等配套公共设施，鼓励市内公共交通、出租车使用新能源汽车。

参考文献

〔美〕迈克尔·波特：《竞争战略》，陈小悦译，华夏出版社，2005。
《节能与新能源汽车产业发展规划》（国发〔2012〕22号）。
《市政府关于推进汽车产业加快发展的实施意见》（扬府发〔2013〕122号）。
http：//www.oica.net/.
http：//www.caam.org.cn/.

B.6
扬州市创新能力建设实证研究

扬州市审计局课题组*

摘　要：

　　近年来，扬州创新投入不断增加，创新基础得到了进一步加强，但仍存在创新投入偏低、创新人才匮乏产学研合作不够紧密，企业自主创新能力不强和知识产权保护力度较弱等问题。课题组提出，从营造有利的创新环境，完善创新能力建设体系，引导企业成为创新主体，完善知识产权保护制度，建设高素质创新人才队伍和培养创新文化等方面来加快扬州市创新能力建设。

关键词：

　　创新能力　建设现状　路径选择

　　创新能力的提升，不仅能加快区域经济发展、产业结构优化，而且促进区域人力资源开发和投资环境改善，成为实现经济发展方式转变的关键因素。党的十八大明确提出"实施创新驱动发展战略"。因此，尽快提升区域创新能力显得尤为重要。本文对扬州市创新能力建设的现状和问题进行分析研究，并提出路径选择。

一　扬州市创新能力建设的现状分析

　　近年来，扬州创新投入不断增加，创新基础得到了进一步加强；创新环境明显改善，创新平台和创新载体建设取得突破，产学研活动更加活跃；创新绩

---

* 课题组负责人：吴焱新。成员：袁竹青、周春山、王寅（执笔）。

效迅速提升，自主创新能力大幅增强，高新技术产业集聚。创新能力建设对推动转型升级，支撑经济社会发展发挥了重要的引擎作用。

（一）创新投入不断增加

1. 资金投入

2012年扬州市R&D①经费占GDP的比例为2.05%，比2011年增加0.11个百分点，R&D经费占GDP的比例低于全省平均水平0.25个百分点，居全省第七位。2012年扬州企业研发经费占R&D的比重为92.93%，比2011年减少0.75个百分点，但高于全省平均水平3.13个百分点，在苏中地区仅次于泰州，说明扬州企业创新主体地位日益突出（见图1、图2）。扬州市创新资金投入总量较少，但投入强度稳步提升。表明扬州市创新绩效明显优化，但为了满足扬州的创新活动需要，必须继续加大创新资金投入支持力度，提供更加丰富的资金保证。

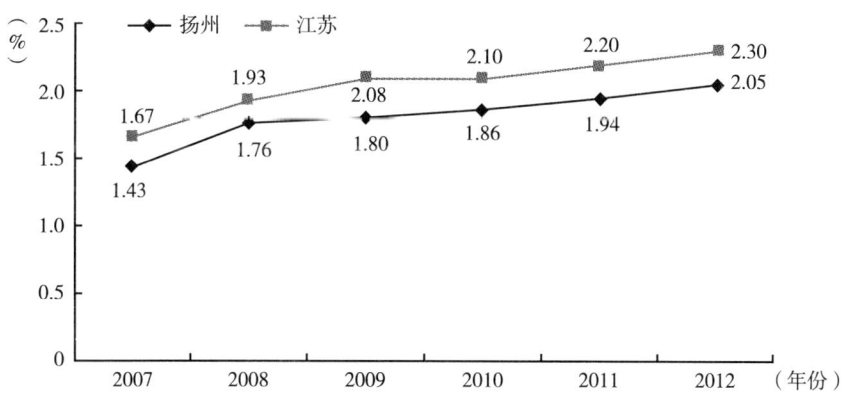

图1　扬州市与江苏省R&D经费占GDP比例

2. 人才投入

2012年扬州市每万人口中R&D人员为47.46人，比2011年增长了13.45

---

① R&D（research and development），即研究与发展，指在科学技术领域，为增加知识总量（包括人类文化和社会知识的总量）以及运用这些知识去创造新的应用而进行的系统的创造性活动。

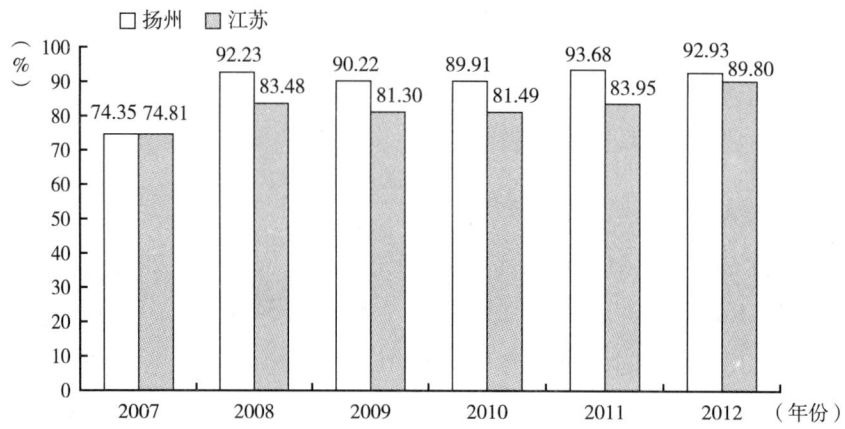

图 2　扬州市与江苏省企业研发经费占 R&D 的比重

人；2011 年扬州市企业 R&D 人员比重为 2.15%，低于全省平均水平 0.44 个百分点，位于苏中地区末位（见图 3、图 4）。扬州市创新人才投入水平低于全省平均水平，但整体发展趋势良好，为扬州创新能力的提升提供了较好的智力基础。

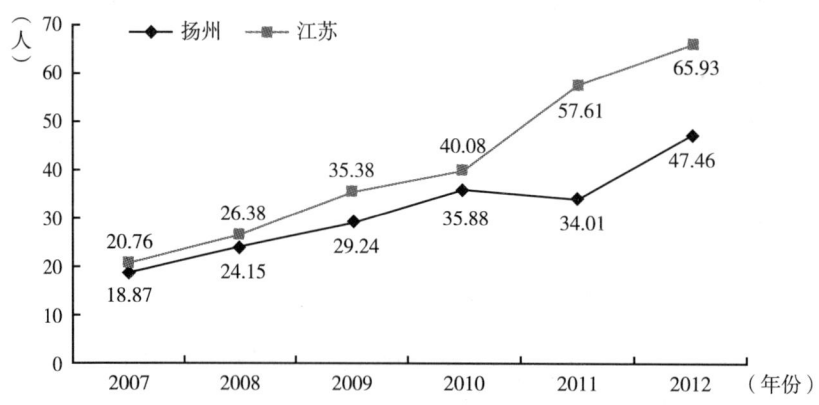

图 3　扬州市与江苏省每百万人口中 R&D 人员数量对比

3. 载体与平台投入

2013 年 10 月，扬州市省级以上高新区 1 家，国家级高新技术特色产业基地 8 家，高技术重点实验室 4 家，重大研发机构 2 家。从总体来看，扬州市创新载体和平台的规模与层次都低于全省平均水平，为了进一步强化扬州市重点

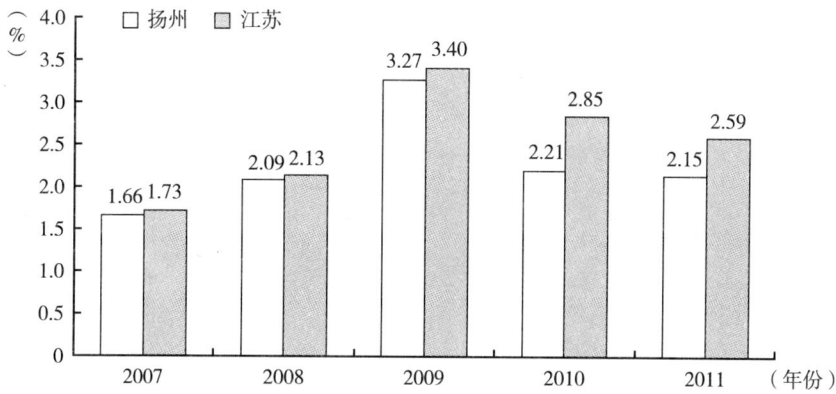

图 4　扬州市与江苏省企业 R&D 人员比重对比

产业研发活动的规模与层次以及对各项技术创新服务活动的支持力度,必须加快创新支撑条件建设,推动技术创新能力的全面升级。

(二)创新环境明显改善

1. 教育环境

2013 年扬州市高等学校数 8 家,与 2012 年持平,占全省高校总数的比例为 6.20%(见图 5),列苏中地区第一位,但其数量远远低于苏南地区城市,表明扬州市教育环境需进一步改善。

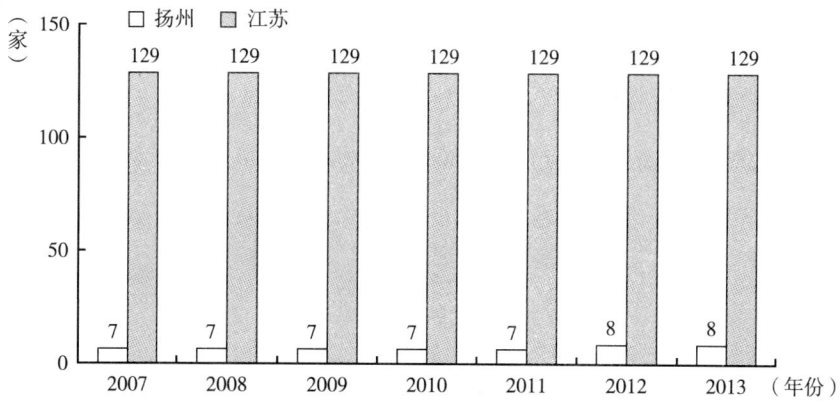

图 5　扬州市与江苏省高等学校数对比

2. 信息环境

2012年扬州市互联网用户占比为57.80%，比2011年增加0.41个百分点，位居苏中地区首位，全省第五位。2012年扬州市人均计费邮电业务总量为992.54元，比2011年减少48.69元，比全省平均水平低422.07元（见图6、图7）。这几项指标反映了扬州市拥有较多数量的信息工具，但是其信息传播消费水平却低于全省平均水平，表明扬州市没有充分利用信息优势，必须加快信息环境建设。扬州市创新环境低于江苏省平均水平，位居苏中地区上游水平。扬州创新环境正在逐步优化，但为科技创新活动提供的支撑条件必须进一步改善。

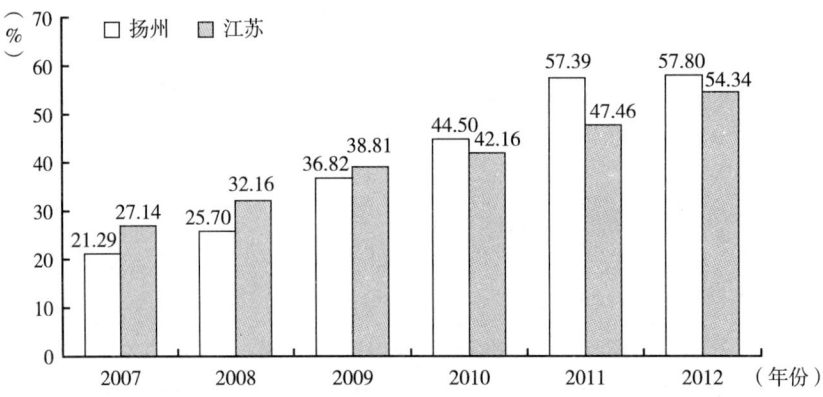

图6　扬州市与江苏省互联网用户占比

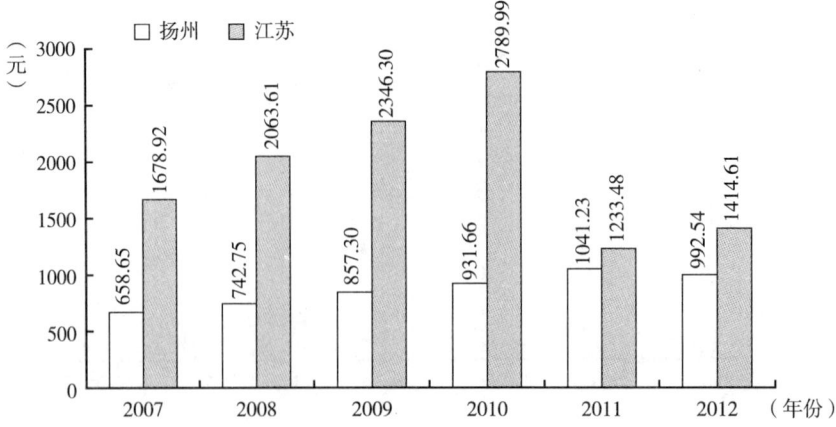

图7　扬州市与江苏省人均计费邮电业务总量对比

（三）创新绩效迅速提升

1. 知识产出

2013年1~6月，扬州市每亿元GDP专利授权数为2.27件，居苏中地区末位，低于全省平均水平1.86件（见图8）。但同比增长33.85%，比全省高14.82个百分点。每亿元GDP发明专利申请数为1.55件，位居苏中地区第二位，低于全省平均水平0.25件（见图9）。虽同比增长30.22%，但比全省低1.42个百分点。扬州市的知识产出能力低于全省水平，位居苏中地区中位。扬州市创新产出虽得到一定的优化，多项指标也有了一定的提高，但总体的知识生产能力与苏南相比还有差距。

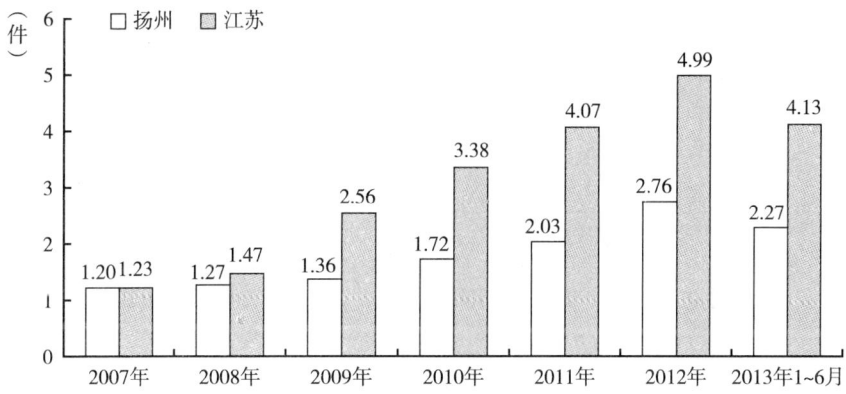

图8　扬州市与江苏省每亿元GDP专利授权数对比

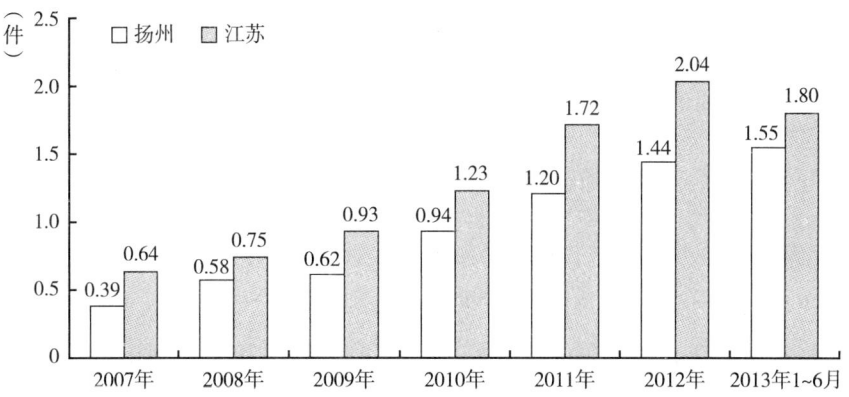

图9　扬州市与江苏省每亿元GDP发明专利申请数对比

2. 结构优化

2012年扬州市高新技术产业产值占工业产值的比重为43.9%，比2011年增加4个百分点，高于全省平均水平6.4个百分点，位居全省第三位。2013年1～9月，扬州市高新技术产业产值占工业产值的比重为41.89%，仍高于全省平均水平3.59个百分点，显示扬州本土高新技术企业的自主创新程度较高，具有较强的市场竞争力（见图10）。

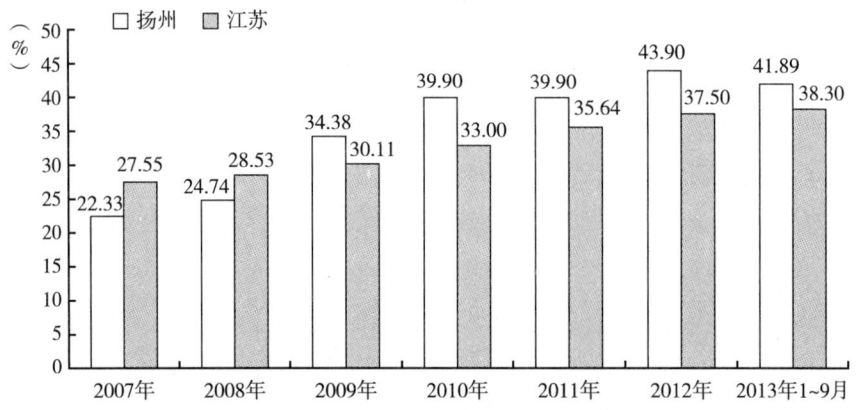

图10 扬州市与江苏省高新技术产业产值占工业产值的比重

二 扬州市创新能力建设中存在的突出问题

由上可知，扬州市创新能力建设仍有很大不足，与发达地区相比差距明显，主要表现如下。

（一）创新投入偏低，创新人才匮乏

近年来，扬州在科技投入上虽增幅较高，但投入总量仍然偏低。2012年，规模以上工业企业R&D的投入强度仅为0.83%，远低于国际上公认的标准：R&D经费占销售收入1%的企业难以生存，达到3%可以勉强维持，占5%以上的企业才有竞争能力。扬州市大中型工业企业的R&D投入强度也仅为0.93%。从销售收入10强的行业来看，投入强度最大的仪器仪表制造业也只

有 1.46%，过半的行业都没有超过 1%。同时有创新能力的高层次人才匮乏。2012 年科学家与工程师占科技活动人员的比重波动性偏大，整体水平偏低。规模以上工业企业研发人员中博士占 3.08%，硕士占 13.06%，本科占 55.03%。扬州院士、享受国务院特殊津贴人员等高层次领军人才数量均少于其他发达地区。R&D 活动人员占科技活动人员比重以及企业 R&D 活动人员占企业职工的比例，均列全省倒数第二。这使得扬州在激烈的国际竞争中，难以捕捉重大的发展机会。

（二）产学研合作不够紧密

2013 年 9 月，根据对企业的调查，与科研单位、高等院校有长期稳定合作关系的企业不到调查企业数的 30%。主要原因是，扬州的科研人员基本集中在科研院所，受学术导向影响，在研究方面长期重研究轻应用，研究方法基本上是从文献中寻找科研申请项目，难免脱离实际，不能满足经济社会发展需要，更不能及时转化成现实生产力。可以看出，扬州市比较忽视产学研一体化紧密合作，而发达地区的企业都非常重视产学研紧密合作。

（三）企业自主创新能力不强

扬州企业关键技术自给率低，研发设计和工艺技术以及主要行业的关键设备大多来自国外。2012 年，扬州授权专利总量中以实用新型和外观设计居多，发明专利占专利总量的比重仅为 22.2%。自 2000 年以来，扬州还未获得 1 项国家发明奖，2012 年国家科技进步奖也是空白，而 2011 年同期却有 6 项。自主知识产权尤其是发明专利不多，说明扬州以科技创新能力为基础的核心竞争力仍显不足。

（四）知识产权保护力度较弱

一方面，由于还缺乏自主创新能力，企业跟风仿效盛行，模仿多于创新产品，低水平重复与无序竞争现象突出。改革开放以来，扬州市产业层次的提升和主要技术水平的提高，有相当部分是靠港澳台与外商的技术引进和投资。另一方面，一些新发展起来的名牌企业不注意保护其知识产权，有些知

名品牌被境外抢注,为企业开发国际市场、创建国际品牌增加了障碍,提高了成本。

形成这些问题的原因主要如下。

1. 体制机制问题

由于对市场、企业的认识角度不同,部门之间缺乏协同一致和分工合作的机制,造成条块分割,资源分散,效率低下。经济政策和科技政策缺乏紧密的衔接,投资政策、产业政策、消费政策与科技政策不匹配。追求规模、速度的发展思路尚未真正改变,重国外品牌、轻自主创新产品,重引进、轻消化吸收再创新,重招商引资、轻招才引智,重要素投入、轻科技投入,重短期效益、轻长期积累。

2. 结构问题

近年来,扬州积极引进外资,实现了跨越发展,经济结构中外资比例较高。但当前最大的困惑也在外资,开放市场并没有换来核心技术,引进的大多是产业的中低端环节,外资通过挤压市场等方式,一定程度上压缩了本土产业的发展空间。如果过分依赖外资,扬州建立起来的产业体系就有可能长期固化在分工的最底层。因此,只有依靠本土企业提高自主创新能力才能真正掌握核心技术,提升产业竞争力。

3. 文化问题

扬州文化底蕴丰厚,其精髓是追求完美细致,办事稳重,但敢为人先、敢冒风险的创新意识不强。受这种文化的影响,扬州技能型人才较多,一流企业多,但缺少领袖型的企业和企业家。

三 加快扬州市创新能力建设的路径选择

针对扬州创新能力建设中存在的问题,我们从以下几方面提出加快扬州市创新能力建设的路径。

(一)营造有利的创新环境

区域的创新能力,不仅来自于企业的创新活动和研究机构的研发能力,而且更需要一个良好的创新环境，包括基础设施的硬环境、经济政策的软环境和创新发展的社会环境。当前，扬州市创新能力对经济发展的贡献与发达地区相比还有差距，关键就在于缺乏良好的创新体制和外部环境，造成创新主体不能及时有效整合区域内的要素资源，影响了创新的积极性。因此，扬州市提升创新能力应加强政府作用，为创新能力建设提供急需的创新环境。一是加大基础设施建设，营造创新硬环境。二是制定适合扬州产业发展特点的支持政策，营造创新的软环境，促进企业开展科技创新活动，加快高新技术产业的发展。三是培养创新文化精神，形成尊重知识、人才和鼓励创新的社会环境。四是按照优势互补、利益共享的原则，推动创新主体以及创新要素资源进行整合，实现产学研深度结合，促进各方力量相互作用，形成优势集成，增强整体创新优势。

（二）完善创新能力建设体系

在完善创新能力建设体系上，一方面要加快完善多元化的创新投入体系。建立一个以政府投入为引导，企业投入为主体，社会金融为支持，社会资金为补充的多渠道、多层次的投入体系。一是建立稳定的财政投入增长机制，确保创新能力建设投入增长速度高于财政收入增长速度。二是引导科研院所和企业加大科技创新投入，不断提高企业科技创新投入与销售收入的比例，鼓励企业通过基金、债券、股票等方式拓展社会资金来源，筹集科技创新研发经费。

另一方面，加快形成创新能力建设体系。一是加快建设一批知识创新基地，为高新技术产业和支柱产业的发展提供技术支撑。二是加快建设自主创新孵化体系，不断提高产业共性技术、关键技术的集成配套能力和工程化技术服务水平。三是加快建设各类中介机构，为科技创新和科研成果转化提供有效服务。四是加快建设技术市场体系，形成跨区域重大科研开发和产业化工程项目的合作和联合，实现优势互补，合作共赢。

（三）引导企业成为创新主体

从目前扬州来看，无论是国有企业还是民营企业，都缺乏创新主动性。因

此，要通过政策的引导，大力推动企业加大创新投入，积极开展创新工作，让企业真正成为研发投入、技术创新活动和创新成果应用的主体。一是出台一系列支持政策，鼓励和吸引企业加大研发投入，加快研发机构建设，进行科技创新活动。二是鼓励和支持企业成长做大，发挥企业在自主创新、发展高新技术产业中的生力军作用。三是完善综合服务体系，激发科技型中小企业创新活力，培育一批拥有自主知识产权、具有较强竞争力和影响力的知名品牌的自主创新型企业。

（四）完善知识产权保护制度

完善知识产权制度，是我国维护创新发展、促进人们知识创新的现实需要。知识产权制度是一种权利保护机制，保护人们的发明创造成果、工艺，是促进全社会形成创新与智力价值的基础条件。因此完善知识产权制度，首先要将鼓励创作和社会应用相结合。通过建立基本的知识产权制度，突出知识产权的社会经济价值，如企业或个人通过相关制度体现出知识产权的经济价值、社会价值以及政治价值等，尤其是在经济领域要将知识产权作为重要的资产形式列入经济效益考察。其次，加强对具有知识产权的商品的支持力度。知识产权推动部门、支持部门，要加大对自主创新产品的支持力度，在政府采购上要尽量选择自主创新的产品，同时给予使用自主创新产品的企业或者买方一定的优惠政策。最后，建立规范的知识产权服务制度。一是加强知识产权公共信息服务。国家相关部门要为知识产权信息建设提供必要的资金、场所等，加快信息网络建设速度。对于一些具有经济价值的信息可以实现营利性经营，促进信息使用的公平性。二是约束知识产权服务中介部门。三是加大知识产权工作人员的服务力度，建立知识产权法律实施日常监督和重点检查相结合的机制。重点查处一些重要的、有影响的知识产权侵权大案，及时有效地处理知识产权侵权和纠纷案件。

（五）建设高素质创新人才队伍

创新能力的发展离不开人才的支持，任何形式的创新最基本的要求是人才队伍。创新来源于人的创新意识，当前扬州应围绕自身产业发展特点，全面实施人才强市战略，完善人才激励机制，积极引进高端人才队伍，完善人才结构。首先，制定以具有专业技能和创新能力为中心、以高端人才引进为重点的人才战略，通过一系列的措施培养综合职业技能强的专业人才，尤其是培养一批具有创新能力的人才队伍。其次，创造良好的政策环境，建造科技示范园、人才楼等为创新人才提供必要的发展场地，为他们的创新提供政策支持。最后，深化产权分配制度改革，积极推行知识产权人格化、人力资源资本化，进一步完善人才动态调控、评价机制，制定相应的激励保证政策，不拘一格地选拔人才、使用人才，形成人才竞争机制，让创新人才成为创新利益主体，充分释放创新活力。

（六）培养创新文化

创新文化是一个地方价值观的直接表现，要培养创新意识，就要加强创新文化的建设，形成鼓励创新的价值观，这包含创业精神、勇往直前、不怕吃苦、敢于面对的创新文化。所以我们要大力宣传、积极倡导自主创新的文化，大力提倡开拓进取、勇于拼搏、不断创新的氛围，构筑起自主创新的人文环境。实现传统与现代的结合，培养与树立具有扬州特色的地域创新文化。努力构建倡导创新的价值体系，使自主创新成为一种精神、一种品质、一种风尚，为自主创新奠定最广泛、最坚实的社会人文基础。为群众创新提供良好的创业环境，大力宣传与引导群众参与创新文化建设，提高全市的创业积极性，进一步激发全社会的创造活力。创新科普教育的形式、内容与载体，广泛宣传科学思想、科学精神、科技知识和科技工作的典型经验，加强科学技术普及，全面提高公众科学素养和全民科技意识，夯实自主创新的基础。

参考文献

2008~2013 年《扬州统计年鉴》。
2008~2013 年《江苏统计年鉴》。

刘建军、吴映梅：《云南省区域创新能力建设对策研究》，《周口师范学院学报》2011年第1期。

孙亚范：《区域科技创新能力建设与提升研究》，《扬州大学学报》（人文社会科学版）2011年第3期。

胡艺：《武汉城市圈区域创新能力建设研究》，《武汉大学学报》（哲学社会科学版）2013年第1期。

B.7 扬州企业自主创新发展对策研究

赵宽安 章世华 李晖 孙颖*

摘　要：

企业自主创新发展是扬州发展创新型经济、建设创新型城市的核心关键，是实施创新驱动战略的突破口，是实现"两个率先"和建设世界名城的经济基础。本文梳理了企业自主创新能力提升的内涵及其影响因素，分析了扬州市企业自主创新能力的现状和不足，最后提出了企业自主创新能力提升的具体路径。

关键词：

企业　创新　对策

近年来，扬州市加快发展创新型经济、建设创新型城市，基本产业、战略性新兴产业和基地型产业发展迅速，经济发展进入快车道。但是与发达国家和国内先进城市相比，扬州市工业企业自主创新能力依然偏低，区域自主创新能力与经济发展需求不相适应。当前，在国内转变经济发展方式和国际经济复苏缓慢的双重压力下，如何通过提升区域自主创新能力，实现扬州市经济发展方式从要素驱动、投资驱动转化为创新驱动的发展模式，是政府和企业面临的战略性课题。

一　扬州企业自主创新现状

近年来，市委市政府提出了"发展创新型经济、建设创新型城市"的目

---

* 赵宽安，扬州市经济和信息化委员会党组成员、副主任；章世华，扬州市经济和信息化委员会科技与质量处处长；李晖，扬州市经济和信息化委员会科技与质量处副主任科员；孙颖，扬州市经济和信息化委员会科技与质量处副主任科员。

标，制定出台了"8631"科技行动计划，实施了千企创新升级工程，组织了全市企业创新发展大会和全国重要城市"科技创新·产业合作"推介会等系列活动，全社会创新创业创造的热情得到充分激发，各类创新资源加速集聚，企业自主创新能力明显提升。

1. 创新投入日渐加大

企业投入主导创新。2012 年，全市规模以上企业研发投入达到 57.44 亿元，研发人员达到 21760 人，实施的科技项目达到 2415 项，分别较 2010 年末增长了 45%、17.6% 和 25%。2012 年全市工业技术改造投资达 429.6 亿元，其中在建总投资亿元以上技改项目 244 项，分别较 2010 年度增长 20.3%、16.8%；技术设备投资占项目固定资产投资比重达 65% 以上；设备抵扣税额 17.41 亿元，较 2010 年度增长 38%。政府投入引导创新。市政府出台了培育科技创新型企业专项，八大产业振兴及补充政策专项，汽车、机械产业加快发展专项引导资金等一系列扶持政策，涉及企业做大做强、技术改造、研发创新、人才培养、载体建设等方面，财政科技支出占一般预算支出自 2009 年来大幅提升，2012 年度全市财政科技投入达 8.99 亿元，占一般预算比重为 4%，超过全省平均水平 0.4 个百分点。金融投入助力创新。资金是制约企业特别是中小企业创新发展的重要环节，近年来扬州市开展一系列活动切实解决企业融资难、融资贵问题，每年组织企业与金融机构签订贷款合作协议超过 100 亿元。针对小微企业融资问题，出台了《关于进一步改善当前小型微型企业融资环境的政策意见》，组织开展"千户企业百日行"活动，建立了 5 亿元的资金池，2012 年度全市有 2500 多家小微企业获得贷款近 74 亿元。在全省建成首家市级中小企业服务大厅，创办中小企业金融超市，帮助 36 家企业获得 2 亿多元贷款。

2. 创新方式日趋多样

企业研发机构成为企业自主创新的重要载体。截止到 2012 年底，全市累计拥有市级以上"两站三中心"1408 家，其中省级以上 304 家，国家级 19 家，分别是 2010 年的 2.4 倍、1.8 倍、1.1 倍，2012 年度规模以上企业研发机构经费投入达 51 亿元，占企业研发投入比重为 89%。产学研合作成为企业自主创新的重要手段。"十一五"以来，通过在北京、上海、西安等全国科技资源密集城市开展"科技创新·产业合作"活动，累计签订产学研合作项目600余项，组建技术创新联盟800余家。技术引进和改造成为企业自主创新的重要途径。2012年，全市规模以上企业引进国外技术经费达1.3亿元、购买国内技术经费达6981万元，分别较2010年度增长43%、22.8%。2009年以来，扬州市企业技改投入年均增长18%，高出同期工业增加值，年均增幅两个百分点，企业累计实施重大技改项目420项，其中属于"高新技术产业化、高新技术改造传统产业"的"双高型"项目230项，比重达55%。信息化成为企业自主创新的重要支撑。截至目前，扬州市获批省级两化融合示范试验区5家，两化融合服务产业示范园2家，省级两化融合示范试点企业130家。2012年，全市企业利用互联网发布和获取信息比例达到71.2%，企业成套设备信息化率达到35.3%，传统产业整机产品信息化率达到35.1%，企业信息技术应用率达74.9%，电子商务应用率达46.6%。

3. 创新产出日显丰盛

高新产业快速发展。2012年高新技术产业实现产值3194亿元，占规模以上工业产值比重达43.5%，较上年提高0.7个百分点。到2012年底，全市拥有国家高新技术企业387家，较2010年增加213家。知识产出爆发增长。2012年，全市专利申请数、授权数分别为18996件、8091件，同比分别增长31.4%、51.4%，其中发明专利申请数、授权数分别为4222件、482件，同比分别增长34%、70%，拥有省级以上品牌数484个，其中国家级品牌48个，较2010年分别增加126件、13件。科技成果硕果累累。近三年来累计获批省级以上科学技术进步奖55项，主持或参与国家标准制定39项，获省级以上立项资助各类科技项目383项。2012年规模以上企业新产品产值830亿元，销售达794亿元，产销率达96%。技术产品不断创新。宝胜科技的"第三代（AP1000）核电用电缆及关键材料的研发与产业化"、亚星客车的"超级电容纯电动城市客车开发与产业化"等一批关键核心技术得以攻克，一批重大高新技术产品得以开发并产业化。

4. 创新支撑日益增强

创新规划进一步完善。围绕推进企业自主创新发展，不断加强规划引领，先后制定出台《扬州市工业经济"十二五"发展规划》《扬州市工业科技创新

"十二五"发展规划》等中长期规划;同时围绕上述规划,制定出台了发展创新型经济要点、创新载体建设行动计划、工业"四大战略"实施工作要点、加强企业人才引进和培养工作意见等20多个意见和行动计划,形成了支持企业自主创新的一套完整的规划体系。培育机制进一步健全。实施了"千企创新升级"行动计划,制定出《千企创新升级评价管理办法》,开发出"千企创新升级评价管理系统",在全市范围内开展遴选评价,对符合条件的企业给予政策奖励、人才培养、两化融合等多维度全方位扶持。近四年来,累计认定市级创新型企业521家,市级创新型试点企业967家。人才战略进一步深化。近年来,通过启动实施"绿扬金凤计划",已资助100名领军人才和135名优秀博士人才超过6000万元,带动项目投资资金4亿多元,引进专利1000多项,其中发明专利500多项,带动引进高层次人才2000多名。截至目前,扬州市累计吸引38名国家"千人计划"专家落户,140名创业创新人才入选"江苏省高层次创新创业人才引进计划",86名企业博士入选省"企业博士集聚计划",2个科技团队共6人入选省"创新团队",累计获得省财政资金资助过亿元。平台建设进一步推进。目前全市开工建设科技产业综合体200多万平方米,十大开发园区均建立省级以上高新技术创业服务中心,获批省级以上产业基地(特色产业园)超过50个,其中国家级基地8个。国家光电检测重点实验室、国家洗漱用品检验中心、中科院扬州应用技术研发和产业化中心、江苏数控机床研究院、南大光电研究院和化工研究院等一批高水平的区域性公共研发和检测平台发挥着积极作用,江苏(扬州)航空产业园、省光电仪器计量中心、国家液压元件质量监督检验中心、东南大学扬州研究院等一批载体平台正在加快建设。

二 扬州企业自主创新存在的主要问题

近几年来,扬州市企业自主创新能力逐年提升,但与先进城市相比,创新总体水平还存在差距,主要表现在以下几方面。

一是研发投入力度还不够大。2011年,全社会研发投入占GDP比重、企业研发投入占销售收入的比重分别为1.86%和0.7%,均列全省第8位,分别比省平均水平低 0.24 和 0.07 个百分点。2012 年两项指标为 1.95% 和 0.76%，略有提高，均未完成年度目标。

二是企业创新的主体意识还不强，内生动力不足，具有较强核心竞争能力的企业偏少。企业研发机构覆盖不够，规模以上企业中建有研发机构的不足 40%，获得市级以上认定的仅 20% 左右，关键技术研发实质性突破少，在宏观经济形势不利的情况下，缺少应对的能力和手段。

三是创新产出效益不高，不少企业产品过时、设备老化、工艺落后。2012 年度规模以上企业新产品产值占规模以上企业产值的 11.3%，在当前复杂经济形势下，难以实现创新发展的良性循环。

四是企业创新制度尚不健全。部分企业对创新投入缺乏稳定机制，2012 年全市规模以上企业引进技术的消化吸收经费支出 0.57 亿元，较 2010 年下降 43.4%；创新激励制度缺乏有力保障，对创新过程缺乏风险控制体系，缺乏明晰的创新发展战略目标。

五是公共平台建设成效不明显，平台发展速度不快、运行机制不活、业务范围狭窄、专业技术人员较为缺乏，为企业提供的专业技术服务手段不多，目前做得好的主要是检验检测服务。

六是引导和促进企业自主创新的方法手段需进一步强化和改进，工作机制还需进一步创新，探索更加符合当前经济发展形势、更加行之有效的支持引导手段。

三　扬州企业自主创新的对策建议

推进企业自主创新发展，政府需要进一步深化科技体制改革，加快建立以企业为主体、市场为导向、产学研相结合的技术创新体系，使企业不仅成为科技成果产业化的主体，更要成为技术研发和创新的主体。企业创新投入不断增加，创新能力不断增强，创新成果大量涌现，创新人才大量集聚，创新文化充满活力，创新成效充分显现。

1. 加强人才队伍建设，形成核心支撑力

深入贯彻落实市委市政府"1111"人才发展工程，进一步制定具有比较

优势的人才政策和相关实施细则,在企业研发人才住房保障、生活补贴、创业支持、在职培训等方面加大财政奖励扶持力度,增强政策的震撼力、影响力和吸引力。深入推进实施扬州市"绿扬金凤引才计划",围绕重点产业发展方向,瞄准企业研发人才需求,有针对性地开展各类境内外招才引智活动,重点引进掌握核心技术、拥有研发能力、带动企业发展的各类创新人才和创新团队,不断提升引才工作针对性和命中率。积极探索企业人才培养的新形式、新思路、新方法,以培养创新型企业人才队伍为目标,在全市范围内培育100名具有世界眼光和战略思维能力、自主创新能力的领军人才。指导和帮助企业构建长效培训体系,加快培养一批知识技能型、技术技能型、复合技能型企业技术研发人才,全面提升企业人才的整体素质,推动企业研发能力从根本上得到提升。

2. 加大研发经费投入,形成关键支撑力

大力建设以企业投入为主体、财政投入为保障、社会投入为支撑的适应企业需求的多层次、多渠道、全方位的研发经费投入新体系。引导企业加大研发投入力度,将研发机构投入纳入年度预算,并建立稳定的投入增长机制,鼓励有条件的企业建立与研发成果挂钩的薪酬制度,按不低于销售收入的0.6%设立人才发展专项资金,进一步激发科研人员技术创新的积极性。力争到2015年,全市国家高新技术企业和省级以上创新型企业研发投入占销售收入比重都达到3%,大中型工业企业和市级创新型企业分别达到2%和1.8%,全市企业平均达到1%。加大财政科技投入力度,围绕国家和省近期出台的稳定经济增长的各类政策,进一步整合、修订、补充、完善扬州已经出台的奖励扶持政策,加大财政科技投入对企业研发机构建设的扶持力度,保证财政科技支出增幅不低于全市一般预算收入增幅,到2015年,全市财政科技支出占一般预算支出比例超过4%。鼓励多元化投入,鼓励社会资本加大对企业研发机构投入力度,加快引进创投、风投机构,大力支持保险公司、证券公司依法依规开展创投、风投业务,大力引进发展科技保险和知识产权质押融资,鼓励和引导个人、民间组织和非营利性机构对企业研发机构建设的投入。

3. 强化科研设施建设,形成基础支撑力

围绕扬州产业实际和企业创新发展的需求,加大科研设施建设力度。在全市各地规划建设一批以集聚研发资源、开展研发活动、转化研发成果为目的的科技产业综合体,为全市企业提供研发、检测、培训教育、技术交易、信息查询、管理咨询、创业辅导、人才开发以及科技金融等全方位服务。到 2015 年底,全市科技产业综合体建成 300 万平方米以上,累计招引入驻企业 2000 家以上,新培育高新技术企业、创新型企业 100 家,累计实现销售收入 400 亿元,专利及软件著作权申请量达 5000 件以上。鼓励各地围绕自身产业特色和发展方向,加快发展技术交易、专业检测机构、专利代理、人才培训、管理咨询、网络信息及人力资源开发等中介服务机构,加快推进政府主导的公共技术服务、科研成果转化、科技资源共享、科技投融资、行业协作等"五大平台"建设,从基础设施上最大限度地满足企业研发需求、解决企业研发难题。以提升企业自主创新能力为核心,以"有人员、有场地、有投入、有装备、有特色业务"为基本要求,鼓励和引导企业采取企业自建、合作共建等多种方式,建设研发中心、检测中心、设计中心、中试基地等各类研发机构,购置添加一流的研发检测设备,建立健全一流的研发实验条件,吸引培养一流的研发设计人才,探索完善一流的管理运行机制,持续产出一流的重大创新成果,夯实企业创新基础。

4. 创新理念制度文化,形成环境支撑力

积极培育创新精神,拓宽创新思路,形成创新氛围,孕育创新体系,以"原创、自由、协作、支撑、激励、开放"为宗旨,大力构建具有高文化势能、高辐射力、高影响力的创新文化。根据不同产业、不同行业、不同企业的特点、性质和要求,大力构建层次分明、特色明确、优势互补的企业创新文化体系,充分发挥舆论导向作用,加强对企业优秀研发创新人物和典型事迹的宣传表彰,大力培育和倡导敢为人先、敢冒风险、敢于创新、敢于竞争、宽容失败的企业创新文化,为企业自主创新提供强大精神动力。着力推动扬州文化资源优势向企业资源优势转变,建立文化和企业双向互动的创新路径,为企业研发能力提升和创新发展提供文化动力。

5. 推进产学研用结合,形成外智支撑力

大力推广"以企业为主体、市场为导向、科研院所为支撑的产学研用相结合"的合作理念,充分发挥企业的创新主体作用,引导科研院所转变合作理念，将市场需求作为技术创新的出发点和落脚点，鼓励用户直接参与产学研合作，减少技术创新的盲目性，缩短新产品研发销售周期，有效降低技术研发的风险和成本，形成产学研用风险共担、成果共创、利益共享的新型合作模式。鼓励科研院所和企业通过"双向进入"、联合经营等方式，组建新型科技型企业和研发机构，实现从产品研究开发合作向人才培养、企业战略、市场研究等全方位合作，使科研成果能够面向市场有的放矢，使企业得到技术创新的支持与保证，在市场竞争中占据主动，同时培养一批有市场意识的科学家和有科技创新意识的企业家，从根本上支撑企业创新能力提升。

6. 强化部门协调推进，形成服务支撑力

统筹发改、经信、科技、人社、科协、教育等相关部门，定期召开企业自主创新推进工作联席会议，加强工作协调，形成各部门各司其职、全市一盘棋的企业自主创新推进工作局面。重点针对"两站三中心"等研发机构的特点和建设重点，充分发挥部门优势，研究制定并推进实施全市研发机构建设规划，指导企业有所侧重地开展研发机构建设，及时发现、及时解决、及时总结研发机构建设过程中存在的问题，坚决杜绝多头管理、资源分散、重复建设，坚决反对在创建国家、省级研发机构过程中弄虚作假，将企业研发机构建设作为企业创新能力提升的基础性事业来抓，确保监管得力、服务到位、成效明显。

B.8 扬州科技综合体建设策略研究

扬州市人大教科文卫工委课题组[*]

摘 要：

科技综合体是一个源于城市综合体的科技创新载体建设的新概念。本文通过理论研究及扬州现状分析，厘清科技综合体建设的目标、内涵，探讨了建设标准、营运管理等问题，探索加快科技综合体建设的有效途径，打造科技综合体品牌效应，促进扬州科技创新发展。

关键词：

科技综合体 科技创新 发展策略

科技综合体建设是科技发展载体建设的一个重要组成部分，是高新科技创业服务平台的一个升级版。2011年左右在一些大型企业的项目设计中开始提出这一名词，在实践中多数是指在地产项目开发中注入科技的元素与功能，科技综合体是为科技创新服务的综合性物业。它以政府为主导，企业为主体，市场需求为导向，依托特定的产业或产业集群而建立，可以提供科技研发、科技孵化、成果转化、技术交易、科技金融、生活保障等围绕科技创新研究发展的服务功能，并有三项以上功能组合，且建立起相互依存、相互助益的能动关系，从而形成多功能、高效率的综合性物业。2012年初始，扬州市各县（市、区）规划并启动建设科技综合体15个，规划建设面积达90万平方米，开创了以政府为主导形式的科技创新综合体建设。

一 建设科技综合体对推动扬州科技创新发展的现实意义

当前制约科学技术自主创新的体制性、机制性障碍不仅存在于科技领域，

---

[*] 课题组负责人：孙建成。课题组成员：金爱民、江晓昀（执笔）、晁雨。

更多的、更主要的是来自经济和社会领域。实现经济发展方式转变,使经济发展由资源驱动向创新驱动转变,必须综合推进科技、经济和社会领域的体制机制改革创新。在这样的科技创新发展社会背景下,科技综合体这一概念应运而生,搭建起企业(机构)与市场之间的桥梁,是打破体制性、机制性障碍的一种尝试,有利于更加尊重市场规律,更好地发挥政府作用,对推动科技创新发展,加快经济结构转型具有十分重要的意义。

扬州是一座具有2500年历史的历史文化名城,创新与发展一直都是城市保持活力的源泉。随着科学技术的发展,信息交流方式的改变,交通运输形式的多样化,扬州历史形成的水上通衢优势在逐渐失去。21世纪以来,科学技术尤其是计算机网络技术、电子信息技术的飞速发展,使得手机、计算机等昂贵的奢侈品步入寻常百姓家,成为我们生活的必需品,科学技术在一定程度上也改变着我们的生活方式,改变着我们的思维与文化。近年来,市政府紧紧围绕"发展创新型经济、建设创新型城市"和"创新扬州"目标,强势推进各类科技创新载体建设,在基础设施、服务功能、服务质量以及推动产业集聚等方面取得了明显成效。但是,从提升区域创新能力、促进成果孵化转化、推动企业做大做强的目标要求来看,还存在一些需要解决的问题。总体上看,绝大多数载体还缺乏足够的产业定位和长远规划,需要进一步完善全市科技创新载体布局和发展规划。同时,全市各类科技创新载体总体上存在着层次偏低、规模偏小、种类偏少、支撑产业不足等问题,需要进一步提升重大科技创新载体能力和水平。创新载体还存在着重硬件建设、轻服务能力建设的现象,链接与整合社会资源的能力还不够强,整体服务水准及专业化程度还不够高,现有服务能力和水平还不能满足为企业深层次服务的需要等,需要进一步增强科技创新载体的服务功能。这些科技创新中的不足,已成为制约扬州市科技创新发展的瓶颈。如何打破这一瓶颈,取得突破性进展,不仅要深刻认识并牢固确立"经济发展关键在科技,科技发展关键在创新"的现代发展理念,更重要的是,要在推动科技创新实践中采取切实有效的措施落实这些理念。

二 扬州科技综合体品牌建设发展的现实基础

2012年11月,市政府印发了《关于加快建设科技产业综合体,推进企业人才加速集聚的意见》，进一步加强扬州市科技创新载体建设。12月市委六届四次全会明确提出，全面推动以政府可控资金投入为主的市区"三区"、经济技术开发区各20万平方米，宝应、高邮、仪征各10万平方米以上专业化、特色化科技产业综合体建设。按照以上目标，全市各地以汽车、机械装备、软件及信息服务业、食品安全检测和科技金融等为重点领域，采取有力措施加以推进，全面加快建设科技产业综合体。

（一）扬州科技综合体建设成效已逐步显现

1. 基础设施建设粗具规模

截至2013年9月底，科技产业综合体建设已累计投入超过资金20亿元，其中政府投入资金14亿元，开工建设面积200万平方米，建成120万平方米。广陵信息产业基地、西安交大科技园、甘泉生态科技园等科技产业综合体的市政配套、景观绿化、孵化器、人才公寓等建设工程已粗具规模（见表1）。

表1　扬州科技综合体投资与营运情况（截至2013年9月底）

项目名称		建设进度	投资主体	营运情况
宝应科技园		规划建设27万平方米，已建成15.2万平方米	宝应县开发区预计投入6亿元	开发区招商、管理
高邮一体三园	创业中心	占地90亩，厂房5.8万平方米、人才公寓1.2万平方米已完工，科研大楼1.5万平方米已施工，2013年9月完成	高邮经济开发区投入1.5亿元	开发园区招商、管理
	技术转移中心	规划建设6.5万平方米，其中2.5万平方米科技创业大厦已竣工，国际技术村和文化餐饮配套中心拟开工	民资投入	扬州矽太高凯科技有限公司管理
	食品成果转化基地	正在规划设计，4月底已开工	南工大委托投资建设	康正生物科技公司
仪征和融科技产业		占地62亩，3.6万平方米，配套服务区占地91.5亩，21万平方米	和融科技企业	商业住宅
仪征大众广场		占地72.6亩，规划16万平方米	招商中	经济开发区、新建产业园区
江都软件产业		面积21万平方米，其中研发中心6万平方米已装潢，科技大厦4万平方米已投入使用，人才公寓3万平方米、孵化器4万平方米、加速器1万平方米正在建设	江都沿江开发总公司委托开发商建设	民营公司管理

续表

项目名称	建设进度	投资主体	营运情况
江都天雨环保节能	主楼20层3万平方米已封顶,产业孵化区8万平方米已投入运营	集团投资1.16亿元	天雨集团管理
邗江联创扬州软件园	计划占地350亩,规划46万平方米,20万平方米左右用于研发,7万平方米商用,住宅17万平方米。已开工	南京联创科技集团有限公司投入,预计1期投入30亿元	联创公司负责研发公司的运营及园区招商、住宅销售
邗江甘泉生态科技园	一期10万平方米厂房已建成,食宿等生活配套工程正在推进	总投资10亿元,科技园投入,二期180亩后期服务、配套设施引入社会资本投资建设	科技园招商
邗江中科院扬州中心扩容升级项目	占地100亩,25万平方米研发孵化用地及部分住宅、商用。已开工	扬州恒通公司预计投入约12亿元	除企业自主招商外,政府以优惠价购买部分研发及商业用于招商、运营
广陵经济开发区加速器	10万平方米,已建好4栋3.2万平方米	开发区计划投资3.5亿元	市场化运作
广陵交通银行金融服务中心	已完成一期桩基,总计26万平方米	交通银行总投入20亿元,预计1期投入10亿元	交通银行自用,部分商用
广陵食品科技园	占地71.7亩,总面积21万平方米,预计年内完成9万平方米,2015年12月竣工,包括科研、检验、展销、投资服务中心等	总投资11.8亿元,由食品工业园下属公司(鼎兴开发)主投,并吸引民资进入	食品科技园主营,民资加盟开发,以合资、合作等形式合作
广陵信息产业基地二期	二期占地110亩,建筑面积18万平方米	由扬州泰达作为投资主体,二期投资6亿元	信息产业园运营商
经济开发区	占地250亩,规划30万平方米,一期占地125亩13.6万平方米(研发办公4万平方米、产业孵化7万平方米及商住配套2.6万平方米),已建成	开发区一期已投入6亿元	由开发区、西安交大科技园发展有限公司共同运营
经济开发区扬州智谷科技	6月已开工,总计50万平方米,加快建成10万平方米	开发区投资6亿元	开发区与浙大网新科技股份合作运营

2. 创新创业服务体系初步构建

从表2可以看出,目前已建成的科技产业综合体不断加大科技招商力度,加快构建专业技术支撑平台、科技金融服务平台和综合公共服务平台,引进各类风险创投基金和科技、法律、金融、税务、知识产权等多家中介服务机构,提供相关专业服务,努力打造高质量创新创业环境。

表2 扬州市科技综合体项目发展情况（截至2013年9月底）

项目名称		主要内容及发展方向	项目入驻情况	所在地产业集聚情况
宝应科技园		重点引进高新技术项目,培养优秀企业家,打造"科技园、软件园和中小企业孵化园"三园一体,集科研、生产、商务办公、娱乐会所、人才公寓等于一体的现代化创业高新科技园区	3家,分别为石油机械、高铁零部件、钢管制造,多家项目在谈	宝应经济开发区北区,新建产业园区
高邮一体三园	创业中心	主要发展"三新"产业和软件信息服务业,推进"政产学研金"合作一体化,建立科技创新公共服务平台、技术创新战略联盟,重点发展产业研究院、人才引进培育基地、科技金融发展中心	高邮经济开发区,高新技术	高邮经济开发区,高新技术
	技术转移中心	高新技术转移、科技企业孵化与高层次科技创新人才引进	高邮经济开发区,高新技术	高邮经济开发区,高新技术
	食品成果转化基地	以食品安全监测技术开发为核心的生命健康产业化基地	高邮经济开发区,高新技术	高邮经济开发区,高新技术
仪征和融科技产业		主要建设服务业外包、软件研发、系统集成、三网融合及配套商业用房和专家公寓	暂无	仪征经济开发区,新建产业园区
仪征大众广场		汽车工业园区办公用地,吸纳汽车产业相关企业	暂无	汽车园,邻近大众汽车
江都软件产业		发展软件与信息服务业,打造苏中软件研发基地	惠普公司分中心等已有17家企业入驻	江都经济开发区,软件信息业
江都天雨环保节能		建设环保节能科技产业园,为地方环保设备制造业集聚区升级	自用为主	仙城工业园,环保设备制造
邗江联创扬州软件园		联创公司扬州软件研发基地,软件研发、服务外包	自用为主	邗江经济开发区,新建产业园区
邗江甘泉生态科技园		集开发、实验、孵化等为一体,吸纳科技型企业的科技孵化器和加速器	3家企业入驻,8家登记,多家在洽谈	原维扬经济开发区,机械、电子设备制造、研发
邗江中科院扬州中心扩容升级项目		智能装备和新兴产业研发孵化	暂无	邗江经济开发区智能装备科技城,智能装备
广陵经济开发区加速器		液压装备产业链,加速原开发区内科技高成长中小型企业做大做强	已有意向企业近10家,多家洽谈中	广陵产业园/液压装备、机械制造
广陵交通银行金融服务中心		金融、数据处理等现代服务业	交通银行自用为主	广陵新城京杭路以东,新建产业园区

续表

项目名称	主要内容及发展方向	项目入驻情况	所在地产业集聚情况
广陵食品科技园	基于食品工业园区发展,食品科技研发、检验检测相关企业	扬州质监局食品检测中心等3个项目已落户,多家企业洽谈中	食品工业园/食品生产
广陵信息产业基地二期	软件、数据处理等软件和信息服务业	腾讯、江苏联通等一大批项目入驻,入驻率达80%	广陵新城信息产业园,信息产业、软件研发等
经济开发区	智能电网、快速成型研究,建设产学研合作示范基地	20多家入驻,40多家拟入驻	邻江海学院,科技创新企业
经济开发区扬州智谷科技	发展软件信息、科技服务	暂无	扬子江路186号,软件信息、科研

3. 孵化企业初见成效

科技产业综合体在集聚高科技创新企业上取得突破,通过提供研发、生产、经营的场地,通信、网络与办公等方面的共享设施,不断优化孵化环境和条件,促进高新技术成果转化,孵化科技型企业和创业企业。截至目前,已入驻孵化企业130家,转化科技成果200多项,形成产值10亿元,另外还有50多家企业正在洽谈入驻。

4. 引进科技人才初具影响

科技产业综合体有效集聚各类创新资源,尤其是高层次人才。截至目前,引进各类创新创业人才150余人,其中国家"千人计划"人才9人,省"双创"人才、市"绿扬金凤"人才30人。

(二)扬州科技综合体建设存在的问题与不足

1. 科技综合体概念不清晰,建设管理目标有待细化

目前扬州市已出台了关于加快建设科技产业综合体的相关文件,但是由于缺乏具体标准、建设规范、考评细则,部分园区科研、生活配套所占比例和功能定位等不明确,科技创新方向不清晰。

2. 科技含量不足,市场贡献率有待提高

部分园区首先进行标准化厂房建设,因配套设施不足,对高科技企业、院所的吸引力不足，入驻企业与当地产业集聚的特点及产业发展的关联性不大。综合体内普遍存在技术交易、专业检测、专利代理、人才培训等技术服务机构数量少、规模小、科技服务功能不强的问题。同时，因综合体建设时间较短，对全市财政税收增长、就业水平提高的贡献尚未显现。部分以政府投资为主的科技产业综合体内科技型企业入驻数量不足，建设资金和招商压力较大，部分科技产业综合体对于建成后如何运营思路不明晰，对如何与市场对接尚无明确规划。

3. 基建速度较快，但建管机制与此不匹配

从调研的情况看，全市科技综合体建设用一半的时间完成了全部基础设施的93.6%以上，但建管机制尚未健全，功能作用发挥不足。2013年初，扬州市科技产业综合体建设牵头部门从市经济和信息化委员会改为市科技局，其作用发挥还有一个调整、优化的过程。联席会议功能发挥还不充分，对科技产业综合体建设合力推进不足。在已建成的综合体中，管理手段比较单一，政府主导、企业主体的作用发挥不明显，在土地规范使用上也需要更加有力的监管。部分企业反映，相关产业政策、科技创新政策的实施细则宣传以及执行均有不到位的。

4. 高端人才缺乏，引进工作有待加强

扬州市科技综合实力在全国乃至省内区位优势不明显，高层次创新人才招引难度较大。综合体内虽然已经吸引了一批高校和科研院所合作，但真正留在扬州、为本土企业发挥作用的高端人才还不多。企业研发人才特别是高层次科技创新人才匮乏，已经成为扬州市科技产业综合体建设的一个重大"瓶颈"，同时科研"蓝领"缺乏也是科研成果转化升级的一个制约因素。

三 打造扬州科技综合体的建议

科技产业综合体投入巨大，涉及面宽，对于扬州市加强产业集聚、优化科技资源布局、加快科技创新型城市建设意义重大，作用明显。建议政府在下一步工作中，要深入贯彻全市科技创新大会精神，坚持"政府为主导、企业为主体、市场化运作"的原则，加快要素集聚，加快推进科技产业综合体建设，有效增强综合体活力。

1. 加强组织领导，明确功能定位

一是尽快出台认定办法。目前，关于科技产业综合体认定已经有了初步方案，建议市政府及相关部门就科技产业综合体的功能定位、认定标准等进行细化，制定评定细则，增强建设的指导性和针对性。二是出台考评细则。完善考核办法，进一步明确有关部门的建、管职责，并制定奖惩措施。建立科学评价机制，对全市科技产业综合体开展效益综合评估，加大科研成果本地转化、发明专利授权、高新技术企业认定等在评价考核体系中所占权重，并以评估结果作为土地、税费等政策优惠的基础，引导企业将科研成果优先在本地产业化，切实加强公共财政投入的引导性和效益性。三是强化督察推进。市重大办、科技局、发改委、经信委、规划局、国土局等有关部门要根据各自相关职能，联合推进科技产业综合体的建设工作。对已建成的项目，要以其对经济发展、转型升级的推动作用以及建设、管理情况进行考核，督促其规范运行；对在建的项目，要加大督察推进力度，推动早日完成并达产达效；对于目前未开工的项目，要认真分析原因，督促其尽快开工。

2. 重视规划引领，实施全程监管

充分发挥政府主导作用，强化科技产业综合体的规划建设。一是制定总体规划。进一步研究各地特色经济产业发展的现状与规律，高起点、高标准制定全市科技产业综合体建设项目发展方向的总体规划，促使其与地方产业发展相结合，形成创新产业核心聚集地，提高科技对产业发展的贡献率。二是强化批后监管。规划、国土、财政等部门和相关区应加强批后监管及相关验收工作，要求企业严格按照规划、合同进行建设。对科技产业综合体中研发与生活配套的比例及建设时序，进行严格管理和测算，同步建设、同步实施。明确科技产业综合体的运营模式，严禁随意改变用途或转让，防止在建设、运营中偏离"科技"方向，大量进行房地产开发。三是加强指导。对各科技产业综合体的建设要加强指导，进行合理的产业定位，走特色发展之路，防止重复建设和低水平同质化竞争。

3. 着力公共载体建设，提升服务科技的水平

一是加强公共技术服务能力。认真梳理现有公共技术服务平台，并根据产业需求选择重点扶持或新建，从而有效整合全市高等院校、科研院所、大中型企业的重点实验室、研发中心、检测中心、大型科学仪器等优势资源，实现科技资源开放共享，优化企业创新环境。研究公共技术服务平台补助措施，鼓励部分企业研发机构和公共技术服务平台向社会开放，面向产业、面向社会服务。二是加强科技金融服务能力。发挥政府调控作用，灵活运用财政资金引导方式。在继续运用好资助奖励、以奖代补、配套支持等无偿扶持方式的同时，尝试财政有偿支持方式，以股权投资进行资本运作，将人才创业项目与天使基金等风投、创投相对接，运用信贷、担保和财政补偿等方式，为不同成长阶段的科技型企业提供结构化融资服务，实现建设、运营方式的多样化和开发主体的多元化，更好地发挥市场配置资源的基础性作用。建立健全以企业为主体、政策为导向的科技保险机制，采用商业化的运作模式，为科技型企业成果转化提供财产及融资等方面的服务，对冲企业在成果转化过程中的风险；整合省、市科技成果风险补偿资金，放大资金规模，扩大受益面。三是加强综合公共服务能力。建设"一站式"综合服务平台，为综合体内企业提供立项、工商、税务、环保、人才等系列政策服务和科技咨询、技术支持、项目论证、知识产权转让等多种形式的技术市场服务，加快要素整合和成果转化。加强信息服务，通过产业技术联盟、学术交流等形式，促进有关优惠政策宣传和科技信息共享，加强综合体内企业交流合作。

4. 巩固建设保障，狠抓政策落实

一是加快政策研究、落实。要以建设国家创新型试点城市为契机，结合科教创新城建设，积极学习苏州独墅湖科教创新区、南京创业特别社区等科技创新载体建设的先进经验，研究出台专项扶持政策，并采取措施确保落实。二是完善资源配置。坚持政府主导和市场运作相结合，加大对科技产业综合体相关的规划、土地、资金等资源要素的协调服务力度，大力推进创新型企业孵化器、加速器和人才公寓建设。三是健全经费保障、监督体系。进一步落实对国家、省、市立项的科技项目扶持，定期组织专项检查，确保资金使用安全规范、合理高效。认真开展资金使用的绩效评估，并将绩效考评结果作为以后年度安排专项资金的重要依据。四是加强人才队伍建设。认真落实有关人才政策，发挥"政产学研金"结合作用，重点引进领军型科技创业人才和创新产业团队，建立契合企业需求的专家人才库，加强各类科技创新人才引进。同时，要重视本土科技项目产业带头人的培养和使用，引导和鼓励综合体内企业建设博士后工作站和研究生工作站等。加强扬州市高等院校和企业之间的合作，做好应用型、基础型科技工作人才培育，为扬州市科技创新型城市建设培育坚实人才基础。

B.9
扬州市地区总部经济发展路径研究

扬州市发改委课题组*

摘　要：

地区总部经济是基于企业内部跨区域资源配置推动区域专业化分工的一种新经济形态和运行模式。总部经济模式下，企业内部价值链基于区域的比较优势，将集团管理和重要职能性部门，以及生产基地在不同地区进行空间布局，实现企业利润最大化。一个城市进入总部经济发展阶段，标志着一个新的产业阶段的来临。扬州身处我国经济最发达的长三角地区，经过30年的快速发展，已经逐步成长和引进了一批地区总部经济企业，如何给企业创造更好的发展机遇是本文研究的主要内容。

关键词：

地区总部　发展　路径

地区总部经济发展模式是城市产业转型升级的重要发展阶段，是企业在产业规模迅速扩张时整合研发、采购、物流、生产、营销等重要资源平台，并以此提升企业竞争力和降低管理成本的主要模式。此模式可以增强企业内生发展动力，并可以形成可持续发展的基本战略。同时，总部经济模式也是提升产业社会贡献率、发展税源经济的重要抓手。从扬州市的产业发展现状可以看出，总部经济发展时代已经到来。

一　扬州市地区总部经济发展现状

总部经济发展形式是企业形成规模化发展后期的一个主要特征，是企业在

---

* 课题负责人：范天恩。成员：夏坚、王晓峰、杨开文。执笔人：王晓峰。

发展壮大过程中力求在更大范围整合要素资源和拓展区域市场的必然阶段。

2012年下半年，扬州市在上海召开了地区总部经济恳谈会，同时出台了《市政府办公室关于加快发展地区总部经济的实施意见》（扬府办发〔159〕号），这是扬州市第一个扶持总部经济发展的政策性文件。2013年初，又将地区总部经济的发展指标分解到各县（市）区，并督促各地加快开展地区总部企业的引进工作。4月以后，又对全市的地区总部经济发展作了一次调研，并按2012年的文件展开了2013年地区总部经济企业认定的前期工作。目前，从各地上报的名单来看，符合申报条件的有17家企业：外地引进企业6家，其中开票型企业2家，2012年开票额15989万元，本地税收538万元；职能型总部4家，2012年开票额227137万元，本地税收5207.14万元。本土的总部企业11家，2012年开票额211亿元，本地税收17亿元。

（一）扬州市地区总部经济发展已经有了良好的开端

自2012年出台地区总部经济政策以来，扬州市对开票型、职能型地区总部企业的引进已经有了突破，加上扬州市支柱产业和规模企业的快速发展，在制造业、服务业、建筑业等产业也涌现出了一批发展态势良好的本土地区总部型企业。

1. 引进型地区总部企业实现突破

近年来，扬州市先后引进了奔驰汽车售后服务华东区域零配件物流集散中心、税友软件南方基地、联创软件华东基地、交通银行总行后台服务中心、永丰余管理投资总部等一批职能型总部企业，同时也引进了中核华兴机械化工程有限公司、达进东方投资中心、江苏东义融资租赁有限公司等开票型地区总部企业，数量正在逐年上升，贡献率也不断提高；其中仅奔驰、罗思韦尔、中核华兴三家引进企业2012年的营业收入就达24.3亿元，税收达5000万元。永丰余、达进东方、江苏东义三个开票型地区总部企业注册资金都超过3000万美元，今后三年，三个企业的投资预计达到8亿元左右，税收达到亿元以上。

2. 本土地区总部企业快速增长

制造业方面：亚普汽车、江苏天雨、牧羊集团、扬农化工、江苏嘉和热系统等企业近年来都加大了对外资源整合的力度，快速占领国内外区域市场，迅

速做大企业规模。亚普有国内外子公司8家、国内分公司5家、一家国内联营企业以及一家国外工程技术中心，2012年税收达到1.5亿元。建筑业方面：江苏华建、扬建集团、邗建集团、中机环建、宏盛集团、华宇集团等一些建筑行业的大企业一般都在国内有四五个分公司，地区总部开票都在扬州，税收贡献能力非常强。扬州市是传统的建筑之乡，从2011年的统计数字看，全市建筑业产值规模和施工总面积分别是1897亿元、15460万平方米，扬州市以外的工程占90%以上，全市年产值在6.6亿元以上的建筑业企业就有50家，绝大部分是在外有分支机构的本土型总部企业。服务业方面：服务业的规模企业较少，但随着品牌连锁的发展和职能型地区总部的引进，服务业的地区总部经济也进入了加速成长阶段，如汇银家电、方正物流、港务集团、三笑物流、国信嘉利等企业。

（二）扬州市地区总部经济发展存在的问题

1. 企业的总体规模不够大

虽然扬州市地区总部经济已经起步，出现了一批有代表性的企业，类型也比较多，但地区总部企业的总体数量还不多，特别是单体企业达到扬州市2012年出台认定标准的还不多，总体的规模与其他城市相比还有不少差距，这与扬州市本土企业的培育和外来企业的引进不快都有直接的关系。经过2013年全市地区总部企业认定初步工作的统计，完全符合扬州市2012年出台的"实施意见"条款要求的企业只有17家。

2. 开票型地区总部经济企业引进的步伐不够快

由于多年来招商引资考核主要以引进项目的资本金作为最主要指标，加上对地区总部经济、税源经济的理解不深，扬州市的开票型地区总部企业引进步伐不够快，至今未能形成一定的规模。

3. 地区总部经济的发展环境和集聚度不够强

由于扬州市从2012年才开始对全市的地区总部经济集聚区进行初步规划，所以目前还未能真正建成一个功能明确、配套完善、要素集聚的地区总部经济集聚区。但可喜的是，新城西区地区总部（商务）集聚区、江都滨江地区总部（商务）集聚区、广陵新城地区总部（商务）集聚区都在加快规划、招商和建设的步伐，预计在 2015 年左右，扬州市会形成商务配套环境完善、产业定位明确的地区总部经济集聚区。

4. 地区总部经济的产业链效应不够高

目前扬州市地区总部经济才刚刚起步，主要企业类型是管理型地区总部企业、职能型地区总部企业和开票型地区总部企业，单体项目占大多数，具有产业带动能力的项目很少，没有形成地区总部企业核心带动作用、共同支撑起一个产业链的格局。目前扬州市信息产业、沿江物流的产业链特征较为明显，其他的机械加工、科技研发、金融投资等总部产业还未能形成链式效应。

二 扬州今后总部经济发展的方向和重点

扬州作为我国的一个中等城市，特别是一个地区总部经济刚刚起步的二线城市，应坚持当前效益与长远打算相结合，本地培育和外地引进相结合。

根据扬州自身的产业特色和发展方向，要关注以下几个重点方向。

（1）重点产业。依托产业基础和发展优势，积极发展汽车、船舶、机械装备、石化等国内领先工业支柱产业，大力发展有较强竞争力的传统建筑业，加快发展信息软件、科技研发、区域物流、文化创意等现代服务业和依托品牌连锁发展的传统服务业。

（2）重点类型。鼓励本地型总部企业在扬州建立综合型管理总部，承担企业决策管理、行政管理、投资管理、资产管理、资金结算、研发、采购等总部职能；重点引进外地物流、培训、研发、售后服务、数据处理、市场营销等职能型区域总部。灵活运用政策比较优势，加快引进开票型总部。

（3）重点区域。以省级以上开发园区为重点区域，培育区域总部企业的生产基地；以各地科技综合体为重点区域引进科技信息职能型总部企业；以主城区商务综合体为重点区域，引进综合型企业管理总部和开票型总部企业。

（4）重点项目。虽然目前地区总部经济企业的数量并不多，但近两年来，通过招商，不少好的项目已经入驻在建，预计在 2~3 年后会有显著效果。目前要抓税友软件、宝能软件、联创高科、西安交大科技园、江都惠普软件园、广陵信息产业基地、新城西区商务集聚区、江都滨江总部经济集聚

区、广陵新城商务集聚区等软件信息、科技、金融新兴服务业项目和园区的建设。

三 扬州地区总部经济发展的目标和路径

发展地区总部经济将坚持"一个目标、两个同步、三个板块"的战略，即坚持全市地区总部经济主要发展指标到2015年翻一番的目标，坚持"走出去"和"引进来"双向结合的两个发展方向，坚持开票型、职能型和本土型"三大板块"地区总部经济齐头并进。

1. 坚持全市地区总部经济主要指标翻一番

今后三年，通过各项举措的推进，力争至2015年底实现符合认定标准企业数、年营业收入、年税收贡献三项主要经济指标在2012年基础上翻一番的目标，为扬州市后十年地区总部经济发展、产业结构的转型和产业质态的提升打下良好的基础。

2. 坚持"走出去"和"引进来"双向结合

从国内其他城市发展地区总部经济的经验来看，发展地区总部经济实际是一个产业布局和要素资源整合的过程。在这个过程中，既要重视对外部企业扩张发展机会的把握，也要重视对本土企业充分利用全球化资源，实现对外扩张和做大做强产业规模能力的培育；只有坚持"走出去"和"引进来"双向战略并举，才能实现短期战略和长期战略的有机结合。短期举措：全市都要加大加快对职能型地区总部和开票型地区总部的"引进来"力度。长远打算：要进一步帮助大中型企业提升人才、资本、管理的基础能力，引导扬州市企业积极向外拓展，加大"走出去"的步伐。

3. 坚持地区总部经济开票型、职能型和本土型"三个板块"齐头并进，共同发展

从目前看，扬州市发展地区总部经济的重点是引进和发展开票型、职能型、本土型三个板块类型的地区总部经济。一是加快发展开票型地区总部经济板块。要充分利用政策洼地效应和扬州商务成本低、生活环境优、交通区位好等条件，重点吸引贸易、设计、销售、采购、投资等类型的开票型企业入驻，在几乎不增加扬州土地、能源等重要资源负担的基础上，以"开票经济"实现增量式发展，快速增加地方税收。二是加强发展职能型地区总部经济板块。要加大对国际500强、国内100强及国内外行业龙头企业职能型地区总部的引进力度，特别要利用国内外新兴产业快速扩张和国内外产业重新布局和调整的机会，加速吸引其来扬州建立区域性、职能型地区总部，为扬州能及时进入"全球化产业俱乐部"和提升产业能级，备足发展后劲，抢得发展先机。三是大力发展本土型地区总部经济板块。培育和发展本土型地区总部经济是地区总部经济可持续发展的重要部分，从青岛、宁波等一些中等城市地区总部经济发展的轨迹来看，本土型地区总部经济是最稳定的，特别是在本地有多年发展历史，累积大量投资、产业核心要素地域特色较强的本地支柱产业企业是培养和发展本土型地区总部经济企业的最佳基础资源，今后的5~10年，扬州市的本土型地区总部企业要实现跨越式发展。

四 发展地区总部经济的保障措施

1. 强化政策引导作用

近两年来，扬州市陆续下发的《市政府办公室关于加快发展地区总部经济的实施意见》《扬州市关于差别化供地促进现代服务业发展的意见》《扬州市加强高层次人才队伍建设的意见》《扬州市市级引导资金管理办法》《广陵区关于加快楼宇经济发展的意见》等一系列与地区总部经济发展相关的政策文件，形成了一套政策体系。特别是扬州市2012年下发的《市政府办公室关于加快发展地区总部经济的实施意见》，虽然与个别城市比，政策还不够最优惠，但与大部分城市比已经有足够的吸引力。从目前情况看，由于各地、各部门重视不够，政策效应还未完全显现。2013年下半年将围绕强化政策引导作用，开展以下三项工作。第一，全市各地区、部门要进一步对扬州市已公布政策吃透、吃准，加大对外宣传力度，力争使政策发挥最大的引导作用，吸引更多的企业到扬州落户，并激发企业做大生产经营规模的最大潜能。同时，要形成新的政策体系，进一步明确对总部企业在"做强市场、做强资本、做强技术、做强人才"四个方面的对应扶持政策，力争在短期内使企业的实力得到较快提高。第二,建议市政府适当修改2012年的政策,地方留成新增部分的返还比例可再度提高,将原来第一、二、三年的地方留成返还从100%、80%、80%改为前五年100%,后三年80%或10年100%,并实行"合同约束、逐年返还"制度。从表面上看地方可能会损失很多,其实这一在增量基础上的优惠政策持续的时间越长,其边际损失越小,地方得到的实惠就越多。另外,针对地区总部经济重大项目落户中的土地价格、房屋销售、规费减免等环节要进一步明确政策空间。

2. 加大载体规划建设

载体建设是地区总部经济发展的硬环境保证,在推动地区总部经济的发展中起到了至关重要的作用。下一步,将重点推进以下三种载体建设。一是综合型地区总部经济集聚区。下一步将在全市加快推进,建设新城西区、广陵新城、江都滨江新城三个综合型地区总部经济集聚区。重点引进世界500强、国内100强及国内外行业龙头企业的职能型地区总部和开票销售地区总部入驻,以及本地大中型企业管理地区总部独立选址项目的入驻,并建设与集聚区企业和高端人才相匹配的商务公共服务平台和各项生活、文化、娱乐设施。目前这三个地区总部集聚区正在加快建设,力争在2015年,三个集聚区落户的各类地区总部企业达到100家,商务楼宇面积达到100万平方米。二是专业型产业园区地区总部集聚区。这类集聚区主要是以专业产业为核心形态的地区总部经济集聚区,如科技研发集聚区、软件信息集聚区、金融投资集聚区等。下一步,将重点推动广陵信息产业园、西安交大科技园、广陵国际金融城等专业园区地区总部项目的引进。下一步围绕载体建设将开展以下工作。第一,编制全市地区总部经济发展规划,由市发改委牵头,市规划局、国土局共同参与,各县(市)区政府积极配合,力争在2014年上半年完成规划的编制工作。第二,根据政府审批通过的规划,加快编制土地供应计划,为地区总部经济载体有序建设提供保障。第三,按省创新服务业示范区要求,指导三大地区总部经济集聚区做好建设方案,积极申报创新扶持。

3. 加大招商引资强度

随着2012年政策的出台,2013年已经陆续有企业洽谈签约,但各县(市)区的差别较大,与预期的情况有一定差距,下一步,围绕项目引进将重点开展以下几项工作。第一，要求全市各县（市）区组织专业团队，加大对地区总部经济项目的引进，特别是近期要把开票型地区总部的引进作为工作重点，结合2013年全市的四大招商活动，重点吸引贸易、设计、销售、采购、投资、建筑等类型的开票型企业来扬州落户，到2013年底力争再引进开票额达1亿元的开票型企业30家落户扬州，市区要不低于20家。第二，从2014年开始，要把规划好的地区总部经济集聚区整体向外招商，要重点引进既有硬件楼宇建设能力，又有后续项目跟进落户的地区总部经济重大项目，创新合作机制，使得建设主体招商和后续企业招商同步统筹推进，使集聚区的功能定位更加科学合理。第三，从2014年开始，全面启动地区总部经济的引进和培育工作，每年在国内举办2~3场政策说明会或招商活动，继续兑现和宣传相关政策，掀起全市发展地区总部经济的新高潮，营造产业转型发展的新局面。

4. 实施考核效能监察

今后要将地区总部经济的发展指标作为重要内容纳入全市各县（市）区的目标考核中，下一步工作有以下几个重点。第一，要求各县（市）区加强对地区总部经济发展工作的领导，落实责任部门，对照年度已经下发的考核文件，尽快尽早地开展项目招引和落户的服务工作。市服务业办公室也将逐月对地区总部经济考核目标完成情况进行督察。第二，从2014年开始，要在2013年的基础上加大目标考核的力度，针对三类指标分别提出考核目标，发挥考核导向作用。第三，将地区总部经济集聚区建设是否能达到市级服务业集聚区和省级服务业集聚区标准同年度考核及项目扶持挂钩。第四，总投资1亿美元或10亿元人民币的地区总部经济项目也一并纳入市服务业重大项目的申报认定范围。

B.10
扬州外经贸结构优化对策研究

扬州市商务局课题组*

摘　要：

　　2013年，扬州外经贸呈现出总量基本平稳、结构逐渐优化、质态稳步提升的特点，但也面临着增速放缓、结构性矛盾尚未解决等问题。2014年，扬州外经贸发展面临的内外部环境依然复杂多变，应坚持扩大内需与扩展外需并举、对外开放与转型升级互促，稳存量抢增量，调结构促平衡，推动商务经济持续快速发展。

关键词：

　　外经贸　优化　对策

一　2013年扬州外经贸运行情况

2013年是扬州外经贸发展负重前行的一年。受宏观经济下行的影响，扬州外经贸主要指标增速放缓，结构优化调整难度加大。但经过努力，外经贸运行中仍然呈现出一些亮点。

（一）招商引资实现新突破，新型利用外资方式取得新成效

1~9月，全市完成实际到账上报11.6亿美元，同比下降8.33%；预计全年可完成24.4亿美元，同比持平。"招大引强"取得新成效。1~9月，新落户世界500强6家。预计四季度可再落户4家。引资方式实现突破。溢价合同1.5亿美元的德国通快并购金方圆项目获批，成为扬州市史上最大的外资并购

---

* 课题组负责人：周春光。成员：陈建、潘阳春、徐其祥（执笔）。

工业项目。永丰余生物浆、文昌特易购等跨境人民币直投方式获批,投资金额达13.3亿元人民币。

(二)出口质态稳步提升,重点商品支撑作用明显

1~8月,全市实现进出口62.43亿美元,同比增长7.7%。其中,出口49.62亿美元,同比增长9.8%,进口12.81亿美元,同比增长0.3%。预计全年出口可完成94.6亿美元,同比持平。增幅高于全国、全省,总量高于周边。1~8月,全市出口增幅分别比全国、全省高0.6个百分点和7.3个百分点,总量分别比镇江、泰州多7.6亿美元和7.4亿美元。重点企业、重点商品出口表现良好。1~8月,全市十大商品累计出口占全市总额的62.8%,占比同比提高4.1个百分点,其中有9类实现正增长;前30强企业累计出口同比增长10.2%,其中22家企业实现正增长。

(三)对外经济合作深入推进,"走出去"步伐加快

1~8月,全市完成对外经济营业额38754万美元,同比增长17%,完成全年目标的80%,当月完成对外经济营业额4348万美元,同比增长20%;期末在外人数7751人,同比增长8%。新批境外投资项目21个,中方协议投资额13901万美元。境外承包工程运行平稳。江都建设蒙古国项目、江苏油田阿尔及利亚项目及恒远俄罗斯项目等13个1000万美元以上的在建大项目均保持平稳运行,其中江都建设总包的合同额达66亿元的蒙古国奥尤陶勒盖铜金矿工程已进入后期阶段。外派劳务市场稳中有升。1~8月,全市外派劳务2527人,同比增长15.7%,主要是工程项下新增劳务383人(非洲安哥拉156人、尼日利亚227人)。传统劳务市场保持平稳,1~8月日本、新加坡在外人数1555人,占全市外派劳务的61.5%。其中,随着日本经济的复苏,全市在日本外派劳务新增80人,在日人数达1215人;新加坡340人,与上年同期基本持平。

(四)园区主要指标快速增长,合作共建取得实质性进展

1~8月,全市开发园区实现业务总收入8952.4亿元,同比增长27.1%;

工业产品销售收入7106.4亿元，同比增长25.4%；公共财政预算收入138.7亿元，同比增长31.5%。外贸出口比上年略有增长。1~8月，全市开发园区自营出口40.96亿美元，同比增长了1.4%，占全市的82.6%。重大项目推进有力。1~8月，全市开发园区新签重大项目19个，新开工重大项目36个，新竣工重大项目9个，新投产重大项目19个。南北共建正式启动。落实苏中工作会议精神，推动高邮、宝应抢抓南北共建机遇，推动其他省级以上园区加紧与上海、苏南先进园区结对共建，已有8家园区与共建对象正式签订合作协议。

存在的突出问题，一是外资重点项目推进缓慢。目前全市正在推进的注册外资2000万美元以上落户项目仅29个。其中，已批准未实现工商登记项目1个，已实现工商登记未开工项目10个，已开工建设未投产项目14个，已投产项目4个。个别地区无2000万美元以上可推进项目。二是利用外资产业结构不够合理。主要是工业项目占比下降明显，房地产项目到资占比过大。1~9月，全市新批工业项目68个，协议利用外资11.69亿美元，实际到资4.37亿美元，同比分别下降37.04%、44.57%和55.39%；实际到资占全市比重由2012年的70.69%下降到43.36%。1~9月，全市房地产到资3.16亿美元，占第三产业比重高达60.76%。三是出口存量增长有限。从支柱产业看，1~8月，除化工产品出口总体保持较高增幅、全年走势良好外，船舶仅增长3.68%，纺织仅增长6.72%，低于全市平均增幅，钢管出口已连续多月同比下滑，其中8月降幅高达42%。从骨干企业看，大洋造船8月出口下降77.33%，1~8月累计下降3.47%；川奇光电、诚德钢管、通利集装箱等往年出口大户2013年出口降幅也较大。

二　2014年扬州外经贸发展面临的形势

2014年，全市商务发展具备一些有利条件：一是全球经济复苏势头有望延续，国际市场需求基本稳定，扬州外贸可继续保持增长势头；二是中央加快推进行政审批制度改革，大力实施简政放权，有利于扬州加快推进外资重大项目建设；三是省委省政府支持扬州开展跨江融合发展综合改革试点，支持扬州与先进地区开展园区合作共建,有利于更好地承接上海、苏南等发达地区的产业转移;四是随着"530"招商行动的深入开展,一批在手重大外资项目有望在2014年取得实质性进展,为外资到账提供有力支撑。

但2014年全市商务发展面临的形势仍将十分复杂严峻:从投资形势看,美国实施收回量化货币宽松政策,导致部分资本回归美元市场避险,全球跨国投资可能减少;欧美等发达国家纷纷出台经济振兴计划,提出重塑制造业计划,部分制造业回归已成趋势,不利于扬州项目招引;受市场环境、融资困难、项目储备、人民币升值等多种因素的影响,扬州部分外资项目可能会改变投资计划、调整投资进度。从外贸形势看,预计2014年重点出口商品难有明显增长。预计2014年船舶出口与2013年基本持平,纺织制品、玩具、轻工等产品仅能维持稳定;化工产品预计有5%~10%的增长;汽车零部件、机电产品出口也会有一定增长,但增幅不高。

三 2014年外经贸结构优化对策建议

2014年,扬州外经贸工作应继续深入实施经济国际化和跨江融合发展战略,坚持扩大内需与扩展外需并举、对外开放与转型升级互促,稳存量抢增量,调结构促平衡,推动商务经济持续快速发展。重点开展以下工作。

(一)以"530"行动为抓手,加大外资重大项目招引力度

一是强化招商活动组织。进一步提高招商活动的组织策划水平,更加突出针对性和专业性,精心办好"烟花三月"节、"世界运河名城博览会"等重要招商平台以及"名城扬州携手世界名企联谊会""名人名企名城行"等重要境内外招商活动,力争年内新落户世界500强及跨国公司10家以上。设法加强与上海、苏南地区政府之间的招商信息交流,努力建立与全省31个境外代表处及日本、韩国、新加坡、中国台湾和香港等重点国家或地区知名商协会、团体的合作关系,进一步扩展客商源、信息源。二是提升利用外资层次。以加快融入苏南、融入长三角核心区为目标,积极承接国际及省内产业转移,将先进制造业、高新技术产业的新突破作为扬州市利用外资工作的重中之重,将重大

项目作为突破先进制造业和高新技术产业利用外资的着力点，加快推动引领扬州经济发展的支柱产业，构建现代产业体系。三是推进重大项目建设。继续实施领导挂钩重大项目制、半年现场督察制、季度会办制，建立完善重大项目动态台账督察制度，扎实推进项目落户。每月梳理全市在谈、在建重大项目实施、资金到位和生产经营情况，通过滚动式管理推进项目加快落户、及时到资、早日实施。努力将市重大外资项目纳入省跟踪服务项目库，借助省级协调机制，加快重大项目实施进度。四是创新利用外资方式。借鉴通快并购金方圆的成功经验，引导内资企业引入海外投资者并购参股。总结亚联钢管、汇银家电、仁恒实业等境外上市企业案例，推动更多企业借助境外资本市场实现直接融资。倡导集约高效利用外资，吸引外国投资者在扬州市设立投资性公司、创业投资企业、融资租赁公司。

（二）以政策扶持为核心，努力扩大出口规模

充分发挥各级外贸扶持政策的导向作用，放大船舶、化工、纺织制品等行业的集聚优势和比较优势，优化出口产品结构、主体结构、市场结构，扩大扬州出口在全省的份额。一是搭建国际市场开拓平台。在省厅提高参展补助的基础上，对企业参加符合扬州市产业发展方向和特色产品出口的各类展会，再给予适当补助，充分调动企业有针对性开拓国际市场的积极性。更大力度建好国内首家"扬州外贸商品展示交易平台"，帮助企业打造更加专业规范的网络营销平台和走向国际市场的快速通道，寻找更广泛的订单资源。二是做大做强外贸龙头企业。充分利用扶持资金、展会资源、品牌培育等方面的资源，引导重点出口企业特别是机电、高新企业开展产品研发、开拓国际市场、建立境外自主营销网络，实现资源的优化配置，较快实现出口规模与质量的提升。到2014年，力争全市年出口超过1亿美元企业15家、超过5000万美元企业30家。三是构建增量挖掘长效机制。修改完善外贸考核办法，把代理转自营和集团订单转移出口作为弥补外贸指标缺口的重中之重。建议市政府拿出一定的扶持资金专门用于促进增量出口，并制定专门的政策与目标，努力形成长效机制。加快培育在建新增项目，继续加大对牧羊、九龙等新上项目的跟踪服务力度，促进项目早投产，争取早进口、多出口。四是强化基地建设和品牌培育。

既要积极帮助相对成熟的江都建材机械和高邮电动工具申报出口基地,也要及早对仪征汽车零部件和广陵的液压装备出口进行培育,通过政策资源引导它们开展行业公共服务与技术平台建设,努力将产业集聚优势转化为出口优势。鼓励企业开展境外商标注册、质量认证等创建出口品牌的基础工作,引导有竞争力的品牌企业、品牌产品走向国际市场。

(三)以合作共建为重点,推动开发区"二次创业"

一是加快共建园区建设。按照省政府出台的共建园区文件的相关要求,推动宝应、高邮、江都、扬州高新区、仪征等开发区加大共建园区建设力度。坚持科学规划,具体明确共建园区的产业定位、产业方向、功能布局、政策支撑、要素保障等要素。推动各园区按照特色化发展的思路,着力推进与共建园区的实质性产业合作,确保每个园区年内都实现产业转移。二是推动园区提档升级。密切跟踪江都开发区争创国家级开发区、扬州高新区争创国家级高新区、扬州出口加工区争创国家级综合保税区等进展情况,及时与省、部相关部门对接;鼓励仪征开发区申报国家级开发区、杭集工业园申报省级开发区。加快海峡两岸(扬州)绿色石化产业合作区建设。加快特色园区建设步伐,积极争创"省级、国家级生态工业园区""省级、国家级知识产权试点示范园区""省级、国家级创新型园区""省级特色产业园",进一步增强核心竞争力。三是强化园区综合考评。修订完善《2014~2015年度扬州市开发园区综合考核办法》,确保考核办法更能真实反映扬州开发园区现状、体现开发园区发展水平、评价开发园区发展成绩,成为今后开发区规划建设、科学发展、转型升级的风向标和助推器。

B.11
扬州新型城镇化发展报告

范天恩　黄俊华　孙景亮　万东民*

摘　要：

十八大报告提出，促进工业化、信息化、城镇化、农业现代化同步发展。2012年，在全省经济工作会议上罗志军书记指出，"城镇化是扩大内需的最大潜力所在"。2013年初，省政府又以"一号文件"的形式，印发了《关于扎实推进城镇化，促进城乡发展一体化的意见》。本文从扬州市实际出发，客观分析扬州城镇化发展的基础和存在的问题，结合"两个率先"、名城建设和跨江融合发展的要求，从坚持错位发展城镇体系、构建城乡产业布局、提升基础设施承载能力以及建立城乡社会服务体系、土地产权关系、家庭生产经营关系、城乡户籍管理体制和社会保障体系等八个方面出发，提出新型城镇化的发展思路和实现路径。

关键词：

城镇化　内需　战略

一　扬州市城镇化发展的基本情况

"九五"以来，扬州市经过三次"撤乡并镇"城镇体制改革，全市153个乡镇逐步归并调整至76个。2011年，经省政府批准，撤销仪征市月塘乡、谢集乡，合并设立谢集镇。目前，全市有建制乡镇76个，其中，建制镇71个，建制乡5个。

---

* 范天恩，扬州市发改委主任；黄俊华，扬州市发改委副主任；孙景亮，扬州市服务业办公室副主任；万东民，扬州市发改委经济综合处。

扬州新型城镇化发展报告

(一)人口流动逐步向城镇集中

2012年,全市常住人口446.70万人,其中,城镇人口262.71万人,占全市人口比重为58.8%;乡村人口183.99万人,占全市人口比重41.2%。城镇化水平比2010年提高2.1个百分点(见表1、表2)。

表1 2010~2012年全市人口城乡分布情况

单位:万人,%

年份	常住人口	城镇人口	乡村人口	城镇化水平
2010	446.01	253.09	192.91	56.7
2011	446.30	258.41	187.89	57.9
2012	446.70	262.71	183.99	58.8

说明:2010年为人口普查数据。

表2 全市及各县市区城镇化发展水平(2012年)

单位:万人,%

	总人口	集镇人口	乡村人口	城镇化水平
开发区	19.65	12.75	6.90	64.90
广陵区	52.52	42.8	9.72	81.49
邗江区	68.67	56.26	12.41	81.93
江都区	100.58	52.82	47.76	52.52
宝应县	75.11	34.99	40.12	46.59
仪征市	56.27	28.25	28.02	50.20
高邮市	73.9	34.84	39.06	47.14
全市合计	446.70	262.71	183.99	58.8

从表中数据分析,全市常住人口年均增长不足0.1%,且主要集中在城镇,乡村人口净减少的趋势比较明显。

(二)产业布局逐步以城镇为主要载体

2011年,全市乡镇人口363.03万人,占全市总人口的78.9%。地区生产总值1853.33亿元,占全市GDP的比重为70.5%;财政收入150.15亿元,占全市公共财政预算收入的比重为68.9%。乡镇从业人员总数213.39万人,占

全市全部从业人员比重为70.2%。

一是产业基础良好。2012年,全市65个乡镇工业集中区入驻工业企业7299家,从业人员54.4万人,占全市乡镇工业从业人员的68%。实现工业产值3303亿元,约占全市工业总产值比重达45%;实现工业开票销售1273亿元,入库税收52.7亿元,分别占全市工业经济总量的38.5%和35.9%,其中,规模以上企业1606家,占全市规模以上工业企业数的61.7%。全市开票销售超过50亿元的工业集中区共有5家,其中超百亿元的有3家,规模最大的为江都仙女镇工业集中区,2012年开票销售130亿元、入库税金8亿元。目前,全市乡镇工业集中区共创成中国驰名商标3件,省以上名牌产品、著名商标38件,均占全市工业商标、品牌拥有量的60%。2012年新增国家高新技术企业43家,约占全市新增企业数的44%;新增市以上企业技术中心、工程中心、博士后工作站等研发机构96家,占全市新增数的36%,乡镇工业集中区已成为全市工业经济重要的发展载体和创新平台。

二是产业特色鲜明。为引导乡镇工业特色发展,扬州市2012年出台了《扬州市特色产业基地认定和管理办法》。目前,全市初步形成宝应柳堡输变电、高邮菱塘电线电缆、邗江电动工具、江都武坚高电压试验设备、真武环保节能设备、邗江槐泗硫制品化工设备、广陵头桥医疗器械、仪征真州化纤无纺织物等27个规模化特色产业基地,特色产业企业数近2200家,从业人员13.6万人,产值规模达2090亿元,税收贡献达24亿元。其中,11个乡镇被认定为市级特色产业基地,13个乡镇获得18个省以上基地、名镇、之都、示范集聚区等特色产业称号或冠名,宝应曹甸中国幼教玩具生产基地、江都丁伙国家火炬计划江都建材机械装备产业基地、高邮郭集和送桥中国路灯制造基地、高邮汤庄液压机械制造名镇、广陵杭集中国牙刷之都和酒店用品之都等5个特色产业基地成为国家级特色产业基地。

三是承载能力较强。除高邮外,全市乡镇工业集中区共计规划面积52.6万亩,已开发32.7万亩,开发率62.2%。截至2012年,全市乡镇工业集中区累计完成基础设施建设投入241.9亿元,"三通一平"等基础设施建设基本完成;累计完成园区公共服务平台建设投资21亿元,建成国家级洗漱用品检测中心、省皮革橡塑制品质量监督检验中心、省工矿及民用灯产品质量监督检验中心高邮分中心等公共服务平台34个,其中,国家级1个、省级5个,服务范围涵盖研发设计、创业孵化、融资担保、信息咨询、成果转化、电子商务等多个领域。

(三)城镇基础配套已达到较高水平

一是区域基础设施配套加快提升。积极推进瘦西湖隧道等重大基础设施建设,扬州泰州机场建成通航,江都至六合高速公路、333省道高邮西段和新民滩特大桥建成通车,扬州港新增万吨级泊位5座,新改建农村公路230公里、危桥100座。友谊路拓宽改造竣工通车,文昌路东延及广陵大桥、仙女大桥建成。推进"清水活水、不淹不涝"城市建设,完成河道生态清淤6条,整治积水段14个。推进古城保护,东关历史文化街区通过4A级景区验收。国展中心二期建成,西部客运枢纽开工。全市城镇建设框架进一步拉开,城镇承载能力进一步提升。目前全市已实现了区域供水全覆盖;全市共建成城市污水处理厂12座,各个县城都建成了污水处理厂,涉农乡镇全部建成了生活污水处理设施,城市污水处理率90%以上,污水集中处理率85%以上,县(市、区)城镇污水集中处理率80%以上,乡镇生活垃圾中转站实现了全覆盖。

二是农村公共服务体系加快建设。加大社会事业投入,加快配套设施建设,不断提高城镇教育、文化、医疗、卫生、体育等公共服务的供给能力和服务质量、服务水平,县、乡、村三级文化服务设施进一步完善,新建村级文化广场300个,文化惠民活动深入开展。合理配置基础教育资源,形成了每个乡镇定点一所小学和初中的格局,与人口布局、结构相适应的教育空间体系基本建立,城区来扬务工农民工子女就读近1.5万人,实现了100%入学、100%享受"市民待遇"。社区卫生服务中心(乡镇卫生院)标准化达标率97.1%,11个重点中心镇建成医疗急救网络。

三是村庄环境整治行动加快推进。加快调整优化镇村布局规划,根据村庄自然地理特点和历史人文特征,完善村庄建设规划,统筹安排村庄建设活动,保护特色村庄地形地貌和传统机理。实施特色村庄保护行动。开展特色文化村庄调查,编制保护规划,制定保护政策,挖掘展示村庄传统风貌和历史文化价值,培育特色文化村庄。对规划布点村庄,突出"六整治、六提升"(整治生

活垃圾、生活污水、乱堆乱放、工业污染源、农业废弃物和河道沟塘,提升公共设施配套、绿化美化、饮用水安全保障、道路通达、建筑风貌特色化和村庄环境管理水平),全部达到一星级以上"康居乡村"标准。对非规划布局村庄,突出"三整治,一保障"(整治生活垃圾、乱堆乱放、河道沟塘等环境卫生问题,保障农民群众基本生活需求),整治后的村庄全部达到"环境整洁村庄"标准。实施村庄环境长效管护行动。拓展全市农村环境综合整治农村公路养护、河道管护、村庄保洁、绿化植树"四位一体"长效管护范围,提升管护水平,村庄环境管理步入规范化、制度化、长效化轨道。

四是农民集中居住区加快建设。坚持因地制宜、循序渐进、群众自愿的原则,推进农民集中居住区建设,改善农民居住环境和生活条件,提升土地利用集约化水平。2011年底,全市建成和部分建成农民集中居住区138个,建设户数2.87万户,入住8785人。

(四)重点中心镇逐步成为新的增长点

2010年7月,全市城镇化工作会议以来,重点中心镇建设全面加快,集聚效应和辐射带动作用不断增强。

一是编制完成了城镇规划。11个重点中心镇全部完成了总体规划、控制性详细规划编制工作。各重点中心镇同时结合各自特点,加强重要地段的城市设计和专项规划编制。小纪镇编制了镇南部新区城市设计,邵伯镇、菱塘乡编制了历史街区保护和旅游开发专项规划。

二是中心镇承载力显著增强。在城镇化专项资金引导下,重点中心镇加快镇区道路、区域供水、污水处理、垃圾处理等基础设施建设,城镇承载能力进一步增强。2010年以来,11个重点中心镇累计开工建设基础设施、公共服务项目229个,投入资金22.31亿元,其中,2012年新建项目89个,投资9.52亿元。11个中心镇人均道路面积20.45平方米,供水普及率100%,燃气普及率95%以上,除菱塘乡污水管网接入高邮湖西污水处理厂外,其余10个中心镇全部建成规模化二级污水处理厂,生活垃圾中转站实现全覆盖。

三是中心镇环境明显优化。重点中心镇以项目为抓手,大力推进城镇环境建设,城镇居住功能和公共服务功能显著增强,教育、卫生、文化、体育、社会福利等公共服务设施基本健全。11个中心镇全部创成国家生态乡镇，2个创成江苏省园林小城镇，3个创成国家卫生镇，2个创成江苏省卫生镇。重点中心镇人均公园绿地面积达4.4平方米。

（五）农村综合配套改革具有良好的基础

一是加大户籍制度改革力度。按照现行的宽松户籍迁移政策，积极启动实施居住证制度，继续有序引导外来人口来扬落户，引导农村居民迁入城镇。2012年，全市农村居民迁入城镇10.76万人，非农村人口占总人口比例达到59.2%。坚持抓好流动人口信息社会化采集工作，提升流动人口服务管理效能，扩大服务管理覆盖面。

二是多措并举建设城乡就业服务体系。坚持抓好农村劳动力转移培训、就业困难人员再就业培训，新增城镇就业6.1万人，转移农村劳动力1.4万人，城镇登记失业率2.4%，建设创业孵化基地15个，实现创业带动就业1.01万人。

三是不断完善大社保服务体系。建立了覆盖全民的养老保险和医疗保险制度体系，出台了《扬州市城乡居民社会养老保险制度实施办法》，逐步解决城镇无养老保险居民的老有所养问题，城乡居民基本养老保险参保覆盖率98.5%，被征地农民社会养老保险覆盖率96.4%。

四是创新城乡建设用地机制。根据区划调整后的布局和经济社会发展需要，调整完善土地利用总体规划和城镇建设用地的空间布局。统筹安排城乡建设用地。积极开展城乡建设用地增减挂钩，出台了《关于加快推进"万顷良田建设工程"的实施意见》，大力推进万顷良田建设工程，有序推进土地整治，拓宽了城乡建设发展空间。

五是农村合作组织健康发展。截至2012年底，全市经工商部门注册登记的农民专业合作社3581个，工商登记成员数84.2万户，占全市农户总数的82.5%，提前三年实现农业现代化农民专业合作社入社农户占总农户比重80%的目标。其中，农地股份合作社1112个，入社农户16.8万户，入股土地面积121万亩；社区股份合作社511个，入社成员44.7万人，折股量化资产15亿元以上；以销售合作联社为代表的各类合作联社36个，年销售额3亿元以上。

六是稳步推进农业适度规模经营。截至2012年，全市农业适度规模经营总面积302万亩，占耕地面积比例70%。其中，土地集中型、农民合作型和统一服务型适度规模经营分别达68.13万、126.7万和105.42万亩；100~1000亩适度规模经营面积132.94万亩，占比达47.4%。2013年初，全市首个家庭农场在江都区武坚镇顺利通过工商注册。

二 城镇化发展的主要不足和突出矛盾

（一）城镇布局不科学

突出表现为中心城市扩张快，人口规模大，城市交通、公共服务保障的成本高、压力大，矛盾突出。中小城市和小城镇发展滞后，集聚产业、吸引人气能力差，不利于拉动内需和集中配置公共服务资源。部分小城镇基础设施落后，产业发展滞后，主体功能定位不明确，人口规模小，财力不足，不具备新型城镇化发展节点镇的功能地位，人民群众生产生活改善难度大、进展慢，制约全面建设小康社会和实现农业现代化。

（二）城乡发展不平衡

农村税费改革和"一事一议"政策间接导致"三农"投入不足。同时，城镇化发展融资渠道缺乏，农村交通、水利、环境等公共基础设施和教育、文化、卫生等公共服务基础设施建设滞后，制约农村投资和消费需求增长，同时也不利于缩小城乡发展差距。

（三）农村基础不稳固

农民种地积极性下降，农村土地流转缺乏统一规范的法规政策保障，工商资本长期租用农民土地，间接侵害农民利益和危及国家食品安全。由于城市建设需要大量征用农民土地，失地农民缺乏持续的收入来源和社会保障，社会潜在不稳定因素增多。

（四）发展要素不充分

土地用地计划紧张，县（市）和乡镇通过土地整理和实施万顷良田计划，获得占补平衡用地指标不能及时足额下拨。一方面，招商引资项目落地困难，产业发展缓慢，吸纳就业和集聚人气能力薄弱。另一方面，乡镇土地整理资金投入大，回收资金周期长，债务负担重。

（五）产业布局不集约

开发园区和乡镇工业集中区产业结构雷同，企业之间、园区之间缺乏有效的产业技术合作，公共服务平台建设滞后，产业竞争力不足，产能过剩普遍严重。产业园区和工业集中区空间布局不合理，土地利用效率低，污染控制成本高、难度大，资源环境矛盾突出。

（六）重点镇优势不明显

2011年，全市人口规模10大乡镇中，列入全市重点扶持发展的11个中心镇只占5个；经济总量、财政实力、居民储蓄余额三项重要指标10强乡镇中重点中心镇仅1~2个（见表3）。2012年，全市11个重点中心镇平均城镇化水平只有31.9%，比其他61个一般乡镇（不含县城镇）低14.1个百分点。由此可见，全市11个重点中心镇在集聚人口、产业、生产要素等方面，在全市并没有形成独特的优势，集镇规模、经济实力与一般镇相比，也没有明显的优势。

表3 2011年各项主要指标前10位的乡镇比较

	乡 镇	总人口（万人）	GDP（亿元）	财政收入（亿元）	农民纯收入（元）	居民储蓄余额（亿元）
1	高邮镇	15.12		6.86		13.24
2	真州镇	14.04	94.1	14.15		76.39
3	仙女镇	13.81	208.5	15.75	17815	51.54
4	大桥镇	13.76	97.1	6.60		31.27
5	安宜镇	13.08	45.7	8.05		47.00
6	范水镇★	9.57				
7	小纪镇★	9.31	62.9			24.07

续表

	乡　镇	总人口（万人）	GDP（亿元）	财政收入（亿元）	农民纯收入（元）	居民储蓄余额（亿元）
8	射阳湖镇★	8.98				
9	郭村镇★	8.85				
10	邵伯镇★	7.66	49.5	3.55	16063	
11	杭集镇		69.6	4.41	19095	
12	李典镇		95.1	8.42	15810	
13	槐泗镇		47.7	4.35		
14	丁伙镇		43.0		17693	
15	菱塘回族乡★				15843	

说明：标注★的为重点中心镇。

三　扬州推进新型城镇化发展的思路和路径

新型城镇化是以科学发展观为统领，以新型工业化为动力，产业与城镇融合发展，城市与农村统筹发展，资源与环境协调发展，大中小城市、小城镇与农村新型社区比例协调的健康城镇化。新型城镇化的实质是顺应现代农业生产方式变革，借鉴工业革命成果，接轨现代社会文明，体现和谐社会发展时代特点的一种社会形态。

（一）扬州推进新型城镇化的指导思想

以科学发展观为指导，抢抓长三角一体化、宁镇扬同城化和新一轮沿江开发发展机遇，坚持以科学规划为引领，以优势产业为支撑，以制度创新为动力，以改善民生为根本，进一步优化城市城镇布局体系。做优中心城市，做强中等城市，做大小城市，做美小城镇，建设绿色、宜居、秀美农村新型社区，把扬州建设成为"四化融合"的新型城镇化发展示范区。

（二）扬州推进新型城镇化的新目标

按照"做优中心城市、做强县城小城市、做大重点中心镇、做特卫星小城镇"的思路，通过布局规划调整、产业布局优化、主体功能区建设、农村综合配套改革、城镇化制度创新路径，探索形成具有江苏特色、扬州特点的新型城镇化发展格局。提升农村基础设施建设水平，促进城乡一体化发展，通过城镇化、工业化、信息化、农业现代化融合发展，带动区域经济全面、协调、可持续发展。到2020年，把扬州中心城市建设成为150万人口以上的大城市，把宝应、高邮、仪征等3个县（市）城区建设成为25万~35万人口规模的中等城市；选择区位优势独特、产业基础雄厚、人口相对密集的乡镇，建成6~8个总人口10万人左右，集镇人口5万人以上的镇级市。实现50万以上的人口从农村转入城镇就业和生活，全市城镇化水平由2012年的58.8%提高到70%以上。

（三）推进扬州新型城镇化发展的主要路径

1. 坚持错位发展城镇体系

一是深化"扩权强镇"。按照中央关于"依法赋予经济发展快、人口吸纳能力强的小城镇相应行政管理权限"的决策部署，科学界定试点城镇职能定位，转变政府职能，理顺职责关系，扩大管理权限，优化组织结构，创新管理体制。积极推进试点镇"强镇扩权"改革，在产业发展、城镇建设、项目投资、安全生产、环境保护、市场监管、社会治安、城镇管理、民生事业等方面赋予试点镇部分管理权限。

二是提升中心城市首位度。借鉴世界同量级城市发展经验，加快提升中心城市"三城五区"（古城、广陵新城、临港新城，广陵区、邗江区、江都区、新城西区、蜀冈—瘦西湖风景名胜区）建设水平，把扬州城建设成为能够向世界提供更多产品和服务、能够吸引更多世界客商和旅游旅行者、能够得到世界认可的城市，进一步彰显扬州作为中国历史文化名城、运河名城和生态名城的特色，全面提升创新扬州、精致扬州、幸福扬州建设水平，努力打造汽车名城、旅游名城、建筑名城、科教名城。

三是提升县级市的聚集力。以推进新一轮沿江、沿河开发为契机，加快宝应县、高邮市、仪征市二级中心城市建设，改造提升区域交通水平，加快布局主要功能性设施，促进产城融合发展，着力提升区域人口、产业、商务集聚能力，增强区域中心城市对广大农村腹地的辐射带动作用。

四是积极扶持发展节点小城市。推进新一轮乡镇机构改革，重点扶持宝应范水、曹甸和射阳湖，高邮三垛、临泽和菱塘，江都小纪、邵伯和郭村，广陵李典，邗江公道，仪征月塘和大仪等13个重点中心镇，发展成为人口在15万人左右的区域小城市。

五是差别化发展特色小城镇。结合主体功能区划、历史文化传承、空间节点优化等因素，差别化发展一批历史文脉清晰、生态环境雅致、空间区位特殊的小城镇。把全市小城镇的数量从现在的66个调整到40个左右，在全市形成"核心带动、轴带发展、节点提升、对接周边"的新型城镇化布局。

2. 构建新型城乡产业布局体系

一是推进省级园区又好又快发展。以加快转变经济发展方式、发展创新型经济、建设创新型城市为主线，坚持"总量扩张、提优提质、特色发展"，以创新的理念、思路和举措，重点围绕打造五个千亿级产业，着力推进省级开发园区又好又快发展。到"十二五"期末，各开发园区地区生产总值占本地区比重35%~40%，公共财政预算收入占本地区比重达30%以上；全市开发园区（不含扬州经济技术开发区）自营出口总额、实际利用外资总额占全市比重60%以上；在"全省开发区科学发展综合评价"中做到争先进位、稳中有进。江都经济开发区重点发展船舶物流与特钢产业，邗江经济开发区重点发展智能化装备产业，高邮经济开发区重点发展光伏、电子和储能产业，宝应经济开发区重点发展智能输变电装备产业，仪征经济开发区重点发展汽车制造及其配套服务产业，扬州化工园区重点发展绿色化工产业，维扬经济开发区重点发展汽车及零部件产业，广陵经济开发区重点发展液压传动产业，杭集工业园重点发展酒店日用品产业。

二是引导乡镇工业集中区集聚发展。推进宝应安宜镇、高邮高邮镇、仪征真州镇、江都仙女镇等中心城区周边城关镇工业集中区，服从中心城区发展规划，转型发展都市工业，广陵杭集，宝应黄腾、山阳、望直港，高邮龙虬、车逻，江都大桥，仪征马集、新城等靠近省级开发区的乡镇工业集中区，作为省级开发区的配套园区，应大力发展配套产业。大力扶持区域小城市工业集中区发展，增强区域小城市产业集聚度和就业带动力，服务小城市人口集聚。

三是差别化发展特色产业园。综合运用土地、税费、环境等控制手段，限制一般乡镇工业集中区发展，禁止中心城市周边、生态环境功能保护区和生态、旅游、文化特色镇发展乡镇工业。通过乡镇工业布局调整，把全市工业集中区总数控制到40家左右，初步形成"一带一区两轴"（一带，沿江乡镇工业集中区集聚带；一区，扬州城西北片乡镇工业集中区集聚区；两轴，沿河乡镇工业集中区发展轴和沿安大路乡镇工业集中区发展轴）的新型乡镇工业集中区空间布局。

3. 提升城乡基础设施承载能力

一是科学推进古城保护和开发。巩固提升"双东"历史街区，完成汪鲁门修缮、东门遗址广场景观提升和南河下低碳示范项目建设等一批工程，积极推动"双东"申创5A级景区。完成"双宁"文化核心区改造前期工作。加快推进古运河大王庙以东段综合整治、盐运司衙门等申遗点修缮。启动以南河下为重点的民居式客栈建设，探索古城开发利用的新途径。

二是加快推进瘦西湖景区扩容建设。按照建设世界级公园的标准，谋划推进景区拓展和扩容提升。建成花艺坊，完成景区南门环境综合整治，启动唐子城护城河疏浚、"双峰云栈"、邗上农桑、杏花村舍景点恢复和万芳园精品温泉SPA等项目建设，恢复历史景观和具有代表性的城门、衙门、驿站等，沟通周边水系。积极推动国家级旅游度假区建设，建成游客服务中心及配套设施。启动宋夹城体育公园、相别路酒店及配套地产开发建设，打造现代高端旅游服务区。全面推进大虹桥路、友谊路沿线地块和沿路建筑的改造，提升景区整体品质。

三是推进城区道路基础设施建设。按照"城区道路联网成环"的要求，建成新328国道连接线、新甘泉路东延、京杭路等工程，开工建设文昌路西延、新万福路，运河南路横沟河至春江路段，继续推进瘦西湖隧道建设和沙湾路南延，启动邗江路北延。整治改造淮海路、国庆路等，完善城市路网体系。

四是加快推进市政公用设施建设。开工建设第五水厂二期，完成江都清源污水处理厂二期扩建，继续推进川气东送天然气门站、第一水厂提标扩建、六圩污水处理厂三期和汤汪污水处理厂二期工程建设，完成进村入户支管网建设改造。

五是加快各类综合服务设施建设。完成首开综合体、天润国际综合体、税友软件园、惠普研发中心、天雨研发中心等重大项目建设，继续推进迎宾馆扩建、城庆广场、界龙广场、江都滨江市民广场等重点工程建设，增强配套服务能力。

六是统筹提升城乡基础设施。实施小城市、特色小城镇交通基础设施加密改造工程，实现高速公路镇镇通。按照小城市的功能定位，统筹规划、综合配套建设中心镇的交通、供电、市政（公共交通、给水、排水、燃气、城市防洪、环境卫生、照明等）、信息、文化、教育、卫生等基础设施。

4. 建立新型城乡社会服务体系

一是改革农村文化管理体制。加强农村文化设施建设管理，推进农村基层文化站县（市）文化主管部门和乡镇"双线"管理体制改革，妥善处理农村基层文化建设"分与合"的关系，促进农村文化大发展、大繁荣。加强农村文化人才队伍建设，引进、培养能够传承扬州地域文化的特殊人才，大力扶持发展文化特色乡镇。

二是优化城镇教育资源布局。结合市域城镇体系规划，综合考虑居住区配套、旧城区改造、新农村建设尤其是人口密度加大、人口流动加速等因素，优化城乡中小学、幼儿园布点规划。到2015年，初步形成省辖市中心城区普通高中由省辖市统一举办管理、义务教育学校由区统一举办管理的格局。

三是合理配置卫生资源。大力支持县级卫生机构与乡镇卫生院开展托管或联营，提高基层医疗卫生资源质量和服务水平。鼓励市、县大型医疗卫生机构在"小城市"布局建设分支医疗机构，鼓励民间资本、工商资本投入开办医疗卫生机构，进入医疗卫生领域。加快建设区域医疗卫生信息平台，促进城乡医疗卫生资源共享和合理流动，提高城乡医疗卫生发展水平。

5. 建立新型城镇土地产权关系

一是加强土地利用规划管理。按照沿江地区融合发展的要求，强化土地利用总体规划的整体管控与服务，统筹合理安排农用地、建设用地和生态用地，加强与其他各类规划的衔接，促进区域、城乡产业用地结构优化。以促进城乡统筹为目标，进一步加强对全市国土资源的宏观管理和指导服务，在更大范围内促进城乡一体化发展。

二是统筹安排城乡用地。按照"严控总量、优化结构、区别对待、有保有压"原则,抓好年度土地利用计划指标分配使用,全力保证城镇化建设和重点中心镇建设用地,优先保障改善民生和先进制造业、自主创新与战略性新兴产业用地。以点供和独立选址为主渠道保重大项目,进一步转变土地供应方式,对汽车、机械、建筑、旅游等四大"基本产业",以及市委市政府确定的重点支柱产业、年度重点工程,通过点供、独立选址等形式积极争取土地指标,并积极统筹城乡挂钩、万顷良田和存量土地指标,多途径加强土地有效供给。

三是大力推进土地整治。围绕全市耕地保有量和基本农田保护目标任务要求,进一步落实耕地和基本农田管护责任。进一步加强土地整治工作的推进力度,确保占一补一、占补平衡。加强基本农田管理,深入推进高标准基本农田建设,提高土地综合生产能力。坚持将城乡建设用地增减挂钩、万顷良田建设工程作为统筹保发展与保资源的关键。稳妥推进增减挂钩项目,按照省厅下达的控制规模,完善"先复垦、后使用""先安置、后拆迁"等操作方式,尊重农民意愿,维护农民权益。在积极跟踪2012年度新申报的万顷良田项目、确保成功获批的基础上,抓好工程项目实施,通过党委政府统一组织、结对挂钩、组团建设等方式,使万顷良田建设工程取得实实在在成效。

四是有序推进城中村改造。围绕扬州2500年城庆时间节点,进一步加大保障性安居工程用地保障力度,确保市区保障性安居工程用地供应。一着不让地抓好"城中村"改造,加大土地储备融资规模和投入力度,按计划有序推进拆迁安置,确保城市建设中的重要项目、重大市政工程、民生项目落实到位。

五是加大城镇建设用地政策扶持。优先安排城镇建设用地计划,对城镇规划区内已办理农用地转用和非农建设用地使用手续的集体建设用地,其使用权经过批准,可采用转让、租赁、抵押和作价入股等形式流转。建立农村集体建设用地交易许可制度,大力实施城乡建设用地增减挂钩改革,将取得的农用地转用指标全部留给乡镇。探索托管、飞地模式,推动乡镇结对设立"飞地"开发园区,共享土地指标、财政补贴、电价优惠等诸多政策,破解发展瓶颈。

六是完善农村土地产权制度。在农民承包地物权化的基础上,探索农户土

地使用权制度，保证农民土地产权能够在土地价格收益分配中得到实现。赋予农民按照"权利平等"的原则自由转让土地的权利，放开集体建设用地进入流转市场，优化完善城乡土地市场体系。

七是深化征地制度改革。明确征地权适用范围，规范政府征地行为，限制非公益性用地采用征地方式，借助土地市场通过市场供给的途径解决非公益性用地需求。严格按照市场经济规律实施征地补偿，切实保护农民土地权益，加快建立被征地农民的就业促进机制和基本生活保障体系。

八是完善土地市场体系。加快培育农村土地市场，促进建立城乡统一的土地市场。加快推进土地使用权制度改革，引入招标、拍卖等土地出让方式，保护和提高农民土地的市场收益。

6. 建立新型家庭生产经营关系

一是推进承包地确权登记，夯实产权交易基础。以"守住一条线底线"为目标，加快推进行政村"四有一责"建设，高质量完成农村土地承包经营权确权登记颁证工作。妥善处理农村土地承包中的土地权属争议、证账簿地不相符、历史遗留等各类具体问题。严格执行土地承包档案管理规定，实行分级管理、集中保管。加强农村土地承包系统信息化建设，为全面实施土地流转打好基础。

二是建立实体平台，推进农村产权交易试点。研究制定农村综合产权制度改革的指导意见、农村产权交易所筹备工作方案、农村综合产权交易管理办法、农村土地承包经营权流转交易规则等一系列政策文件，有序推进农村产权依法交易。依托现有的农村土地流转交易中心，按照"六统一"（统一监督管理、统一交易规则、统一发布信息、统一收费标准、统一交易签证、统一平台建设）管理模式，加快建设县级产权交易平台。在开展土地承包经营权、林权、"四荒"使用权、农村集体经济组织股权等常规交易品种基础上，逐步将农村房屋所有权、宅基地使用权、农业订单、保险单、商标权、农业生产性设施所有权、大型农机具抵押权等纳入交易范围。

三是推进农民专业合作社发展提档升级。坚持"三结合"（坚持把建立名录与宣传法律法规相结合、与推动合作社提质增效相结合、与合作社承担示范项目相结合）原则，按照公平公正、动态调整、有进有退的原则，建立完善年度农民专业合作社名录。坚持民办、民管、民受益原则，落实"三会"制度，严格合作社财务管理，强化合作社产品质量监管，稳步提升合作社经营管理水平。

四是推进发展家庭农场，促进农业适度规模经营。贯彻落实中央"一号文件"精神，综合运用各项农业补贴政策，扩大"家庭农场"发展数量和规模。建立经营扶持专项资金，以政府为主体，省、县、乡三级联合，引导专业大户、家庭农场与承包农户签订中长期租赁合同。探索制定"家庭农场"评估标准，健全"家庭农场"登记备案制度，建立县、乡、村三级信息共享平台，提升"家庭农场"发展质量。研究制定农村土地流转服务体系建设发展规划，指导各地加强体系建设，支持有条件的地方按照归属清晰、权责明确、形式多样、管理严格、流转顺畅的要求，建立有形土地市场，搭建土地承包经营权市场交易平台。实施"互换并地"政策，鼓励行政村开展"互换并地"工作，减少农户耕作的地块数，提高农机作业水平和土地利用率，促进适度规模经营发展。拓宽融资渠道，突出服务组织化优势，建立面向"家庭农场"的融资服务机构，引导金融机构面向农民专业合作组织、"家庭农场"扩大信贷融资服务。

7. 建立新型城乡户籍管理体制

一是实施居住证制度。全面实施流动人口居住证制度，在统一登记城乡户籍的基础上，研究制定推进持有居住证的人口享受与原户籍人口同等的就业、义务教育、公共卫生、社会保障等市民权利的配套措施，逐步实现城乡自由迁徙。

二是提高便民服务水平。探索在流动人口集中的街道、乡镇便民服务站设立单独的服务窗口，实现与公安、人社、计生、卫生、民政等系统联网办理、集中服务。

8. 建立新型城乡社会保障体系

一是完善各项保障制度。重点解决好通过各种渠道已进城人员和现有城镇低保、失地农民的就业、医疗、子女上学等问题。积极探索通过农地换社保、集体建设用地换城镇住宅、营业房等方式，破解城镇化的体制障碍。规范征地程序，依法提高征地补偿标准，解决好失地、减地农民的就业、住房和社会保

障问题，促进失地农民市民化。完善购房按揭和农村建筑物抵押贷款的各项配套政策，促进农村居民和外来务工人员购房贷款业务的开展。

二是推进城乡社保一体化。逐步建立覆盖全市的社会保障、就业保障、最低生活保障一体化保障体系。建立农民工在城市定居过渡"平台"，降低农民转变身份、申领当地户口的门槛和成本。制定农民进城出售土地承包权、宅基地和房屋产权的配套政策，鼓励农民自愿进城定居。探索进城申领当地户口农民自动享受城市社保、医保政策。

9. 探索新型城镇化投融资模式

一是调整完善区县财税管理体制。以上年财政收入为基数，按现行区县与镇财政管理体制比例，核拨镇级固定分成，超收部分由区级财政全额返还，用于城镇项目建设。对试点城镇建设用地出让金，除按国家和省市相关规定必须保证的支出外，全额返还。对城市维护建设税、城镇廉租住房保障资金、城市垃圾处理费、城市基础设施配套费、污水处理费等税费也实行全额返还，专项用于城镇建设。

二是建设城镇化融资平台。采用市场运作模式，利用银行贷款、土地收益等，多渠道筹集城镇建设资金，探索在试点城镇建立城镇建设投资开发公司，赋予其投资融资、项目建设、资金管理和债务偿还职能。推进项目融资，按照"谁投资、谁收益"的原则，鼓励和引导各类社会资金采取BOT等投资方式参与城镇基础设施建设。

三是发挥财政资金引导作用。利用财政资金贴息等形式，鼓励社会资金参与城镇建设。加大对试点城镇设立村镇银行、小额贷款公司等金融机构的扶持力度，协调上级金融机构安排一定中长期贷款用于试点城镇建设。

B.12
扬州市财政支持推进新型城镇化建设研究

扬州市财政局课题组*

摘 要：
　　财政与新型城镇化之间有着密切的联系，财政政策对促进新型城镇化健康有序发展具有重要作用。本文从财政与新型城镇化的关系出发，分析了扬州市新型城镇化发展的现状、当前面临的问题、新型城镇化发展的趋势等，最后提出了财政支持推进新型城镇化建设的几点建议。

关键词：
　　财政　城镇化　研究

　　新型城镇化是人类社会加速发展的缩影，是工业化、现代化发展及社会变迁的重要标志，是物质、空间、经济、人口、体制以及社会特征的多维现象反映。因此，加快研究制定促进扬州新型城镇化发展的财政政策，对提高扬州新型城镇的产业和人口聚集功能，加快经济发展方式转变，提高新型城镇化发展质量具有重要的战略意义。

一　扬州新型城镇化发展的现状

　　近年来，扬州市各级部门高度重视城镇化建设，出台了一系列推进城镇化

---
* 课题组负责人：郭佳。成员：孙圣平、杨正香、张思忠、张潮山、钟耀、朱东峰、管贵平、朱冬云、刘德辉（执笔）。

建设的政策措施，全市城镇化建设呈现加速发展态势，城镇集聚效应和辐射带动作用不断增强，城镇化工作取得了明显成效。

（一）城镇化水平稳步提高

至2012年底，全市城镇化率达到58.8%，比2005年的48.3%提高了10.5个百分点，年均提高1.5个百分点。同期城镇人口从216万人增至263万人，年均增长7万人。城镇化率和增长速度均领先苏中、苏北，在全省排第6位。

（二）区位优势显著提升

近年来，扬州市加快区域主通道的打造，推动市域城镇更加紧密、更加深入、更加快速地融入宁镇扬板块和长三角城市群。扬州泰州机场建成通航，并先后开通至北京、广州、深圳等10条航线。江都至海安高速公路、江都至六合高速公路建成通车，全市高速公路里程达到318公里，密度达到4.8公里/百平方公里，形成"一环七射"高速公路框架。

（三）城镇体系趋于合理

市行政区划的调整为中心城市和县（市）城区的发展拓展了新的空间，城镇体系逐步完善，规划的引导和约束作用进一步增强，空间分布趋于合理，全市初步形成了中心城市、县城、重点中心镇和一般镇协调发展的城镇体系。至2012年底市域城镇建成区面积达到397.11平方公里（见表1）。

表1 2012年市域城镇建成区面积

单位：平方公里

地区	扬州市区	仪征城区	高邮城区	宝应城区	66个小城镇	市域
建成区面积	128.00	39.0	24.35	30.20	175.56	397.11

（四）城镇功能逐步完善

积极规划建设共享型、区域型基础设施，加快提升城镇功能。累计建成区域供水水厂19座，铺设供水主干管道1438公里，支干供水管网12953公里，日供水能力达159.5万吨，满足了460万人生产生活用水需求，实现了市域区域供水全覆盖。建成城市污水处理厂12个，66个乡镇全部建有二级生化污水处理设施。扎实推进城乡生活垃圾一体化处理工作，乡镇生活垃圾中转站实现全覆盖，生活垃圾无害化处理率达100%。城乡卫生服务水平不断提升，社区卫生机构覆盖率达100%，11个重点中心镇建成医疗急救网络。文化服务设施和体育健身设施进一步完善，实现了乡镇全覆盖。村庄环境整治扎实推进。截至目前，全市共投入资金12.3亿元，投入劳动力118万人次，机械设备7.9万台班，累计清理垃圾52.4万吨，清理乱堆乱放34.9万处，清理河塘2.6万个，新建村内道路1195公里，新增公共建筑24.8万平方米，全市已有14916个村庄完成整治任务，占全部自然村庄总数（16720个）的89.21%。

（五）重点中心镇建设势头良好

2010~2012年，在市城镇化专项资金的引导下，11个重点中心镇累计开工建设基础设施和公共服务设施项目209个，总投资33.9亿元，其中专项资金补助项目72个，带动投资5.5亿元。对城镇化专项资金投入后的两年财政情况进行分析发现，2012年与2010年相比，财政总收入增幅超过30%的乡镇有8个，公共预算收入增幅超过30%的乡镇有9个，而同期全市乡镇财政总收入的增幅为5%，公共预算收入的增幅为15%。可见，在城镇化专项资金的引导下，各重点中心镇发展较好，集聚效应和辐射带动作用显著增强，呈现出良好的发展态势。

（六）镇村公路、公交日臻完善

"十一五"以来，扬州市持续加大农村交通基础设施投入，累计新建改造农村公路2806公里、农路危桥994座，2007年行政村农村公路通达工程全面完成。截至2012年底，全市共有农村一级路127公里、二级路987公里、三级路867公里、四级路6267公里，其中按照镇村公交发展要求，需实施改造提升的四级路为1783公里（县道109公里、乡道1384公里、村道290公里），

占全市四级路总里程的28.5%。截至2012年底,全市共有33个乡镇开通镇村公交,覆盖率达47.8%,其中25个乡镇全覆盖开通,8个乡镇已通过省交通运输厅验收,广陵区实现镇村公交100%覆盖。

二 新型城镇化发展中面临的主要问题

推进城镇化涉及经济社会管理多个方面的内容,是一项事关全市的系统性工作,虽然扬州市城镇化工作取得了一些成效,城镇化提速具备了较为厚实的基础,但是仍然存在一些问题。

(一)城镇化总体水平不高

2012年扬州市城镇化率为58.8%,工业化率为53.0%,城镇化率与工业化率比例为1.1,不符合城镇化进入加速期后城镇化率将明显高于工业化率的一般规律。城镇化发展对比先进地区差距较大。2012年,南京市、苏州市、无锡市、常州市城镇化率分别达80.2%、72.3%、72.9%、66.2%,分别比扬州市高出21.4、13.5、14.1和7.4个百分点。

(二)城镇化发展滞后于经济的发展

城镇化是工业化的必然结果,而现代化的经济又体现在高度发展的工业化上。因此,城镇化与经济现代化有着高度正相关关系,而这一关系主要体现在城镇化水平与人均GDP的适应程度上。从表2中的数据可以看出,2000~2012年扬州经济增长较快,而城镇化水平一直处在40%~60%的中期发展阶段。从图1可以看出,扬州市经济发展的速度远远超过城镇化进程。

表2 扬州市2000~2012年经济增长情况

年份	GDP(亿元)	按可比价比上年增长(%)	人均GDP(元)
2000	472	10.7	10500
2001	510	8.5	11300
2002	559	11.1	12368

续表

年份	GDP(亿元)	按可比价比上年增长(%)	人均GDP(元)
2003	647	13.4	14300
2004	788	14.7	17355
2005	922	15	20389
2006	1100	15.2	24543
2007	1312	15.7	29419
2008	1573	13.4	35233
2009	1856	13.8	41406
2010	2208	13.4	48955
2011	2630	12.2	58950
2012	2933	11.7	65692

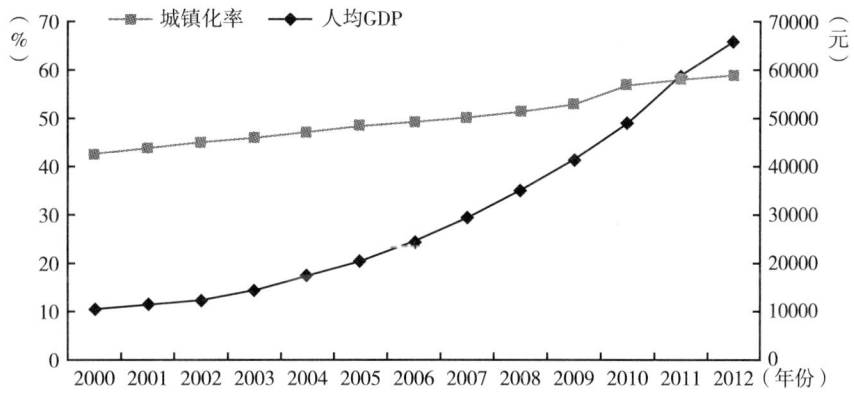

图1 扬州市2000～2012年城镇化水平与人均GDP的关系

(三)城镇化进程落后于世界标准

按照城镇化和工业化发展的规律,当工业化水平发展到一定阶段时,城镇化水平要超过工业化发展水平,并且随着工业化的发展,城镇化会出现加速发展,两者的差距逐步扩大。从图2可以看出,2010年开始,扬州的城镇化水平才开始超过工业化水平,到了2012年扬州城镇化已达58.8%,仅高于工业化水平5.8个百分点。根据图3的钱纳里世界标准模型,扬州的城镇化发展速度远远落后于世界标准模型水平。

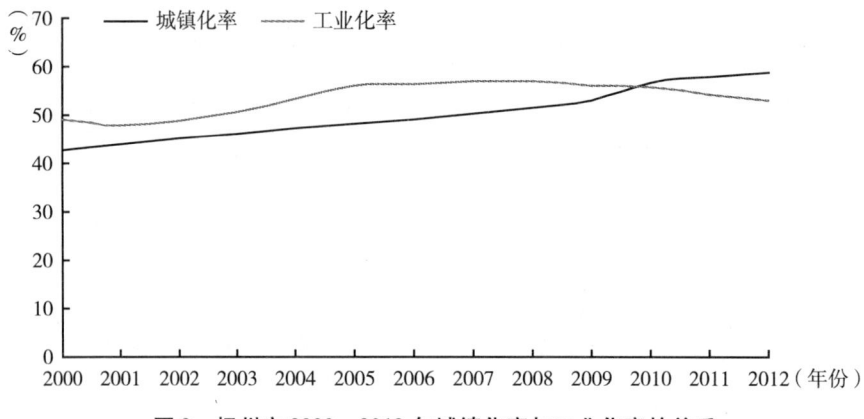

图2 扬州市2000~2012年城镇化率与工业化率的关系

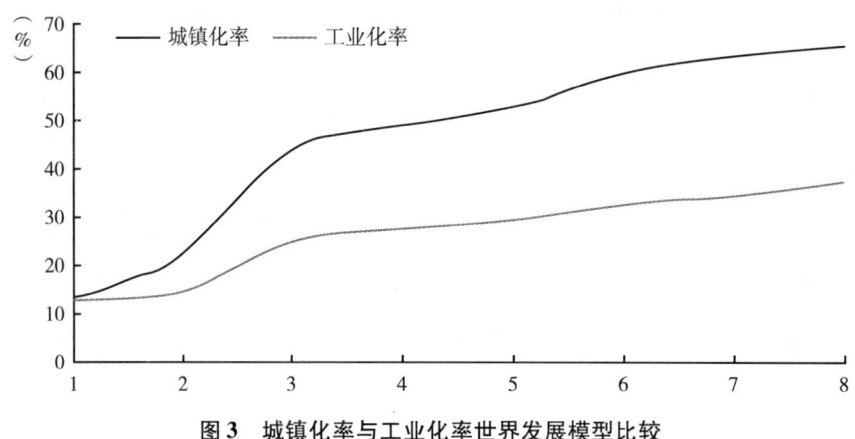

图3 城镇化率与工业化率世界发展模型比较

（四）小城镇集聚要素的能力不强

扬州市小城镇的规模普遍不大，城镇规模过小，不利于小城镇的发展和集聚效应的发挥。多数小城镇是在传统集市的基础上建立起来的，主要为周边农村提供农产品交换、农用和生活用物资，二、三产业相对欠发达。部分建制较早的城镇，虽然有一定的工业基础，但基本以传统产业和初级加工制造业为主，没有优势产业。

（五）农村产权制度改革面临诸多制约

目前，国家尚未出台农村产权交易管理的政策和办法，现有的法律法规和政策对农村产权制度改革有较多限制。例如,《土地法》《担保法》和《物权法》等法律规定集体土地不能出让、转让或出租用于非农建设,农村房屋所有权和宅基地使用权的流转仅限于集体经济组织成员之间,耕地、宅基地、自留地、自留山等集体所有的土地使用权不得抵押等,这些都制约了农村产权的流动,不利于全面激活农村产权市场。

(六)城镇建设用地矛盾突出

随着扬州市进入城镇化快速发展阶段,城镇建设用地矛盾日益突出。近五年,省里每年下达的扬州市建设用地计划约1万亩,实际用地需求约2.5万亩,剔除点供因素,每年缺口1万亩左右。今后一段时期,随着工业化、城镇化的推进,这一矛盾将更为突出,土地供应已经成为制约城镇化发展的主要因素之一。

(七)部分城镇财政负担压力较大

2012年,全市89个乡镇中公共预算收入低于1000万元的有5个,1000万~5000万元的49个,乡镇财政供养人员23483人,乡均264人,乡镇预算内可用财力26.9亿元,而乡镇公共预算支出达34.3亿元,2012年末,全市乡镇债务余额105.4亿元,乡均1.18亿元。以发展较好的小纪镇为例,目前小纪镇财政处于"一少两多"的状况,"一少"即收入来源渠道少,除正常税收和有限的土地出让收益外,全镇年规费收入仅有50万~60万元;"两多"即财政供养人员多,全镇现有财政供养人员达800余人,年需供养经费达4000余万元;政府负债多,目前镇级负债达2.4亿元,已大大超出了财政承受能力,债务主要是万顷良田建设工程、基础设施建设以及撤并镇遗留债务所形成。财政负债多、包袱重,致使人员供养难、规划建设的项目实施难。

三 城镇化发展的政策趋向

实现城镇化,中国目前几乎没有现成的可完全沿用的制度与政策,李克强总理在论述城镇化时始终强调将城镇化与其他配套改革联系起来,协调推进工业化、城镇化、农业现代化，发挥城镇化综合效应，释放内需巨大潜力。以下几方面内容可能是未来改革与发展的主要方向：

（一）土地流转试点

十八大报告明确提出，改革征地制度，提高农民在土地增值收益中的分配比例，并依法维护农民土地承包经营权、宅基地使用权。因此，新型城镇化建设将启动农村新一轮改革，且推进土地流转的可能性极大。为解决城镇化进程中的用地"瓶颈"，土地配置市场化、农村土地资本化，优化农村资源配置和产业结构，是实现统筹城乡发展的一条新路。

（二）户籍改革

目前，一些地方正在试图打破城乡户籍限制，逐步推进户籍改革成为城镇化发展的一大方向，正如十八大报告提出的，要"推动工业化和城镇化良性互动、城镇化和农业现代化相互协调"。中国社科院农村发展研究所宏观室主任党国英表示：打破户籍限制肯定是未来城镇化改革的方向，但具体操作问题十分复杂，各省差异很大，只有逐步试点逐步推开。

（三）实施"城市群"战略

十八大之前，对于城镇化建设，十六大提出了"走中国特色的城镇化道路"，十七大又进一步补充为，"按照统筹城乡、布局合理、节约土地、功能完善、以大带小的原则，促进大中小城市和小城镇协调发展"。目前，业内人士普遍的说法是，十八大提出"新型城镇化"，是在未来城镇化发展方向上释放出了"转型"的"新信号"。未来中国新型城镇化建设，将遵从"公平共享""集约高效""可持续"三个原则，按照"以大城市为依托，以中小城市为重点，逐步形成辐射作用大的城市群，促进大中小城市和小城镇协调发展"的要求，推动城镇化发展由速度扩张向质量提升"转型"。

（四）成都经验可能成为新型城镇化发展的样本

成都是典型的大城市带大郊区的发展模式。其主要做法是对土地确权颁证，建立农村土地产权交易市场，建立建设用地增减指标挂钩机制。以发展较好的区域作为起步点，确立优势产业，形成以市场为导向的产业集群。另外再配以农民的公共服务和社会保障，提高农民的生活水平。成都的改革不仅涉及土地管理制度和政策的小调整，而且涉及现行国家征地制度的根本变革。成都的实践说明，我国有比土地流转更根本、更基础的工作有待完成，即对农村各类土地和房产资源普遍的确权、登记和颁证。中西部地区难以复制东部地区经验，新的城镇化改革促进经济增量发展将很有可能出现在四川地区。虽然当前尚未言明增量改革的方向，但是四川地区的综合配套改革将很有可能会成为样本向全国推广。

四 城镇化发展对财政的影响

（一）城镇化对总体经济的影响

随着大量农民迁入城镇，在农业总产出继续保持不变甚至增加的情况下，就总体经济而言，农民能进城就业，意味着农民总体的薪酬收入在增加，从而可增加消费，推动工业产出的维持或者增加。据有关测算，中国城镇化率每增加一个百分点，将能带来 7 万亿元的投资和消费需求。到 2020 年，中国城镇化率将达 60% 左右。未来 7~8 年，中国城镇化所产生的资金需求（包括市政公共设施建设和社会保障）将超过 40 万亿元。另外，随着大量农民进城，城市面积在扩展，城市要新增包括住房、水、电、气、排污、道路等基础设施建设投资，从而可拉动投资。因此，就经济而言，城镇化率的提高，意味着消费与投资的增长，意味着内需的扩大，意味着 GDP 的增长。

（二）城镇化发展对政府投资的影响

城镇化需要大量资金投入，钱从哪里来？由于资金需求巨大，仅以地方财政投资显然难以完成。有关研究发现，目前地方政府并没有建立适应城镇化资金需求的多元化投融资机制，融资方式仍以银行贷款为主，不仅难以满足巨大的资金需求，而且最终还款来源还是土地收入。如果不能解决城镇化中的资金需求问题，不仅可能会出现大量城市贫困人口，还会使城市病更加严重，并由大城市向中小城市蔓延，降低城镇的生活质量，丧失城镇化的本来意义。

目前大多数学者认为城镇化所需资金可以从这几方面来解决。首先是中央、省、市应明确公共服务均等化的建设标准，并适当降低门槛，引导形式多样的资本进入，形成多元化投资；其次是对国有资本配置进行调整，适当提高收租分红比例，提高比例部分用于社会公益，这样做还可以加快人口的城镇化；最后还可鼓励有条件的城镇发行城市投资债券，当城镇发展到一定阶段，还可考虑发行用于基础设施建设的私募债券。

（三）城镇化发展对财政总收入的影响

通过对扬州市2000～2012年的城镇化率和财政总收入进行数据分析发现，城镇化率与财政总收入的正相关性较高，说明城镇化率的提高会带动财政总收入的增加（见图4）。但是扬州市城镇化率与财政总收入增长率的正相关性不高，说明扬州市仍需调整经济结构，促使财政收入的增加。

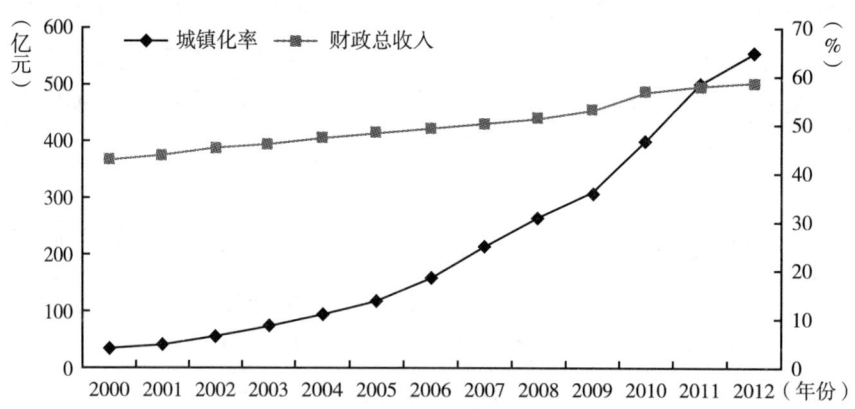

图4　城镇化率与财政总收入的关系

（四）城镇化对工业化的影响

中国30多年的改革开放战略表明，尽管改革开放初中央并未提出城镇化战略，但随着30多年来工业化水平的不断提高，我国城镇化率同样由1978年的17.9%上升到2012年的51%。而且,哪个地区工业化水平高,自然城镇化率水平(甚至是城乡一体化水平)也相对较高。因为工业化率水平的提高意味着:一个地区的城市中,工业就业人口在增加,农业就业人口在减少;工业产值占比在增加,农业产值占比在减少。

(五)城镇化对农业产业化的影响

农业产业化是用现代工业、信息等先进技术改造传统农业(以新增投资为支撑),形成规模经济,从而提高了农业生产率和解放了部分农业劳动力,给城镇的工业发展和就业提供了可能条件。因此,随着农业产业化进程的加快,城镇化水平会提高。农业产业化和城镇化的关系类似工业化和城镇化的关系,都有助于城镇化率的提高,所不同的只是工业化和农业产业化在产业统计种类归属上的差异。

五 推进新型城镇化建设的几点建议

(一)突出规划的重要性和户籍改革的必要性

(1)突出规划引领,强化规划功能。规划具有引领作用,是生产力、建设的龙头,也是发展的引擎,科学的发展必须有科学的规划,并且规划还必须体现指导性、科学性、长远性和综合性。坚持强化规划的"龙头、刚性、法定"地位,努力实施城乡统筹,全力推进城乡规划编制,努力把城乡规划工作纳入科学化、法制化、规范化的轨道。

(2)改革户籍管理制度。目前城镇化推进过程中出现的农民工问题归根结底与户籍制度有关,所以必须突破户籍瓶颈。建议采取新的对策,放宽农民户籍制度问题,实现农民工的市民化。一是制定户籍制度改革的长远目标,统一政策导向,明确时间表和路线图,加快剥离附加于户籍上的福利待遇,回归户籍的人口登记功能。二是加快推进基本公共服务均等化,逐步将农民工纳入城镇公共服务覆盖范围。对于公共资源供需矛盾大、短期内无法完全满足需求的农民工集中地区,探索建立"钱随人走""钱随事走"的机制,给人口输入地一定的优惠政策,提高推进农民工市民化的积极性。

(二)继续重点有序推进惠民工程

(1)根据农村发展需求,重点、有序地推进交通惠民工程。建议在确保《江苏基本实现现代化指标体系》目标实现的基础上,参照农村地区群众出行实际需求和地方财力许可,突出重点、统筹有序推进。同时,整合相关支农项目,完善田间道路、桥梁等基础设施,方便农业生产,提高农业机械化水平,将更多的农民从土地上解放出来。

(2)在镇村公交发展和农村公路提档升级工程实施过程中,适当弹性执行规划。建议对开通镇村公交的农村公路,可将路、桥改造进行捆绑实施,对暂不开通镇村公交的农村公路,可先行实施桥梁改造,以确保农村公路安全畅通。对各地镇村公交的规划发展,建议结合地方城镇规划、集中居住点规划等的调整,因时、因地制宜调整规划和已运行班线,以最大限度地发挥镇村公交运营服务效能。

(3)依托农村集镇,加大农产品加工和交易平台建设力度。围绕主导产业,加大对农产品加工和流通企业的扶持力度。一方面,延长产业链条,提高农产品附加值,增加农民收入;另一方面,扩大企业对农产品的加工和销售规模,提供新的就业岗位,使更多农民就地工作,成为工人,成为居民,推进新型城镇化建设。

(三)建立实体和网络平台,推进农村产权交易试点

(1)制定政策文件。建议尽快研究制定"扬州市农村综合产权制度改革的指导意见""扬州市农村产权交易所筹备工作方案""扬州市农村综合产权交易管理办法""农村土地承包经营权流转交易规则"等系列政策文件,为指导农村产权交易提供服务。

(2)建立县级产权交易平台。建议依托现有的农村土地流转交易中心,落实必要的人员、场所和工作经费,按照统一监督管理、统一交易规则、统一发布信息、统一收费标准、统一交易签证、统一平台建设"六统一"的管理模式,成立履行服务职能的非营利性公司制企业法人,开展农村产权交易服务。

（3）规范土地流转价格评估。加大对土地流转价格的指导力度，进一步明确区域内土地流转指导价格。及时发布土地流转供求信息，全面推行土地流转竞价招租和流转价格"实物抵交、现金结算"的承包方式。

（4）拓展交易品种范围。建议在开展土地承包经营权、林权、"四荒"使用权、农村集体经济组织股权等常规交易品种的基础上，积极将农村房屋所有权、农村宅基地使用权、农业订单、保险单、商标权、农业生产性设施所有权、大型农机具抵押权等纳入交易范围。

（5）提升土地流转交易信息化服务水平。建议从完善农村土地承包管理信息化入手，推广使用统一的软件，进一步提升农村土地承包与流转信息化管理水平，构建市、县、镇、村四级联网的土地流转信息资源共享体系。

（四）财政支持新型城镇化发展的建议

1. 完善城镇建设投融资体系

首先运用市场化运作模式，采用银行贷款、土地收益等多途径筹集城镇建设资金。探索在试点城镇建立城镇建设投资开发公司，赋予其投资融资、项目建设、资金管理和债务偿还职能。例如，北京市在2013年初，通过北京金隅集团向国家开发银行融资100亿元用于城镇化发展。其次是积极发挥财政资金引导作用，采用财政资金贴息等形式，鼓励民间资金、外资等参与城镇建设。此外，还应加大对试点城镇设立村镇银行、小额贷款公司等金融机构的扶持力度，协调上级金融机构安排一定中长期贷款用于试点城镇建设。

2. 完善乡镇财政管理体制，支持重点中心镇进一步发展

（1）发挥重点中心镇示范带动作用。目前扬州市66个小城镇中，仅11个重点中心镇建设已全部完成了总体规划编制，有4个重点中心镇完成了控制性详细规划的编制。在行政区域上，各中心镇处于各行政区域的中心，一般经济实力都较强，具有带动该区域发展，组织本片区生产、流通和生活的综合职能，还具有较强的辐射作用和聚集能力。建议加大力度实行以中心镇建设带动区域发展战略。

（2）扩大强镇扩权试点范围。加大强镇扩权改革力度，给予乡镇尤其是重点中心镇更多的事权权限，改革重点中心镇的财税体制，收入下放，税收实

行属地管理,地方留成部分作为镇级收入,财政的上缴基数,根据乡镇的发展适当确定,超收的全部或大部分留于乡镇,以鼓励乡镇发展的积极性。对乡镇区域内的各种收费,地方留成部分原则上归乡镇支配,为乡镇履行职责提供有效财力保障。

(3)鼓励中心镇用好各方面政策和资源。一是鼓励重点中心镇在突破土地瓶颈制约上下功夫,可以通过实施万顷良田建设工程,推进城乡建设用地增减挂钩和工矿废地复垦,缓解城镇建设用地的供需矛盾。二是鼓励重点中心镇在突破资金难题上下功夫,一方面用足用活政策,积极上争项目,引进税源;另一方面注重挖掘资金资源,盘活存量,有序推进土地上市。三是在突破金融体制壁垒上下功夫,依托重点企业成立资金互助信用中心协会、农村小额贷款公司,解决产业发展、农民创业和城镇建设中遇到的资金难题,为城镇发展注入活力。

3. 进一步完善县级财政体制,建立事权与财权动态匹配的机制

现行的财政体制都是以假定人口不流动为前提的,但城镇化的发展必然导致发达地区吸纳更多的人口。根据基本公共服务均等化的内容要求,吸纳进来的新人口也应该享有基本公共服务,这样就会造成财政压力增大。建议上级部门明确各级政府推进城镇化中的财权与事权并建立动态协调机制,通过对部分税收收入的分配方式进行改革,从而加大县(市、区)级财政的分成比例,为县(市、区)增加财政收入创造有利条件,从而调动县(市、区)政府推进城镇化建设的积极性。

4. 建立债务责任机制,防范地方政府债务风险

随着城镇化的快速发展,城镇基础设施建设也必然快速发展,进而产生较大的投资需求。在财政资金有限的情况下,政府通过融资等形式筹集资金必然成为常态,那么城镇化发展过程中将面临的一个重要问题就是如何控制债务融资风险,所以在城镇化发展初期就建立债务风险责任机制显得非常必要。在城镇化发展过程中,应分析研究各个风险责任主体,并形成总体防控体系,然后明确责任并制度化。在明确责任的基础上,建立健全地方财政风险的管理框架,加大对负有直接或间接偿还义务的各类债务的监控力度,并把债务风险纳入这个整体框架之中,全面加以管控。

B.13
扬州市区集体建设用地调查报告

黄华明　王丹　叶卫东　沈少林*

摘　要：

新型城镇化建设不仅仅是一个经济问题，也是一个重大的社会问题。要实现新型城镇化内涵发展，其核心在于完善现行农村土地产权制度。近年来，全国许多地区以农村集体建设用地为突破口，推出了不少创新举措，对扬州市未来土地管理模式创新具有重要意义。本文在深入调研扬州市集体建设用地现状的基础上，以市区为切入点分析了集体建设用地的空间分布和产权现状，并从优化集体建设用地空间和产权结构的角度，针对性地提出了相关政策建议。

关键词：

集体建设用地　空间分布　产权结构　空间分类指引

近年来，中央及省政府高度重视新型城镇化建设，积极探寻新型城镇化发展的有效途径。新型城镇化应该注重其内涵发展，破除城乡二元结构。土地是农民重要的生活、生产资料，同时又是农民仅有的资产。然而，现行土地管理制度规定，农村土地不得自由流转，导致了农村土地的资产属性不能体现，在一定程度上损害了农民的应得利益，同时也在很大程度上阻碍了农村经济的发展以及新型城镇化的推进。因此，农村集体土地管理制度创新特别是农村集体建设用地管理制度的创新对于新型城镇化的发展，搞活农村经济，构建和谐社会以及体现农村土地的资产属性都具有重要的理论和现实意义。近年来，不少

---

* 黄华明，江苏省扬州技师学院党委副书记、纪委书记，副教授，高级工程师；王丹，扬州市职业大学资源与环境工程学院讲师，工程师；叶卫东，扬州市国土资源局副局长；沈少林，扬州市国土资源局邗江分局局长。

地区在集体建设用地管理制度上都推出了创新举措，如重庆"地票"制度、成都"城乡统筹"制度、嘉兴市"两分两换"等。

本文围绕扬州市区集体建设用地的空间分布特点及产权现状，分析其成因，认为集体建设用地将成为未来扬州市建设用地供给的主要途径，而做好两个"优化"是实现有效供给的前提：一是空间分布的优化，二是产权结构的优化。两种优化相互影响，相互制约：只有优化的产权结构才能实现集体建设用地合法有序流转，使其从空间角度得到最优配置，实现土地资源节约集约利用；只有优化的空间流转指引，才能实现集体建设用地的价值提升，实现土地资产的经济效益最大化。本文中的集体建设用地定义为：农村公共服务和公益设施建设用地、乡镇企业用地和农村宅基地。

一 集体建设用地空间分布

（一）集体建设用地宏观分布特征

目前扬州市区集体建设用地宏观分布较不均衡，呈点轴状分布格局。若以村为单元分析其村域占比（可定义为村域土地城镇化率，下同），将之分为五级；并利用 Getis-Ord Gi 指数，求取其分布热点（见图1、图2、图3），由此得出扬州市区集体建设用地的宏观分布特征。

（1）扬州市区集体建设用地总体呈集聚状态。Ripley's K 函数图像显示，在多个尺度条件下该指标均为集聚分布，集聚中心分别为主城区和江都区仙女镇，占比水平从中心向四周递减；同时，土地城镇化率呈现出南高北低、西高东低的分布特点。

（2）扬州市区集体建设用地总体呈东西发展趋势。标准化椭圆长轴位于主城区—杭集镇—仙女镇（江都区城关镇）—宜陵镇—泰州市（海陵区）一线，即328国道沿线，与《江苏省城镇体系规划——2020年》宁通城镇聚合轴相一致。标准化椭圆短轴位于邵伯镇—仙女镇—大桥镇一线，即237省道—夹江，与新宜城镇聚合轴相一致；长轴方向占地率明显高于短轴方向。

图 1　集体建设用地分布总体格局

（3）扬州市区集体建设用地分布热点区点轴分布较为明显。点状热点除主城区、仙女镇外，在远郊还出现了一些热点区：邗江区的公道镇，开发区的施桥镇（扬州港港区），广陵区的头桥镇、李典镇（北洲地区），江都区的邵伯镇、小纪镇。轴状热点主要沿高等级公路分布：沿328国道、沿运（237省道）、沿江（沿江高等级公路）、沿扬天路（244省道）、沿扬菱路（扬州—高邮菱塘）。各点状热点由轴状热点连接，形成了较为完整的点轴

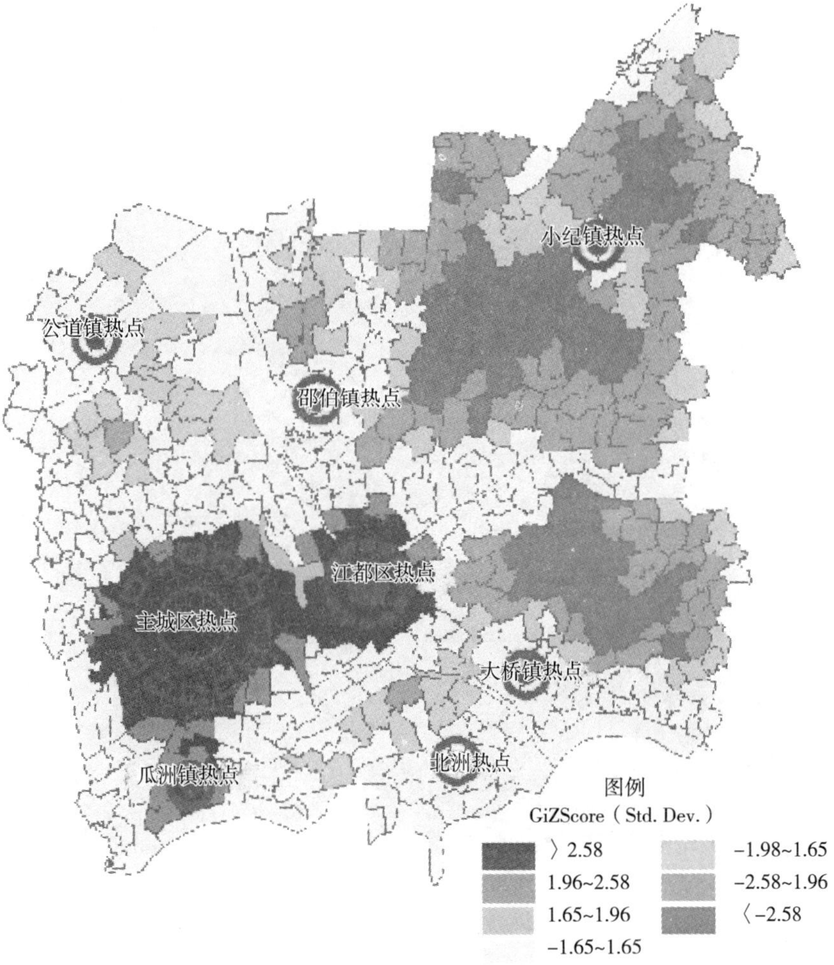

图2 集体建设用地点状集聚特征

系统。

(4) 集体建设用地空间衰减模式随点轴等级而变化。选取主城区—扬菱路—公道镇(点轴A),仙女镇—夹江—大桥镇(点轴B)两条点轴,点轴A沿线土地城镇化率高于点轴B,因此其等级相对较高。分别由点轴AB两端并沿道路取其村域占地率构造占地率剖面(见图4、图5)。其中点轴A相对平滑,呈近似曲线;点轴B呈跳跃状态。即主城区衰减较为平缓,有大片的城镇化蔓延区作为缓冲地带,而仙女镇等级较低,衰减剧烈。经统计,从主城区

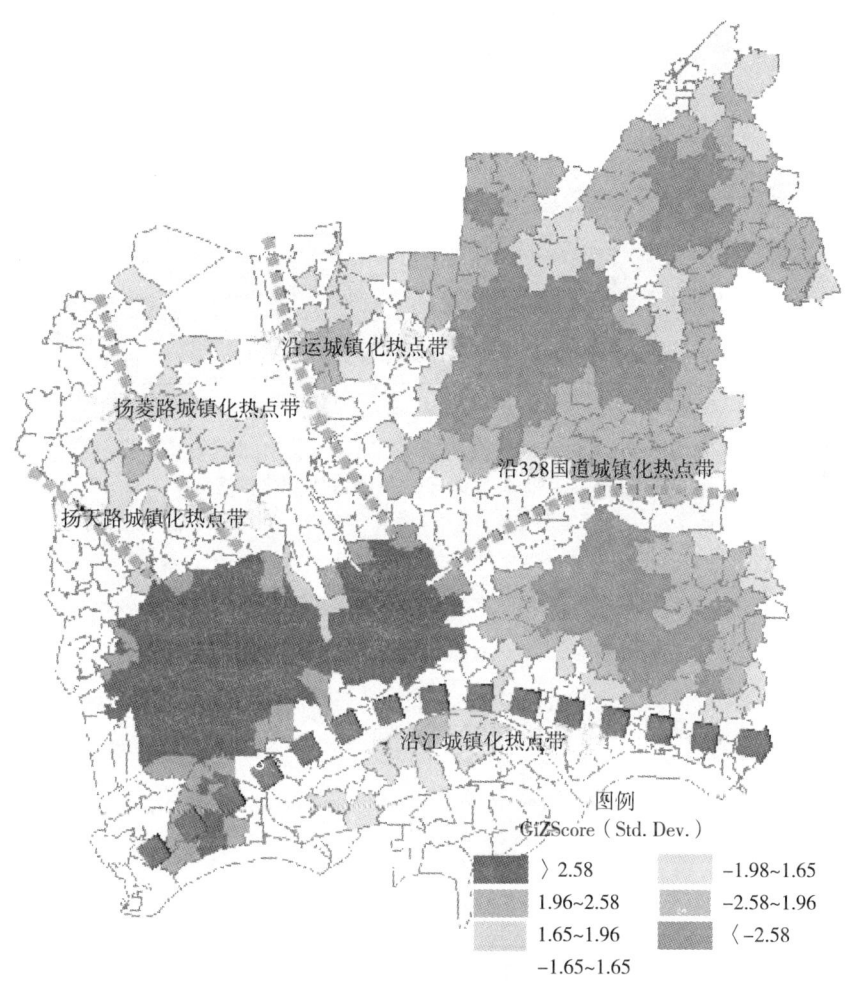

图3 集体建设用地轴状集聚特征

边缘占地率100%的区域过渡到占地率为30%的区域平均跨度为4~5个村级单元；而仙女镇平均只需1~2个村级单元。

（二）集体建设用地微观分布特征

扬州市集体建设用地在中观和微观尺度分布呈现出不同特点：中观尺度表现为，随着距中心集镇和公路距离的增加，集体建设用地占比逐渐降低，呈现为U形模式；微观尺度体现为，水源作为农业生产的核心要素，对集体建设

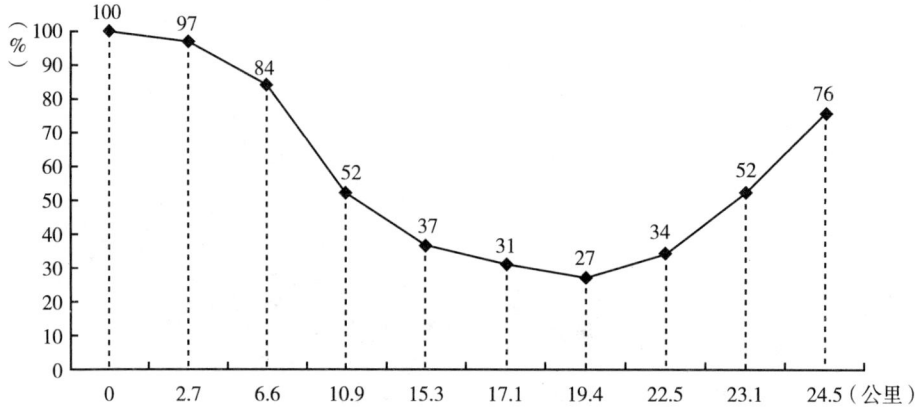

图4　点轴A集体建设用地占比变化情况

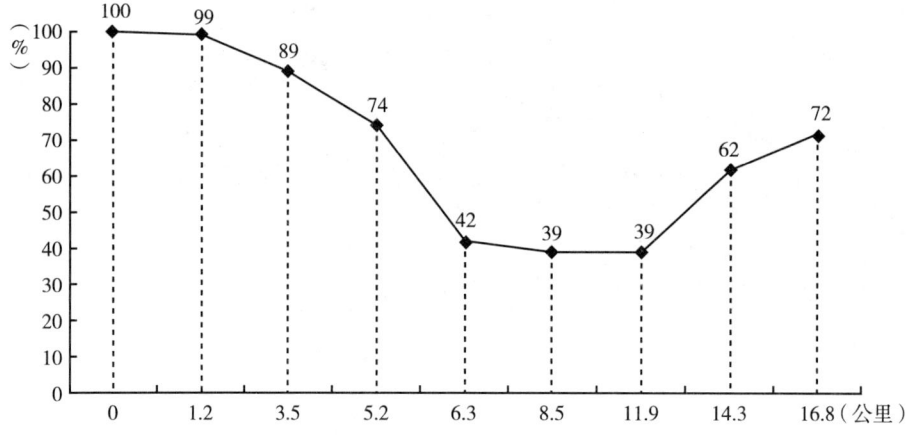

图5　点轴B集体建设用地占比变化情况

用地等地类分布起支配性作用，即农户以农业生产总空间成本最低为原则加以优化，同时结合地形因素而分别呈现为同心圆模式和带状模式，其推动者主要为传统农业生产者。

1. 以水源地为中心的微观布局

以坑塘水面为中心的同心圆布局模式。该模式主要分布于扬州北部乡镇，如公道、杨寿、方巷，形态呈明显同心圆布局，即从内向外土地利用类型分别为坑塘水面、菜地、居民地、农村、旱地（水田）。①坑塘水面为季节性地表汇水，呈倒圆锥状，以增加贮水量；按产权性质可分为道路乡镇、村、组三级所有，面积依次递减。②菜地一般边宽 10~20 米，其功能有两个，一是作为农户日常蔬菜主要来源；二是受季风气候和丘陵地形共同影响，起到居民地与坑塘水面缓冲地带的蓄洪作用。③居民地选址兼顾农业生产与方便生活，是一种平衡位置：紧邻菜地是由于其属于劳动密集型作物，田间管理要求高，且类型多样，难以统一，靠近居民地可有效降低空间成本；临近农村道路主要是为了缩短与中心城镇的时间距离。④农村道路位于路网等级末端，等级较低，路宽一般为 3~4 米，选址于居民地与旱地之间主要是为了方便生活资料和生产资料的运输；目前农村道路的主要问题是等级较低，在农村私家车和农业机械日益普及的情况下，难以满足需要。⑤圈层最外层是旱地。由于圈层最外层远离水源，因此往往以旱地为主，且经营相对粗放。但是随着水利事业的发展，依赖坑塘水面的供水模式已发生一定变化，渠道供水已成为农业灌溉的主要模式，水田已日益普遍（见图 6）。

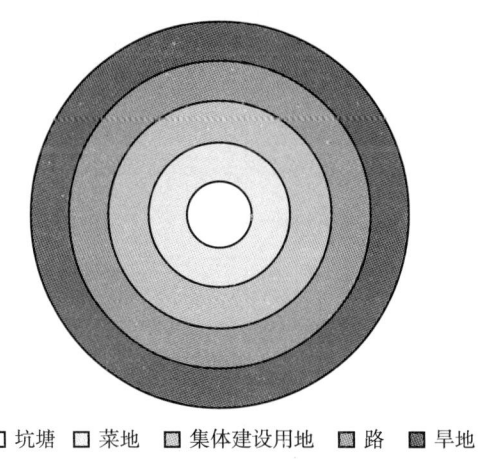

☐ 坑塘　☐ 菜地　☐ 集体建设用地　☐ 路　☐ 旱地

图 6　同心圆模式

该模式形成的表面原因为水源地对地类的基础配置作用，但是深层原因却在于微地貌类型。该地区所在的北部乡镇主要为丘陵地带，地势高低不平，保水能力差，河流多为季节性河流。因此，水源成为制约农业发展的主要因素。在农田水利不发达的情况下，以坑塘水面为主要水源，各地类以同心圆模式依次展开是空间成本最优化的选择。

2. 以沟渠为中心的带状布局模式

该模式主要分布于扬州南部的沿江平原地区，如沙头、李典、头桥等乡镇，呈明显带状布局，形成沟渠—菜地—居民地—农村道路—水田—沟渠的地类循环。①由于该地区地势低平，水网密集，原有河道往往以人工闸阀分割，并按照产权进行管理，形成了线状沟渠；在水源面积一定的情况下，水源以线状模式分布，其周长大大超过同心圆模式，其他地类特别是菜地和居民地可以有更多的接触面，因此在这种模式下，地区人口密度大大超过同心圆模式主导下的乡镇。②菜地分布与上述模式类似，主要起到供应蔬菜和河流缓冲的作用，但由于该地区地势较为低平，水量丰富，农业生产收益高，因此菜地面积往往大于同心圆模式。③居民地、道路选址内在原因与同心圆模式类似，同时在带状布局下，最外层的耕地也毗邻沟渠，灌溉较为方便，因此水田分布较为广泛（见图7）。

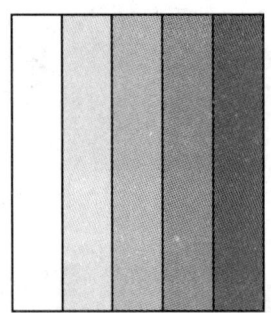

□沟渠　□菜地　▨集体建设用地　▨路　■水田

图7　带状模式

3. 以集镇为中心的中观尺度布局

中观镇域尺度农村地类布局表现为U形模式：以乡镇工商业中心为内核，内核外部村域居民地分布较广；联系内核节点的乡镇公路两侧村域居民地比例也相对较高。这种模式的形成与兼业农户比例、单个兼业农户三次产业收入比例的高低变化呈显著相关性。乡镇兼业农户比例越高，单个兼业农户二、三产业收入越高，该模式就越发明显（见图8）。

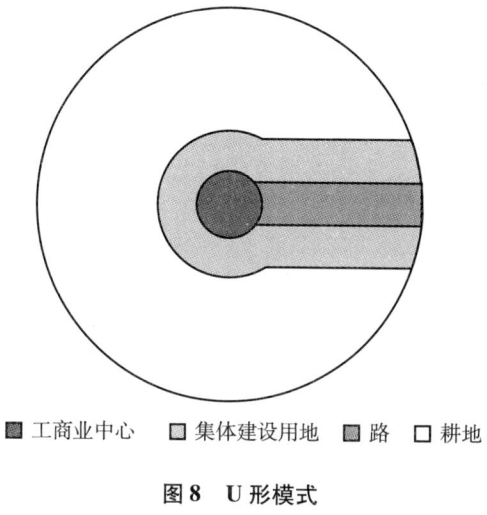

图8　U形模式

二　集体建设用地产权调查

集体建设用地按用途分为三类，即农村公共服务和公益设施建设用地、乡镇企业用地、农村宅基地。按《土地登记办法》规定，集体土地使用权包括集体建设用地使用权、宅基地使用权和集体农用地使用权。课题组以部分乡镇为例，对集体建设用地产权现状进行了专项调查。

（一）集体建设用地所有权

1. 集体建设用地利用结构

目前，集体建设用地在农村主要以宅基地形式存在，除去宅基地后的集体建设用地以面积计算已非常少，大部分已通过20世纪90年代末期的改制演变为国有，且主要集中在行政办公与工业用地。以瓜洲、头桥两镇及蒋王街道办事处为例，瓜洲镇集体建设用地占建设用地比重仅为5%（不含宅基地），蒋王街道办事处为1%，而头桥镇仅为0.22%。在集体建设用地中，瓜洲镇工业用地占90%，商业服务业用地占5%，机关团体用地占3%，医疗卫生占2%；蒋王街道办事处工业用地占96%，机关团体用地占3%，商业服务业用地占1%；头桥镇工业用地占44%，仓储用地占31%，商业服务业用地占25%。

2. 集体建设用地所有权流转

20世纪90年代初,扬州市区集体经济较为发达,乡村企业面广量大,至90年代中后期,出于规范集体企业产权以适应市场经济的需要,扬州市区乡镇企业普遍进行了改制,大量的集体建设用地通过改制已转变为国有用地。综合来看,乡村企业使用集体土地类型和乡镇企业改制中集体土地的处理模式见表1。

表1 乡村企业使用集体土地的类型

乡村企业类型	集体土地所有权类型
乡办企业用地	其土地所有权在办理建设用地手续时已从村或村内经济组织集体所有转变为乡集体经济组织所有
村办企业、农民个人或者集资联办的企业用地	其土地所有权一般不发生转移。仍归属原集体经济组织。但其中村办企业用地已经归属村集体经济组织所有
联营企业集体土地建设用地	是农村集体经济组织按照协议,将集体所有的土地使用权作为与全民企业、城市集体企业共同投资举办企业的联营条件。这种集体性质的土地股份在联营期间不得抽回,更不许转让

扬州市区90年代中后期改制过程中各改制企业手续健全;由于改制的迫切需要,当时地方政府都出台了企业改制用地的优惠政策,因而成本较低,相关企业都按时、足额缴纳了出让金和征地费用;历史矛盾基本上得到了化解。同时,调研组对未改制的乡镇企业用地进行了专项走访。总体来看,这部分企业土地都得到了有效利用,闲置土地很少,特别是在建设用地指标极端紧张的情况下,往往成为中小企业特别是那些达不到工业园区投资标准企业的主要选择。对市区16个村的调查显示,其中69%的闲置厂房得到了充分利用,仅有31%为重新利用但不充分。

而扬州市区乡镇公共服务机构改革过程中改制情况非常复杂,各地情况不一。乡镇公共服务机构主要包括:教育设施、医疗机构、乡镇政府、农民文化站等,具体处置模式见表2。

表2 乡镇公共服务机构改革土地处置模式

类型	改制前	改制形式	改制后	利用现状	备注
教育机构	集体所有	乡镇中小学撤并	集体所有	改变用途后出租为厂房或仓储用地	乡镇教育用地主要由教育行政主管部门管理
	国有	未经改制	国有	教育用地	

续表

类型	改制前	改制形式	改制后	利用现状	备注
乡镇行政机构	集体所有	未经改制	集体所有	乡镇行政用地	
医疗卫生机构	集体所有	出售	国有	医疗卫生用地	医疗卫生用地主要由卫生行政管理部门管理
文化机构	集体所有	出售	国有	文化设施或商业设施	

（二）集体建设用地使用权

1. 宅基地使用权

按照国家规定，农村村民一户只能拥有一处宅基地，面积不得超过省（区、市）规定的标准。通过对市区16个村的村民宅基地数量调查发现，农户有1处宅基地的占92%，有2处宅基地的占7%，有2处以上的占1%（见表3）。

表3　户均宅基地拥有量

单位：%

宅基地拥有量	比例	宅基地拥有量	比例
1处	92	2处以上	1
2处	7	合　计	100

在宅基地如何取得问题上，调查农户中54%是通过继承得来，41%是通过申请，由村或组分配得来，有3%是向其他村民购买或调换而来（见表4）。

表4　村民宅基地的取得方式

单位：%

宅基地取得	比例	宅基地取得	比例
继承得来	54	其　他	2
通过申请，并由村组分配得来	41	合　计	100
向其他村民购买或调换	3		

对于和长辈同居的调查村民中，有21%另外申请了宅基地，有79%没有申请，其原因为集体经济组织土地面积少，申请批准十分困难，这一点在沿江经济发达乡镇非常突出。在"村民本村户口迁到城市后，宅基地是否收回"

这一问题上,有86%未被收回,仅有14%出现过收回状况。

2. 集体土地使用权流转

(1) 宅基地使用权流转。

宅基地产权就是有关农民居住土地的所有权及其关系,与农村所存在的其他形式的土地一样,宅基地产权也就是在农村土地集体所有制下,以农民对居住土地使用权为核心的一系列权利。很明显,宅基地的所有权归各级集体经济组织所有,而使用权归村民所有,也就是说,宅基地产权的实质为以土地使用权为主要内容的农村土地产权。

在对宅基地的所有权问题上,有82%的村民认为是属于个人所有,仅有18%的村民认为是属于集体所有。在对宅基地是否可以任意处置上,62%的村民选"是",38%的村民选"否";在是否认为住宅可以任意处置上,有75%认为"是",有25%认为"否"(见表5)。

表5 农村住宅和宅基地情况

单位:%

是否可以任意处置情况	是	否	合计
宅基地	62	38	100
农村住宅	75	25	100

我国《土地管理法》中已经明确规定,农村的宅基地归村集体所有。但农民认为宅基地归自己所有,造成这一后果的原因,一方面在于宅基地不同于承包地,未实行真正的集体化,而一直归农民完全使用;另一方面,在于政府或农村干部对宅基地集体所有的宣传力度不够,以及长期的行政划拨和无偿供给,造成人们形成宅基地已经"私有化"的印记,造成了产权主体不明确。这种产权主体不明晰,使得应有的宅基地产权制度安排无法有效行使。在现实中表现为有关宅基地占用的各种民事纠纷大量涌现。正是由于农民对宅基地产权主体认识的错位,加之村集体缺乏有效的约束机制,人们认为宅基地、住宅可以任意流转。

对市区村民出租住宅是否普遍这一问题,有20%认为"普遍",有80%认为"不普遍";在是否可以将住宅出租问题上,有72%认为"可以",有11%认为"不可以",认为"说不清"的为17%(见表6)。

表6　市区农村住宅出租情况比例

单位：%

农村住宅出租情况	比例	农村住宅出租情况	比例
可以	72	说不清	17
不可以	11	合计	100

随着《物权法》的颁布，人们的个人财产维权意识有了进一步的提升和加强。目前城乡一体化进程步伐在不断加快，农村人向城镇转移，城市人向农村转移，无意间形成了隐形的房地产交易。在对是否将住宅出售给城里人的问题上，有79%认为"没有"，这说明此种现象市区相对较少。在将住宅卖给城里人是否合理上，有76%认为"合理"，有14%认为"不合理"（见表7）。

表7　市区农村住宅出售情况

单位：%

农村住宅出售现象	比例	农村住宅出售是否合理	比例
有	11	合理	76
没有	79	不合理	14
说不清	10	说不清	10

（2）其他集体建设用地使用权流转。

集体建设用地主要包括公共基础设施用地、公益设施用地、乡镇（村）企业用地。根据调研，调查区中主要流转的是公益设施用地和乡镇（村）企业用地。公益设施用地主要包括学校用地、医疗用地、文化站用地等。其中因为生源的减少，导致许多学校停办，而其他公益设施用地基本上还在正常运转。调查区的乡镇（村）企业用地大多在20世纪90年代末左右因企业改制变为国有用地，其比例为70%~80%。

教育用地：因为建设用地指标不够用，教育用地闲置的较少，在调查区目前绝大部分教育用地用于出租，用途为工业用地。

乡镇（村）企业用地：除通过征收转为国有土地之外，主要流转方向是出租和隐形出让两种情况。出租具有普遍性，同时也存在着不少隐形市场，隐形市场出现的原因是要补办出让手续并缴纳出让金，所以新的用地者没有重新办理土地使用权证，旧使用权证仍在新的土地使用者手中。据不完全统计，乡镇（村）企业用地流转方向中，隐形出让、出租、其他（入股、互换、抵押等）比例分别为65%、30%、5%。

三 问题与对策

（一）集体建设用地发展分类指引

1. 集体建设用地发展分类

为实现集体建设用地节约集约利用，提高资源利用效率，按照区域整体协调发展的要求，需要合理安排集体建设用地空间布局。可通过计算各村之间的空间引力值①，将市区集体建设用地发展方向分为五类：城市化类型、城镇化类型、重点发展型、控制发展型和迁移合并型（见表8）。

表8 扬州市区村域集体建设用地分类发展指引

乡镇	类型					总计
	城市化	城镇化	重点发展	控制发展	迁移合并	
文峰街道	渡江村、文峰村					2
曲江街道	新民村、太平村、施井村、沙口村、新农村、新星村					6
杭集镇		双隆村、新生村、龙王村、王集村、裔庙村、杭集村	八圩村	夏庄村、王桥村、新联村		10
李典镇		小乾村、伏固村、伏业村、李典村、田桥村	秀清村、长生村、新坝村	恩余村、新滩村、黄桥村、联桥村	沿江村	13

---

① $F_{ij} = \dfrac{(W_i M_i)(W_j M_j)}{T_{ij}^b}$

采用空间引力模型计算区域之间的相互作用。在对质量取值时，综合考虑和质量相关的规模因素，建立质量评价指标体系，求得各因素权重，计算出区域综合质量的值。W_i、W_j 为 i、j 指标的权重；T_{ij} 为两地之间的距离；b 为度量距离的摩擦指数，距离摩擦系数是指示引力的距离衰减速度，即 b 越大，则引力随距离增加衰减得越快，反之越慢。本文 b 取值为2。

续表

乡镇	类型					总计
	城市化	城镇化	重点发展	控制发展	迁移合并	
沙头镇		强民村、三星村、陈祠村	邱卜村、小虹桥村	中兴村、潮龙村、五星村、人民滩村、晨兴村、育新村、沙头村		12
头桥镇		南华村、大同村、安帖村、新桥村	福成村、庆丰村、迎新村、红平村	新华村、国玉村、头桥村、安阜村、二桥村、九圣村	西城村	15
泰安镇		金泰村		凤凰村、金湾村、勤俭村	华丰村、山河村、七里村、芒稻村、南江村	9
湾头镇	田庄村、联合村、沙联村	夏桥村		二桥村、万福村		6
汤汪乡	九龙村、同心村、连运村、横沟村					4
广陵产业园	严安村、大众村、高桥村、龙泉村、宦桥村、万寿村					6
蒋王街道	四联村、悦来村、何桥村、余林村					4
汊河街道	高桥村、柏圩村、薛楼村、胡庄村、徐集村					5
新盛街道	山河林场、七里甸村、大刘村、果园村、双墩村、殷湖村					6
甘泉街道		甘泉社区	双塘村、姚湾村	公路集村、焦巷村、双山村、老山村、长塘村	五湖村、香巷村	10
瘦西湖街道	综合村、堡城村					2

续表

乡镇	类型					总计
	城市化	城镇化	重点发展	控制发展	迁移合并	
公道镇		柏树村	埝桥村、欧阳村	三界村、河西村、湖滨村、谷营村、赤岸村	河东村、桑园村、太平村	11
方巷镇		陈花村、钱冲村、方巷村	花城村	珠玉村、联合村、裔家村、庙头村、兴湾村、曹庄村、先进村、开杨村、三里桥村	沿湖村、利民村、合玉村、工农村、正大村	18
槐泗镇	槐子村、槐二村、运河村	包家村、酒甸村	林桥村	杭庄村、陈院村、陈沟村、许巷村、团结村、龙尾村、沈营村	肖胡村、凤来村	15
瓜洲镇	园林场、军桥村、鞠庄村、建华村、戚桥村、东石村、蒋庄村、明星村、运西村、红庙村、冻青村、瓜洲村					12
杨寿镇		宝女村	永和村、爱国村、新龙村	方集村、墩留村	东兴村	7
杨庙镇		杨庙村	新杨村、花瓶村	赵庄村、双颉村、沿山河村、友谊村、双庙村		8
西湖镇	胡场村、蜀岗村、俞桥村、中心村、金槐村、司徒村、经圩村					7
平山乡	平山茶场、雷塘村、丁魏村、平山村					4
城北乡	瓦窑村、黄金村、三星村、槐南村					4
扬子津街道	高桥村、监庄村、长河村、汉河村					4

续表

乡镇	类型					总计
	城市化	城镇化	重点发展	控制发展	迁移合并	
文汇街道	潘桥村					1
施桥镇	扬子村、孙集村、马桥村、施桥村、耿管营村、汪家村、共和村、普照村、六圩村、永顺村、横东村					11
八里镇	港南村、桂花村、八里村、曹桥村、柴圩村、卞港村、薛巷村、瓜东村					8
仙女镇		双沟村、曹庄村、邓院村、勤丰村、樊套村、唐庄村、涵西村、长红村、新和村、桥东村、镇西村、三星村、陈庄村、新民村、砖桥村、正谊村、三和村、南吴村、樊庄村、七闸村、江桥村、建乐村	三荡村、化市村、苏新村、同桥村、横沟村	陈甸村、陈行村、新河村、新华村、金陵圩、新港村、三友村、民和村	周墅村、黄庄村、新火村	38
小纪镇		高徐村、东舍村、西贾村、竹墩村、纪西村、纪东村	吉汉村、富民村、双富村、华阳村、宗村	迎新村、新堡村、金鑫村、窑头村、吉西村、西彭村、花彭村、嵇庄村、双鸽村、郡庄村、富东村、兴旺村、华景村、赵家村、贾兴村、蒲塘村	吉东村	28
武坚镇		五尖村	黄思村	联合村、新楼村、新联村、新祥村、新颜村、新龙村、合新村、杨景村、龙河村、花庄村、五舍村	双林村	14

续表

乡镇	类型				总计
	城市化	城镇化	重点发展	迁移合并	
樊川镇		联丰村、友爱村、樊南村、直属村	东汇村	大同村、同丰村、三周村、联谊村、聚永村、新圩村、永安村、永新村、关河村、和丰村、跃进村、五和村、陆巷村、圣禾村	西闸村、永联村	21
真武镇		振兴村、真东村、真油村、真武村		滨西村、滨东村、谈套村、恒丰村、滨湖村、曹桥村、广丰村、蒙套村、真北村	杨庄村、朱楼村、东明村、邱墅村、渔港村	18
宜陵镇		宜东村、焦庄村	团结村、七里村	朱套村、同兴村、小湖村、西湖村、大陈村、五一村、许桥村、双桥村	宜北村、白塔村	14
丁沟镇		腾飞村、丁东村	麾中村、黄花村、乔河村	麾北村、麾东村、麾村、联民村、麻麾南村、丁西村、邓华村、朱桥村	荣臣村、野田村、曙光村	17
郭村镇		东进村、郭村、前巷村、通扬村、庄桥村	周楼村、兴河村、二姜村、郭华村	南荀村、邻州村、塘头村、四庄村、永和村、张倪村、大新村、汤营村、大彭村、大姜村、吉港村、五荡村、江泰村、韩阳村		23
邵伯镇		南渡村、马荡村、镇南村、高蓬村、公路村	渌洋湖村	远东村、红岭村、东南村、北祥村、京杭村、新建村、昭关坝村、梁庄村、许庄村、艾菱村	渔业村、戚墅村、崔桥村、谢楼村、孙桥村	21
丁伙镇		延庆村、富桥村、双华村、丁南村、丁伙村	锦西村	阚桥村、锦北村、锦东村、新庄村、红字村、联盟村、乔墅村、新杭村、高桥村	李丰村	16

续表

乡镇	类型					总计
	城市化	城镇化	重点发展	控制发展	迁移合并	
大桥镇		忠爱村、光明村、花荡村、三墩村、迎山村、三江营村、星星村、三丰村、中闸村、昌西村、三义村、杨墅村、童兴村	杨桥村、昌勋村、波斯村	前进村、常平村、高巷村、常兴村、鲍庄村、太字村、嘶马村、乔梓村、启于村、忠诚村、坤平村、余坂村、六河村	其秀村、松山村、善玉村	32
吴桥镇		长庄村、小荡村	谢桥村	五塔村、万寿村、季刘村、高扬村、小袁村、世元村、金阳村、红河村、李桥村	王河村、进化村	14
浦头镇		浦东村		联桥村、西元村、高汉村、汉东村、东元村、巷口村、双丰村、王庄村、承仪村	引江新村、吉孔村、袁滩村	13
总　计	92	101	50	195	51	489

（1）城市化类型：主要指主城区范围内的城市规划控制区内已经被统筹规划为城市用地的集体建设用地。这类建设用地区位较好，基础设施配套完善，与主城区联系紧密，承担部分城市功能，是未来主城区的拓展方向。目前这类集体建设用地分为两种类型，一种为城中村：城中村虽然已经完全融入城市，但集体所有性质并没有发生变化，从利用形态看，这类土地使用效率较低，地块破碎零散，基础设施配套相对较差，这类土地主要通过城中村改造的方式加以解决。另一种是城市边缘的集体建设用地，这类用地往往具有农村土地与集体土地的双重特征：从类型看，土地往往属集体所有，但使用类型上又兼具有城市土地特征，土地使用者往往兼业农业生产者与城市工商业者，这部分土地未来主要通过土地成片开发转为国有土地，统一规划建设。

（2）城镇化类型：主要是乡镇周边的集体建设用地，这类土地往往区位条件优越，基础设施和公共服务设施完备，二、三产业较为发达，这类用地将主要作为乡镇发展的备用地，吸纳、融合附近迁并而来的村庄和人口。

（3）重点发展型：经研究发现，扬州市区城镇化发展并不均衡，呈现东低西高、北低南高的特点，经过几轮撤乡并镇，市区已经形成了较为完整的城镇化体系。但目前乡镇往往呈单核心发展模式，且区域普遍较大，东部地区有些乡镇距边缘行政村达11公里以上。边缘地带的村庄交通生活非常不便，因此在着重发展中心镇区的前提下，有必要在乡镇边缘地区设置若干副中心，作为城镇化新的增长极，形成二级中心地带，带动边缘地区村庄的发展。

（4）控制发展型：这类集体建设用地区位条件、基础设施和公共服务设施一般，发展潜力不大，但人口密度较大，一次性迁移难度较大；这类用地目前主要通过规划手段加以限制，禁止翻建、扩建，待地上附着物自然折旧灭失后，统一安排复垦，将集体建设用地使用权置换至发展条件相对优越的城镇周边地区。

（5）整理迁移型：这类集体建设用地发展条件差，人口密度低，或者位于文物古迹、水源保护地等特殊区域。这类集体建设用地将结合土地整治项目实施集中搬迁，进行建设用地使用权产权置换，同时政府予以补贴，达到改善居民生活水平和质量的目的。

2. 城市建设用地分类分析结论

（1）城市化类型。该类农村居民点共92个，占村庄总数的18.81%，主要分布在扬州市主城区周边及市区中心的城中村地带。这类居民点受主城区辐射较强，许多村庄已经与主城区融为一体。但是受制于所有权因素，部分村庄的土地利用比较粗放，土地类型安排也不尽合理。对于这类居民点，一是要加强规划管理，控制无序开发；二是要整体开发，特别是主城区周边的居民点要根据城市未来的发展和功能定位，制定开发规划，通过城中村改造等途径纳入城市统一规划建设。

（2）城镇化类型。该类农村居民点共101个，占村庄总数的20.65%，主要分布在集镇周边。集镇作为连接城市和农村的纽带，在城镇化过程中发挥着独特的作用。对于该类居民点，一是加紧编制规划，实施总体控制；二是加快基础设施建设，提升该类居民点的吸引力；三是通过开发增强集镇对农村地区的辐射带动作用；四是做好配套，加强公共服务设施建设。

3. 重点发展型

该类农村居民点个数为 50 个，占村庄总数的 10.22%。该类农村居民点发展潜力大，具有优越的发展基础和生产条件，良好的生活和居住环境，对农民具有较强的吸引力。由于远离城区或镇区，这类居民点往往完全由内生发展动力带动，突出表现在工业经济比较发达，形成了产业特色，继而带动第三产业的发展。

对于这种居民点，一是要充分鼓励特色工业经济的发展，走出一条以工带农、以工带商的发展道路；二是要在壮大乡镇镇区经济的同时，将这类居民点培育和发展为乡镇的次中心，加强基础设施和公共服务配套，以起到辐射附近村庄的作用。

4. 控制扩建型

该类农村居民点个数为 195 个，占村庄总数的 39.88%。该类居民点往往位于综合发展条件一般，各类设施基本能够满足农民生产和生活需要。但在城镇化过程中，这类居民点竞争力比较弱，没有明显的产业特色，人口处于净流出状态，从长远来看自然消亡是其必然趋势。但目前进行迁移合并成本较高，效益不太明显，因此首先应通过规划加以控制，禁止新建，限制翻建、扩建和改建；同时采取市场化办法，实施集体建设用地使用权置换，鼓励当地居民到重点乡镇、村就业创业，待时机成熟再进行居民点综合整治，达到优化空间布局的目的。

5. 迁移合并型

该类农村居民点个数为 51 个，占村庄总数的 10.43%。该类农村居民点往往远离中心集镇，区位条件差，人口规模小，基础设施、服务设施落后，主要以农业生产为主，如在此类农村居民点进行基础设施和公共服务设施建设，会造成资源的浪费。因此，可通过土地整治手段进行居民点整理，同时按照市场经济原则对居民实施补偿或进行安置；同时对原有集体建设用地实施土地复垦，实现农业规模化经营。

（二）产权结构调整

1. 健全集体建设用地流转制度

从江苏省目前颁布的法律文件来看，没有法律规定集体建设用地可以流转。在没有法律明文规定的情况下，调查发现存在集体建设用地私下流转的现象，部分经济发达地区、城边村、城中村一直都存在农村宅基地等集体建设用地私下流转行为，甚至宅基地向城镇居民流转现象也普遍存在，目前，广泛存在的"小产权房"就是很好的证明。近年来，城郊"小产权房"的出现，一方面说明了现行的土地制度存在一定的问题，另一方面说明了农民对集体建设用地流转以及对土地增值收益的渴求。但是，现行法律规定集体建设用地不得自由流转，因此，"小产权房"的存在目前还不具有合法性。因此，在集体建设用地私下流转及土地隐形市场普遍存在的情况下，扬州市应该积极出台集体建设用地流转办法等相关的法律法规文件，并制定相应的流转制度，从法律、制度层面上给予明确界定，限定具体哪些集体建设用地允许流转，可以流转的范围、流转的方式、流转的法律程序，以及对于集体建设用地流转产生的土地增值收益具体该如何进行分配。这些都应该在作出相关调研及确保农民利益不受损害的情况下，进行明确的规范。在有明确法律规范的情况下，集体建设用地私下流转及隐形农村土地市场将会随之减少，"小产权房"的地位是否合法也将给出明确规定，这样就可以从法律层面上规范集体建设用地流转市场，杜绝违法流转，避免了不必要的流转纠纷，保护农民合法权益。

2. 增减挂模式多样化，盘活存量集体建设用地

在盘活存量集体建设用地方面，成都市"城乡统筹"、嘉兴市"两分两换"都取得了一定的成绩。比如，成都市通过"三个集中"方式，较好地盘活了农村集体建设用地，在一定程度上达到了节约集约用地的目的。嘉兴市通过"用宅基地置换城镇或新社区房产"的方式，有效地提高了农村集体建设用地的利用效率，节余出大量土地。但是，嘉兴市实行"两分两换"试点的前提是，其经济实力较强，并且其农村宅基地利用粗放，人均宅基地面积最高的地区高达170平方米，进行宅基地置换，可以节余出大量建设用地指标。

扬州市要盘活集体建设用地，需要考虑实际情况，量力而行。笔者认为，在增减挂钩工作过程中，广陵、邗江、江都、开发区应根据当地具体情况，不断寻求适合当地发展的模式，实现增减挂钩模式多样化。因此，相对于沿江地区，邗江北山地区及江都区里下河地区集体建设用地利用粗放，人均宅基地相对较大，可以尝试进行存量集体建设用地盘活。比如，可以尝试开展"宅基地换房"，当然这需要当地政府具有一定的财政能力，并且当地经济发展相对较好，工业企业对就业人员的吸纳能力较强，要充分解决好农民的就业及社会保障问题。

3. 建立宅基地有效退出机制

在新型城镇化快速推进的过程中，扬州市首先应该积极做好村镇体系规划，衔接好土地利用总体规划、城市规划、村庄建设规划，在此基础上鼓励有条件的农民退出宅基地进城落户，政府对退出的宅基地按照"同地同权同价"的原则进行补偿，退出宅基地的农户不可再申请宅基地。其次，对于超占宅基地施行有偿使用，即超过国家规定的部分宅基地面积，农村集体经济组织可以进行有偿收回，确实无法收回的，对超过的部分面积施行有偿使用，具体使用费应依据当地具体情况分别制定。再次，对于长期闲置的农村宅基地，农村集体经济组织可以按照"同地同权同价"原则有偿收回，降低农村宅基地空置率，减少空心村问题。

参考文献

李昕等：《土地城镇化及相关问题研究综述》，《地理科学进展》2012年第8期。

沈建芬、刘葆金：《农村城镇化水平区域差异的实证分析》，《南京农业大学学报》（社会科学版）2003年第3期。

TD/T 1014-2007，第二次全国土地调查技术规程。

Getis A, Ord J K. "The Analysis of Spatial Association by Use of Distance Statistics". *Geographical Analysis*, 1992, 24 (3).

Andy Mitchell. "ESRI Guide to GIS Analysis", *Spatial Measurements and Statistics*. Volume 2, ESRI Press, 2005.

MA Yong. "GIS Analysis of Spatial Distribution of Crop Incidence". *Plant Diseases and Pests*, 2011, 2 (3).

锦岭、冠霖:《扬州城镇化率已达58.8%》,《扬州晚报》2013年7月20日第1版。

王玉东等:《平原区农村居民点用地空间整治分类研究》,《中国人口·资源与环境》2012年第3期,8。

刘彦随等:《中国县域城镇化的空间特征与形成机理》,《地理学报》2012年第8期。

Ripley B D. "Modeling Spatial Patterns". *Journal of the Royal Statistical Society*: series B, 1977, 39.

沈陈华:《丹阳市农村居民点空间分布尺度特征及影响因素分析》,《农业工程学报》2012年第22期。

杨立等:《基于空间相互作用的农村居民点用地空间结构优化》,《农业工程学报》2011年第10期。

张泉:《江苏省城镇体系规划——2030年战略方针的思考》,《城市规划》2012年第9期。

吴进红等:《江苏省区域经济发展差异问题研究》,《扬州大学学报》(人文社会科学版)2012年第9期。

陈兴雷等:《大城市边缘区农村居民点用地空间布局优化研究》,《地域研究与开发》2011年第6期。

郝玉林:《新型城镇化背景下农村集体建设用地管理制度创新研究》,山东师范大学硕士学位论文,2013。

B.14 扬州农业转型发展对策研究

朱柏兴*

摘　要：

　　加快农业转型发展是实现农业现代化的必然选择，扬州在加快农业转型升级和发展方式转变上应该走在全省乃至全国的前列。本文基于扬州市农业经济发展的现状，分析了当前农业发展存在的薄弱环节，提出扬州农业转型发展要着力推进"五个转变"、大力发展"五种农业"的构想。

关键词：

　　农业　农业转型　对策研究

加快推进农业转型升级和发展方式转变已上升为党和政府的重要决策和农业发展方略。"十二五"以来，扬州市以农业发展方式转变和产业转型升级为主线，取得了一定的成绩，但也存在一些薄弱环节。如何加快农业转型发展，是摆在我们面前亟须解决的难题。

一　扬州农业发展的现状和特色

扬州市农业经过多年的发展和积淀，已初步形成自己的特色，主要表现在以下方面。

1. 区域农业特色彰显

全市形成了沿江蔬菜花木、里下河水产水禽水生蔬菜、丘陵地区茶果食草畜禽和城郊都市农业四大区域化产业板块布局。宝应县"有机四水"——水

---

*　朱柏兴，扬州市农业委员会主任。

产、水禽、水稻和水生蔬菜,高邮市"绿色五业"——鸭业、鹅业、米业、渔业和林业,江都区"生态五特"——特色花木、特色粮油、特色蔬菜、特色水产和特色畜禽,仪征市的茶果、菌菇、食草畜禽,广陵区的蔬菜江鲜和邗江区的水产水禽等县域特色农业,被誉为京杭大运河畔的一串明珠。

2. 农业园区集聚发展

自 2006 年 10 月在扬州市设立海峡两岸(扬州)农业合作试验区以来,扬州市按照"县有万亩、乡有千亩、村有百亩"的思路,着力建设现代农业产业园区,推进规模"集中"、要素"集聚"、科技"集成"、经营"集约",出台了《扬州市市级农业产业园区认定办法》,建成省级现代农业产业园区 7 个,市级园区 16 个。扬州市以园区建设为载体,突出发展设施农业,设施农业面积已达 60 万亩左右。

3. 产业化步伐明显加快

着力推进优质粮油、蔬菜、畜禽、水产、林木等"五大加工企业集群"建设。全市县级以上农业龙头企业销售收入 470 亿元,县级以上农业产业化重点龙头企业已达 330 家,其中省级 35 家、省级批发市场 4 家、市级 141 家、县级 146 家。其中江苏高邮鸭集团、江苏荷仙食品集团、江苏双兔米业、扬州万达羽绒制品股份有限公司被认定为国家级龙头企业。全市有效期内无公害农产品、绿色食品、有机食品"三品"品牌 1400 个,已有中国名牌农产品 2 个、省名牌农产品 11 个。

4. 生态林业持续推进

强势推进植树造林工作,生态林业持续发展,在 2011 年成功摘得"国家森林城市"荣誉称号后,扬州市又实施了"绿杨城郭新扬州三年行动计划",全市造林面积平均每年以 8 万亩以上幅度递增,目前森林覆盖面积达到 208.3 万亩,其中成片林面积达 149.7 万亩,森林覆盖率达 21%,林木覆盖率达 23.2%,森林—湿地覆盖率达 52%。2013 年规划实施了 6 个生态中心,总面积 25.8 万亩,其中仪征枣林湾生态中心突出花茶果特色,江都生态中心突出花木特色,高邮和宝应生态中心突出湿地森林特色,邗江和广陵生态中心突出城市森林特色。

5. 农业服务不断创新

目前扬州市拥有两位中国工程院院士，拥有扬州大学、省家禽研究所、里下河农科所等多个科研院所，已形成一批在全国农业科研领域居领先水平和有影响力的优势学科，包括畜禽传染病防治、稻麦油新品种选育、生态农业技术等。扬州市借助特有的科技优势，创新农业科技推广服务，在全省率先推进植保社会化综合服务，农业社会化服务新模式、测土配方施肥技术继续保持全国领先，得到国家、江苏省肯定，农业部、江苏省多次组织人员来扬学习，并受到农业部表彰。

二 扬州农业转型的薄弱环节

1. 农业社会化服务体系薄弱，服务内容比较单一

一是基层农业技术人员匮乏，乡镇一级的农业技术人员主要忙于养家糊口，公益性职能弱化。二是缺少编制与经费，目前只有动物防疫体系有一定的编制与部分经费来源，其他基层农业技术人员基本无着落，农技推广、植保服务、苗情农情、农业投入品管理等仅凭自觉落实工作，有些基层人员工作头绪多，无力从事公益性服务。三是从业人员专业知识缺乏，许多人员是乡镇安排的非专业技术人员，不能适应新形势对农业管理服务的要求，急需从源头上加强管理。四是技术力量薄弱，缺少农业专家。

2. 农业生产者素质偏低，不适应农业生产发展的需求

随着农业生产的发展，农业生产逐渐转型为以资本、信息、技术为主要生产要素的产业，其信息化、知识化、智能化等特点对农业生产经营主体的素质提出了较高的要求，现有农业劳动者大多年龄大、文化水平低。目前，全市共有农业从业人员35.6万人，农业劳动力年龄50岁以上超过一半，小学文化以下占32%，农业生产者整体素质不高。农业生产面临着高素质农业劳动力向非农产业转移，也面临着农户兼业化、留守劳动力女性化和老龄化等短期难以克服的问题。

3. 生产经营分散，"三化"程度偏低

传统农业份额偏大，农业的组织化、规模化、集约化程度不高。农业产业

化经营和组织化水平仍然较低,带动力不强,农产品价格大起大落的问题仍然存在。龙头企业数量少、规模小,对农民带动作用不大。通过农业企业、协会组织带动的农户占农户总数的25%,大多数农户仍然是单户经营、"提篮小卖",难以在市场上形成整体效应,难以体现质量和价格优势。近几年,各类扶持粮食生产的政策使部分农民不愿流转出让土地,有些地方政府协调土地流转价格达到每年每亩600~800元仍难以拿到土地,致使一些种养大户、土地合作社、农业龙头企业规模发展受到限制。

4. 农业产品产出水平低,农业功能深度开发有待加强

从生产功能来看,目前扬州农业规模化经营水平偏低,市场反应速度慢,农产品价格大起大落的问题仍然存在。产品产出水平较低,高端精细化农产品生产明显不足;从生活功能来看,农业生活功能的挖掘目前主要集中在休闲农业旅游上,其他功能(如科教、文化、体验、娱乐、养生与健康等)的开发有待于进一步深入;从生态功能来看,农业废弃物处理、绿化造林、湿地保护等投入不足。

三 扬州农业转型发展的对策建议

当前和今后一个时期,扬州市农业转型发展的总体思路是:以农业现代化工程为抓手,以促进农民持续较快增收为目标,以工业的理念发展农业为主线,大力推进农业重大项目建设,做大做强优质粮油、应时果蔬、特种养殖、花卉林苗、休闲观光五大优势特色产业,加快推进扬州农业的转型升级,持续增强农业发展的活力,为实现农业基本现代化奠定坚实的基础。

着力推进五个方面的转变:一是农业增长由主要依靠土地和劳动力要素投入向依靠资本投入与科技投入转变;二是农业生产由主要依赖自然生产向大力发展可控的设施生产转变;三是农业经营由分散的家庭经营向专业的适度规模经营转变;四是农业发展由注重农业的一产向促进农业一产、二产、三产协调发展转变;五是农业功能由以农产品生产为主向生产功能、生活功能、生态功能并重转变。大力发展集约农业、精品农业、生态农业、都市农业、开放农业。

1. 准确把握扬州的地域特点和优势,大力发展精品农业

扬州在长三角地区处于重要位置,城市居民消费能力强、消费档次较高,市场潜力巨大,在加快推进农业现代化进程中要实施差异化发展战略,大力发展精品农业。一是发展特色产业。围绕大中城市菜篮子工程建设,针对长三角地区消费特点,重点发展保鲜要求高、运输半径小、消费需求旺的高档蔬菜。以丘陵山区为重点,做大做强草莓、葡萄、桃、梨等应时鲜果产业和高档名特茶产业。围绕城市建设,发展花卉、草坪、彩色苗木等特色产业。二是打造精品名牌。加强农产品质量建设,以品质创品牌,以现有知名品牌为基础,在做大做强上下功夫,把地区品牌提升为省内名牌,省内名牌提升为长三角乃至全国名牌,积极参与国内国际市场竞争。三是推进产业化经营。围绕特色产业的产前、产中、产后各个环节,加强龙头企业、批发市场、合作组织等各种类型的市场竞争主体培育,积极推进"龙头企业+基地+农户""龙头企业+合作组织+农户"等各种有效的产业化经营模式,加快推进农产品粗加工向精深加工转变,提高产业整体竞争力。

2. 准确把握现代农业发展要素特征,大力发展集约农业

扬州市人多地少、经济比较发达、科教实力较强,必须突破土地资源约束的发展瓶颈,充分发挥地域优势、科技优势、人才优势,走资源集约、资本集聚、技术密集的现代农业发展道路。一是发展土地集约经营型农业。坚持节约用地、集约用地,提高土地利用率与产出效益,有效缓解工业化、城市化发展带来的矛盾,为经济社会发展和主要农产品有效供给提供保障。加快土地承包经营权流转,大力发展土地股份合作,推进农业适度规模经营,促进高效农业规模化。切实加大冬季农业开发力度,积极推广"稻—菜"等高效种植模式的经验,推进"稻—麦"等传统农业种养模式转变,实现规模农业高效化,不断提高资源利用率、农业劳动生产率和土地产出率。二是发展资本集聚型的设施农业、加工农业。以资金换土地,大力发展钢架大棚、智能温室等高效设施农业,以先进的物质条件装备现代农业,走高投入、高产出、高效益的发展之路。积极引导工商资本、民间资本、外商资本投资开发农业,重点培育农业龙头企业、农产品批发市场等竞争主体,延长农业产业链,发展农产品精深加工业。三是发展技术密集型的现代生物农业。新型农用工业和种子种苗产业是

技术密集型产业，更是高效产业。要有效整合农业科技资源，加强农业科技创新，加快现有农业科技成果产业化，大力发展种子种苗、疫苗、专用肥料、生物农药、饲料、兽药等农业高新技术产业，牢牢占领源头农业高地。

3. 准确把握城乡一体化特征，大力发展都市农业

按照扬州市委市政府推进城乡经济社会发展一体化的要求，把农业置于城乡经济社会发展一体化大格局中去统筹规划、通盘考虑，推进农业融入城市、服务城市。一是大力发展休闲观光农业。在满足农产品需求的基础上，按照城市居民休闲观光的需求，以地方人文资源、农业特色产业和优美自然景观为载体，打造休闲观光农业精品线路，开发农庄、农园、农家乐等旅游产品吸引城市居民，吸引城市文明下农村、进农业，充分发挥农业的服务功能、文化功能，既拓展农业内涵，又促进农民就业增收。二是大力发展农业节庆。以扬州地区优势特色农产品为基础，举办各种形式的农业节庆，如"茶叶节""花卉节""鸭蛋节""荷藕节""螃蟹节"等，搭建优势特色产业发展平台。三是大力开展农产品都市展销。围绕大中城市消费群体需求，举办各种形式的农产品展示展销活动，推介现代农业新产品，展示现代农业新成果，引导和创造消费，拉动生产。

4. 准确把握生态文明需求特征，大力发展生态农业

随着扬州地区城市化、工业化水平的不断提高，生态环境的压力也逐渐显现，城乡居民对生态文明建设的渴求迫切需要发挥农业的生态功能，增强环境承载能力。一是发挥稻田的人工湿地生态功能。高度重视湿地保护，稳定发展水稻生产，充分发挥水稻种植在扬州生态环境调节中的功能。二是加大农业节能减排力度。大力推广节水、节药、节肥等技术，推进测土配方施肥全覆盖，开展病虫害专业化防治，扩大有机肥、生物农药应用范围，有效减少化学氮肥、化学农药使用量。加快发展畜牧业规模养殖、生态健康养殖，推进畜禽粪便无害化处理，控制农业面源污染。三是突出生态循环农业。以农业面源污染治理为契机，坚持种养结合、用养结合，推进邵伯湖、高邮湖、宝应湖等有机农业圈建设。按照植物生产、动物转化、微生物还原的自然方式，推进农业废弃物循环利用，提高资源综合利用率。大力开展植树造林，绿化美化环境。

5. 准确把握经济国际化特征，大力发展开放农业

充分发挥外向型经济发展优势，大力发展开放农业，积极参与农业国际分工与合作。一是加快海峡两岸农业合作试验区建设。积极推进海峡两岸农业多层次、全方位的交流与合作为目标，以发展农业高科技为重点，以引进台湾农业优良品种、先进技术、管理经验和科研成果为切入点，高标准建设试验区。二是加大农业吸引外资力度。充分利用海峡两岸（扬州）农业试验区等平台，加强农业交流与合作，吸引台资、外资投资开发农业，大力招引农业重大项目，引进先进的农业科技、先进的管理经验，提高农业国际市场竞争力。三是大力发展农产品出口。突破扬州农业资源瓶颈，培育壮大农产品精深加工企业、规模出口企业，发展原料、市场两头在外的加工贸易，特别是高附加值的精深加工，提高农产品出口层次。同时，立足本地特色产业，积极扩大比较优势产品出口。

6. 准确把握农业"重中之重"的基础地位，强化对农业的支持保护

按照工业化、城镇化和农业现代化"三化同步"的总体要求，把工业与农业、城市与农村作为一个整体来谋划，切实加强农业组织领导，加快形成市、县、乡（镇）统一领导、分级负责、任务明确、上下联动协调推进的工作机制。按照"多予、少取、放活"的方针，全面落实财政支农政策，严格执行财政支农"三个高于"的要求，切实加大对农业的投入，提高政府运用财政手段支持农业发展的能力，加大对农业基础设施建设、生态环境改善、农业科技研发、良种良法推广、农民培训教育等公共产品的供给力度，建立以各级财政为引导、以农民为主体、社会各界参与相结合的多元化、多层次投入机制。切实加强为农服务。推进"菜单式"培训，发挥农民群众发展现代高效农业的主体作用，培育一批现代农业领军人才和农村实用人才；深入开展农资打假专项行动，维护农民合法权益。鼓励各级金融机构加大对农业的信贷支持力度，进一步完善政策性农业保险办法，为现代高效农业提供支撑和保障。

B.15
扬州创新建立村经济合作社及产权制度改革研究

黄为民　杨宗连　吴兆明*

摘　要：

  扬州市创新建立新型村集体经济组织，在全市全面建立起村经济合作社，界定了村经济合作社成员，明晰了村级集体资产产权，构建起了村级集体经济发展的市场主体、发展实体和权益载体。本文着重分析了扬州市建立村集体经济合作社的动因、创新做法和初步成效，同时对今后扬州村经济合作社的规范发展和产权制度配套改革提出对策建议。

关键词：

  创新建立　村经济合作社　产权制度改革

  2011年以来，扬州市顺应深化农村集体产权制度改革的需要，在全市全面建立新型村级集体经济组织——村经济合作社，它代表全体农民成员（以下简称"成员"）行使集体财产所有权，享有独立进行经济活动的经营自主权，承担着本社资产经营与管理、资源开发与利用、合作指导与服务等职能。有效解决了以前村级集体经济组织经济权能错位、法人身份缺位、成员资格失位等问题，这对于巩固和完善农村基本经营制度，加强村级集体资产的管理，探索村级集体经济有效实现形式，依法保障成员对集体资产的所有权、处置权、经营管理权和收益分配权，促进集体资产保值增值，增加成员财产性收入，深化农村集体产权制度改革等具有十分重要的意义。

---

* 黄为民，扬州市委副秘书长、扬州市农村工作办公室主任；杨宗连，扬州市委农村工作办公室副调研员，高级农业经济师；吴兆明，扬州市农村合作经济经营管理站站长，正高级经济师。

一 改革动因

改革开放以来,扬州农村产权制度改革不断深化,家庭承包责任制的推行、乡镇企业经营机制的转换、农民合作社的发展、小型水利工程产权制度改革等,都极大地丰富了扬州农村产权改革的内容,这些改革促进了农业农村经济的发展和农民财产性收入的增长。但随着农村工业化、城镇化、农业现代化进程的不断推进,农村经济得到迅速发展,村级集体经济组织的资产及其成员均发生了很大变化,集体资产的保值增值、收益分配以及土地征用补偿分配等方面遇到的矛盾和问题越来越突出。在稳定家庭承包经营制度的基础上,进一步突破约束农村生产力发展的体制性障碍,使农村集体经济在市场经济条件下更具活力和后劲,并建立起有利于消除城乡二元结构的新体制,要求我们进一步深化农村产权制度改革。

1. 建立村经济合作社是发展壮大农村集体经济的重要举措

邓小平同志在1990年提出了我国农业改革和发展"两次飞跃"的伟大构思。邓小平同志指出:"中国社会主义农业的改革和发展,从长远的观点看,要有两个飞跃。第一个飞跃,是废除人民公社,实行家庭联产承包为主的责任制。这是一个很大的前进,要长期坚持不变。第二个飞跃,是适应科学种田和生产社会化的需要,发展适度规模经营,发展集体经济。"[①] 近几年来,扬州市高度重视村级集体经济发展,积极探索村级集体经济的有效实现形式,在全省率先开展了村级组织"四有一责"建设,村级集体经济有了较快发展,为民办实事能力显著增强。据统计,2011年底全市农村集体资产总额59.8亿元,每村平均541.5万元,比上年增长10.5%;农村集体资源性资产(土地)489.85万亩,其中耕地331万亩,林果园地19万亩,养殖水面74万亩,集体所有建设用地20万亩。面对这样巨大的存量资产,长期以来一直是由村民委员会管理,而村民委员会不具备法人资格,不能参与市场经营活动。由此可见,发展农村集体经济、加强"三资"管理亟须建立一个具有市场主体地位

---

① 《邓小平文选》第3卷,人民出版社,1993,第355页。

的专门经济组织来承担。只有建立村经济合作社，由它代表全体成员行使集体财产所有权，独立进行经济活动，才能实现管好用活集体资产、发展壮大集体经济的目的。

2. 建立村经济合作社是深化农村产权制度改革的必然要求

农村产权制度改革的目标是推动农村资产资本化，实现农村资源市场化，促进农民增收多元化。党的十七大提出，要"探索集体经济有效实现形式"，"创造条件让更多群众拥有财产性收入"；2010年中央"一号文件"提出，鼓励有条件的地方开展农村集体产权制度改革试点；党的十八大提出，要发展壮大集体经济。十八届三中全会提出，保障农民集体经济组织成员权利，积极发展农民股份合作，赋予农民对集体资产股份的占有、收益、有偿退出及抵押、担保、继承权。这为农村产权制度改革指明了方向。在坚持农村基本经营制度前提下，建立起以村合作经济为载体，以股份制为形式，以集体资产为纽带，以加强集体资产经营管理为核心，以资产保值增值和维护农民群众权益为目的的村经济合作社，符合新形势下农村产权制度改革的要求。

3. 建立村经济合作社是维护广大成员合法权益的迫切需要

以前，村级集体资产的所有权理论上属于集体经济组织广大成员，应该是"人人有份"，但实际上却是"人人无份"，谁也说不清在集体资产中所占有的份额，集体收益也基本不向广大成员分配。只有建立起村经济合作社，对集体资产实行股份合作制改革，将集体资产固化、量化到每个成员，变共同共有为按份共有，让农民的资产变股权，农民变股东，才能从根本上维护集体经济组织成员的合法权益，从而增加成员来自集体的财产性收入。即使成员到城镇安家落户，其原来享有的集体财产权和收益权等保持不变，解除了进城成员的后顾之忧，促进并激励成员向城镇集中。

4. 建立村经济合作社是加强农村基层民主政治建设的有效途径

由全体成员参与制订、成员代表大会通过并生效的合作社章程，明晰了每位成员的资产权利，规定了每位成员的权利和义务。通过民主选举产生的成员代表大会、理事会、监事会等组织机构，将形成一整套较为规范和民主的管理和收益分配决策制度，改变村集体经济由少数人决策、少数人管理、少数人监督和运作缺乏透明的状况。由此必将大大推进村民自治生态环境的改善，有利于改善党群、干群关系，有利于推进农村民主政治建设，有利于增强村党组织的凝聚力、号召力。

鉴于上述动因，从2012年开始，扬州市在取得试点经验的基础上，及时在面上推开，目前全市793个村成立了经济合作社，占应建村数的100%，量化到成员的集体经营性净资产近5.5亿元，入社成员193.1万人。

二　创新做法

扬州建立的村经济合作社是在坚持完善家庭承包经营为基础、统分结合的双层经营体制下，对农村经营管理体制进行的制度创新和实践探索。

一是确定了村经济合作社的法人地位。按照《中华人民共和国农民专业合作社法》，扬州制定出台的《扬州市村经济合作社组织暂行办法》（市政府令第79号，以下简称《办法》）规定：凡符合设立条件的村经济合作社可以向工商行政管理部门申请登记注册，取得农民专业合作社法人资格。这与有的地方注册登记为公司法人或社团法人比，税负大为减轻，又能直接参与市场经营活动，充分体现了村经济合作社当前除负责村级集体资产经营管理、维护广大成员财产权益外，还承担着维持农村居民生产生活和支付部分公共开支等功能。村经济合作社的设立条件包括：有符合要求的成员、章程、组织机构、名称、住所和成员出资。为不增加农民负担，扬州在建立村经济合作社时，只是对村集体经营性净资产进行量化并作为成员出资额，这就克服了以村集体总资产进行量化给成员所带来的收益与资产不配比问题。为维护农村稳定，对农民承包经营的土地和村集体建设用地暂不作价量化。

二是赋予了村经济合作社广泛的业务范围和职权。《办法》规定：村经济合作社是在农村双层经营体制下，自愿联合、集体所有、合作经营、民主管理、服务成员的社区性农村经济组织，并赋予其资产经营与管理、资源开发与利用、合作指导与服务等职能。与社区股份合作社只对经营性资产进行经营和管理不同的是，村经济合作社承担着村集体所有资产经营与管理、资源开发与利用，以及合作指导与服务等职能；行使的职权也大不一样，社区股份合作社只能对村集体拥有的经营性资产的经营活动行使职权,而村经济合作社能对村集体的所有经济活动行使职权,也就是说,村集体的一切经济活动事务都是由村经济合作社承担。

三是创新了村级集体资产经营管理机制。扬州建立的村经济合作社,在提高农民组织化程度,降低单个农户进入市场风险,稳定增加农民收入的同时,创新了村集体资产经营管理机制,集体经济组织的经营管理更加科学和民主。在监督机制上,成立村经济合作社后,成员更加关心合作社的运营,对理事会经营行为的监督力度进一步加大。在决策机制上,通过建立理事会、监事会、成员代表大会,使决策机制更加科学完善,经营者的决策行为也更加科学民主。在激励机制上,农民变为股民后,个人年终分红与合作社的经营效益直接挂钩,有利于调动成员参与管理的积极性,同时提高了经营者的风险意识,增强了经营者的责任心。

四是完善了村级组织架构。扬州各村在建立村经济合作社后,村级组织形成了村党组织、村民委员会和村经济合作社"三驾马车"架构。村党组织是农村各种组织和各项工作的领导核心,具体负责本村党务;村民委员会是群众自治组织,具体负责本村政务,并尊重和支持村经济合作社依法独立进行经济活动;村经济合作社是集体经济组织,具体负责本村经济活动事务。同时,村经济合作社应当接受乡镇人民政府的监督,主动接受村党组织的领导,协助和配合村民委员会工作,为村级组织履职提供必要的经费,合理安排村公共事务和公益事业所需的资金。为不增加村干部职数,又能实行有效管理,《办法》规定村经济合作社理事会成员可以与村党组织、村民委员会成员交叉任职,但不得与村民监督组织成员交叉任职。监事会成员可以与村民监督组织成员交叉任职。

三 初步成效

扬州建立的村经济合作社,很好地解决了以前村级集体经济组织经济权能错位、法人身份缺位和成员资格失位等问题,为农村集体经济发展构建起了新型的市场主体、发展实体和权益载体。

一是发展壮大了村级集体经济。原村级集体经济组织是"政经合一"的体制,随着农村改革的日益深化,其经济合作功能日趋萎缩,经济职能早就被村委会取代。特别是村集体企业改制后,作为每个企业的产权已经明晰,而农村集体经济组织拥有的资产,仍然产权不明晰,缺乏发展的活力和后劲。村建立经济合作社、实行股份合作制后,与过去的村集体经济组织比有四点明显不同:一是"政经分离",村经济合作社是新型的纯合作经济组织,不再行使村级行政职责;二是村经济合作社的合作机制是建立在股份制基础上的,符合现代产权制度要求;三是确立了村集体经济组织的法人地位;四是村经济合作社的组建,使得产权制度人格化,运作机制市场化,内部管理民主化,创新了集体经济新的实现形式。据统计,2013年全市村级总收入19.3亿元,比上年增加2.5亿元,增长15%;村级总资产75.6亿元,比上年增加8.2亿元,增长12.2%;村级净资产44.5亿元,比上年增加5.7亿元,增长15%。

二是拓宽了成员增收路径。统筹城乡发展,实现农民收入倍增,除了创业就业增收和政策性增收外,更重要的就是增加其财产性收入。村经济合作社的建立,构建了"产权明晰、权责明确、民主监督、科学管理"的集体资产管理体制,变共同共有为按份共有,让成员的资产变股权、成员变股东,增加成员来自集体的财产性收入,从机制上保障成员受益的长效性,拓宽了成员增收途径。据统计,2013年,全市共有100多个村经济合作社和社区股份合作社开展向成员分红,分配资金达8000万元。

三是提高了成员组织化程度。村经济合作社把农村分散农户联合在一起,可以有效避免市场风险,扩大生产经营规模与范围,合理对农村各种资源进行整合,对内以提供优质服务为宗旨,对外以获取最大的经济效益为目的。例如,仪征市铜山办事处8个村经济合作社以枣林湾生态园开发建设为契机,带领广大农户大力发展绿化苗木种植、发展乡村生态旅游和特色农家乐等,并利用自身销售优势,从成员手中收购干茶等农副产品,进行统一包装、销售,解决了农户销售难问题,为此共增加成员收入50万元,使成员有了比较强的组织归属感。

四是增强了成员综合素质。村经济合作社以农民为主体,充分尊重农民意愿,实行自愿参加、民主管理、民主决策和民主监督,培养了农民的民主平等、合作意识,激发了农民参与经营管理的积极性;通过互助活动,培养农民互助友爱精神;通过支持村级公益事业发展,增强了农民的社会责任感;通过合作社举办的科学、技术、文化培训,增强了农民的现代意识和增收致富能力。据统计,全市约有95%以上的村经济合作社开展了农业法律法规、政策、实用技术等培训,培训农民70万人次。

四 对策建议

虽然扬州市全面建立了村经济合作社,也取得了初步成效,但由于它是一个新生事物,总体上还处于起步阶段,在合作经营、民主管理、示范带动等方面还存在一些问题,有待今后加以解决。

1. 加强宣传培训,提高思想认识

村经济合作社的建立,有效解决了过去村级集体经济组织存在的产权模糊、功能退化、机制不活、监管滞后等问题,切实维护了集体经济组织成员的合法权益。因此,要多形式、多渠道地宣传村经济合作社的性质和作用,以及在发展过程中涌现的好做法、好经验,让大家明白现在建立的村经济合作社与20世纪八九十年代的村经济合作社的根本区别,让农民了解到加入村经济合作社所带来的好处,引导农民正确认识合作社、科学理解合作社、积极参与合作社。要加强对村经济合作社理事长的业务培训,定期举办多种形式的培训班,不断提高他们的自身素质和办社能力。

2. 建立健全机制,增强内在动力

村经济合作社要建立健全成员代表大会、理事会和监事会"三会"组织机构,并正常开展活动,保障村经济合作社的正常运转,保障广大成员的主体地位和民主权利。同时,还要建立健全资产财务管理、对外投资业务内部控制、债权债务管理、财务预决算、离任审计、年度盈余分配、会计报表编制和报送、民主管理及社务公开、档案管理等管理制度,并公布上墙,切实做到用制度管事、管权、管人。

3. 加大扶持力度,搭建服务平台

一是加大财政扶持力度。市、县(市、区)财政每年要安排一定资金用于支持村经济合作社进行"三资"信息化管理、人员培训、农业生产基础设施建设、物业产业项目建设等,对经济合作社运作规范的村给予定额奖励。市、县农村经营管理部门要组织开展经济合作社规范运作创建及评选活动。二是落实优惠政策。凡是农民专业合作社享有的税收、用电、用水、用地和农产品运输等方面的优惠政策,村经济合作社应同样享有。村级组织原来享受的各种税费等优惠政策要继续执行,不因建立经济合作社而增加村级组织的各种税费负担。三是实行项目倾斜。国家和省、市支持发展农业和农村经济发展的建设项目,可以委托或优先安排有条件的村经济合作社实施。农业综合开发、扶贫开发、农田基本建设、小型水利工程、农业产业化、农业标准化生产、农业科技入户工程、农业技术推广、农村信息网、农村实用人才和"阳光工程"、农机作业补贴等各类项目,要优先在经济合作社规范运作示范村中实施。四是强化金融服务。农村金融机构要把村经济合作社全部纳入信用评定范围,加大信贷支持力度。鼓励把对村经济合作社法人授信与对合作社成员单体授信相结合,采取"宜户则户、宜社则社"的办法,提供信贷优惠和服务。鼓励金融机构探索扩大农村有效担保物范围,创新开展农村集体建设用地使用权、农村土地承包经营权、房屋所有权及宅基地使用权、林权以及农村集体资产产权等抵质押贷款业务,帮助村经济合作社及其成员解决贷款难问题。保险机构要结合村经济合作社物业产业项目的特点,开发具有针对性的保险产品。

4. 积极引导规范,促进健康发展

村经济合作社是社区性农村集体经济组织,依法代表全体成员行使集体财产所有权,享有独立进行经济活动的自主权,承担履行本社资产经营与管理、资源开发与利用、合作指导与服务等职能。各地要本着"先发展后规范"的原则,不断加大村经济合作社规范化建设力度,注意培育典型,打造一批带动力强、影响力大、规范发展的村经济合作社。对已经建立起来的村经济合作社,各级农村经营管理部门要深入做好指导规范发展工作。村经济合作社的盈余在满足村级组织正常运转和村级扩大再生产及公益事业发展需要的前提下,应该向成员进行分配,增加农民财产性收入,增强合作社成员的凝聚力。

参考文献

《应明确界定村委会和村集体经济组织的关系》,《农民日报》2010 年 6 月 30 日。

《村集体"三资"管理的江苏创新》,中国农业新闻网,2012年4月14日。

《湖北省农村集体经济组织管理办法》,湖北省人民政府令第114号。

《专业合作社是农民走向大市场的必然选择》,《农民日报》2012年8月7日。

《广东省农村集体经济组织管理规定》,广东省人民政府令第109号。

关锐捷、黎阳、郑有贵:《新时期发展壮大农村集体经济组织的实践与探索》,《毛泽东邓小平理论研究》2011年第5期。

《浙江省村经济合作社组织条例》(2007年9月28日浙江省人大常委会修订通过)。

《扬州市村经济合作社组织暂行办法》,扬州市人民政府令第79号。

《都江堰市农村集体经济组织管理办法》,2008年11月11日。

关锐捷、吴仲斌:《提高现代农业组织化程度时不我待》,《农村经营管理》2011年第2期。

蒋成忠:《破解集体经济组织改制难题》,《农村经营管理》2011年第2期。

张玉枚:《在更高层次上统筹城乡发展的路径与对策研究》,《农业经济》2013年第5期。

B.16
扬州市民营经济发展报告

赵振东　戴凌云　朱宇　季文隽*

摘　要：

本文主要回顾了扬州近五年民营经济的发展情况，结合部分民营企业转型升级的成功案例，分析了全市民营经济发展中存在的突出问题，并提出相关对策建议。

关键词：

民营经济　民营企业　转型升级

民营经济是国民经济的重要组成部分，是推动经济发展、促进社会进步的重要力量。当前，随着国家扩大内需、振兴产业、推动创新等扶持力度的加大，民营经济发展迎来了新的发展机遇，同时也面临着竞争加剧、环境约束、要素紧张等严峻挑战。研究民营经济的发展状况，以采取有针对性的对策措施，有助于民营经济转型升级、扩量提质，为今后科学跨越发展打下坚实基础。

一　扬州民营经济发展的特点

近年来全市广大民营企业及广大非公有制经济人士在市委市政府的正确领导下，坚持以科技创新为动力，以服务平台建设为重点，以优化政策环境为保障，全市民营经济保持了平稳较快增长。

---

* 赵振东，市委统战部副部长，市工商联党组书记、副主席；戴凌云，市工商联副主席；朱宇，市工商联会员处副处长；季文隽，市工商联会员处副主任科员。

2013年1~9月份，全市私营企业总数达7.16万户，个体工商户达18.51万户，累计民营企业注册资本金总额达3566亿元，开工亿元以上项目1114个。

（一）民营经济扩张迅速

2012年全市当年新增民营企业注册资本金721.86亿元，累计民营企业注册资本金3194亿元，是2008年底998.4亿元的3.2倍。私营企业总户数从2008年的4.1万户增加到2012年的5.98户，总户数是2008年的1.5倍。个体工商户总户数从2008年的11.9万户增加到2012年的16.21万户，总户数是2008年的1.3倍。（见图1、图2）。

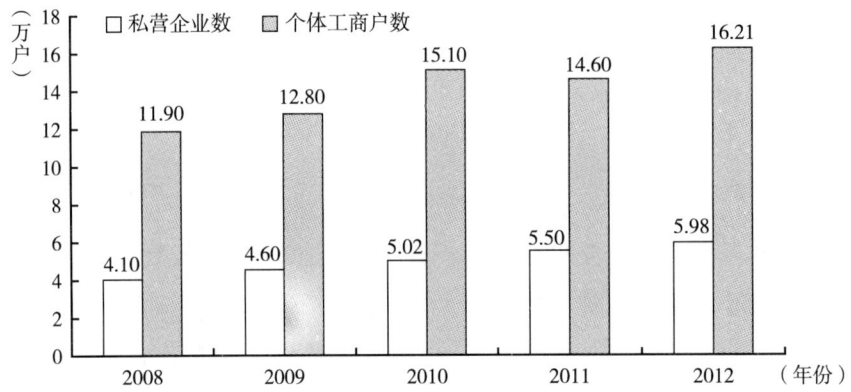

图1 私营企业及个体工商户

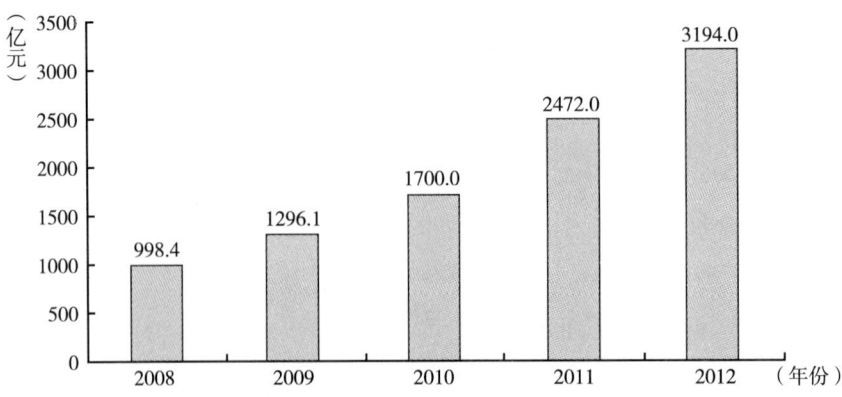

图2 注册资本金

（二）龙头企业发展壮大

2012年全市2600家规模以上工业企业中，产值过亿元的民营企业959家，比上年增加33家，累计完成产值3749.2亿元，占全市规模以上工业总产值的51.1%。其中50亿~100亿元的企业3家，30亿~50亿元的企业7家，10亿~30亿元的企业61家。宝胜科技、牧羊集团、三笑集团、大洋造船等4家企业入选中国民营企业制造业500强。江都建设集团、邗建集团、宝胜科技等3家企业入选2012年度中国民营企业500强（见图3）。

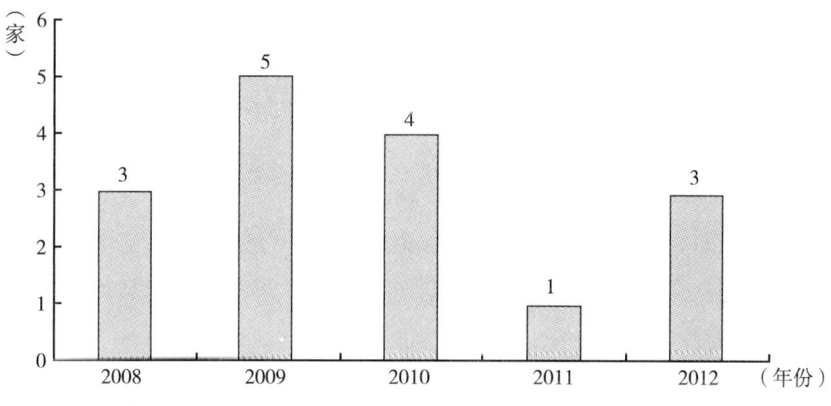

图3　民营企业500强数

（三）自主创新不断加快

2012年全市民营企业拥有省级以上研发机构229家，省级以上品牌382件，国家高新技术企业299家，分别占全市的75.3%、83.1%、85.9%。新创成18家省级创新能力建设中小企业、18家省级高成长型中小企业、127家省级科技型中小企业、21家市级"专精特新"示范企业，有8家企业产品被认定为省级"专精特新"产品。江苏怡丰通信设备公司的综合能耗监测管理系统级终端项目成功申报2012年度国家火炬计划，成为江苏省工商联系统唯一申报获批的项目。牧羊集团李敏悦获中华全国工商业联合会"科技企业家奖"，广陵万方电子公司获"科学技术进步奖"优秀奖。

（四）社会贡献不断加大

2012年全市工业企业开票销售、入库税收、利税、利润七成以上是由民营企业贡献的，贡献率分别达到70.1%、72%、70.9%、73.5%。民营企业产值贡献率达68.2%，其中机械装备、汽车及零部件两大基本产业规模以上民营企业累计实现产值1826亿元，占全市同行业的81.3%；石油化工、船舶及配套件两大基地型产业规模以上民营企业累计实现产值1197亿元，占全市同行业的58.4%，新能源、新光源两大新兴产业规模以上民营企业实现产值237亿元，占全市同行业的39.6%。

二 扬州民营企业转型发展的典型案例

1. 加快转型升级，增强民营企业发展后劲

市场环境的倒逼压力，增强了民营企业转型升级的动力。笛莎文化创意将传统玩具制造业成功嫁接动漫文化创意产业和电子商务，通过品牌创意和创建"笛莎"女孩文化，运用文化创意赋予品牌更多的市场价值，并建立网络营销平台，以经营理念创新赢得了市场的爆发式增长，成为国内动漫玩具产业的领军企业，产值呈爆发式增长，两年激增15倍。赛德电气针对传统电缆产能过剩的状况，紧紧围绕国家核电缆产业规划、军工产品升级发展布局，重点研发核级电缆、太阳能光伏电缆、军工电缆和海上石油平台电缆，不断开发新兴市场。奥克化学原本主要生产太阳能光伏电池用多晶硅切割液，受光伏产业"寒冬"的影响，切割液市场迅速萎缩，市场需求大幅下降。为改变这一现状，公司抢抓国家高速铁路大发展的机遇，生产专为高铁配套服务的混凝土减水剂，凭借着自主研发的优势，占领国内80%的市场份额，一跃成为行业的领军企业。

2. 加强科技创新，提高民营企业市场竞争力

科技型民营企业紧贴市场需求，不断进行技术革新和产品改造，以产学研结合带动产品创新，力求做精做优，产品呈现强劲的市场竞争力和广阔的市场前景。牧羊集团投入大量资金用于研发创新，2013年已发布专利17项，其中国际专利4项，拥有国家高新技术产品16项，承担国家火炬计划6项，1~9

月销售收入同比增长53%。广菱电子公司规定每年拿出销售收入的5%以上作为研发经费,先后承接多项国家火炬计划项目。赛格纺机针对订单减少、利润下降的客观现实,加大研发投入,参与国家纺织行业标准制定,大力开拓国际市场,产品远销东南亚、中东市场。

3. 依托管理创新,提升民营企业核心竞争力

劳动密集型企业通过创新经营理念,加强内部管理,为企业提升了竞争力,重新赢得了市场。神游制衣建立内部视频监控系统、OA协同管理系统,引进国内先进的羽绒和服装生产设备,通过服装智能吊挂生产线、远程计算机扫描装箱系统和多功能仓储物流系统,提升了企业的数字化、智能化、网络化水平,生产效率提高35%,劳动力成本降低15%,产品合格率达98%以上。国联制衣公司引入ERP生产管理系统、OA办公自动化系统和CRM客户资源管理系统,对企业生产的全过程进行跟踪管理,实现管理规范化、流程标准化,极大地降低了内部运行成本。

4. 加强市场开拓,推动民营企业扩张发展

市场需求越是低迷,市场开拓越是显得更加重要。迅达电磁线调整营销策略,将产品销售锁定在国家大型企业、巨人企业和高科技企业,进行重点攻关,做到让利不让市场,实现31.5%的高速增长,在经济下行的趋势下逆势上扬。金陵特种涂料调整发展思路,升级营销理念,新成立四个营销事业部,在稳定老市场的基础上,积极开辟新市场和新客户,扩大市场占有率,增强企业抗风险能力。

5. 发挥集群优势,实现民营企业共同发展

产业集群可以通过降低成本、刺激创新、提高效率等多种方式,提升区域内民营企业的竞争能力,并形成一种集群竞争力。宝应水晶行业产生裂变效应,由一家龙安集团改制,裂变出水晶企业110家,带动5000多农村富余劳动力实现就业。路灯商会企业依托史福特光电龙头带动,逐步走产品整合、市场共用、资源共享的发展壮大之路。锻压机床协会积极承接政府职能,配合质监部门召开行业会议,宣传落实新的行业标准。玩具商会、服装辅料协会加强同业企业抱团取暖,集中采购降低原料成本,提高了同业企业的市场竞争力。船舶商会建立欠薪应急处置基金,由会员企业缴纳保证金归商会集中保管。一

且企业发生欠薪问题,由商会从应急基金中先行垫付,确保工人利益不受损失,极大促进了造船企业的劳资和谐。

6. 借力政策资源,实现民营企业持续发展

科技型民营企业主动研究政策,结合自身特点积极争取各类政策扶持,借助资金、人才、土地等方面的政策资源,为企业可持续发展打下了坚实基础。荣能集团申报新产品计划项目、高新技术产品等各类项目共计47项,其中17项获得政府相关部门批准立项与财政资金扶持。金方圆对政策资源十分注重,有专门部门、专人长期跟踪研究国家、省、市产业政策导向,跟踪研究各级项目资金和优惠政策的最新变化,近年来绝大多数项目都得到政策资金扶持。东方吊架有限公司牢牢把握国家大力发展高速铁路的机遇,研发接触网恒张力弹簧补偿装置,目前该产品已广泛应用于铁路沿线,实现了该装置的国产化。

三 扬州民营经济发展中存在的问题

1. 原材料价格上涨,生产成本偏高

2012年以来,劳动力成本在平均上升20%左右的基础上仍继续上涨,新《劳动法》实施后劳资纠纷时有发生,招不到、用不起、留不住,已成为许多民营企业面临的难题;成品油价格涨多跌少,进一步推高原材料价格和运输成本;人民币自2005年汇改以来,已累计升值28.5%,银行利息及附加费用大幅度增加,这些都大幅度挤压了企业利润空间。从调研的情况看,超过三分之二的企业认为用工成本上升,超过三分之一的企业认为资金成本上升、原材料成本上升。由于各项生产成本的上升,挤占了企业的流动资金,不少企业在得不到所需流动资金补充的情况下,只能压缩生产规模,造成部分设备闲置。

2. 市场需求不旺,赢利能力下降

受国际经济复苏缓慢、出口需求大幅减少、国家投资有所减缓等多重因素影响,企业订单明显减少,开工严重不足,销售急剧下降,利润大幅下滑。从调研的情况看,销售、利润、税后净利润下降的企业分别达65.5%、51.7%和39.6%。这是扬州市绝大多数企业普遍面临的困难,尤其是光伏、造船、服装、冶金等行业受影响较大。

3. 税费项目繁多，企业不堪负重

在调研中，63.7%的企业认为税费负担较重。对附加在正税上合并征收的河道管理费、水利基金、教育费附加、残疾人保障基金、工会经费等意见较大，认为这些基金和费用大多应由公共财政负担，不应强加给企业。另外，政府一些职能部门存在只收费不服务或少服务、多个部门重复收费的现象，且收费标准弹性很大，各种不合理收费分流了企业的利润，民营企业反映尤为强烈。

4. 市场准入受抑制，产业层次不高

民营企业很多源于改制企业，改制后依然遵从计划经济时代的产业布局，具有竞争力的企业相对集中于制造业、批发零售业和餐饮服务业，大都处于产业链的低端。从调研情况看，此类企业占86.2%。企业产品附加值低，竞争激烈。一些现代意义的第三产业，如通信业、金融业、保险业、现代交通业等较难进入，在一定程度上抑制了民营企业的发展。

5. 融资难度加大，流动资金不足

由于国家信贷结构调整力度加大，对光伏、船舶、房地产、钢铁冶金等行业严格控制信贷，加上面广量大的民营企业可担保质押的资产较少，内控制度不健全，银行为防范信贷风险，对民营企业贷款提出的条件较为苛刻，层层审批，手续烦琐，当需要压缩信贷时，民营企业成为首选。民营企业从银行获得基准利率贷款和中长期贷款难度很大，迫使企业接受以贷转存、存贷挂钩、以贷收费、借贷搭售等附加条件，或者通过民间借贷融资，增加了企业的融资成本和风险。特别是生产船舶、电缆、专用设备、灯具、钢管等投资类产品的企业，市场营销以工程招投标为主，生产周期长，资金回笼慢，加剧了企业流动资金困难。

6. 管理水平不高，创新精神不够

此次调研的企业中大多股权结构单一，大部分还未建立现代企业制度，普遍存在小富即安、落袋为安的思想，缺乏敢闯敢试的精神，缺乏核心技术和自主品牌，研发投入严重不足，制约了企业发展，弱化了市场应变能力。

四 推动扬州民营经济跨越发展的对策建议

1. 着力引导民营企业优化产业结构

一是建立信息平台,引导民营企业投资方向。要由政府相关部门牵头,加强产业信息平台建设,规范信息发布制度,增强政策信息透明度。通过定期发布扬州市产业发展规划,引导民营企业围绕市委市政府提出"十二五"时期大力发展"六大基本产业"的总目标,在民营企业制定发展战略、实施转型升级时给予合理指导和有效服务,促进民营企业优化调整产业结构。相关部门要加强对民营经济统计方法的研究,及时准确反映民营经济的发展情况,科学分析民营经济发展总量、速度、结构和区域性等运行情况,定期发布各地、各行业民营经济发展情况信息,为党委政府决策提供可靠依据。

二是激活民间投资,拓宽民营企业投资领域。要认真落实国务院发展民营经济的"新36条",按照"非禁即入"原则,凡法律法规未禁止的所有行业和领域,一律对民营企业和民间资本开放,任何单位不得设置附加条件,鼓励和支持民间资本进入基础产业和基础设施、市政公用和社会事业、旅游、教育、金融服务和商贸流通等领域,拓宽民营企业优化产业结构的路径和渠道。

三是加快基本产业发展,突破性发展现代服务业。要加快发展以汽车、软件和信息服务、机械为重点的基本产业,引导民营企业进入旅游、教育产业,制定实施产业发展规划,出台民营企业系列配套扶持政策。突破发展现代服务业,推进以信息服务业、文化创意业、物流业为代表的生产性服务业的发展,促进制造业与生产性服务业的联动发展。在江广融合地带建立金融集聚服务区,加大金融服务业的引进力度,增强扬州作为苏中区域中心的资本聚集效应。

四是实施名牌战略,提高产品的市场占有率。要大力实施"品牌兴企、品牌兴市"战略,支持民营企业创建名牌产品和驰名商标,扶持一批竞争力强的优势企业冲刺中国世界名牌;支持名牌产品企业参与国内外标准的制定或修订,促进企业从质量优势、品牌优势、专利优势转化为标准优势;打造区域品牌,培育一批以地理标志、集体品牌、区域商号、区域龙头企业名牌等为载体的区域品牌;鼓励、支持和引导扬州市民营企业经营品牌,用企业自有的技术、专利和标准开展品牌输出。对在实施名牌带动战略中作出突出成绩的企业给予表彰和奖励。

2. 着力支持民营企业开展自主创新

一是加大政策扶持力度。要学习和借鉴外地先进经验，进一步制定和完善符合扬州市实际、扶持企业开展自主创新的政策措施。对成功申报国家、省、市高新技术企业的，要给予税费优惠和贴息贷款。要加大对民营企业开展科学技术创新、管理体制创新、工艺流程创新、发展思路创新等好经验好做法的宣传力度，尽快在扬州市民营企业中形成浓厚的自主创新氛围。

二是加大资金扶持力度。要引导银行、担保公司、小额贷款公司为民营企业自主创新提供资金支持；对申请国内发明专利并授权的民营企业，对主导国家、行业标准制定（修订）的民营企业，政府要给予一定的奖励补助。对达到国家级、省级企业技术中心认定标准的企业，政府要给予一定数额的资金支持与奖励。

三是加大人才培养力度。要加快推进创新型人才培养和引进，实施高层次人才培养计划，着力培养造就一批创新能力强、水平高的研发团队。对借用高校、科研院所、国外退休专家等"外脑"，建立硕士博士培养点、博士后工作站、院士工作站、企业研发中心等机构的民营企业，每年要给予一定的财政补助。要加快推进实用型人才培养和引进，实施蓝领技工培养计划，着力培养造就一批动手能力强、操作水平高的技工团队。要加大职业技术教育和技能培训的投入，培养和造就高技能人才队伍，定期举办"扬州市民营企业十大技术能手"的评选和表彰活动，使他们享受劳模同等待遇。要加大民营企业家培训力度，定期组织专家、学者为民营企业家举办培训讲座，每年要安排一批优秀民营企业家赴国内外重点院校深造；要积极实施"青蓝工程"，选送一批民营新生代企业家赴国内外知名高校、大型企业培训，学习先进管理理念，培养造就出高素质的民营企业家梯队。

3. 着力优化民营企业发展环境

一是加强民营企业发展的组织领导。要成立市民营经济领导小组，办公室设在工商联，全面加强对民营企业发展的支持引导。要成立民营经济服务中心，入驻市行政审批中心办公，推行职能部门联系民营企业制度，及时协调解决企业发展中遇到的问题。

二是为民营企业发展提供政策支持。要结合国务院出台的发展民营经济

"新36条"和扬州市"十二五"规划,及时召开加强和改进工商联工作会议,尽早出台促进民营经济发展的政策文件。要从财政扶持、技术创新、人才引进、金融服务、土地政策、激励表彰等方面提出具有前瞻性、可操作性的政策措施,各类民营企业要单列申报评选,保证各类政策对民营企业的全覆盖,使之成为扬州市"十二五"期间民营经济发展的纲领性文件。

三是营造民营企业发展的良好氛围。优良的行政服务是比土地和资金更重要的资源,是软实力的重要体现。要强化"产业第一、企业主体""政策有限、服务无限"的理念,深入推行"阳光新政",打造开放、高效、透明的服务型政府,为民营经济发展提供良好的政策环境、法制环境、社会环境和市场环境。要给予民营企业与国有企业、外资企业同等待遇。要创新行政服务方式,积极开展超前服务、预约服务、上门服务、跟踪服务和延时服务。要简化执法程序,统一执法标准,规范执法行为,严格限制和减少部门的自由裁量权,杜绝权力寻租行为。

四是大力发展商会(协会)组织。要坚持市场化原则,规范和发展行业商会、协会、产业联盟等组织,给予政策、资金方面的扶持,指导其逐步承接政府职能,充分发挥行业自我规范、自我协调、自我教育、自我管理的作用,建立信息发布、用工招聘、人才培训、创业辅导、管理咨询、技术支持、融资担保、市场开拓、法律援助等各类服务平台,引导企业统一品牌、共用市场、资源整合、优势互补、抱团取暖,全面提升民营企业发展的服务水平。

4. 着力帮助民营企业突破发展瓶颈

一是要深入走访企业,提振民营企业发展信心。要经常深入企业开展服务,倾听企业呼声,了解企业诉求,创新服务方式,提高办事效率,增强服务精准性。要按照"区别对待、因企制宜、分类服务"的原则,针对不同企业、不同情况,采取"一企一策、一事一议"的个性化解决措施和办法,着力帮助企业解决发展中的困难和问题,不断提高服务水平,提振企业发展信心。要将散落在各个部门的优惠政策进行集成,送政策到企业,使企业真正了解政策、把握政策、用好政策,有效畅通政府与企业之间的政策对接。要积极主动地帮助企业申请国家和省各类扶持项目,争取保证各项政策顺利"落地",各类资金顺利"到位"。

二是强化节约集约用地,为民营企业拓展发展空间。要把各类园区作为民营企业发展的重要平台,着力改善园区的生活配套条件,严格控制限制性产业项目供地,从土地供应上制止盲目投资和低水平重复建设,大力开发工业地产。对特色产业基地、产业集群、小企业创业基地及具有良好发展前景的民营企业投资项目,优先保障用地需求。通过改造利用闲置用地、建设多层标准厂房,以免租金、低租金出让给民营企业使用的方式帮助企业解决经营场所问题。

三是加强银企合作,帮助民营企业解决融资难题。要针对当前企业发展的严峻局面,设立民营企业应急互助基金。应急互助基金可由财政出资一小部分铺底资金,起到"四两拨千斤"的作用。基金接受银行、企业和社会个人自愿提供的资助,实行会员制服务,企业根据自身资金状况自愿认缴相关费用。由市工商联牵头,发改委、经贸、财政、银行等部门共同成立民营企业应急互助基金监管会,负责审核会员资格,决定企业入会申请。当民营企业资金链脱节、银行贷款有可能无法按期归还时,由政府支持、企业互助、银行配合的民营企业应急互助基金,就能发挥"雪中送炭,雨中送伞"的作用,解除会员企业的燃眉之急,实现互惠共赢。要鼓励、支持民营企业上市直接融资,落实好省、市出台的支持企业上市政策,形成上市一批、申报一批、储备一批的民营企业上市格局。要探索适合民营企业的融资方式,在银行设立专为民营企业提供信贷服务的部门,制定适合民营企业贷款需求的运作机制。要大力开展应收账款、买卖合同、存货等抵押贷款业务,推进产权、专利权、商标权和股权等无形资产的质押贷款机制。要引入村镇银行、小额贷款公司、农村资金互助社等新型金融组织,鼓励其与银行业金融机构错位经营。

四是暂缓征收税费,切实减轻民营企业负担。在经济增长速度放缓,财政收入下降的情况下,要"放水养鱼"保护实体经济,防止税源流失,要"放水引鱼"吸引周边税源,涵养可持续发展的税源。应体现"少取、多予、放活"的方针,以更大的力度减负,助其轻装上阵。建议对涉企税费的弹性空间"能免则免、能减则减、能缓则缓",对平时纳税情况良好但目前特别困难的民营企业,可暂缓征收税费或退税、退费,帮助其提振信心,渡过难关。社会保险应根据实际工资水平,合理确定征缴基数,对社保支付缺口,财政应给予足额补贴,以减轻民营企业过重的负担。进一步清理并公示向民营企业收费的项目和标准,坚决治理乱收费、乱罚款及各种摊派。严格控制对民营企业的各种检查和评比活动,规范行政执法行为。

B.17
2013年扬州市消费形势报告

夏坚　胡新林*

摘　要：

当前全市消费形势总体良好，但受宏观经济形势和中央"八项规定"影响，消费市场比2012年有所降温。通过对影响消费的有利因素和不利因素的深入分析，本文提出了一些扬长避短、保障消费品市场良好有序发展的应对措施，具体包括：正视收入多层分化的局面、打造成规模的海外代购市场，改善用车环境、鼓励购买当地产汽车，改善住房供给、满足不同群体的消费需求，支持居民信用消费、引导新型消费业态发展，大力发展文化旅游产业，大力发展商务会展业，积极推动维扬菜产业的发展。在净化消费环境、营造消费氛围方面，也提出借助外智外资提升消费设施，大力推进在建、拟建商贸大项目，高标准编制并落实好扬州商业网点规划，科学规划城市地下空间等对策。

关键词：

扬州　消费　分析

2013年以来，在城乡居民收入增加和各项促消费政策的推动下，扬州市社会消费品零售总额增势良好，增速保持较快增长。但受宏观经济形势影响，扬州市消费市场比2012年有所降温，一些弹性较大的商品消费增速回落较快，出现商贸流通主体发展不充分等问题，影响消费发展形势，应引起充分重视。

---

* 夏坚，扬州市发改委服务业发展处处长；胡新林，扬州市发改委服务业发展处副处长。

一 扬州市消费情况分析

1. 近年来扬州市消费情况分析

近年来扬州市社会消费品零售总额从 2005 年的 263.7 亿元提高到 2012 年的 967.87 亿元，总量是 2005 年 3.7 倍，但增幅从 2005 年的 15.6% 升至 2008 年的 24.4% 后，近年来增幅呈现下降态势，2012 年降至 14.4%，未能实现年度确定的 15% 的目标，预计 2013 年增幅降至 14% 左右（见图 1）。增幅降低的原因主要有：一是消费总量基数加大，增幅下降；二是中央的汽车下乡、节能产品补贴等政策退出，拉低增量；三是国家统计局实行限额以上消费企业网上直报，挤压了消费水分；四是中央厉行节约的规定出台后，引导了全社会理性消费。

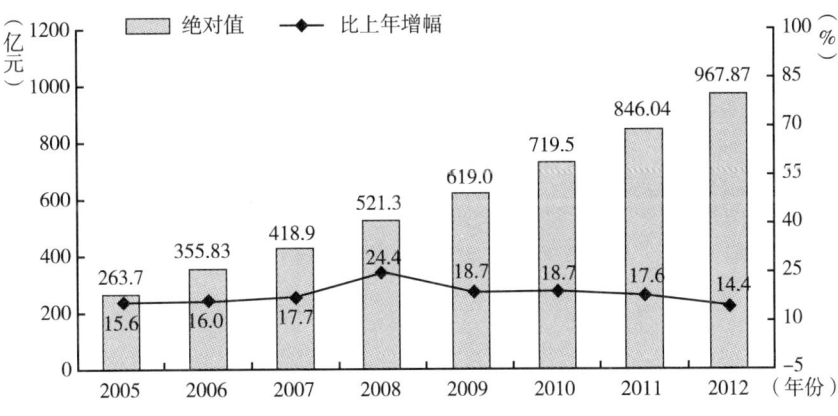

图 1 2005 年以来扬州市社会消费品零售总额增长情况表

2. 2013 年以来全市消费情况分析

中央"厉行勤俭节约、杜绝铺张浪费"的精神进一步深入，扬州市社会消费品零售总额增速也呈放缓之势。从 2013 年 1~9 月份情况看，全市实现限额以上零售额 227 亿元，同比增长 8.6%，增幅比上年同期提高 1.4 个百分点，增幅比 2013 年 1~7 月份上升了 0.2 个百分点。商品消费冷热不均，在限额以上 20 个主要商品类别中，有 10 个大类增幅比上年同期出现了上升，9 个大类增幅比上年同期出现了回落,主要表现为"三增四降"[1]。

一是家用电器和音像器材类增长平稳。由于2013年高温天气的天数比往年多,所以家用电器和音像器材类上涨的幅度较大。1~8月份家用电器和音像器材类零售额增长14.1%,比上年同期上升了31.3个百分点。

二是金银珠宝类增长较快。金银珠宝类由于价格有所下调,人们购买的意愿增加,且收藏利于增值而出现一定程度的上涨。金银珠宝类零售额增幅为32.8%,比上年同期上升18.5个百分点。

三是汽车类销售较好。扬州汽车博览会、国际车展等活动拉动汽车类零售额增幅上涨。1~8月汽车类零售额增幅为19.4%,比上年同期上升9.6个百分点。

四是生活必需品类增幅下降。生活必需品类零售额有所下降。食品、饮料、烟酒类零售额增幅为-3.3%,比上年同期下降10.7个百分点;服装、鞋帽、针纺织品类零售额增幅-0.4%,比上年同期下降9.8个百分点。

五是文化体育类增幅下降。文化体育类相关商品零售额增幅下滑。体育、娱乐用品类零售额增幅为3.1%,比上年同期下降18.3个百分点;书报杂志类增幅为9.2%,比上年同期下降5.5个百分点。

六是电子出版物和音像制品类增幅下降。互联网的日益普及与快速发展对电子出版产品冲击较大,导致电子出版物和音像制品类的增幅下降幅度最大。1~8月份电子出版物和音像制品类零售额增幅为-13.2%,比上年同期下降82.9个百分点。

七是通信器材类、五金电科类增幅下降。通信器材类、五金电科类增幅出现较大幅度下降。通信器材类零售额增幅为-10.7%,比上年同期下降23.6个百分点;五金、电科类零售额增幅为-7.9%,比上年同期下降23.3个百分点。

预计2013年全年全市实现社会消费品零售总额1100亿元,同比增长14%左右,增幅较上年同期下降0.4个百分点。在当前消费形势总体不景气的情况下,消费没有出现大幅下滑,主要原因是扬州市服务业牵头部门出台了相关文

---

[1] 引自扬州市统计局网站《1~8月扬州市限上企业零售额简析》。

件和政策，引导合理消费，加大限额以上服务业重点企业培育和考核力度，在国家挤压消费水分的同时，扬州市抓住经济普查的机遇，在推动消费企业应统尽统上下真功夫，限额以上法人批零住餐企业数①2013年底可达到760家，比2012年多100家以上。

3. 当前影响消费的有利因素和不利因素分析

（1）在扩大内需的背景下，扬州市消费形势面临着许多不稳定或者不利的因素，将在一定程度上影响扬州市消费品市场的发展。

一是中央"八项规定"的出台，对消费市场将产生持续影响。中央"八项规定"在加强党风建设的同时，对消费市场也产生了一定的冲击，首当其冲的是住宿餐饮行业。八项规定在简化会议、规范公务消费的同时也导致了住宿餐饮业营业额的下降，只要政策不放松，这部分消费将持续减弱。

二是各类优惠政策到期将引发市场波动。自2007年以来，财政部陆续启动了高效照明产品、高效节能空调、平板电视、电脑，以及电机、风机、水泵、汽车等产品的补贴推广工作，累计安排中央财政资金超过400亿元，出台实施细则20多项。包括家电下乡、以旧换新和节能补贴在内的刺激政策在促进消费、促进产业升级和转型、拉动经济增长方面起了作用，但是也带来了部分消费提前透支现象，随着各项政策的到期退出，市场受到的刺激减弱，加之消费透支，短期内消费发展将面临阻碍。

三是"钱荒"的爆发使得消费市场发展扑朔迷离。以2013年6月为例，6月是银行体系传统缺钱月，央行一般都采取救市行动，而2013年央行为了调整结构，坚持实施紧缩性的货币政策，加剧了商业银行的困境，导致金融市场资金利率急速飙升，"钱荒"大规模爆发，这也给消费市场发展带来不利因素。一方面，"钱荒"使得投资收益更高，投资可以带来比以往更高的收益，更多的人会倾向于投资而非消费。另一方面，"钱荒"使得消费成本变高，大额消费时，资金借贷的成本上涨，拉高消费成本，在这种情况下，消费必然受到限制。

---

① 指的是年主营收入2000万元以上的批发企业、年主营收入500万元以上的零售企业、年主营收入200万元以上的住宿餐饮企业。

四是餐饮等企业亟待减负。城市化水平提高,将为餐饮业带来更多餐饮需求,但房租的持续上涨将使餐饮业扩张受阻。与此同时,人力成本逐年上升的趋势将不可逆转。长期存在的各种税费也使餐饮业不堪重负。调查显示,目前与餐饮业有关的税费负担多达46种(其中税收12种、各种费34种,详见文后注释),政府有关部门和金融等垄断单位利益不打破,减负的难度非常大。

(2)政策支撑、舆论导向、投资偏好等或许成为拉动消费的有利因素。

一是扩大内需成为消费增长的有力政策支撑。党的十八大和中央经济工作会议明确指出,要牢牢把握扩大内需这一战略基点,加快建立扩大消费需求长效机制,释放居民消费潜力,自此消费增长有了强力的政策支撑。在这一背景下,国家必将陆续出台一些有利于拉动消费的政策,给消费品市场发展注入强心剂。

二是限购的预期可能带来汽车消费扩张。继北京、上海、广州等一线大城市实施汽车限购之后,扬州未来也将步入限牌城市行列,这在一定程度上可能会刺激市民进行汽车消费。虽然扬州汽车类消费近年来持续了高速增长态势,但是各大经销商的各种优惠举措及银行提供的各种灵活的汽车金融方案,对年轻人有着一定的吸引力。从2013年的情况看,汽车类商品销量好于上年同期水平,随着汽车销量的提升,石油及其制品类商品销量也将增长。

三是商业类房产火爆销售或将拉动消费。从短期来看,楼市限购,股市低迷,实体经济放缓,加上通胀压力,市民投资途径受到限制。商业类房地产由于不限购不限贷,投资收益率相对较高,且扬州已出台财政补贴政策,成为市民投资的好选择。商业类房产的热销将带动建筑及装潢材料类商品的热销,消费或将一定程度被拉动。

二 对策建议

面对宏观形势和各种因素影响,应采取多种应对措施,扬长避短,保障消费品市场良好有序发展,具体包括两个方面。

(一)培育消费热点,打造消费亮点

打响美景、美食、美女(指具有扬州文化底蕴的演艺节目)品牌,激活

汽车、住房、珠宝等热点，发挥人文、生态、精致、宜居优势，做大消费规模，引导新兴消费，提升消费水平。

一是正视收入多层分化的局面，打造成规模的海外代购市场。从目前情况来看，收入分化情况较为明显，因此，要正视及因势利导，低收入和高收入阶层的消费需求明显有较大差异，没有适合的消费圈，很容易流失消费。从扬州的地理位置来看，与南京、上海比较近，消费容易流入一线城市。此外，高端商品由于税费较高，逐渐流行海外代购，代购一般通过网络实现，也使得消费流失。如果形成一个有规模的代购市场，既能使得消费者放心，又能集聚消费，并有效向周边辐射。

二是改善用车环境，鼓励购买当地产汽车。降低出行成本，补贴停车收费，某些安全区域或某些时段放宽交警执法尺度。鼓励个人和单位购买仪征上汽、荣威、亚星、江淮、凯尔斯迈电动车等当地产汽车，对于购买本市生产的汽车给予税费减免和补贴。优惠购置税，简化上牌手续，坚决执行国家汽车报废补贴和以旧换新政策，增加城区停车位，规范停车收费标准。围绕汽车这一基本产业，打造高水平、参与性强的汽车文化博览项目，支持维扬经济开发区汽车4S店集群壮大发展成为江北第一大汽车专业销售区和最具规模、最上档次的品牌汽车销售市场，打造成汽车主题公园。推动仪征汽车板块集聚"车能量"，打造扬州版的"上海安亭"，助推汽车名城建设。

三是改善住房供给，满足不同群体的消费需求。建议对于居民购买首套住房，各商业银行执行基准利率或低于基准利率的优惠利率。加快保障房建设进度，满足低收入群体的住房需求，带动家电家具建材消费。提高住房补贴标准，建立与商品房价格相适应的动态增长机制。在大力推进中小户型的普通商品住房、经济适用房、廉租房建设的同时，适当建设高品质、大户型的高档住宅和别墅，以满足高收入群体的需求，特别是吸引上海、苏南、南京等地高端客源来扬购置养老、休闲住房。

四是支持居民信用消费，引导新型消费业态发展。鼓励城乡居民扩大即期消费，建议政府考虑对住房、汽车、家电、教育和旅游等消费进行贷款贴息，更充分地利用财政对促进消费的杠杆作用。鼓励金融机构增加消费信贷种类，拓展旅游消费信贷、电子和通信产品消费信贷、大额消费分期付款等发展空间。抓住推动流通产业发展关键环节,把电子商务作为重要的新兴产业来抓,应加大对电子商务服务业、电子商务服务平台的政策倾斜和资金帮扶力度,重点在社区服务业、商贸流通业、文化旅游业等领域加速推进。促进实体市场和网上市场的有机融合,推动传统商贸流通企业在新型业态上的延伸,增强发展活力。

五是大力发展文化旅游产业。通过在全国有影响力的媒体大力宣传扬州"烟花三月下扬州""天下三分明月夜,二分无赖是扬州"等历史文化,提高扬州在全国乃至世界的历史文化影响;挖掘扬州历史内涵,打响扬州休闲品牌,提升扬州旅游景点的档次水平,发展县市生态水乡农家乐和休闲娱乐;旅游淡季向山东、安徽、上海、浙江等地居民派发旅游赠券,形成淡季不淡的良好循环。全力打造"休闲之都",鼓励支持陆琴脚艺、业红脚艺等本地品牌向外扩张,鼓励支持茶楼、休闲吧布局城区大街小巷,形成更浓郁的休闲氛围。发挥"春江花月夜·唯美扬州"大型实景演出、温泉酒店等项目留住游客的作用,增强游客的满意度,延长游客在扬州的消费时间。

六是大力发展商务会展业。会展业是现代城市经济发展的杠杆,对城市经济尤其是服务业发展具有巨大的拉动作用。举办会展活动,在其本身产生巨大经济效益的同时,还能够高度汇聚人流、物流、资金流、技术流,带动住宿、餐饮、旅游、通信、广告、商贸等相关产业发展,产生巨大的溢出效应。据专家测算,会展业的产业带动系数约为1:9。支持新城西区、广陵新城、江都滨江新城等突出发展会展等重点产业,当前应积极利用新城西区会展优势,积极招引知名会展公司,如德国法兰克福展览公司、日本杰科姆会展公司等,以会展带动京华城商务中心不断提升质态,尽快形成区域性会展中心。

七是积极推动维扬菜产业的发展。加快建成维扬菜原料市场物流配送中心,培育和扶持维扬菜龙头企业,加快维扬菜"走出去"的步伐,支持富春、冶春、锦春等维扬餐饮名店加快连锁布局,提升维扬菜在全国"八大菜系"中的地位和影响。

(二)净化消费环境,营造消费氛围

扬州是历史悠久的商贸大市,市场腹地广阔,自古乃苏中苏北门户,是长江三角洲辐射苏北、鲁南、皖东地区的重要节点城市,以扬州为中心,半径100公里内有4000万人口,半径200公里内有8000万人口。以构建区域消费中心城市为目标,提升消费设施,营造消费环境,打造商贸名城。

一是借助外智外资提升消费设施。通过引进战略投资者,鼓励和支持国内外大型流通企业通过参股、控股、兼并、收购、托管等方式进入扬州市市场,积极促成投资大型综合性商业地产项目,建设大型消费综合体,提升扬州商业设施水平。

二是大力推进在建、拟建商贸大项目进度。发挥行政推动和政策激励作用,着力推进邗江的三盛国际广场、蒋王商业街、界龙广场、高扬国际广场,广陵的京杭之星城市综合体,开发区的扬州商城综合体,新城西区的商务中心二期,江都的双汇城市广场,宝应的五洲国际商业综合体等一批拟竣工的重大商贸项目尽快营业;推进邗江的文昌乐都汇、西湖商业综合体,广陵的东方国际食品城二期、农副产品交易中心、中华老字号商业街、李宁体育公园,开发区的金太阳区域销售总部,江都的八佰伴商业广场、新加坡商业综合体等一批年内拟开工的重大商贸项目尽快开工。

三是高标准编制并落实好扬州商业网点规划。形成城市商业中心、商业副中心、特色商业街、商业休闲观光带、社区商业中心、农贸市场和生鲜食品超市、大型零售商业网点等层次分明、功能齐备的商业服务体系。

四是着力提升消费硬环境。尽快实施文昌商圈交通环境改造,加快实施萃园桥农贸市场改造工程,从根本上缓解文昌商圈停车难问题。积极引进八佰伴、家乐福、宜家、巴黎春天等世界知名零售企业和世界知名酒店入驻规划建设中的京杭中心、江都新商圈,促其尽快形成高端商贸服务业集聚区。

五是科学规划城市地下空间。国内外大城市地下通道、地铁等地下空间有众多的小商店和小吃店,消费者路过的间隙可以逛商店,购买喜爱的东西或者买点小吃。有研究表明,在商场或者超市逛的时间越久,购买的东西越多。建议参照中国香港铜锣湾、新加坡乌节路等世界名城地下空间规划建设与商业开发经验,在文昌商圈、西区大润发商圈、汽车西站商圈、扬州商城商圈、京华大酒店商圈、沃尔玛商圈、广陵新城商圈等核心地带,妥善做好十字路口地下空间规划建设与开发,合理组织人流与车流,打造优越的商业环境,提供优越

的创业平台和消费环境。

六是着力营造好消费环境。全市上下要形成消费大项目加快实施、消费大环境加快好转、消费大市场加快扩容的强烈氛围。形成工作合力，商务、工商、公安、税务、卫生等单位加强综合执法力度，加大对消费市场质量监管力度，打击商业欺诈行为，完善企业信用分类管理制度，尤其是要高度重视食品安全，为广大消费者营造便利、安全、放心的消费环境。提倡文明消费，大力倡导节能环保、低碳排放的"两型"生活方式和消费模式。针对餐饮企业目前缴纳的税费繁多情况①，建议减轻企业负担，减免餐饮商贸企业有关收费，确需缴纳的费用尽量按低标准收取。

---

① 餐饮业需缴税费：（1）税种。营业税：5%（以及0.5%的附加）；企业所得税：25%；企业代缴个税：3%~45%不等；房产税：两种方式，按应税租金计算，按房产原值的1.2%征收；土地使用税：一平方米1.5元；增值税：有3%和17%两个档；城市建设维护税：营业税的5%和7%；物价调节税（价格调节基金）：普遍存在，营业额的0.05%~2%；印花税：合同额的0.051‰~1‰；契税：正常缴纳；手撕票税：正常缴纳。（2）费款。银行卡手续费、排污费、垃圾处理费、防洪费、化粪井费、污水处理费、水利基金费、河道管理费、治安联防费、员工体检费、残疾人保障金、培训费、流动人员调配费（个别企业存在）、教育费附加、文化事业建设费（个别企业存在）、工商管理费、空气油烟检测费、噪声排污费、环保检测费、卫生许可证检测费（个别企业存在）、卫生防疫检测费、餐具检测费、动物检疫费、消杀费（除四害）、电梯检测费、微生物检测费、消除检测费、排水费、除雪费、人防建设费、绿化植树费、设备（电子秤、灭火器）费、人事关系档案费、人事关系登记费。

B.18
扬州经济发展的社会融资规模支持研究

中国人民银行扬州市中心支行课题组*

摘 要：

　　社会融资规模是指一定时期内整个社会的实体经济从金融体系获得的全部资金总额。本文基于金融统计实践，从社会融资规模视角考察扬州市金融业的发展水平及其对地方经济的支持情况。统计显示，2011年以来，扬州市社会融资规模扩张较快，融资结构不断优化，对全市经济增长缓中趋稳起到了明显支撑作用。同时，社会融资规模在支持扬州经济发展过程中，也存在直接融资占比偏低、融资期限总体偏短、行业投向有待优化以及金融风险加大等问题，本文借此提出了相关政策建议。

关键词：

　　扬州市　社会融资规模　经济发展

　　传统上，信贷指标一直是衡量金融体系对实体经济融资的关键指标。国际金融危机以来，国内经济金融环境发生了深刻变化。为适应形势发展和政策导向，扬州市金融业不断突破传统经营的范围和方式，社会融资结构日益多元化，直接融资市场不断扩大，银行业机构各种新型融资业务不断增加，非银行金融机构发展较快。金融业在实现自身较快发展的同时，对经济增长和结构调整的作用越来越明显，传统的信贷指标已难以准确地反映金融体系对实体经济的支持情况。因此，亟须从更广阔的视角来度量扬州市金融业发展水平及其对经济发展的支持情况。从实践意义上说，本文将为扬州市金融业发展的评价与诊断提供客观参考，为金融业规划和经济金融协调发展提供决策依据。

---

* 课题组负责人：叶小玲。成员：周懿、张翼、许开国（执笔）。

一 区域社会融资规模的度量框架

(一)社会融资规模概念的理论基础

社会融资规模概念具有较成熟的理论基础(陈涤非,2011)。早在20世纪五六十年代,英国《拉德克利夫报告》以及美国经济学家格利(John. G. Gurley)和肖(Eduard. S. Shaw)就提出了全口径的社会流动性和金融中介机构理论,并且认为货币当局应当对整个金融体系,而不是商业银行的货币信用创造进行控制(格利、肖,1994)。自20世纪60年代以来,西方国家多次扩大了货币供应量口径,以涵盖更多的创新型信用工具。国际金融危机更是引发了理论界和政策制定者对货币政策理论、传导机制及宏观审慎管理框架与工具的深入思考,认为传统的货币供应量、信贷等货币政策中间目标已不适应金融宏观调控的需要。巴塞尔银行监管委员会在实证研究的基础上,提出了更广义信用的概念,囊括了实体经济部门债务资金的所有来源,即对住户和其他非金融私人部门提供所有信用。2010年,中央经济工作会议首次提出"社会融资规模"概念,监测金融体系向实体经济融资的全貌及结构。

(二)区域社会融资规模的度量

根据中国人民银行的定义,社会融资规模是指一定时期内整个社会的实体经济从金融体系获得的全部资金总额。其中,金融体系是整体金融的概念,从机构看,包括银行、证券、保险等金融机构;从市场看,包括债券市场、股票市场、保险市场以及中间业务市场。社会融资规模的内涵主要体现在:一是金融机构通过资金运用对实体经济提供的全部资金支持,主要包括本外币各项贷款、委托贷款、信托贷款、银行承兑汇票等;二是实体经济利用规范的金融工具,在正规金融市场所获得的融资,主要包括股票、企业债券以及非金融企业直接债务融资工具等;三是其他融资,包括小额贷款公司贷款以及保险公司给付等(盛松成,2011)。

在此基础上的区域社会融资规模,能全面反映金融体系对区域经济资金支持的结构及数量变化,测算直接融资与间接融资的比例,评估各种融资渠道的成本与风险。为了便于进一步分析,笔者将区域社会融资规模构成归纳如下(见表1)。

表1　区域社会融资规模的指标构成

社会融资总量	间接融资	银行表内贷款	本外币各项贷款
			异地贷入净额
		银行表外贷款	银行承兑汇票净额
			委托贷款
			信托贷款
	直接融资	债券股票融资	企业债
			非金融企业直接债券融资工具
			非金融企业境内股票融资
		其他融资	小额贷款公司贷款
			保险公司给付

二　2011年以来扬州市社会融资规模的发展情况

(一)社会融资规模的发展趋势

统计数据显示①,2011年以来,扬州市社会融资规模呈加快发展态势(见表2)。2012年,扬州市社会融资规模达到645.9亿元,同比多增239.3亿元。2013年以来,全市社会融资规模进一步扩张,1~5月,全市社会融资规模为463.2亿元,高出2011年全年规模56.6亿元,达到2012年全年规模的71.7%,社会融资规模同比多增254.7亿元,而2012年全年社会融资规模也

---

① 社会融资规模数据为增量数据;本外币各项贷款取自信贷收支报表,异地代入净额数据来自企业征信系统,银行承兑汇票、委托贷款、小额贷款公司贷款数据来自金融统计监测系统,信托贷款数据来自理财与资金信托监测系统,企业债数据来自发改委,非金融企业直接债务融资工具数据来自货币信贷部门,非金融企业境内股票上市数据来自金融办,保险公司给付数据来自保险业协会;由于企业征信系统仅提供2011年以来的异地贷入净额数据,理财与资金信托系统仅提供2010年以来的信托贷款数据,本文测算的区域社会融资规模年限为2011年1月至2013年5月。

仅同比多增239.3亿元。从累计同比增速看,社会融资规模累计同比增速逐季提高,从2012年1~3月的19.1%增长至2013年1~3月的109.7%,2013年1~5月下滑至45.7%,但依然高于上年同期增速。

表2 2011年以来扬州市社会融资规模发展趋势

单位:亿元,%

	2011年				2012年				2013年	
	1~3月	1~6月	1~9月	1~12月	1~3月	1~6月	1~9月	1~12月	1~3月	1~5月
增量	164.4	285.5	340.4	406.6	195.8	394.7	513.7	645.9	410.5	463.2
同比多增	—	—	—	—	31.4	109.2	173.7	239.3	214.7	254.7
同比增速	—	—	—	—	19.1	38.2	50.9	58.9	109.7	45.7

从社会融资规模与GDP比例看,比例由2011年的15.5%上升至2012年的22%,2013年一季度则攀升至58.9%;从累计同比增速看,2012年以及2013年一季度社会融资规模增速分别为58.9%和109.7%,远远高于同期GDP 11.7%和11.6%的增速,表明金融对实体经济的支持力度明显加大。

(二)社会融资规模的结构特征

2011年以来,扬州市社会融资规模主要呈现以下三方面的结构特征(见表3)。

一是从直接融资与间接融资比例看,间接融资占比较高,但直接融资发展较快。受政策环境宽松、融资成本较低和融资效率较高等因素推动,全市政府融资平台、工业企业累计从企业债券、股票和银行间债券市场融资164.2亿元;债券股票融资占社会融资规模比重由2011年的7.5%上升至2013年1~5月的9.1%。

二是从金融中介主体看,银行一直占据主导,小额贷款公司发展先快后慢。2011年、2012年以及2013年1~5月,银行部门融资占社会融资规模比重分别为83.8%、85.3%和85.3%,呈小幅上升态势;小额贷款公司数量由2011年初的13家增至2013年5月的47家,注册资本规模从11.9亿元增至66.3亿元,但受小微企业经营困难以及不良率急剧上升因素影响,贷款投放有所放缓。

扬州经济发展的社会融资规模支持研究

表3　2011年以来扬州市社会融资规模的结构特征

单位：亿元，%

指标构成			增量			占社会融资规模比重		
			2011年	2012年	2013年1~5月	2011年	2012年	2013年1~5月
社会融资总量	间接融资	银行表内贷款 各项贷款	240.1	291.5	187.5	59.9	52.1	42.0
		异地贷入净额	3.5	45.3	7.1			
		银行表外贷款 银票净值	41.8	137.4	157.7	23.9	35.2	45.3
		委托贷款	43.5	60.3	31.5			
		信托贷款	11.7	29.4	21.0			
	直接融资	债券股票融资 企业债	10	45.2	13	7.5	7.9	9.1
		非金融企业直接债券融资	3	5.9	29			
		非金融企业股票融资	17.3	0	0			
	其他融资	小额贷款公司贷款	26.6	16.7	10.3	8.7	4.8	3.6
		保险给付	9.2	14.3	6.1			
	合计		406.6	645.9	463.2	100	100	100

三是从银行内部看，银行信贷占社会融资规模比重下降，表外融资占比则明显上升。银行信贷占比由2011年的59.9%，快速下滑至2013年1~5月的42%；表外融资占比由2011年的23.9%快速上升至2013年1~5月的45.3%，其中，受存款竞争加剧、中间业务考核压力加大以及企业资金周转困难影响，银行承兑汇票新增量由2011年的41.8亿元飙升至2013年1~5月的157.7亿元；在实业利润下降的情况下，资金富余的企业倾向发放委托贷款和信托贷款获取高额利润，2013年1~5月，两项合计增加52.5亿元。

（三）社会融资规模的经济效应

2011年以来，扬州市社会融资规模累计同比增速保持了较高的水平，对经济缓中趋稳起到了明显的支撑作用。社会融资规模增长的具体经济效应体现在以下方面。

从降低社会融资成本看，2013年1~5月银行贷款利率为7.56%，较2012

年年均利率下降13个基点,和2011年的水平基本相当;据测算,2011年以来,全市通过发行企业债、直接债务融资工具,节省利息支出达3.7亿元。

从推动重大项目建设看,2011年以来,政府融资平台、工业企业累计发行企业债以及中长期直接债务融资产品92.1亿元,对中长期贷款形成有效补充,对于全市投资缓中趋稳作出了重要贡献。例如,城建国有资产控股(集团)有限公司发行了金额高达15亿元的资产支持票据。

从满足中小企业融资看,一方面,社会融资规模大幅增长,客观上推动了银行贷款向中小企业倾斜。2013年5月末,全市中小企业有贷款户数为6680户,较2011年、2012年末分别增加了834户和327户。另一方面,金融体系通过融资性保函、信用证、银行承兑汇票、海外直接贷款等各种表外业务有力地支持了中小企业融资。例如,2011年至2013年1~5月,全市中小企业银行承兑汇票新增313.6亿元,与同期中小企业贷款新增额基本相当。

三 扬州经济发展的社会融资规模支持存在的问题

(一)从融资方式结构看,直接融资占比相对较低

2011年、2012年以及2013年1~5月,银行部门融资占社会融资规模比重分别为83.8%、85.3%和85.3%,呈小幅上升态势,居社会融资主导地位。而直接融资方式中的债券股票融资,占社会融资规模比重虽然由2010年的7.5%上升至2013年的9.1%,但占社会融资规模比重依然较低,特别是企业债发行较为缓慢;受IPO中断影响,包括增发融资在内的股票融资2012年以来为零增长。与全省相比,2013年1~5月,扬州市债券股票融资占社会融资规模的比重分别低于全省、全国3.8个和5个百分点。

直接融资对于经济转型和发展的意义在于:其一,在节约企业财务成本的同时,强化市场约束,促进了公司治理优化;其二,在优化投融资环境的同时,有效降低社会资金的货币派生效应;其三,在优化融资结构的同时,促进资源向优势企业、产业集中;其四,在扩大社会融资总量的同时,助推中小企业融资服务的改善,促进金融机构"腾笼换鸟"、加大对中小企业的

信贷支持提供空间。直接融资占比不高,显然不利于社会融资结构的优化,也不利于经济结构转型升级。

(二)从融资期限结构看,短期资金占比仍然较高

一般来说,短期资金主要用于满足借款人生产经营中的流动资金需要,影响当期的企业资本投入和居民消费。而中长期资金主要用于技术改造、基础设施建设以及新建固定资产项目等,从企业内部生产经营看,技术改造、新建固定资产带来的规模效应都有利于企业全要素生产率的提高;从企业宏观外部环境看,基础设施建设也在一定程度上影响企业全要素生产效率。因此,长期资金对企业未来的生产经营产生影响,而短期资金占比较高不利于长期的经济增长。初步测算,社会融资规模中短期资金占比由2012年末的62.8%下降至2013年1~5月的55.8%,但仍高于2011年末2.4个百分点。

从具体融资品种来看,直接融资方面,企业债一般为长期产品,但累计发行的直接债务融资中,中长期产品占比仅为45.2%;中长期贷款占新增贷款的比重,由2012年的17.5%提高到2013年1~5月的51.7%,但仍低于2011年11个百分点;银行表外业务方面,期限较短的银行承兑汇票增长较快,相当程度上是为解决企业资金周转和银行保证金存款问题,其贸易背景的不真实性也在一定程度上导致社会融资规模虚增,同时还提高了中小企业的财务成本。因此,要适当压缩期限较短的银行承兑汇票,提高期限相对较长的其他社会融资规模构成占比。

(三)从融资投向结构看,资金行业投向有待优化

一是大量资金投向了房地产、政府融资平台等资金产出效率相对较低的领域。初步测算,2013年1~5月,全市投入房地产和政府融资平台的融资规模高达200.1亿元,占社会融资规模的43.5%。一方面,房地产和政府融资平台属于资金密集型领域,外部融资依赖程度大,同样融资规模推动的投资总量相对较小,中国人民银行扬州市中心支行重点建设项目调查显示,房地产和基础设施的自筹资金占比只有25%,明显低于工业投资项目48%的占比。另一方面,房地产和基础设施行业投入产出效率较低。中国人民银行扬州市中心支

行参与的一项课题研究显示，房地产以及基础设施相关行业的投入产出效率都属于靠后位置，且利率敏感性较差，对私人投资会产生一定的挤出效应。

二是部分信贷、发债资金存在"空转"现象。近些年来，地方政府融资平台、房地产等行业受到严格调控，部分中小型平台、房地产企业融资转向信托、委托贷款等非信贷渠道；同时，在宏观经济下行、金融管制存在的情况下，民间融资和准金融快速发展，这些高回报领域吸引了包括银行贷款资金在内的各种社会资金。中国人民银行扬州市中心支行专题调查显示，受调查的86家样本企业中，存在19.8%的企业通过贷款、发债等方式获取价格低廉的资金，然后投向收益更高的委托贷款、信托理财、小额贷款公司、民间融资等领域进行套利，导致社会融资规模的重复计算和高估。

三是流向工业的融资规模占比不高。在扬州市"五大千亿级"重点产业中，新能源、新光源面临市场需求萎缩、产能过剩等多因素制约；船舶及其配套产业的产能调整还在进行中；其他工业行业项目载体则体量相对偏小，层次不高，在市场需求下滑的情况下，市场上缺乏足够优质的融资规模吸纳载体。工业产出占扬州市GDP的57%，初步测算，流向工业的社会融资规模占比仅为18.1%。

（四）融资规模增长较快背景下金融风险值得关注

一是银行信贷风险逐渐暴露。2013年6月末，不良贷款余额26.66亿元，较年初增加3.43亿元；不良贷款率为1.52%，较年初提高0.08个百分点，同比提高0.06个百分点。分行业看，钢贸、光伏、船舶等行业不良贷款急剧增加；分规模看，小微企业不良贷款率明显上升。

二是银行业机构流动性风险显现。受表内外业务快速扩张、上半年末存款"冲时点"、跨境资金流动等多重因素叠加影响，银行间货币市场2013年6月份出现了流动性紧张状况。当前，部分扬州市银行业机构贷款投放速度明显放缓；票据市场贴现利率一路走高，一年期贴现利率高达10%，创2010年以来新高，部分银行甚至暂停票据业务；理财产品收益率大幅上升，短期理财产品收益率基本上都超过5%，部分理财产品超过6%，部分非保本浮动类理财产品甚至高达7%；辖区内5家农商行全部加入银行间同业拆借市场，通过银行间市场购买企业债,部分为城市建设投资债,在风险管控上难以到位,也潜藏着一定的市场风险。

三是授信违规风险值得关注。中国人民银行扬州市中心支行专题调查显示,19.8%的样本企业存在将信贷资金用于资金拆借(委托贷款、信托贷款、民间借贷等)和金融投资现象(购买债券、股票、理财产品等)。86家样本企业资产中,委托贷款、理财产品余额比2013年初分别增加4.1亿元、6.1亿元,同比分别增长65.3%和58.0%,两项合计占企业金融资产的比重较年初和2012年同期分别提高6.1个、2.5个百分点。一旦相关投资产品违约,表外风险有可能延伸至银行信贷资产。

四是民间融资风险开始向金融体系蔓延。据某农商行反映,2013年1~5月,该行某支行新增42户小额自然人不良贷款,均存在变相交叉担保、多头融资、民间融资等问题,导致银行贷款全部不良。另据某小额贷款公司反映,其信贷员由于涉及民间借贷,给公司贷款质量造成了一定的风险隐患。

四 结论和政策建议

扬州市金融业在加快发展的同时对实体经济的支持力度不断加大。实证研究结果表明,2011年以来,扬州市社会融资规模不断扩大,社会融资结构不断优化,对各项经济指标缓中趋稳起到了明显支撑作用。与此同时,扬州经济发展的社会融资规模支持中,还存在直接融资占比偏低、融资期限总体偏短、行业投向有待优化以及金融风险加大等问题。针对存在的问题,笔者提出四点对策建议。

(一)积极进取,稳节奏做大社会融资规模

一是各银行业机构要继续认真贯彻稳健的货币政策,保持货币信贷平稳适度增长。围绕全市产业布局和重点任务,主动加强银企对接,认真梳理有效项目储备,提高储备项目的转化率;通过向上级行争取信贷规划、政策倾斜以及加大资金组织力度等多种方式,增强信贷投放能力;重视对到期存量贷款的集中配置工作,通过激活货币信贷存量支持实体经济发展。二是各银行业机构要

积极拓展各种表外融资业务。坚持表内外、行内外、境内外联动，加强同业、保险公司、信托公司、资产公司和境内外机构的合作，主动强化资产负债管理，更多地引入海外、域外和社会资金，拓宽实体经济融资渠道。在积极应对利率市场化、加快经营转型的同时，解决贷款规模和社会融资需求的矛盾。三是政府部门要大力推动直接融资和各类金融机构发展。推进企业股权融资和境内外上市工作；合理包装申报项目，扩大企业债发行额和数量；配合人民银行推进直接债务融资工作；加快产权交易、创业资本、金融中介市场等金融产业市场体系建设，加快引入和创设银行、证券、基金、信托、保险、担保、股权投资等各类金融组织，贯通金融服务链条，多渠道满足社会融资需求。

（二）适应形势，更深层次优化社会融资结构

一方面，要切实加强信贷结构调整。按照"有保有压、有扶有控"的原则，用好增量，盘活存量，加快资金周转速度，提高资金使用效率，更有力地支持实体经济结构调整和转型升级。各银行业机构要保证重点在建续建工程和项目的合理资金需求，继续支持重点园区、"五大千亿级产业集群"等先进制造业项目建设以及现代服务业；着力对企业技术改造、节能减排、科技创新等项目予以资金倾斜；对政府融资平台和房地产，要区别对待、辩证分析，对现金流充裕、关乎民生的重大基础设施、保障房建设、城镇化项目等，要提升服务能力；对光伏、造船等困难支柱产业，要达成共识、联手化解，谨防各银行机构同时抽贷、压贷；继续深化"三农"、小微企业以及民生消费领域的金融服务，提高其信贷可得性。另一方面，要有效优化社会融资结构。对表内信贷，要把稳健的货币政策坚持住、发挥好，保持信贷总量合理适度增长；对银行业机构表外业务，在风险可控的前提下要逐步规范发展；对直接融资，要努力提高其占比，大力发展推广企业债券发行，全方位推进股权融资和境内外上市工作，巩固推广短期融资券、中期票据、中小企业集合票据、政府融资平台资产证券化等，加大区域集优、企业定向债务融资等创新产品的推介力度。

（三）把握主动，更高水平提高资金吸纳能力

政府部门要统筹政策扶持体系，提高产业、企业、项目的资金吸纳能力。

一是完善产业政策和货币信贷政策的联动协调机制。科学合理的产业布局是充分吸纳社会资金的关键,在产业政策制定上,既要立足国际产业转移新趋势和国内产业政策新导向的现实要求,也要考虑地区要素禀赋和需求结构等因素。要大力发展"五大千亿级"先进制造业,提速发展战略新兴产业和现代服务业,特色发展现代农业,提高扬州市产业的资金吸纳能力。二是加强社会信用体系建设。推动金融业统一征信平台建设;拓展机构信用代码应用领域;继续推进中小企业和农村信用体系试验区建设;推动小额贷款公司、担保公司接入征信系统,继续推进担保机构信用评级工作;进一步推进金融生态县和信用乡镇创建工作,营造良好的金融生态环境。三是规范现有担保市场发展。促进担保机构主动与银行合作,规范经营,发挥信用担保功能,同时也要鼓励更多的民间资本进入担保行业,对规模较小的担保机构进行增资扩股,提高其融资担保能力,另外要创造条件成立市级再担保公司或设立中小企业再担保基金,共同分担担保机构风险。四是完善基层金融风险分摊制度。加大对中小企业贷款、"三农"贷款、科技创新贷款的风险损失补偿力度,充分调动银行业机构加大信贷支持的积极性。

(四)群策群力,更广领域防范各类金融风险

高度关注金融风险及其在不同金融机构、不同金融市场的分布,切实采取有效措施,深入排查各类风险隐患,及时锁定、防控和化解风险,严守不发生系统性、区域性风险的底线。一是防范授信违规风险。各银行机构要提升重点行业、领域和县域风险管控能力,科学制定授信政策,严控贷款资金流向国家重点调控领域以及民间借贷、股市、准金融等高风险领域,谨防企业资金"空转"倾向,妥善应对和处置授信风险。二是加强流动性风险管理。各银行业机构密切关注市场流动性形势,统筹兼顾流动性与营利性等经营目标,按照宏观审慎要求,合理安排资产负债总量和期限结构,谨慎控制表内外资产扩张偏快可能导致的流动性风险。三是高度关注光伏、船舶、钢贸、房地产等行业以及政府融资平台的信贷风险情况。政府部门要建立金融稳定处置专项基金,对"大而不能倒"的企业,要牵头组织相关部门,达成共识、联手化解;对产能严重过剩、不影响全局的企业,要逐步退出、妥善处置。四是关注不同金

融机构、不同金融市场风险的交叉传递。人民银行、市金融办、银监等部门要从全社会融资、整个金融体系的角度，建立健全系统性金融风险的监测预警体系，完善重大金融风险应急处置机制，切实维护金融市场和金融秩序稳定。

参考文献

陈涤非：《关于社会融资总量统计的几个问题》，《金融纵横》2011年第3期。

约翰·G. 格利、爱德华·S. 肖：《金融理论中的货币》，上海人民出版社，1994。

盛松成：《社会融资总量的内涵及实践意义》，《金融时报》2011年2月18日。

B.19
加速扬州经济转型升级的国税视角研究

扬州市国税局课题组[*]

摘　要：

　　加快转变经济发展方式，是关系发展全局的战略抉择。当前，扬州市经济正处在加速转型升级的关键阶段。本文以高新技术企业和"营改增"试点行业为重点，从国税视角对扬州市经济转型升级情况进行对比性的调研和分析，探求强化高新技术企业和现代服务业发展的"双核"驱动作用，为加速扬州经济转型升级提供思路和方法。

关键词：

　　经济　转型　国税　研究

　　税收是国家宏观调控的重要杠杆，税收政策对经济转型升级具有重要作用。近年来，国家相继实施了高新企业所得税优惠、"营改增"试点等重大结构性减税措施。本文从国税视角，联系扬州市经济发展和企业实际，对比周边，着力探究支持和促进高新企业、现代服务业发展转型，以进一步强化"双核"驱动作用，加速扬州经济转型升级。

一　扬州市高新企业和"营改增"试点行业成为经济转型升级的驱动"双核"

　　多年来，在市委市政府的正确领导下，扬州市高新企业充分享受国家税收

---

[*] 课题组负责人：殷天成。成员：陆毅、姚云鹏、汤海波、祝永庆（执笔）、尹玲声、陈燕、洪乐婷（执笔）、傅宗仁（执笔）。

优惠,傲立复杂多变的经济大潮,呈现户数、销售、税金等激增的加速发展态势,有力提升了扬州市工业经济的科技含量和发展层次。

现以国税管理范围为重点,对高新企业的相关指标进行调研和分析。

近三年全市高新企业共享受专项税收优惠7.3亿元(见表1)。独具无偿性、更具直接性的减免税优惠,为撬动"高新经济板块"提供了有力的支撑。

表1 近三年高新技术企业享受税收优惠一览表

单位:万元

年份	研发费用加计扣除减税	适用15%税率减税	累 计
2010	3665.77	16215.27	19881.04
2011	5348.28	16441.82	21790.1
2012	5605.44	16941.59	22547.03
合 计	14619.49	49598.68	64218.17

高新企业享受专项优惠从2010年的1.99亿元增加到2012年的2.25亿元(见图1)。其中,研发费用加计扣除年均递增23.67%,成为高新企业迎战各类冲击、实现加速发展的重要推力。

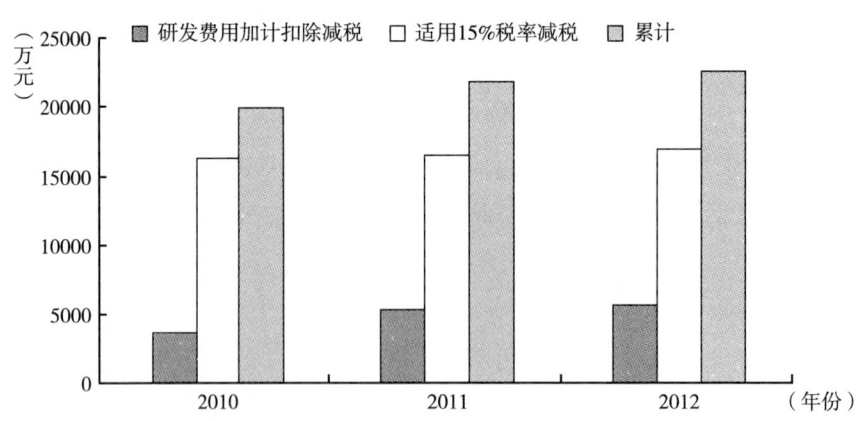

图1 近三年高新技术企业享受各类税收减免

近三年全市高新企业数量翻番,销售和税金激增(见表2)。

高新企业从2010年的94户,增加到2012年的207户,新增113户,增长1.2倍,年均新增近60户(见图2)。

表 2　近三年全市高新企业数量与实现销售一览表

单位：户，亿元

年份	高新企业数量	实现销售	上缴国税
2010	94	302.10	10.08
2011	141	506.14	14.96
2012	207	463.29	11.92

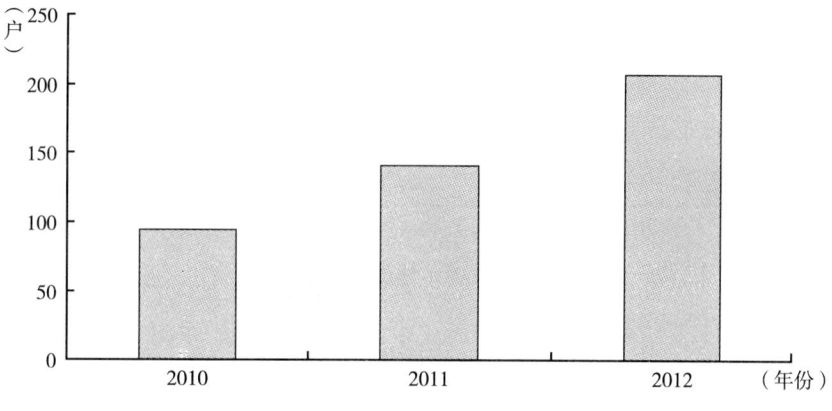

图 2　近三年高新技术企业数量

尽管受国际金融危机等多重叠加因素影响，扬州市高新企业仍展现了勃勃生机，实现销售额从 2010 年的 302.10 亿元，增加到 2012 年的 463.29 亿元，年均递增 23.84%，高于全市工业平均增幅 13.37 个百分点，成为全市工业经济发展名副其实的领头羊（见图 3）。

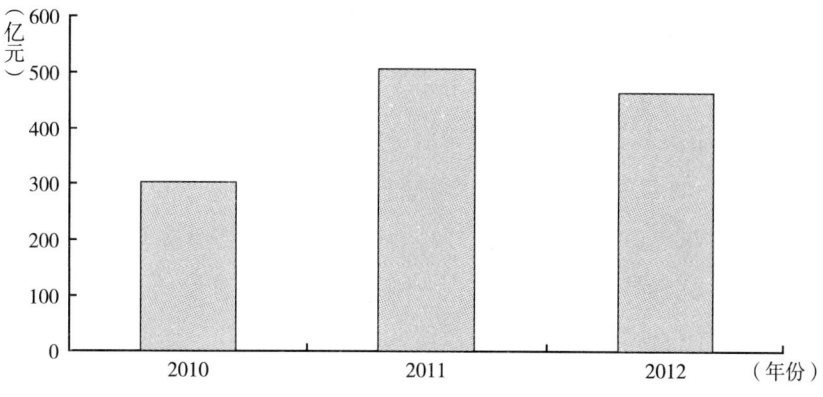

图 3　近三年高新技术企业销售额

高新企业上缴国税从 2010 年的 10.08 亿元，增加到 2012 年的 11.92 亿元，年均递增 8.74%（见图 4）。

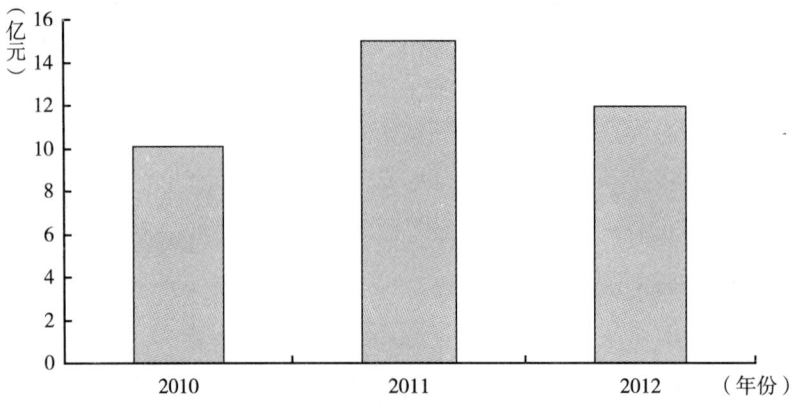

图 4　近三年高新技术企业上缴国税

近三年高新企业占全市工业经济的份额明显跃升。

高新企业占工业经济的份额已从 2010 年的 10.56% 提升到 2012 年的 14.00%，增加了 3.44 个百分点（见表 3）。

表 3　近三年全市高新企业销售和税金份额一览表

单位：%

年份	占工业经济份额
2010	10.56
2011	14.87
2012	14.00

自 2012 年 10 月份以来，扬州市 8 大服务行业 6000 多户企业踏乘"营改增"试点东风节节高长，已成为提升服务业发展层次和质效的主要动力。

"营改增"试点企业总体税负大幅下降，下游企业减税更多，总体累计减税 3.17 亿元，试点改革红利全面释放，有力推动扬州市服务业发展。

从表 4 可见，除广播影视服务行业刚从 2013 年 8 月份纳入"营改增"范围外，其他 7 个行业均分享了"营改增"试点减税效应，其中物流辅助服务、文化创意服务等行业减税幅度更为突出。

此外，由于增值税的抵扣作用，扬州市下游产业还间接减税 21377.39 万元。

表4 "营改增"试点减税一览表

单位：万元

行 业	减免税额	行 业	减免税额
交通运输业	421.28	鉴证咨询服务	1383.76
研发和技术服务	2025.57	有形动产租赁服务	53.79
信息技术服务	541.11	广播影视服务	—
文化创意服务	2082.31	总 计	10304.80
物流辅助服务	3796.98		

"营改增"试点行业户源激增，不到一年累计新增2000多户，成为投资兴业的热点。

全市八大行业共新增了2578户，其中，文化创意产业新增了651户（见表5、图5）。

表5 2012年10月份与2013年9月份"营改增"试点行业户数比较

单位：户

行 业	2012年10月份	2013年9月份
交通运输业	1232	1575
研发和技术服务	379	719
信息技术服务	369	552
文化创意服务	633	1284
物流辅助服务	283	482
鉴证咨询服务	735	1309
有形动产租赁服务	343	562
广播影视服务	0	69
总 计	3974	6552

"营改增"试点行业销售额逐月攀高，不到一年增长1.3倍，数倍于其他第三产业增幅，成为服务业发展名副其实的领头羊。

从表6可见，全市八大行业营业额从2012年10月份的5.65亿元增加到2013年9月份的8.93亿元，新增3.28亿元。其中，交通运输业、物流辅助业等行业数倍增长（见图6）。

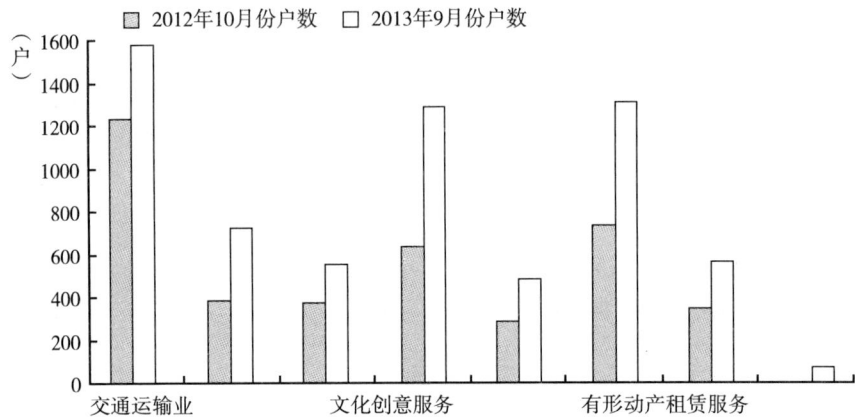

图5 2012年10月与2013年9月"营改增"试点行业户数对比图

表6 2012年10月份与2013年9月"营改增"试点行业销售比较

单位：万元

行　　业	2012年10月份销售额	2013年9月份销售额
交通运输业	4522.18	45607.813
研发和技术服务	27341.16	12864.633
信息技术服务	6867.32	1833.2633
文化创意服务	10183.2	9874.2667
物流辅助服务	1929.24	11914.837
鉴证咨询服务	4204.32	3368.36
有形动产租赁服务	1412.11	1171.97
广播影视服务	—	2704.4233
总　　计	56459.53	89339.566

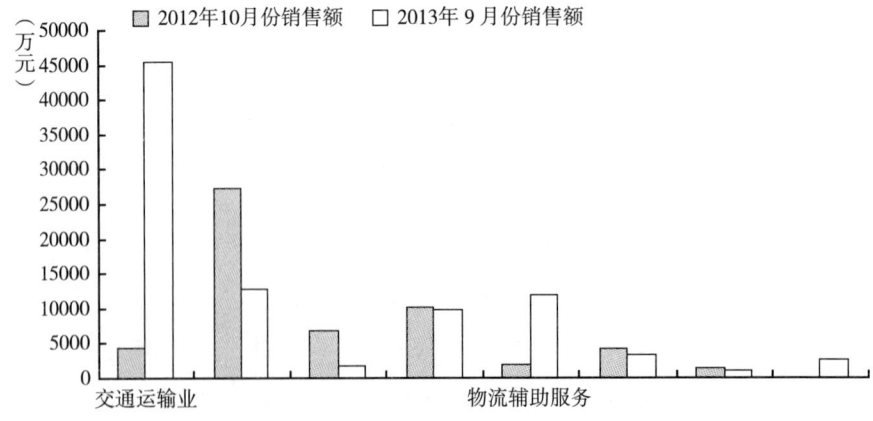

图6 2012年10月份与2013年9月份"营改增"试点行业实现销售对比图

二 区域经济竞争对扬州市高新企业和"营改增"试点行业的发展形成倒逼机制

(一)扬州市高新企业发展与南通、泰州、镇江比较

本文以国税管理范围为重点,就扬州、南通、泰州、镇江四地高新企业的户数、销售额、税收,进行多角度的对比分析。

(1)高新企业户数。扬州市虽比镇江多15户、比泰州多92户,但仍比南通少35户(见表7、图7)。

表7 2013年1~9月四地高新企业户数、实现销售额和税金一览表

单位:户,万元

地区	户数	实现销售额	税金
扬州	207	2132836.67	77348.32
南通	242	4151554.7	167863.26
泰州	115	1637283.38	76640.08
镇江	192	2795253.04	109423.18

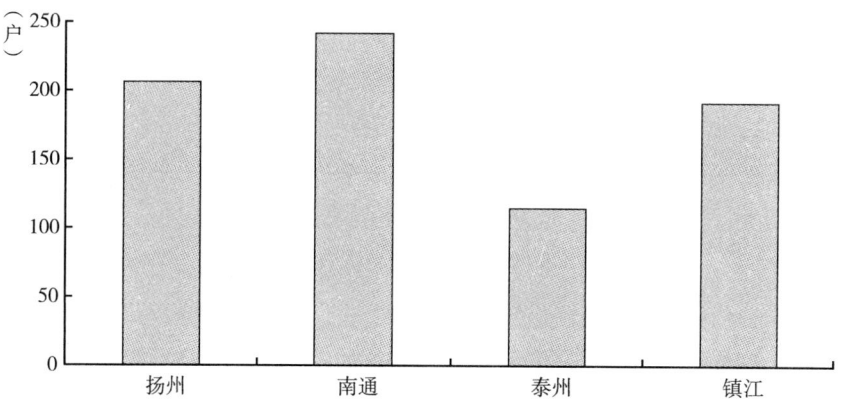

图7 四地高新技术企业数量比较

（2）高新企业销售额。扬州市虽比泰州多49.56亿元，但仍比镇江少66.24亿元，比南通少201.87亿元（见图8）。

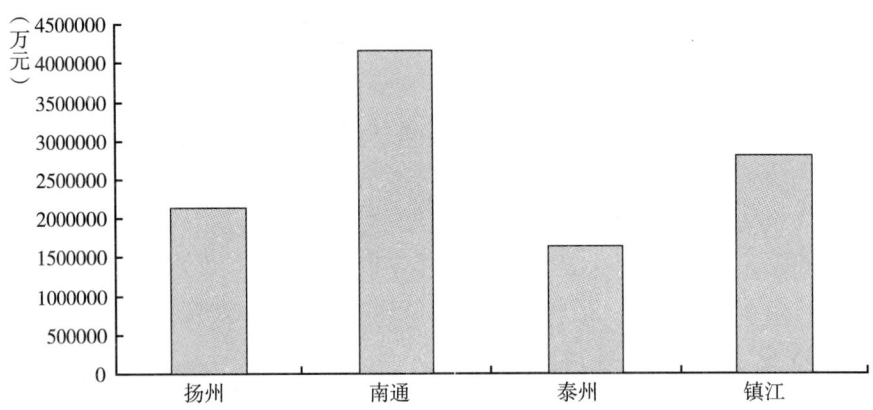

图8 四地高新技术企业实现销售额比较

（3）高新企业税收贡献。扬州市虽比泰州多708.24万元，但仍比镇江少3.21亿元，比南通少9.05亿元（见图9）。

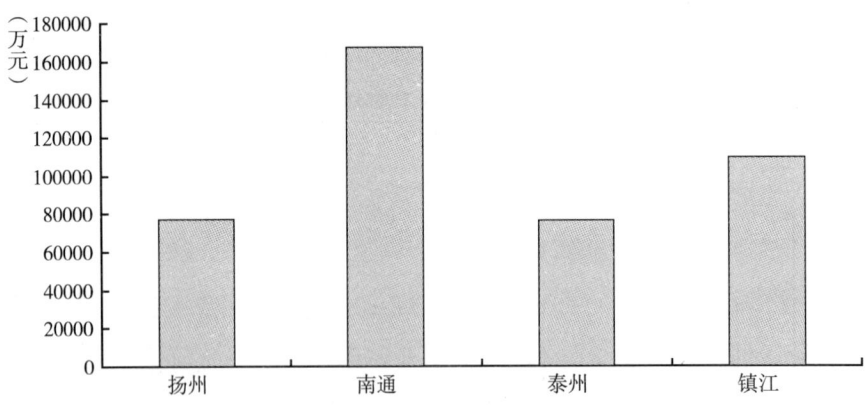

图9 四地高新技术企业实现税金比较

（二）扬州市八大服务业发展与南通、泰州、镇江比较

与南通、泰州和镇江相比，扬州八大行业户数分别少7027户、870户和320户（见表8、图10）。

表8　2013年1～9月四地八大服务业户数、实现税金一览表

单位：户，万元

地区	户数	实现税金	地区	户数	实现税金
扬州	6552	28159.48	泰州	7422	40778.66
南通	13579	54070.83	镇江	6872	32440.58

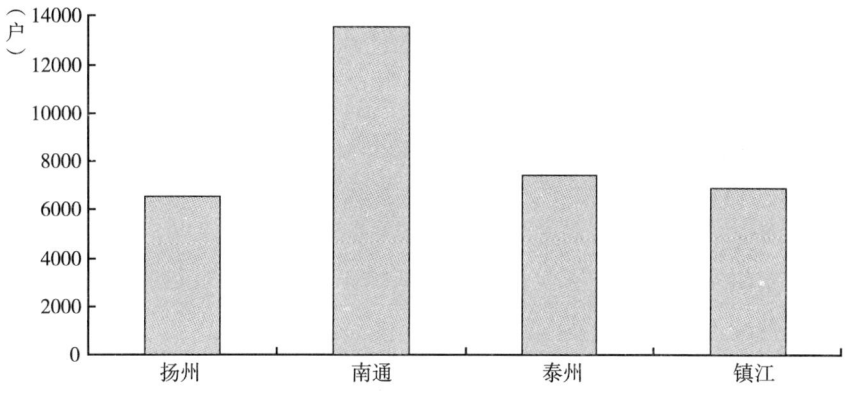

图10　四地八大服务业户数比较

与南通、泰州和镇江相比，实现税金分别少2.59亿元、1.26亿元和0.43亿元（见图11）。

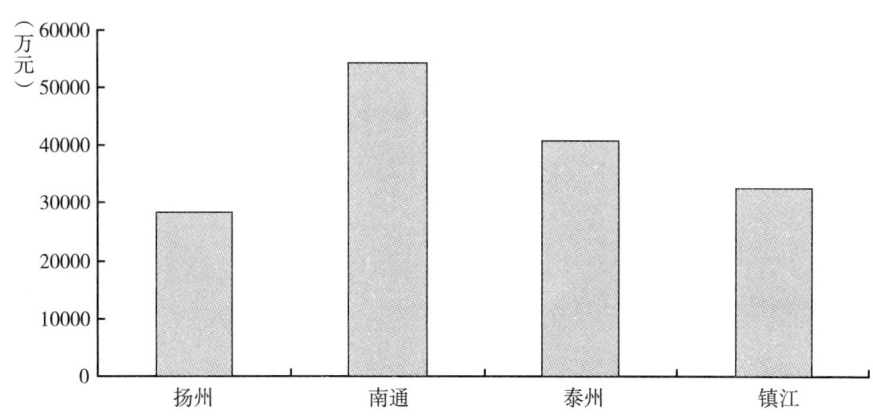

图11　四地八大服务业实现税金比较

三 复杂多变的经济形势，高新企业和"营改增"试点行业面临压力更大

（一）制约高新企业发展的主要因素

根据对扬州大洋造船有限公司、江苏远洋东泽电缆股份有限公司等10多户高新技术龙头骨干企业的座谈调研，目前，制约企业发展的因素既有宏观层面的，也有微观层面的。

1. 宏观层面——资金是最大瓶颈

（1）相比其他企业，高新技术企业的资金需求更突出。

①技术研发需要大量资金投入。高新技术企业为谋求自身发展和技术优势，必须持续不断地进行技术研发活动。技术研发的过程，一是周期长，二是投入大，往往动辄几十万、上百万甚至数千万元。

②产品推广还需要大笔资金投入。新产品、新技术要走向市场，实现产业化，不仅需要大量的固定资产投入，常常还要伴随大量的营销、广告等无形投入。资金需求有时数倍于其他传统产业。不乏有的企业虽然产品研发成功，但往往缺乏资金，而使产业化"难产"。

（2）资金和资本市场的调控加剧了高新技术企业的"资金恐慌"。

①中小企业创业板上市暂停"开闸放水"，加剧了"资金荒"。有的企业虽然经过包装通过了股改、审查，但已有近两年时间在证监会"排队"，苦等期间很难熬，一定程度上滞延了企业发展战略的实施，有的甚至造成了短期的资金困境。

②银行业的经营性行为，加之2013年来的信贷调控，加剧了"资金荒"。银行是营利性行业，在信贷扶持上往往是"锦上添花"，少有"雪中送炭"。而高新技术企业常常有较长周期的技术研发和产品推广阶段，在此阶段往往效益不佳，前期几十万、几百万甚至上千万元的技术研发投入，按财务规定又不能计入无形资产，更不能计入有形资产，无法实施抵押贷款，常常"求贷无门"。2013年以来，国家实施信贷调控，银行业为"自保"，对有的企业直接

"断贷",使企业面临一定的"资金荒"。

2. 微观层面分析——技术和人才是主要障碍

(1) 高新人才不足。多年来,市委市政府虽然实施了人才发展战略,加大了对高新技术人才的培养培育力度,但与经济发展需求相比,仍有不足,特别是本地院校在通信、工程、自动化等专业领域自产"博士"和"博士后"的人才较少。

(2) 高新人才留不住。一是与上海、苏南等地区相比,扬州高新人才的工薪待遇缺乏竞争力;二是个别企业反映,企业引进的外地人才,子女在本地入学较难,特别是上知名的小学、初中更难。

(二)制约服务业发展的主要因素

根据对江苏省扬州汽车运输集团公司、中石油工程地球有限公司江苏分公司等"营改增"试点服务业龙头骨干企业的调研分析,制约扬州市服务业发展的主要因素如下。

1. 宏观层面——基础薄弱的外部环境

(1) 基础设施投入不足。由于历史原因,扬州市社会资源投入偏向于第一、二产业,服务业基础设施投入不足,民间投资和外资进入速度较慢,造成扬州市的服务业整体规模偏小、竞争力较弱,特别是研发技术服务、文化创意和信息技术服务行业发展滞后。

(2) 有效扶持不够。"营改增"试点虽然从总体上大幅降低了企业税负,但由于个别行业特点和企业实际,仍有个别行业、个别企业在短期内增加了一定的税收负担。据了解,上海市已按照"企业据实申请、财政分类扶持、资金及时预拨"的方式,对"营改增"税负增加企业实施过渡性财政扶持政策。目前,扬州市在这方面还缺乏相关的政策扶持,如财政补贴和信贷支持等。

(3) 信息共享不畅。在市级层面,缺少促进现代服务业发展的强有力的工作机制和信息共享平台。

2. 微观层面——内部要素支撑乏力

(1) 管理运营低效。企业自身发展方面也存在一些不足之处,包括发展壮大意识不强、运营管理和内部控制能力不高、缺少促进产业融合与细化社会

分工理念等等。特别是"营改增"后,对试点企业的财务核算、票据管理、材料采购、经营管理等提出了更高要求。

(2)专业人才匮乏。专业人才匮乏是服务业发展动力不足、创造乏力的重要因素。目前,在扬州市的服务业领域,既懂国际业务标准又懂经营管理、财务核算、金融审计等方面的高级人才捉襟见肘,而具有国际服务和认可标准资格的服务人才更是凤毛麟角。

四 集聚支持高新企业和"营改增"试点行业发展的多方力量

(一)强化财政、金融、税收组合,聚焦支持高新企业加速发展,提高经济发展科技支撑水平,助推经济结构性战略性调整

国家的减免税政策高度统一。只有与各地的财政、金融等工具有效组合,才能发挥裂变效应,事半功倍。

1. 全力发展壮大高新产业集群——深度推进高新园区建设,加大高新企业的招引力度

针对扬州市现有高新企业户数不多、体量不大且较为分散的实际,建议在现有各类经济技术开发区和各级招商引资工作的基础上,进一步突出重点、狠抓专项,大力发展壮大高新产业集群。一是积极向上争取,再建设1~2个国家级的高新园区;二是筛选招商引资项目,强化对高新企业的招引力度,把真正的高新企业"装进高新园区的篮子",加大高新产业的集聚度。

2. 全力提升高新企业核心竞争力——加大高新企业科技研发、人才引进的专项扶持孵化力度

技术和人才,是高新企业发展的核心竞争力。针对扬州的实际,认真研究现有高新企业在科技研发、人才引进等方面的需求,在已有财政支撑的基础上,建议:一是对企业实施重大科技项目给予财政补助、财政贴息;二是对在科技创新上有突出贡献的专家、技术人员给予人才奖励资金;三是对在科技创

新、产业发展作出贡献的企业，以奖励的形式返还资金，鼓励企业不断投入资金进行研发。

3. 全力为高新企业输造"血液"——不断拓展高新企业投融资平台渠道

金融资金是高新企业的血液。针对当前国家资本市场"关闸"、金融信贷收紧的实际，进一步拓展思路，充分发挥地方各类金融机构和融资平台的作用，试行推进现代金融改革，建议：一是研究借鉴其他地区金融部门扶持高新技术企业的信贷措施，如华夏银行深圳支行推出高新企业信用贷款，主要经营业务满一定年限、销售收入达到一定水平，就可以获得200万元的信用贷款；二是研究适当对高新技术企业贷款降低门槛；三是研究针对高新技术企业推出信贷新产品。

4. 全力为高新产业发展"清障""探雷"——深化对高新企业的宣传和辅导

一是进一步探索深化科技、财政、税务等部门的协作，联合开展高新技术企业认定或复审等政策辅导，提高办事效率；二是对一些意向申报高新技术的企业，试行提前进行培训、培育和培植，避免企业走政策"弯路"；三是深入调查研究，及时了解高新技术企业的需求并予以解决。

（二）强化统筹规划、资源整合和政策扶持，促进现代服务业加速发展，提高服务业的集聚水平，助推三次产业转型升级

1. 突出现代服务业发展大战略——进一步强化统筹规划和协调配合

一是进一步统筹扬州市服务业发展规划，优化和完善法规制度与政策措施构成的软环境。二是引导服务企业在自愿的基础上建立行业协会，充分发挥行业协会在促进服务业发展中的积极作用。三是强化服务企业之间的沟通协调，建设全市服务业信息网络共享平台。

2. 突出现代服务业的大集聚——进一步强化资源整合和要素配置

一是进一步加强调研，依托重大项目建设，大力推进现代服务业，拓展服务辐射空间。二是充分利用扬州市的陆路、水路交通发达区域优势，整合资源做大做强交通运输及物流辅助业。三是聚焦"扬州特色"，通过区位要素集聚，形成旅游餐饮、金融商贸、技术研发等具有竞争力的产业集群。

3. 突出现代服务业的大服务——进一步强化政策扶持和微观指导

一是通过深化改革，推动企业主辅分离，促进内部服务活动的外部化和服务交易的市场化。二是通过体制创新，进一步加大科技成果转化力度，努力造就一批高层次、高技能、熟悉现代经营管理的服务业专门人才。三是通过财政补贴，对试点过程中税负确有增加的交通运输业试点企业实行超税负财政补助。

B.20
推进农业适度规模经营的税收政策选择

扬州市国际税收研究会课题组[*]

摘　要：

　　培育现代农业经营主体是构建新型农业经营体系的根本。本文根据对江都区农村改革试验的实地调研，并结合其他地区情况，从促进农业经营主体培育角度就现行税收政策存在的主要问题进行了分析。在此基础上，基于农业现代化发展视角，本文提出了支持农村改革试验的税收政策建议和相关配套改革建议。

关键词：

　　农业经营主体　规模经营　税收政策

　　党的十八大报告强调，要"构建集约化、专业化、组织化、社会化相结合的新型农业经营体系"，2013年中央又通过"一号文件"对构建新型农业经营体系作出了系统部署。这是中央适应新形势，为进一步增强农业农村经济发展活力而作出的重大决策。构建新型农业经营体系，实现规模化经营和农业现代化，必须培育现代农业经营主体。培育现代农业经营主体是农业现代化的首要任务，是构建新型农业经营体系的根本，是"四化同步"发展、农产品价值链升级、建立完善新型农业社会化服务体系的必然选择。

　　培育现代农业经营主体涉及很多层面的问题，需要多方面政策的大力支持，税收政策的支持是其中非常重要的一个环节。一方面，农业生产过程中各要素的投入产出交易以及收益实现等都涉及税收问题；另一方面，税收具有资源配置、产业结构调整和收入分配等功能，对于引导和推动农业的发展，有着

---

[*] 课题组负责人：尹家朋。成员：储怀明、赵庆文（执笔）、叶桦、梁爱华。

重要的促进作用。加强税收政策的支持力度，有利于放大和保障规模化收益，引导更多生产要素投入农业的规模化经营，有效壮大各类现代农业经营主体的实力，促进其快速发展。本课题组选择了江苏省农村改革试验区——扬州市江都区，就"培育现代农业经营主体，推进农业适度规模经营"的改革试验，进行了实地调研。在此基础上，基于理论与实践的比照透析原则，对"培育现代农业经营主体、推进农业适度规模经营的税收政策选择"课题作了有益的探讨。

一 扬州市江都区现代农业经营主体培育与农业适度规模经营推进情况

（一）改革试验的推进概况

江都区农业发展基础一直较好，农业规模化经营在20世纪90年代已有了一定发展。近些年来，特别是被列为中央农办农村改革联系点、省农村改革试验区以来，江都区进一步深化农村改革，创新制度机制，有力推进了现代农业经营主体的培育和农业适度规模经营的发展，全区的农业基本现代化水平也不断跃升。2011年在全省参加监测的67个县（市、区）中位列第五，较2010年上升17位，在扬州各县（市、区）中排名第一。

1. 土地流转交易机制优化，促进了土地规模流转

近些年，江都区不断夯实规模经营基础，围绕优化土地流转交易机制，做了大量基础工作，有力保障了农村土地依法、规范、有序流转，土地流转开始呈现规模化。目前，江都区的13个镇全部实现了农户基础信息电子化管理，全面建立了土地流转交易服务中心，其中有7个镇的流转服务中心被扬州市评为"六有"示范中心（"六有"即有专职人员、有交易场所、有服务设施、有规章制度、有档案资料和有明显成效）。全区土地流转交易竞标和土地流转金"实物计价"的覆盖面均达到85%以上。通过发展整村式、整镇式（如宜陵镇）规模经营，推进土地规模流转，为各类发展主体提供规模化土地。以郭村镇前巷村、丁沟镇黄花村等为典型的整村式规模经营已达115个村。

另外,还建立了农村土地预流转机制,实行土地储备托管,现已储备托管面积达 3000 余亩,有效解决了农民土地待流转与流转收益待实现的衔接问题。

2. 新型农业经营主体不断壮大,引领和带动了规模经营发展

江都区一直把经营主体培育作为推进规模经营的关键要素来抓,有力带动了规模经营发展。目前,全区"三大合作组织"(农村土地股份合作、农民专业合作、社区股份合作)已发展到 900 余家,入社农户达 86%。以农资、耕作、植保、收割为主的"四统一"服务合作社有 74 家,并开始向质的提升转变。2012 年有 53 个合作社被评为省市"五好"合作社。同时,种养大户、家庭农场、龙头企业等经营主体也不断涌现。全区现有占地 50 亩以上的种粮大户 769 户,经营面积 57951 亩(其中占地百亩以上的种粮大户 124 户,面积 16759.4 亩);家庭农场不断增多,2013 年即新增 136 家,有 16 家领取了工商执照;共有农业龙头企业近 60 家,其中省市级龙头企业 24 家,实现销售收入近 50 亿元。

在新型农业经营主体的带动下,全区农业适度规模经营面积已突破 80 万亩,占耕地面积的 78%,其中土地集中型 10.5 万亩、股份合作型 35 万亩、统一服务型 34.9 万亩。

3. 规模化经营的特色和优势明显,有力推动了农业发展

新型农业经营主体大量涌现,由于其以市场为导向,从事专业化生产、集约化经营和社会化服务,能够优化集成利用各类先进生产要素,因而规模化经营的特色和优势明显,有力推动了农业发展。2012 年江都区生产方式工业化的高效设施农(渔)业总面积达 23.84 万亩,其中设施农业总面积达 21.22 万亩,占耕地总面积的 20.4%,设施渔业总面积达 2.62 万亩,占水面积的 9.4%。创成省级农业园区 1 个、特色产业示范基地 1 个、现代农业示范村 3 个。全区建设百亩以上高效农业园区 104 个,总面积达 21.6 万亩。2012 年江都区农业经济总量继续扩大,实现农林牧渔总产值 81.42 亿元,按可比价增长 4.8%,其中农业增长 4.4%,林业增长 10.3%,牧业增长 6.4%,渔业增长 4.1%,农林牧渔服务业增长 6.0%。

(二)存在的主要问题

江都区通过多年努力在农业现代化建设中取得了很大成绩,但与省内其他先进地区相比还存在一些不足,这从江都区在江苏省制定的农业基本现代化具体指标的得分中也有明显反映(见表1)。

表1 江都区农业基本现代化六大类指标得分

六大类指标	满分(分)	2011年得分(分)	实现程度(%)
1. 农业产出效益	24	17.98	74.92
2. 农业科技进步	17	12.17	71.59
3. 农业产业经营	17	13.21	77.71
4. 农业设施装备	14	12.30	87.86
5. 农业生态环境	14	13.34	95.29
6. 农业支持保障	14	9.48	67.71
总得分	100	78.48	78.54

(1)农业科技创新能力不强,农村劳动力素质亟待提高。2011年,全区农业科技进步贡献率为55.41%,低于全省61.21%的平均水平,也远低于扬州市86.3%的平均水平。2011年,全区持证农民大约1万人,农村持专业证书农业劳动力占农业劳动力的比重仅为10.13%,远低于扬州市27.6%的平均水平,离省定35%的目标则存在更大差距。

(2)农业支持保障力度有待加强,高效农业保险覆盖面亟待提高。与省内大多数地区相比,地方财政对农业的总投入增长较慢,农业支持保障力度不够,没有形成健全的财政支农稳定增长机制。农业保险工作虽然近年来发展很快,但高效农业保险比重不高。2011年,全区农业保险保费收入4122.79万元,其中高效农业保险264.77万元,高效农业保险覆盖面仅为8.3%,比全省平均水平18.2%低了很多。

(3)农民增收的制约因素较多,农民收入增长压力大。2011年,全区农民人均纯收入11988元,虽然高于全省平均水平(10805元),但刚完成省定收入目标(23000元)的一半,与苏南地区相比有明显的差距。从经济环境和市场因素看,农民增收具有一定的脆弱性和波动性,收入来源比较单一,缺乏新的增长点,按照省定收入目标,促进农民收入全面增长难度很大,倍增任务繁重而艰巨。

二 现代农业经营主体培育过程中现行税收支持政策存在的主要问题

近些年来,国家不断出台税收优惠政策以配合其他政策措施,共同促进农业和农村经济发展。应当说,税收优惠政策为解决"三农"问题创造了宽松的税收环境,减轻了农业和农民负担,壮大了新型农业经营主体的实力,对推动农业农村经济发展起到了积极作用。但是从税收政策作用的实际效果和农村改革试验实践来看,现行税收政策还存在很多不足,需要加以调整和完善。以下主要根据我们对江都区的调研以及其他地区的改革试验情况,从总体上对现代农业经营主体培育过程中现行税收政策存在的主要问题进行分析。

(一)农业经营主体的隐性税负分析

税收负担直接影响农业经营主体的收入,虽然现行税收政策在诸多税种上对涉农经济活动给予了免税或轻税优惠,但现行税收政策涉及的仅仅是显性负担,忽视了农业经营主体承担的隐性税负及其对农业经营主体收益的影响。农业经营主体承担的隐性税负涉及多个方面,主要是农业生产过程中的中间消耗所含隐性税负。农业初级产品虽然免征增值税,但其生产过程中发生的中间消耗涉及多种税收,其税负是由农业经营主体实际承担的,主要涉及增值税、消费税、营业税、城建税及教育费附加等。考虑涉及多个税种以及部分农资虽然免税,但仍含有不得抵扣的进项税金,我们认为统一按13%税率估算中间消耗的税负较为合理。农业经营主体实际负担的中间消耗所含税额,其分配意义通过农业增加值税负指标可以清晰地反映出来。根据下面两个公式,我们运用统计年鉴公布的数据计算了江苏省、扬州市和江都区农业经营主体近三年在农业产业方面的隐性税负,详见表2、表3、表4。公式如下:

中间消耗所含税负总额 = 中间消耗 × 13%

农业增加值税负 = 中间消耗所含税负总额/农业增加值

表2 江苏省农林牧渔业中间消耗与隐性税负

单位：亿元，%

年份	农业总产值	增加值	中间消耗	中间消耗税负总额	增加值税负
2010	4297.14	2540.11	1757.03	228.41	8.99
2011	5237.45	3064.80	2172.65	282.44	9.22
2012	5810.37	3418.32	2392.05	310.97	9.10

表3 扬州市农林牧渔业中间消耗与隐性税负

单位：亿元，%

年份	农业总产值	增加值	中间消耗	中间消耗税负总额	增加值税负
2010	285.89	159.87	126.02	16.38	10.25
2011	330.31	184.54	145.77	18.95	10.27
2012	369.08	203.86	165.22	21.48	10.54

表4 扬州市江都区农林牧渔业中间消耗与隐性税负

单位：亿元，%

年份	农业总产值	增加值	中间消耗	中间消耗税负总额	增加值税负
2010	63.80	36.28	27.52	3.58	9.87
2011	74.18	43.02	31.16	4.05	9.42
2012	81.42	46.25	35.17	4.57	9.89

从三个表中的增加值税负可以看出，农业经营主体近三年在农业产业方面的隐性税负相当大，并且没有任何减轻的迹象。隐性税负无疑对农业经营主体的收益有很大影响，税收政策出台前应充分考虑隐性税负对农业生产方面的影响。

（二）税收政策统一性差，影响政策效率和农业经营主体的行为预期

我国税收立法水平不高，税收政策统一性差，在涉农问题上体现得尤为明显。一方面，涉农税收法律法规及优惠政策出自多个立法层次，其体系性较差，不利于准确全面把握和实际操作；另一方面，税收立法权高度集中在中央，这种不合理的划分导致中央无法针对不同地区农村改革试验的具体情况及时出台或调整具体的税收政策措施，而地方层级政府出台的政策措施又存在合

法性不足,并且往往出现不同层级政策之间存在矛盾冲突的局面,这对农村改革试验形成了明显制约。目前较为突出的问题是,按法条规定没有多少税收立法权的地方政府出于种种原因,行使着一定的、事实上的税收立法权,而且地方政府实际行使的税收立法权,在不同地区有很大差异,我国税法和税收政策的统一性已经受到了很大影响。有差异的税收政策,必然大大影响实际执行效果,更会对改革试验区各类农业经营主体的行为预期产生很多不利影响,不利于改革的深入快速推进。

(三)对农业经营主体的实际支持力度不大,导向作用不强

我国税收优惠政策长期以来主要针对城市经济主体,支持城市的发展建设,而对农业和农村经营主体的扶持力度相对薄弱。实行农业农村综合改革以来,虽然出台了很多税收优惠政策,但由于优惠政策主要集中于农业生产环节,而农业产业化链条中的其他环节优惠较少,致使农业经营主体实际享受到的税收优惠很少。对于单纯从事农业生产的经营主体来讲,在生产环节的税收优惠没有真正完全享受,这是因为单纯从事农业生产的经营主体一般来说其自身市场谈判能力较弱。这种条件下,针对生产者的税收优惠会通过市场定价机制发生一定的转移。从税收种类来看,我国支农税收优惠政策主要集中于流转税,而流转税优惠政策的受益主体由于产品市场结构和供求弹性的作用实际是不确定的,因此,我国以间接税(流转税)为主体的税制结构,决定了以流转税优惠政策为主的支农政策不足以保证农业经营主体能够真正受益。另外,针对农业发展的所得税优惠政策,主要采取的是税额式和税率式等直接优惠,而投资抵免、加速折旧、延期纳税等间接优惠方式比较少,这势必影响税收的导向作用,对引导农业经营主体的规模化生产和农业产业化发展缺乏足够的力度。

(四)部分税收优惠政策存在明显的歧视,有失公平

目前许多税收优惠政策存在不公平问题,主要表现在以下方面。一是有些优惠政策存在城乡差异,农民和农村难以享受。比如劳动就业服务企业减免税政策、再就业税收优惠政策、军队退役干部就业税收政策等等,只局限于城市失业或就业人员,而农村人员不能享受。在税收政策上没有体现出农村与城

市、农业与工业、进城务工人员和城市务工人员之间的平等。二是部分优惠政策存在经营实体所有制身份歧视。例如,对农业产业化龙头企业的所得税优惠政策只针对重点龙头企业;国有农业企业从事种植、养殖和农林产品初加工能够享受所得税免征优惠,而其他农业企业则不能享受。

(五)针对农民专业合作社的税收存在多方面问题,影响专业合作社的正常发展

为促进农民专业合作社的发展,虽然出台了相应的税收政策,但仍然存在不少问题。一是不同地区对专业合作社的税收,在执行方面存在明显差异,不同地区专业合作社的税负轻重不一,还有些企业利用合作社的减免税政策搞偷漏税。二是部分专业合作社的经济行为性质因难以认定而带来征税难题。例如,一些合作社实际扮演的是销售农资和收购农产品的中间商角色,与小企业、个体户、经纪人没有本质区别,对其是否应当征税意见不一。三是税务设计存在问题,很多地方在税务设计上没有农民专业合作社代码,致使合作社与其他经营主体的交易存在障碍,不得不使用企业税票与其他经营主体进行交易,从而使缴税成为必然。

三 基于农业现代化发展视角支持农村改革试验的税收政策建议

农村改革试验是一项系统工程,税收政策要有效发挥其支持和促进作用。一方面,必须立足于农村改革试验实践的实际情况,选择好着力点;另一方面,必须立足于农业现代化的宽广视角,依据农业现代化发展的基本机理,借鉴他国经验,着眼长远,确立多功能高弹性的政策结构。基于这一认识,我们从当前与长远相结合的角度,提出以下对策。

(一)赋予地方一定税权,强化税收杠杆作用,以引导资源向农业产业的集聚

是否赋予地方税权,一直存在很多争论。我们认为,在地方政府已经拥有一定的事实税权的现实情况下,可以进行适度的试验和突破。目前进行的农村改革试验就是一个很好的契机。由于不同地区农村经济社会发展条件差异很大,在既定的财税制度框架下,赋予省级政府一定的税权,势必有利于地方政府制定针对性更强、杠杆作用更大的政策,以促进农业和农村发展。进行赋权试验,可以地方税为重点,赋予省级政府对地方税种的适当税收立法权和管理权,允许省级人大有更多开征、停征、税目、税率和减免税等管理权限。

(二)采取"以进定退"政策,切实减轻农业经营主体的隐性税负,提高其经营收益

在税收政策制定中,必须全面了解和掌握不同税种税负转嫁与归宿的可能情况,只有这样才有可能制定出针对性强、切实有效的政策措施,以促进政策目标的实现。从现行政策来看,这方面显然有不少欠缺,如未能全面把握农业经营主体税负的实际情况,尤其是忽视了隐性税负对农业经营主体收入的影响。我们建议首先针对目前农业经营主体在农业投入环节承担的隐性税负进行政策调整,具体可采取"以进定退"政策。即对农业经营主体购入各类农业生产资料,依据其所持有的普通发票或其他合法凭证,经税务机关审核通过后,根据凭证上注明的购进金额和一定的退税率,计算退税,退税率定为13%较为适宜,具体退税办法,可比照外贸企业出口退税办法执行。进一步讲,"以进定退"政策应作为"农业直补"财政政策的替代,从而避免税收优惠被中间环节所侵蚀,形成向农业经营主体提供税收优惠的长效机制。另外,还可施加一定的限制条件,使该政策具有一定的引导功能。比如,对"以进定退"政策的实施对象,可作经营主体和经营规模方面的适当限制,通过限制条件的规定,促进新型经营主体的培育,引导其从事规模化经营。

(三)强化土地税收征管的基础工作,利用税收杠杆促进农地规模经营

土地是农业农村发展的核心要素,土地制度是农村的基本制度,其安排和利用方式是决定农业经营方式以及农村社会进步的基本要件;同时,它又是农村土地税收制度调整的关键。我国土地税收制度涉及土地产权制度、土地管理

制度、地方财政收支制度等一系列问题，土地税收领域一直存在诸如税费混杂、税种设计不合理、重复征税严重、征管难度大等问题。从近期来看，我们建议，在宏观层次的制度改革未出台之前，农村改革试验中应把既定税收优惠政策的宣传与执行作为重点，对于以农业用途为目的的土地流转、租赁、使用及其收益所涉及的各类税收，应坚持免税政策，鼓励农民以转包、出租、互换、转让、股份合作等多种形式，流转土地承包经营权，发展多种形式的适度规模经营。同时应以农地使用制度改革为契机，积极与土地管理部门沟通协调，做好土地相关环节方面的基本信息资料整理工作，为以后的税收征管奠定扎实的基础。对于改革试验中出现的一些征管难题，如某些征税边界模糊、难以明确定性或存在政策冲突的涉农活动用地，要从推进农村改革试验的大局出发，本着"多予、少取、放活"的原则加以处理。从长远来看，我国应重新设计土地税收制度，加快制定和实施"土地税法"，调整和规范土地税费关系，简化和统一土地税收制度，加强相应的税收征管，以有效保护耕地、促进土地资源的合理利用。

（四）调整和规范税收政策，促进农民专业合作社健康发展

农民专业合作社的成立条件相对较为宽松，经营管理机制规范性不强，这使其经营活动以及融资遇到了很多困难，不少合作社为摆脱这些困难开始自办企业。这种现象已经带来了很多税收问题。关于如何处理合作社与合作社自办企业的税收问题，我们认为，一要促进合作社完善经营管理机制，帮助和督促合作社通过不断健全自身来解决面临的各种困难，从而真正享受既定税收政策和其他政策的优惠。二是针对业已存在的合作社和自办企业，区别于一般工商企业进行征税，并尽快出台专门针对合作社和自办企业的税收优惠政策，减轻其税收负担，规范合作社与自办企业的关系。

（五）依据农业现代化发展的基本机理，提高税收支农政策的统一性和体系性

从国外农业现代化进程和我国农业发展现实来看，实现农业现代化，必须把发展的着力点转到提高农业科技水平，推进产业化经营，加强农业服务和基

础设施建设，提高劳动者素质的轨道上来。制定支持农业发展的税收政策，应根据农业现代化建设的基本着力点和农业内涵与外延的发展变化，不断提高政策的统一性和体系性。

（1）促进农业产业化发展方面。①调整优化支持农业生产的所得税优惠政策，将所得税优惠政策的适用范围扩大到所有农业企业，不断壮大农业经营主体的实力。②完善农产品加工业增值税制度，对涉农加工企业采取"公司+合作组织+农户"或"公司+基地+农户"产销联合体的组织模式，按照农业合作组织税收优惠给予减免税照顾，对贸工农一体化的企业，允许对自产免税初级农产品按照组成计税价格，按13%的扣除率计算抵扣增值税进项税额，促进农产品加工企业与农民建立合理的利益连接机制。③提高深加工农产品的出口退税率，鼓励深加工农产品的出口，优化我国农产品出口结构。

（2）促进农业科技水平发展方面。①鼓励创办农业科技企业，除了采取加速折旧、税收抵免政策外，可对其从事科研开发和推广的利润所得免征或减征所得税。②鼓励企业与科研院所、大中院校合作创办农业科技园区，建立农业科技研发和推广基地，可以在创办时免征土地使用税，其转让技术以及和转让技术相关的利润所得免征所得税。

（3）促进农业服务体系构建方面。①加强对农业信息服务的税收优惠，对参加农村信息基础投资的企业实行减免企业所得税、流转税，对其提供信息服务的利润所得可免征或减征所得税。②加强对农业、农民实施金融保险服务的各类主体相关业务的税收优惠，同时要加强对这些主体相应业务的税收检查，强化相应税收优惠政策的管理，努力建立保障农村资金回流的财税金融协同投入机制。

（4）促进农业基础设施建设方面。①对从事农业农村基础设施建设的各类经济实体，综合运用直接减免、投资抵免或加速折旧的方式给予一定的所得税收优惠，引导和鼓励社会资金的投入。②将城市维护建设税更名为城乡维护建设税，按照一定比例，从中切割出专款用于农村基础设施建设。

（5）促进农业劳动者素质方面。①对农民进行农业技术技能培训的企业所得免征营业税和所得税。②对失地和已进城务工经商的农民，提供免费或具有公益性职业技术培训的机构等，给予税收优惠。③对农业经营主体自身开展的技术、业务等培训费用允许企业所得税税前全额扣除。

四 完善税收政策的配套措施

（一）土地管理制度改革

在稳定农村土地承包制度不变的前提下，以农民自觉自愿为基础，引导土地有序流转，方向是发展适度规模经营。一要建立健全土地流转管理机构，加强规范管理；二要建立健全农地使用权流转中介机制，促进土地流转公开、透明，切实保障农民利益，促进农村土地增值和加速土地资本化。

（二）涉农产品风险制度改革

一要积极推广政策性农业保险。为防范和化解农业生产风险，应积极引导各类农业经济主体参保。保险资金由各级财政和投保户共同承担，保费补贴实行各级财政共同分担。二要建立出口创汇基金和出口农产品风险补偿制度，增强涉农企业抗击国际市场风险的能力。

（三）人力资源管理制度改革

一要加强对农村富余劳动力的技术技能培训，坚持跨地区流动和就地转移相结合，促进其转移就业。二要鼓励和引导农民创业，为其创业提供政策和资金支持。三要推动城乡双向交流互动，在鼓励农村富余劳动力进城的同时，应鼓励城镇劳动力携带资金、项目和技术下乡创业。

（四）农村金融制度改革

一要沿着农村金融市场化改革方向，允许不同所有制性质的金融主体进入农村市场，同国有商业银行和农村信用社公平竞争。二要积极鼓励农村金融创新，引导和规范非正规民间金融组织的发展。三要鼓励社会资本进入金融领域，在保证资本充足、严格金融监管和建立合理有效的退出机制的前提下，鼓励在县域内设立多种所有制形式并存的社区金融机构,允许私有资本、外资等参股。四要改善农村结算环境,服务农村经济发展,创建适宜于农村创业的融资体系。

(五)深化财政管理体制改革

一要合理界定政府间事权划分与支出责任,建立完善各级政府责任明确、财政分级投入、经费稳定增长、管理以县区为主的财政支农管理体制;二要建立城乡统筹的财政制度,按照公共财政要求,加大上级财政对乡镇财政转移支付力度,增加对农村的资金投入,以弥补目前乡镇财力不足而造成的资金缺口,保证农村公共事业资金来源,同时积极完善财政支出管理体制改革,改变公共服务重城市轻农村的倾向,积极推进公共服务均等化,保证农村改革试验有力、有序、有效地推进。

参考文献

杨春玲:《促进农民减负增收的税收政策研究》,《税务研究》2008年第12期。

肖红华:《农产品加工业国外税收政策与我国税收政策分析》,《湖南税务高等专科学校学报》2011年第4期。

马克和、侯伟:《涉农税收政策研究》,《财政经济评论》2011年第11期。

倪国锋:《我国农民专业合作社税收政策优化研究》,《山东青年政治学院学报》2012年第3期。

孔祥智等:《土地流转合作社发展探析》,《农村经济》2013年第4期。

社会发展报告

Social Progress Reports

B.21
纪检监察工作开放性实践路径探究

扬州市纪委课题组*

摘　要：

　　执政环境的调适需要向纪检监察工作注入开放性内涵，纪检监察工作民本性的体现，则需要以群众路线为根本的开放性工作模式作保障，决策透明度与公信力的提升需要双向互动式公众参与工作机制作支撑。目前纪检监察开放性实践中存在开放主动性理念有待确立、开放性基本内涵有待统一、开放性制度位阶有待提升的问题。推进开放性实践需要构建以公众参与为内核的开放格局、健全以纪监机关为主导的开放机制以及打造以制度规范为引领的开放环境。

关键词：

　　纪检监察　开放性　路径框架

---

* 课题组负责人：张跃进。成员：陈钧（执笔）、徐晓明（执笔）。

一 开放的缘由动力:外部环境与自身建设提出的现实需求

(一)执政环境的调适需要向纪检监察工作注入开放性内涵

随着改革开放和全球化的进一步深化、新媒体的广泛运用,党的执政环境发生了很大的变化,党的建设正处于一种全面开放的环境之下,这必然要求纪检监察工作在理念上主动调适,方法上及时跟进,遵循民主的途径、法律的程序,构建开放性工作格局机制,把公众参与作为纪检监察工作的力量源泉,确保决策更加科学、民主,推动形成科学的制度规范体系,规范高效查处损害群众利益的违纪违法案件,将权力真正关进制度的笼子里。

(二)民本性的体现需要以群众路线为根本的开放性工作模式作保障

"群众路线"是中国共产党的根本路线,坚持群众路线就是要体现民本价值追求。就纪检监察工作而言,就是要改变传统工作模式,树立民本价值理念,推动纪检监察工作走出"深闺",将工作融入群众之中,将工作思路、制度规范、决策程序、监督渠道等公布于众,与人民群众进行有效的互动交流,接受群众的评判与监督,准确把握党委政府的工作重点与人民群众的利益关注点,确保纪检监察工作体现"权由民所赋""权为民所用""利为民所谋"的民本价值要求。

(三)公信力的树立需要双向互动式工作机制作基础

公信力是纪检监察工作的生命力所在,强化公众参与是提升纪检监察工作公信力的必然路径安排。强化公众参与,一方面,有利于在全社会建立灵敏快速的信息沟通和反馈机制,打破信息封锁和垄断,推动形成信息均衡式纪检监察工作决策机制,有效提升反腐倡廉实效性;另一方面,推动纪检监管监督权力运行环境不断趋向透明,社会公众能够从深层次上准确认识与把握纪检监管

权力运行行为，增进对于纪检监察工作的理解。例如，全国纪检监察机关2012年立案调查的案件中，线索来源于群众举报的占到41.8%[①]。

二 开放的现实制约：理念与实践层面亟待解决的问题

（一）开放主动性理念有待确立

纪检监察工作开放不是被动撞击式公开，而是主动出击式服务，不是单向静态式公开，而是双向动态式交流。由于受到传统封闭式工作思维的影响，目前纪检监察工作开放性实践更多的是一种被动撞击式公开，开放主动性理念有待加强。目前网络反腐实践就说明了这一问题，许多案件往往是由社会公众来揭露一些腐败问题，然后在网络等新兴媒体参与聚焦、发酵问题，形成强大的社会舆论监督压力的情况下，地方纪检监察机关才进行被动式的信息回应。这种应对模式显然与开放性工作模式不相吻合。

（二）开放性基本内涵有待统一

纪检监察工作开放性实践是一个系统性、体系化工程，它需要完备的理论来支撑。尽管目前各地已开始进行开放性实践，但总体而言处于一种星星之火式的自主探索创新状态，在目前中央层面上尚未对开放性基本内涵作出统一规定的情况下，实践中的不一致、不规范问题比较突出，宏观性和抽象性的规定多，程序化、精细化的规定少。公众参与的途径匮乏，想参与却经常参与无门；参与的具体环境不佳，可参与却面临参与梗阻；参与的渠道不畅，能参与却往往不得要领，最终对纪检监察工作开放度也有直接的影响。

（三）开放性制度位阶有待提升

纪检监察工作开放性实践涉及纪检监察工作体制机制、方式和方法的创新，需要强有力的制度推动力与多元的推动手段加以保障。目前关于推进开放

[①] 姜锦铭：《网络监督如何持续有力》，《新华每日电讯》2013年5月8日第1版。

性实践的制度普遍存在制度位阶低的问题，缺少来自中央层面的制度规范的有力支撑，开放性制度建设更多地呈现为一种碎片化特征。需要通过进一步提升开放性制度位阶，加强顶层制度设计，按照积极稳妥推进的原则，将推进开放性实践中的临时性动议转化为常态化制度安排，推进纪检监察工作开放性实践逐步由术语的凌乱凝练为一致，由制度的零碎发展到统一，由实践的零星试点过渡到全面推行。

三　开放的路径方向：构建以民本价值为导向的开放新机制

（一）构建以公众参与为内核的开放格局

纪检监察工作开放性实践应以保障公众参与为目标导向，确保既让公众能看得懂，也能参与进去。

一是推动开放功能的提升。一方面，丰富公众参与载体，增强民意采集功能、公众直接参与功能，充分听取社会公众意见，推动形成反腐合力；另一方面，着力反腐信息交流与互动，将公众视线聚焦到反腐倡廉重点、焦点上，及时发现问题，查弊堵漏，增强反腐预警功能。例如，中央纪委公布"两节"期间公款送礼吃喝等举报电话。

二是推动开放模式的转型。强化从粗放离散式开放向集成系统式开放转变，确保纪检监察决策过程、制度执行等各项事务规范有序公开；从依赖传统形式、偏重事后结果的公开，向加强新媒体运用，注重过程性信息的公开；从单向、单轨运作，向自上而下的信息传达与自下而上的信息谋求双向互动交流转变。

三是推动开放要素的培育。在开放主体层面上，纪检监察机关应当从主观理念上确立主动服务意识，强化合作与包容精神的培育；在开放受众层面上，不断提升公众参与意识、培育公众参与能力，推动公众参与从消极被动向积极主动转变，从局限于自身利益的诉求向关注公共利益转变；在开放平台层面上，推进形成以专门机关与社会公众之间互动、社会公众相互间的互动为主体的公众参与共振平台。

（二）健全以纪监机关为主导的开放机制

开放工作模式之下，纪检监察机关不再神秘，而纪检监察工作则更多地体现为一种平等基础之上的合作治理模式。深化纪检监察工作开放，需要纪检监察机关主动作为，重在创新力，成在行动力。

1. 构建开放的制度建设机制

克服"自说自话"倾向，树立"开门"建制度思路，铸牢制约权力的"制度铁笼"。一是制度立项起草开放。在广泛征求意见的基础上形成制度立项，确保制度安排既必要，又契合民意。二是制度草案审议开放。通过调查、论证、听证等方式，广泛征求社会各界对制度草案的意见，努力提升制度建设民主化与科学化水平。三是制度绩效评价体系开放。通过制度廉洁性评估、引入第三方调查、社会公众评议等，确保制度得到正确有效执行。

2. 构建开放的信访举报机制

一是畅通信访举报渠道。开设网上举报"直通车"、开通电话举报"专用线"、设立反腐倡廉"民情采集点"等，拓展民意诉求表达渠道。二是丰富办信访主体。邀请专家学者、公众人物等参与重大疑难信访案件听证，依法邀请举报人参与信访核查工作，推动形成多元办信访主体格局。三是完善办信访反馈通报机制。在对实名举报做到有件必答的同时，通过各种渠道向社会公开通报案件结果，充分保障社会公众知情权，为纪检监察机关与社会公众之间信任的构建提供强有力的生态环境基础。

3. 构建开放的个案决策机制

引入听证程序，为违法违纪行为人提供一个听取纪检监察机关意见以及自我陈述意见和申辩质证的制度化平台。建立案件审理证据公开制度，在保障证人、检举人等相关人员权利的前提下，将拟认定的主要证据向被调查人公开。实行审理助辩制度，在保障受处理对象正当法律程序权利的情况下，确保纪检监察机关更加客观公正地作出处理决定。

4. 构建开放的信息发布机制

一是建立重大典型案件公开制度，更加准确地向社会公众发出具有政府公信力的权威的声音,防止出现信息误导;二是建立案件处理情况查询制度,让社会公众更加方便地了解被查询人错误性质、处分档次、适用依据等;三是建立纪检监察新闻发言人制度,把反腐倡廉中心工作与媒体关注点、人民群众关心点紧密结合起来,充分展示、树立纪检监察机关开放、自信的形象。

(三)打造以制度规范为引领的开放环境

尽管近年来我国纪检监察工作开放步伐不断加快[①],但按照法治化的标准推进纪检监察工作开放性实践,仍需要从以下三个层面进一步强化。

1. 推动形成兼容并包的开放理念

理念是行动的先导,从封闭运行走向透明公开,既是反腐策略的转变,更是反腐理念的根本性变革。对纪检监察机关而言,要秉承服务、责任、平等、高效理念,依法推进开放性实践。对公众诉求及时回应关切,对特殊、敏感性工作,坚持审慎、适度、渐进地把握好节奏、力度和进度;对社会公众而言,要秉持理性、客观,既要积极、主动,又要有序、有节,力争通过积极参与、理性互动,与纪检监察机关一起形成同频共振的反腐合力。

2. 推动形成开放的制度规范体系

要从顶层政策设计和基层实践两个层面进一步完善相关法律制度,为开放性实践提供制度规范支撑。坚持法治反腐的理念,按照群众性、互动性、实效性和稳妥性原则,不断完善反腐倡廉实体和程序方面的法律规范,通过对公众参与内容、参与形式以及参与途径等方面作出明确规定,进一步提升开放性实践的针对性、操作性与实效性。

3. 推动形成开放的组织推动体系

要充分发挥党委统揽抓总作用,在反腐倡廉开放性实践中统筹设计、

---

① 如我国公开发表《中国的反腐败和廉政建设》白皮书,举办驻华使节走进中央纪委活动,特别是近期中央纪委网站"五合一"的改版等,充分体现了中央和中央纪委对开放性建设的重视和支持。各地的探索也步步推进,如广东省纪委建立"纪委监察开放日",江苏省扬州市设立"反腐倡廉建设互动平台"等。

部署推进,保证开放性实践依法规范有序进行。纪检监察机关要统筹协调党的组织、宣传部门及司法、审计机关等,努力消除信息阻隔,打破信息壁垒,推动形成互联互通式信息共享机制,为开放性实践提供信息保障。通过健全纪检监察系统内区域合作、案件移送等工作协同制度,进一步增强系统内的信息交流与互动,为"老虎""苍蝇"一起打创造良好的执法执纪环境。

B.22
扬州"三员一网"干部监督体系建设研究

扬州市委组织部课题组*

摘　要：

建设"三员一网"干部监督体系（地方选派督导员、片区选聘监督员、单位选用联络员，构建立体、开放、高效的监督网络），是组织部门干部监督工作主动呼应形势要求，勇于破解监督难题的创新举措。通过选优配强"三员"，健全监督网络，同时探索建立"三员"工作、管理、保障等三大机制，充分发挥"三员"作用，最终建成立体、开放、高效的干部监督工作体系，不断提升干部监督工作科学化水平，为选贤任能和促进干部清正、政府清廉、政治清明提供有力保障。

关键词：

干部监督　三员一网　体系

一　"三员一网"的概念

2011年党委换届期间，为严肃换届纪律，扬州市委组织部在全市层面选聘了一批选人用人风气监督员，协助监督换届风气情况，为营造风清气正的换届环境发挥了重要作用。在此基础上，扬州市委组织部提出了"三员一网"概念。"三员"是指：督导员、监督员、联络员。具体是每个县（市、区）和乡镇（街道）选派督导员，市直和县（市、区）直机关部门按片区（条线）口选聘监督员，有用人权单位选用联络员。从广义上说，"三员"就是干部监

---

* 课题组负责人：徐龙。成员：孙爱东、吴凯、陈济昌（执笔）。

督员。"一网"是指：立体、开放、高效的监督网络。具体是在单位建立监督信息采集点，在条线建立片区监督信息综合站，在地区建立监督信息集中处置中心，形成层级明晰、点面结合、互联互通的选人用人监督网络。

二 "三员一网"干部监督体系建设构想

（一）人员选配

队伍建设是"三员一网"干部监督体系建设的关键。其中，人员如何产生、应具备什么素质等至关重要。

1. 选配的基本条件

作为监督者，自身素质如何，不仅关乎组织部门的形象，更是关乎最终的监督效果。因此，在选配人员时，必须设定一定的门槛，坚持好中选优，应从思想政治、业务素养、身体条件等三个方面设定选配"三员"的基本条件。

（1）思想政治方面。要政治立场坚定，能坚决执行党的路线、方针、政策和各项规定。党性观念强，坚持原则，实事求是，公道正派，是非分明，敢于同不良风气作斗争，组织纪律性强，能依法办事，严守秘密。

（2）业务素养方面。要具有履行职责所需的理论水平和政策水平，工作经验丰富，责任心较强，热心组织和干部工作，善于联系群众，口语表达能力和参政议政能力较强，在干部群众中有较高威信。

（3）身体条件方面。要身体健康，能够履行相应的工作职责，能正常参加评议、调研、监督等社会活动。

2. 选配方法

"三员"层级不同，在设定选配方法时，应充分考虑到其职责定位、作用发挥。同时考虑到操作上的简便和科学，应分别设定且方法要具体，采用市县联动选配，市委组织部负责市级"三员"的选配，各县（市、区）委组织部负责县级"三员"的选配。

（1）督导员。根据功能定位，主要负责督导一级地方，层级较高。因此，在确定产生范围时，其级别应与被督导地区级别相当。考虑督导员的兼职身份，一般从本级管理、非领导职务的党员干部中选派，有条件的地区可以配备相当于党政部门副职干部专任。在操作层面，每个县（市、区）选派1名督导员，最好从市直单位正处级干部中产生，由市委组织部选派，经部务会研究后并报市委备案；每个乡镇（街道）选派1名督导员，由各县（市、区）委参照市委组织部做法负责选派，报市委组织部备案。

（2）监督员。从概念内涵来看，是指片区（条线）监督员。因此，设定选配方法的前提是如何定位片区（条线）且如何划分。以市级片区（条线）监督员为例，实际上是将所有市直单位划分为若干片区。结合扬州实际，在选配市级监督员时，要将所有市直单位参照现有条线系统划分原则并结合市领导分工划分为若干片区。目前，扬州市共有100多个市直单位，因此，建议可划分为8~10个片区。具体选配方法是，每片区选聘1名监督员，具体人选从本片区下辖市直单位领导班子成员中产生，由市委组织部部务会研究确定。县级监督员由各县（市、区）委组织部参照市里的做法进行选聘。

（3）联络员。联络员是"三员一网"干部监督体系的基础单元。一般由本单位机关党委（党总支、支部）或办公室负责人兼任。结合扬州实际，建议市级联络员由各市直单位党委（党组）提出初步人选，每单位1名，报市委组织部备案后确定。联络员履职期间职务调整需事前报市委组织部同意。县（市、区）联络员由各县（市、区）委组织部负责选用。

（二）网络建设

监督网络是"三员一网"干部监督体系的运行载体。如何搭建，如何运转，至关重要。

1. 网络搭建

结合"三员"层次，可建立三级网络。即在各单位建立监督信息采集点，由联络员负责相关信息的采集上报；在片区建立监督信息综合站，由监督员负责片区内各单位联络员上报信息的汇总分析；在各地设立督导员工作办公室，由督导员负责重要信访举报信息的查核处理；在组织部门干部监督机构设立干部监督信息集中处置中心，收集、反馈全市干部监督信息和处理情况。另外，在条件允许的情况下，建议可依托现代办公技术，研发一套三级网络处理系统，赋予督导员、监督员、联络员各自权限，真正实现监督网络化。

2. 网络运转

结合"三员"工作职责，可构建如下网络运转模式。即联络员采集信息报至片区监督员，监督员及时梳理分析汇总报至组织部门干部监督机构；督导员采集信息直接报至组织部门干部监督机构。干部监督机构在一定期限内对上报信息给予回应回复。

（三）工作机制

1. 工作职责

职责定位直接影响"三员"工作效能，在"三员"职责设定上应明确具体。

（1）督导员：主要承担组织部门委托的选人用人和作风建设检查、重要信访举报核查，重点了解党政主要领导干部作风和廉洁表现，指导推动干部监督工作。根据工作需要，可约谈被督导地区领导班子成员、干部群众代表等，可列席地方党委相关会议。

（2）监督员：主要承担片区内各单位选人用人、领导干部作风和廉洁表现的情况采集，协助做好信访举报的查核处理，对片区内联络员的采集信息进行汇总分析并及时上报组织部门干部监督机构，做好联络员日常工作的沟通协调。根据工作需要，可约谈片区单位领导班子成员、干部群众代表等，可列席片区内单位党组（党委）相关会议。

（3）联络员：主要承担上级组织部门对本单位日常监督检查的联络服务、干部监督政策法规的宣传贯彻、选人用人和领导干部作风的情况采集，协助做好信访举报的查核处理。根据工作需要，可列席本单位党组（党委）会议。

2. 工作平台

平台打造是"三员"开展工作的重要载体。在设计过程中，应注重结合干部监督工作实际情况，重点打造以下四大平台。

（1）征求意见平台。各地各单位在发布干部任前调整公示时，应同时向相关督导员、监督员通报并征求意见。

（2）列席会议平台。各地各单位在召开研究干部事项的党委（党组）会议时，一旦涉及按照"四项监督"制度规定需事前向市委组织部报告的人选，应邀请有关督导员、监督员、联络员列席，市委组织部同时派员参加。

（3）参与重点工作平台。定期组织"三员"参加干部选拔任用工作条例检查、"三责联审"、"一报告两评议"、"阳光监督"重点项目督察、基层调研等工作；不定期邀请"三员"列席干部监督工作相关会议，通报工作情况，征求意见建议。

（4）汇报交流平台。督导员、监督员每半年向组织部报告1次工作开展情况；组织部门常委部长或分管部长根据工作需要和监督过程中发现的问题，可随时约谈"三员"，沟通信息，交换意见。

3. 工作纪律

工作纪律是"三员"开展工作的重要保障。结合干部监督工作性质，应确立以下四项工作纪律。

（1）开展工作时，需了解真实情况，但不得干预有关单位的决策和日常工作。

（2）要出于公心，如实反映情况，积极提出工作意见和建议。对发现的问题不得作个人表态，不直接处理具体问题。

（3）要严格遵守组织人事工作纪律，不得泄露相关监督信息。

（4）要严格要求自己，自觉执行廉洁自律的有关规定。

（四）管理机制

加强对"三员"的管理，是充分发挥"三员"监督作用的重要保证。对"三员"的管理应突出重点，不可面面俱到，应考虑"三员"兼职身份的特点。结合扬州市实际，可借鉴对基层村支部书记的管理模式，实行星级化管理。

1. 星级设定

可对"三员"设置五个星级等次，同时结合具体人数设定评星比例。其中，关键是为每个星级设定评定标准（见表1）。

表1 "三员"星级设定及星级评定标准

星级	标准
一星级	新选聘"三员"任职满一年,年度考核"称职"
二星级	新选聘"三员"任职满一年,年度考核"称职"
三星级	任职满两年,年度考核连续两次"称职"。
四星级	任职满两年,年度考核一次"称职"、一次"优秀"
五星级	任职满两年,年度考核连续两次"优秀"

评定内容可结合工作职责设定,但应定性和定量结合,具有可操作性。

2. 评定方法

评定的具体方法以年度考核为基础,每两年进行一次综合考评。

(1) 年度考核。每年底或次年初进行。督导员和片区监督员由组织部门负责考核,每年按照一定比例确定优秀等次人员。具体考核方式是民主评议,召开述职测评会议,参加人员为市委组织部部领导和全体督导员、监督员;联络员考核纳入其所在单位年度考核指标,由组织部门干部监督机构会同片区监督员共同进行,每片区按照一定的比例确定优秀等次人员。具体考核方式与督导员、监督员相同,参加人员为片区监督员、联络员和干部监督机构人员。

(2) 综合考评。根据星级评定标准,由干部监督机构牵头,成立考核小组,按照评选条件和标准,对"三员"进行星级评定。首轮评星后,每两年再按照奖星减星细则实施升降星。

(3) 研究审定。根据综合评价情况,由考核小组提出三星级以上"三员"建议名单,报部务会研究确定。

3. 奖惩措施

为了进一步调动"三员"工作积极性,可在星级评定的基础上,设置奖星和减星条件。星级评定后,最重要的是评定结果的运用。在此方面,一定要细化和具体,要和"三员"的切身利益挂钩。比如,五星级"三员"可由市委组织部表彰奖励;设立专项工作经费,三星级以上"三员"参照信访部门工作人员津贴补贴待遇,适当给予工作补贴;获得四星、五星级的"三员",其"三员"任职经历作为干部使用的重要参考;年度考核不称职或被连续两次减星的"三员",调离"三员"队伍。

（五）保障机制

健全完善的保障机制是"三员一网"干部监督体系建设的重要一环，应从以下三个方面加以保障。

1. 成立工作协调机构

可成立"三员一网"工作办公室，设在组织部门干部监督机构，具体负责"三员一网"工作的沟通协调。要有专门工作经费，保证"三员一网"工作的正常开展。

2. 明确部门保障责任

要求各地各单位对"三员"工作给予大力支持，保证"三员"有时间、精力参与相关工作，要主动了解"三员"工作生活中遇到的困难，帮助解决。要认真对待"三员"相关考核结果，作为评价"三员"工作实绩和单位推优评先的重要依据，存入个人档案。不得干扰"三员"工作。"三员"依据职责开展工作，接受组织部门指导，其他任何单位和个人均不得以任何借口干扰其工作，违反规定的，将追究相关人员责任。

3. 建立培训机制

要求将"三员"教育培训纳入干部监督队伍培训总体计划，根据工作需要，有针对性地开展培训教育，每年至少组织1次学习培训，每半年组织1次工作交流，着力提高"三员"工作水平。

B.23
2013年法治扬州建设报告

扬州市委政法委课题组*

摘　要：

　　扬州市紧密围绕建设世界名城的战略目标，把法治建设作为"三个扬州"和世界名城建设的重要内容、重要抓手和重要保障，着力建设"人民满意、社会公认的法治名城"，打造了全国首批法治城市创建活动先进单位、全国"五五"普法先进城市、法律援助全国十佳"三大品牌"。面对法治建设新形势、新要求，扬州市正确分析新形势，提出加强依法执政、依法行政、公正司法、全民守法的具体工作措施。

关键词：

　　法治　扬州　建设

一　法治扬州建设现状

2013年以来，扬州市把中央和省委关于法治建设的总体要求与地方实际相结合，紧密围绕建设世界名城的战略目标，把法治建设作为"三个扬州"和世界名城建设的重要内容、重要抓手和重要保障，着力建设"人民满意、社会公认的法治名城"，打造了全国首批法治城市创建活动先进单位、全国"五五"普法先进城市、法律援助全国十佳"三大品牌"。

（一）着眼世界名城，统筹目标载体

在谋划法治建设中，扬州市紧密围绕建设世界名城的战略目标，把法治建

---

* 课题组负责人：沈兴华。成员：葛鸿翔、夏晴、徐李华（执笔）。

设作为"三个扬州"和世界名城建设的重要内容、重要抓手和重要保障。确立了四个互相联系的目标。

1. 惠润名城

世界名城不仅是实力名城、生态名城、文化名城，更是法治名城。为此，扬州市充分发挥法治在世界名城建设中的特殊作用，放大法治功效，让法治成为城市的鲜明底色、重要标志和比较优势，提升法治与经济社会建设的融合度，为世界名城建设提供法治保障和不竭动力。组织实施以"惠发展、惠企业、惠民生、惠管理、惠稳定、惠名城"为总体要求的"法治惠润"工程。搭建法企合作大平台，以"体检"、签约、讲座、咨询、帮办等法治方式服务大局发展。工程实施以来，有效化解社会经济建设中的各类矛盾纠纷1236件，确保了全市大局的稳定。

2. 人民满意

法治建设归根到底就是要让人民群众在法治建设中感受公平正义、享受幸福生活。因此，扬州市始终把以人为本、执政为民的理念贯穿于法治建设全过程，把人民群众满意作为第一标杆，把人民群众呼声作为第一信号，把解决人民群众困难作为第一行动。以人民群众关心的劳动工资、环保、农产品质量等为重点，三年来，共组织办理了285件法治实事，人民群众对法治建设满意率达89%，位居全省前列。

3. 社会公认

扬州市把建设社会公认的法治名城标准和视野拓展到区域以外，不仅要得到扬州社会公认，更要得到全省、全国乃至世界公认。为此，扬州市在经济社会发展中突出建立健全法治化制度体系，坚持运用法治手段高起点规划建设管理城市，在全国创造性地提出了"阳光出让"土地模式，被国土资源部推广应用。规范权力运行，推出"三直接十大环节操作规范"。坚持把党委政府工作纳入法制化轨道，严格执行重大决策专家论证、合法性审查、集体讨论决定的程序规定，全面落实重大决策事项风险评估制度，涉及公共利益和人民群众切身利益的重大决策事项，及时召开社会各界人士参加的听证会，切实做到依法决策、科学决策、民主决策和依法行政、公正司法，治市理政的科学化水平不断得到提升，在全省率先完成阶段性法治政府建设目标。

4. 全国先进

十八大对法治建设作出新部署，习总书记提出建设"法治中国"的新要求，面对新部署、新要求，扬州市把中央和习总书记要求转化为基层的生动实践，转化为推动法治建设的强大动力，实干争先，创新作为，以争创全国先进作为响应和落实中央要求的具体措施。近年来，扬州荣获全国文明城市、国家森林城市、联合国人居奖等一系列殊荣。法治建设领域能否为扬州摘得"国字号"荣誉，再为扬州锦上添花，成为检验扬州法治建设工作的一块试金石。为此，扬州市明确把夺取全国先进目标作为抓手，把法治建设融入经济社会发展大局中统筹谋划，跳出单纯就法治抓法治的思维，力求使公平、正义、规范、诚信、公开等法治精神成为扬州建设世界名城的重要特质，提出了"建设人民满意、社会公认的法治名城"的目标要求，把建设法治名城与争创全国文明城、森林城、生态城同部署、同落实。

（二）立足区域特质，狠抓建设载体

在推进法治建设中，扬州市立足区域特质、挖掘城市禀赋资源、彰显时代特性，把法治建设融入名城建设与文化建设之中，在全国率先提出并建设"法治文化名城"。

1. 探索理论架构

积极探索建设具有地方特色的法治建设之路。2007年在全省率先出台《关于加强全市法治文化建设的意见》；2010年出台全国首个《建设法治文化名城实施方案》；2011年建设法治文化名城写入扬州第六次党代会工作报告；2012年深化法治扬州建设大会要求全面建设法治文化名城。成功承办了以"繁荣法治文化、深化法治建设"为主题的"2012年法治江苏建设高层论坛"，举办"法治文化名城扬州解读"分论坛，组建法治文化研究会，为法治文化名城提供理念创新和智力支持。

2. 突出实体运作

通过对社会资源的组织、整合、承接，大力推进法治文化基础设施建设。率先建成引潮河法治文化广场，引领了法治文化广场建设的热潮，被誉为全省法治文化广场建设的"火种"。创新建成历史街区琼花观社区法治苑，实现了法治文化与历史人文遗存的嫁接，司法部长吴爱英等领导都曾亲临视察并高度肯定。倾力打造全市占地面积最大的曲江法治文化主题公园。截至目前，全市各类法治文化广场、街区、公园、长廊共286处。

3. 注重形象提炼

在全国范围内公开征集法治扬州标识和宣传语，通过评选产生法治文化标识和宣传语，成为第一个公开使用法治文化标识的城市。大力实施文化名城法治解读工程，精心整理扬州历史文献和法治案例，编辑《基层领导干部法治学习与实践》等法治丛书。遴选扬州籍法治历史名人，在其遗址、旧居挂牌立碑，开辟三祝庵法治历史人物解读中心。结合扬州评话、扬州清曲、木偶、漆器、玉器、剪纸等非物质文化遗产的传承与保护，创新法治文化表现形式和内容，挖掘内涵，展现扬州的法治文化、人文精神和民俗风情。

4. 开展活动推广

在全省率先开展法治文化优秀成果和法治人物评选工作，并通过推广群众性法治文化活动，把法治精神融入群众喜闻乐见、主动参与的活动之中，传递人文价值，创新法治文化品牌。以"法治改变生活、文化凝聚力量"为主题，开展法治文艺调演，以案"说"法，以戏"释"法。组织开展了"崇尚法治、建设名城"系列广场活动。以群众实际需要为导向，采用群众喜闻乐见的扬州评话、曲艺、歌舞等形式，营造氛围，活动中组织房管、城管、法律援助等方面专业人士在现场开展咨询活动，有针对性地解疑释法。2013年已举办7场大型活动和31场专题活动，近15万人次的群众参加。

5. 夯实基层基础

积极开展"法治县（区）"创建和法治乡镇（街道）活动，全市法治县（市、区）创建率达66%，位列全省第二。在全省率先出台法治乡镇（街道）考核办法，开展"十大法治乡镇巡礼活动"，推出了宝应县广洋湖镇等十大法治乡镇。在全省首创征地拆迁、医患纠纷、环境污染、家庭婚恋等重大矛盾纠纷必排、必调、必果、必报的"四必"工作机制，并在全省推广。通过"非诉调解""一站五员""个人法治工作室""红马甲义工队"等群众认可的法治方式和民间调解队伍，化解矛盾纠纷，有效维护了社会和谐稳定，社会公众安全感连续四年保持在95%以上，涉法涉诉信访量在全省处于低位，经验在全省介绍。开展"民主法治村""民主法治社区"创建,大力推进"一委一居一站一办"。开展"诚信守法企业""依法治校示范校"、法治医院、基层执法站所星级创建等基层行业创建活动。

(三)植根基层实践,打造创新载体

在打造法治特色亮点方面,扬州市根据基层法治建设实际,把握法治建设规律,以"以问题为中心抓工作"的思路,贴近基层、贴近群众、贴近实际,大胆创新,勇于实践,在全省、全国打造扬州法治品牌。

1. 构建创新机制

市委把创新创优作为推进工作的有力抓手,坚持创新驱动为导向,创新发展为动力,创新特色为活力,设立了"工作创新创优奖",鼓励各地、各部门进一步强化争先进位、开拓创新意识,形成积极向上、竞相进位的良好氛围,使敢想、敢闯、敢试、敢干成为一种风气,为扬州经济社会发展注入不竭动力。在奖项评选坚持标准的基础上,注重向法治建设领域倾斜。设立以来,法治文化名城体系、"阳光出让"土地、建设警示教育基地等9个重大法治建设创新项目获奖。

2. 明确创新责任

市委明确提出了以"可定性、可量化、可操作、可考核、可追责"的"五可"标准,推进创新责任建设,市委每年出台法治扬州建设工作要点,细化分解任务,与各地各部门签订责任书。推出"八个以"工作法,即以召开现场会方式,培植典型、推广经验;以召开理论研讨会方式,汇聚智力、凝聚共识;以召开联席会方式,整体联动、形成合力;以法治文艺演出方式,展示形象、营造氛围;以专题调研方式,了解实情、研拟对策;以工作例会方式,面上部署、交流做法;以专项督察方式,重点推进、督办运行;以制定文件方式,明确要求、规范引领。

3. 打造创新成果

建设县级法治中心。2008年,高邮首创县级法治中心,2009年在全市推广,2010年实现全覆盖。全市县级法治中心整合了县域内各类法治资源,聚合了各方法治力量,融合了各种法治要素,成为推进法治建设化虚为实的阵

地、运用法治手段化解矛盾的平台、群众表达法治诉求的窗口、社会管理创新的抓手。2010年全省基层法治建设工作经验交流会推广了县级法治中心建设经验。向企业派驻法治指导员。以增强企业发展法治软实力为目标,向企业派驻专兼职法治指导员,帮助企业化解各类涉企矛盾纠纷,为企业经营管理人员提供咨询建议,挽回企业损失,维护职工权益。举办司法公开系列活动。举办报告会,组织公安、检察、法院、司法等部门主要负责人向群众报告工作,由群众现场点评、现场提问;举行"三官一师"法治辩论赛,砥砺队伍,展示风采;举行走进警营、法庭、检察院活动,让社会公众近距离地熟悉政法机关与司法活动的各个节点,加深对司法工作的了解和认同。开展法治评议活动。组建以社区群众代表、政协委员、执法服务对象为主要成员的法治评议团,对与人民群众和经济社会发展紧密相连的行政执法和司法部门,开展法治评议活动。通过听取汇报、实地查看、走访座谈、社会调查、个案分析等形式,总结经验和做法,推动被评议部门进一步规范执法司法活动。打造法治文化升级平台。新建一座2000多平方米的青少年法治文化体验馆,被誉为"全省首创","开创了全国法治建设新路径"。在全省率先建设了预防警示教育基地和廉政文化展示馆,目前已有11万人次接受教育。

二 法治建设调查问卷情况[*]

2013年9月,扬州市组织了法治扬州建设问卷调查。共发放2000份,回收问卷1774份,其中有效问卷1491份。受访群众对于行政执法工作情况总体评价较高,其中"很满意""满意"占71.4%,"基本满意"占27%,"不满意"占1.6%。对于基本法律法规,受访群众大多数都知道一些。其中"完全了解"的为26.6%,"基本了解"的为40%,"知道一点"的为28%,"不知道"的为5.4%。对于执法人员的执法公正性,大多数受访群众表示认可,认为"公正"的为46%,"一般"的为40%,"不公正"的为7%,"说不清楚"的为7%。对于执法人员的工作作风问题,受访群众中表示"很满意"或"满

---

[*] 本问卷部分选项为多选。

意"的占67.2%，表示"基本满意"的占24.5%，表示"不满意"的为8.3%。对于如何维护自己的权益，受访群众中向监管部门投诉的占49.3%，与当事方直接交涉的占33.1%，利用媒体曝光的占9%，到法院起诉的占8.7%，自认倒霉的占3.8%。对于"投诉或举报问题结果如何"问题，表示"受理并有结果反馈的"为41.8%，"受理但无结果反馈的"为18.3%，"不受理"的为5.5%，"对方告知向其他部门投诉或举报"的为4.8%，"未有过投诉或举报"的为29.6%。对于政务公开方面的表现，认为"公开及时"的占56.9%，认为"比较及时"的占40.4%，认为"不够规范"的占2.7%。对于从什么渠道了解执法方面信息，受访群众中通过"同事、邻居间交流"的为36.6%，"个人经验"的为18.5%，"电视、广播、报刊、网络"的为62.9%，"职能部门宣传告知"的为26%，"讲座宣传"的为12.3%。对于执法为民服务方面的表现，认为"工作效率高，服务质量好"的为65.3%，认为"工作效率一般，服务质量一般"的为22.7%，"不了解"的为10%。对于执法存在的主要问题，认为"体制不顺，职责不明确"的为34.3%，"部门考虑自身利益"的为11.1%，"执法队伍素质低、不尽责"的为22.1%，"生产者、经营者素质不高"的为20.5%，"宣传教育力度不够"的为33.6%，"检测技术不先进"的为12.7%，"资金投入较少"的为11.8%。对于希望执法在哪些方面转变职能问题，选择"为群众办好事、办实事，方便群众"的为73.7%，"遵守职业道德，采取便民、利民措施"的为53.6%，"依法行政，秉公办事，文明执法"的为43.2%。

三 法治扬州建设对策

1. 坚持依法执政，全力提升运用法治思维和法治方式的能力

各级党委牢固树立法治意识、制度意识，带头维护宪法和法律权威，严格依据法律规定、按照法定程序作出决策和出台政策，使工作中心、工作重点和工作规则不因领导人的改变而改变，不因领导人注意力的改变而改变。支持国家权力机关、行政机关、审判机关、检察机关依照宪法和法律开展工作，推动形成办事依法、遇事找法、解决问题用法、化解矛盾靠法的良好氛围。认真总结江都、仪征党委权力公开透明运行试点中的好经验、好做法，全面深化党委权力公开透明运行工作，自觉接受人民群众的监督。各级领导干部切实提高运用法治思维和法治方式的能力，增强规则意识，严格按照法治的观念和逻辑来观察、分析和解决问题，严格依照法律行使权力、履行职责，努力做学法懂法用法的表率。把领导干部运用法治思维、法治方式的能力建设纳入干部评价任用体系，促使法治思维和法治方式成为领导干部的习惯思维方式和日常工作方法。

2. 坚持依法行政，全力打造法治政府

始终把推进依法行政作为法治扬州建设的重中之重，认真贯彻落实国务院《全面推进依法行政实施纲要》和省相关规定，切实在建设法治政府方面迈出新步伐。要坚持依法决策，严格执行重大决策公众参与、专家论证、风险评估、合法性审查、集体讨论决定的程序，凡超越法定权限、违反法定程序的决策行为，都要依法追究责任。当前，行政机关负责实施的法律法规达到80%以上，必须加强对各级行政机关权力运行的全过程监督，把权力关进制度的笼子，使权力运行套上制度的"嚼子"，进一步规范政务行为。在规范土地出让行为取得成功经验的基础上，又率先推出了"三直接"（直接面向群众、直接分配财政资金、直接接触工程建设）十大环节操作规范，最大限度地压缩行政自由裁量权和杜绝暗箱操作。全市各级行政部门要不折不扣贯彻执行"三直接"十大环节操作规范，各级纪检、监察部门要切实加强监督，对违反操作规范的人和事要严肃查处。

3. 坚持公正司法，全力维护社会公平正义

全市司法机关都紧紧围绕这个目标来改进工作，坚持严格执法、公正司法，注重从实体、程序和时效上充分体现维护公平正义的要求，严格依照法律规定公正客观地对待每一个案件，努力使我们审理的每一个案件、处置的每一个事件都成为经得起法律考量、同行评说和历史检验的案例。深化司法体制改革，优化司法职权配置，全面推进量刑规范化改革、案例指导制度，推进司法权力规范化操作、透明化运行，努力从制度设计上保证审判权、检察权不受人情、利益等各种因素的影响和干扰。加强执法司法队伍建设，强化纪律观念，狠抓日常管理，提高队伍素质，培养出一大批像郭祝山、徐兆华这样的好法官、好检察官、好警察，切实把执法为民、公正司法鲜明地写在扬州政法队伍的旗帜上。

4. 坚持全民守法,全力打造良好的社会法治环境

如果一个社会对法律没有信任感,"信法不如信访","走程序"不如"走关系",那么就不可能建成法治社会。始终把法制宣传教育作为法治建设的基础性、先导性工程,深入实施"六五"普法规划,广泛开展法律教育进媒体、进课堂、进社区活动,用群众喜闻乐见的形式讲授法律知识,用群众身边的案例进行法治教育,引导群众充分认识法律既是必须遵守的行为规范,也是保障权利的有力武器,引导全社会坚定"法之必行"的信心。大力推进法治惠民、服务群众工作,大力加强乡镇政法综治中心、城乡社区法治工作站建设,大力完善基层法律服务,健全法律公共服务体系。要结合开展群众路线教育实践活动,加强社会矛盾纠纷的排查化解工作,切实把执法司法过程变成联系群众、维护群众合法权益的过程,使广大群众切实感受公平正义、"法在身边"。围绕"重大产业项目突破年、重大城建项目会战年和改革攻坚年"的各项工作要求,加强法治文化建设,提供法制工作保障,让遵法守法依法的行为得到褒扬,让违法违规违章的行为得到惩戒,引导广大干部群众养成遵章守法的文明习惯。

B.24
2013年扬州政府法制发展报告

扬州市法制办课题组*

摘　要：

2013年，扬州市政府法制工作突出政府推动，工作引领性进一步增强；突破难点领域，工作实效性进一步提升；创新常规环节，工作基础性进一步强化。2014年，扬州市将通过抓创新驱动，努力打造工作特色；抓重点突破，破解难点热点问题；抓层次提升，优化质态提高水平；抓自身建设，增强服务大局能力。

关键词：

扬州　政府法制　现状　预测

一　法制发展现状

2013年，全市政府法制机构紧紧抓住加快法治政府建设这一关键，以全面推进依法行政为主线，以"行政行为法治化、政府服务国际化"为目标导向，以群众现实需求为出发点，强力推动，抓住重点，突破难点，充分彰显了政府法制部门在法治政府建设进程中的参谋助手作用。

（一）突出政府推动，工作引领性进一步增强

1. 提升工作目标等级，高层次整体推动

随着法治政府建设的逐渐深入，政府法制工作愈发成为政府工作重心。为进一步增强政府法制工作的拉动力，全市政府法制工作机构努力从工作抓手上

---

* 课题组负责人：刘柏。成员：高玉波、徐晓明（执笔）。

寻求突破，2013年初，积极介入政府工作报告起草，推动政府将政府法制重点工作纳入市委市政府工作目标考评体系。法治政府建设成为政府五项共性目标任务之一。此外，政府法制部门还承担了市委市政府10项个性目标任务，工作任务主要涉及依法行政推进、行政权力下放、行政审批制度改革、行政复议委员会试点等重点工作。

2. 细化工作目标项目，高标准任务分解

在提升工作目标等级的基础上，组织召开全市依法行政暨政府法制工作会议，迅速传达落实全省政府法制工作会议精神，由常务副市长布置全年工作；制定下发全市推进依法行政年度工作意见和依法行政目标任务分解表，将工作任务细化为40项，逐项落实到各地各部门，既明确年度重点工作内容，实行可量化的项目化管理，又进行任务分解，实施可考核的动态监管，从而解决了目标泛化、责任模糊问题。

3. 明确工作任务要求，高质态责任落实

建立系列配套制度，进一步明确工作任务要求，强化工作绩效考核。先后制定下发市委市政府目标分解表、重点目标任务督察工作制度、政府法制信息调研考评办法、争先创优奖励办法等制度。配套制度的不断完善进一步明确了工作任务要求，为提升工作质态提供了考核制度保障。

（二）突破难点领域，工作实效性进一步提升

1. 法治政府建设阶段性工作取得突破

通过持续推进法治政府建设，全市法治政府建设阶段性工作成绩突出，进步显著。2013年6月，扬州被确定为全省首批率先完成法治政府建设阶段性工作目标任务的市，在全省考评中位列第三，首次获得优秀等次。另外，市辖江都区、邗江区、仪征市也同时被确定为率先完成法治政府阶段性工作目标任务的县（市、区）。这是全市政府法制工作近年来取得的最好成绩。

2. 行政权力下放工作取得突破

围绕"改革攻坚年"总体要求，按照政府工作报告关于"梳理并下放一批行政事权"的要求，政府法制部门积极履行指导、界定、协调和督察职责，大力推进市级部门下放和归还行政权力给广陵区行使。在2012年第一批下放

和归还453项行政权力的基础上,2013年9月,市政府常务会议又决定向广陵区下放和归还55项行政权力,其中,城建类34项、房管类20项、园林类1项。同时,为进一步体现行政审批便民、高效原则,市政府决定将涉及房管、民防、国土等3个市级行政执法部门的15项行政权力采取派驻的方式在广陵区行使。

3. 行政审批制度改革取得突破

2013年是市委确定的"改革攻坚年",全市政府法制部门根据"改革攻坚年"总体部署要求,按照国家、省有关行政审批制度改革要求,积极推进行政审批制度改革。一是抓审批程序优化再造。围绕"重大项目推进年"关于加快"规划落地、项目落地、开工落地"的要求,就工业建设项目联合验收、基本建设项目并联审批、服务中心网点式服务等事项进行专题研究,制定出台了《基本建设项目并联审批实施意见》《关于开设重大城建项目行政办事服务事项"绿色通道"的实施意见》《扬州市重大项目审批"绿色通道"试行办法》,审批效能进一步提升。二是抓审批事项摸底清理。根据国务院、省政府关于清理行政审批事项的要求,对市级行政审批事项进行了清理,此轮取消和调整的行政审批项目共59项,涉及25个市直行政执法部门,其中,取消27项,调整30项,合并2项。

4. 行政调解工作取得突破

市政府制定了全市推进行政调解工作的实施意见,明确全市年度行政调解工作任务和措施;进一步强化行政调解"五大体系"建设,出台了《扬州市行政调解工作暂行办法》;组织赴四川眉山等地调研行政调解机构设置及推进工作经验,积极向政府争取设立了行政调解工作指导处,行政调解机构建设取得根本性突破。协助承办了国务院法制办《行政调解条例》立法调研会,行政调解工作影响不断增强。2013年全市各级行政调解机关共办理行政调解案件4555件,调解成功率达96.5%。

5. 行政复议委员会组建取得突破

围绕行政复议体制机制创新的要求,成立了市政府行政复议委员会,设立了市政府行政复议委员会申请接待中心,召开了市政府行政复议委员会第一次全体会议,审议出台了《扬州市人民政府行政复议委员会工作规则(试行)》

等四项工作规则，行政复议体制机制创新工作在市政府层面上得到了突破。市政府行政复议委员会的成立，为各县（市、区）政府建立行政复议委员会作出了良好的示范及引导，目前市辖江都区、邗江区政府行政复议委员会也正在筹备中。

6. 行政执法情况通报制度取得突破

为进一步提升行政执法监督工作质态，将行政权力真正关进制度的笼子里，2013年8月，制定出台了《扬州市行政执法情况通报制度（试行）》，在江苏率先创设了行政执法情况通报制度，制度规定，对在行政执法监督、行政复议案件办理、规范性文件备案、行政执法案卷检查等过程中发现的所属工作部门和下级人民政府违法问题，市、县人民政府要强化督察通报。执法情况通报制度的颁布实施，创新了行政执法监督方式，有利于进一步放大行政执法违法成本，激发行政执法机关及其工作人员守法的内生动力，强化守法自律。

（三）创新常规环节，工作基础性进一步强化

1. 抓执法主体清理

2013年3月，市政府启动市级行政执法主体清理工作，进一步扩大了清理范围，改变过去只清理行政处罚主体的做法，将清理对象拓展到包括行政许可、行政处罚、行政强制等主体在内的所有行政执法主体。经审核确认，市级层面共有181个单位具有行政执法主体资格，其中，法定行政机关63个、法定授权组织100个、行政委托组织18个，清理结果通过中国扬州、扬州政府法制网站等媒体向社会进行了公布。宝应县、高邮市、江都区、广陵区也开展了行政执法主体资格清理确认工作。

2. 抓执法依据清理

2013年初，市政府全面启动了规范性文件定期清理工作，并首次将规范性文件清理工作与执行规范性文件实施后评估制度和规范性文件5年有效期制度相结合。这是在丰富规范性文件实施后管理制度内涵、提升制度建设质量方面所作的一次创新探索，规范性文件的全面及时清理为依法行政开展提供了源头保障。经过清理，决定保留81件，修改36件，废止23件。

3. 抓执法能力提升

围绕进一步运用法治思维和法治方式的能力，根据全市行政执法人员三年轮训方案的要求，连续第三年举办全市行政执法人员法律知识培训班与政府法制干部培训班，市直600多名行政执法人员与法制干部参加了培训。培训坚持高层次定位、严要求考核，邀请国办、省办领导及南京大学等知名专家授课，并集中组织考试，通报考试结果，对不合格者取消行政执法资格，强化培训严肃性与权威性。全年，共有9名执法人员因缺考或考试不合格被取消执法资格。

4. 抓行政指导深化

在近年来行政指导试点工作的基础上，根据江苏省全面推行行政指导工作意见的要求，制定了全市全面推进行政指导工作的实施意见。2013年7月，召开了全市行政指导工作推进会，强化了全市面上行政指导工作的推动；借助全市法制处长双月交流会平台，对市直部门行政指导工作推进情况进行专题研讨与督察推进；开展优秀行政指导案例编写工作，进一步强化行政指导推进工作指导。江都通过召开行政指导工作推进和现场座谈会，要求各单位做到"七个一"，确保了行政指导工作全覆盖与规范运行。

5. 抓复议规范化建设质态提升

在近年来推进行政复议规范化建设的基础上，2013年，以《江苏省行政复议工作规范化建设标准》为依据，结合扬州实际，市政府制定了《关于推进市政府行政复议工作规范化建设的实施方案》，明确了全市行政复议规范化建设的标准、实施进度、完成时间和具体措施。以江苏省人大、扬州市人大行政复议法执法检查为契机，查找不足，落实整改措施，行政复议工作质态明显提升。

（四）坚持民本导向，工作开放性进一步扩大

1. 坚持立法公众参与，制度决策进一步民主

坚持将公众参与理念贯穿于政府规范性文件制定始终，探索开放式制度建设机制，进一步增强制度决策与实施的群众基础。一是抓立项公众参与。广泛征求人大代表、专家和社区群众意见，把好规范性文件制定立项关。二是抓公

众参与制度建设。着力推进规范性文件草案全部网上征求意见工作，规范性文件草案网上公布率为100%；利用日报、晚报等媒体加强宣传，营造公众参与氛围，激发公众参与热情；就《扬州市市区机动车停车场管理暂行办法》等涉及民生的重点规范性文件，组织召开了立法听证会、专家论证会和新闻发布会。三是抓公众参与载体建设。在10个社区建立政府"立法"民情联系点，出台相关配套工作制度，推动了公众参与政府立法常态化，全年共有10件市政府规范性文件以不同方式征求了"立法"民情联系点意见。广陵区在文昌花园等11个村（社区）设立了"立法"民情联系点，多方位、全过程吸纳群众意见。邗江区在新浪网正式申请开通了官方微博"邗江法制"，进一步拓展政府法制与法律专家、社会团体及群众交流的平台。

2. 坚持复议听证审理，个案裁决进一步公开

2013年，市政府对全部进入实体程序的行政复议案件均进行了听证，听证率为100%；在坚持听证审理方式的同时，也一并强化了行政首长出席行政复议听证会制度实践，行政首长出席行政复议听证会率为100%。基于听证程序构建的公众参与平台，行政复议决定质量得到了保障，全年，没有一件当事人因不服行政复议决定而提起行政诉讼的案件。

3. 坚持公众参与评价，考核结果进一步公正

为进一步增强依法行政考核工作公信力，着力对依法行政考核评价体系作了进一步优化，进一步强化了公众参与，推动建立依法行政社会测评机制。在考核人员组成上，从行政执法监督员、行政复议专家咨询员、政府立法咨询员中选择人员参与考核，体现考核主体的多元化；在考核方式上，通过在社区召开座谈会，填写测评意见等方式，将群众评价意见纳入考核分值体系，体现考核评价体系的开放性。

二 2014年全市政府法制工作形势预测

在加强和创新社会管理的宏观时代背景下，2014年政府法制将面临以下几个方面的机遇与挑战。

（一）法治政府建设已成为政府治理的核心内容

十八大报告提出，到 2020 年依法治国基本方略全面落实，法治政府基本建成。报告将法治政府建设纳入依法治国基本方略框架之下，实现了从"建设"到"建成"的转变，使法治政府建设的地位和政治依据发生了根本性变化。法治政府建设成为党的号召，成为治国理政的基本方式，成为建成小康社会的重要举措。高度法治化是现代政府的重要标志。政府的职能是依法加强宏观调控和市场监管，以改善需求结构、优化产业结构、促进区域协调发展、推进城镇化为重点，着力解决制约经济持续健康发展的重大结构性问题，维护市场和社会交易的正常运行，从而促进经济社会的良性发展。这一点成为推进全市政府法制工作必须坚持的基本理念。

（二）政府法制工作职能不断被凸显

随着我国市场经济的快速发展、民主法治建设的逐步推进，人民群众的法治意识逐步增强，越来越注重通过法律渠道来表达利益诉求、维护自身合法权利。在日常工作中，许多领导干部已逐步认识到依法行政的重要性，依法行政的自觉性逐步增强，在实际工作中也更加重视政府法制工作，政府法制机构在党委政府决策和各项工作中扮演着越来越重要的角色。政府法制工作职能的不断凸显要求政府法制工作部门进一步强化服务意识、科学谋划、统筹协调、指导督促，深入推进依法行政水平的提升。

（三）简政放权将成为常态性工作

根据李克强总理提出的"本届政府任期内把现有行政审批事项再削减三分之一以上"的要求，国务院已全面启动了行政审批事项清理工作，国务院常务会议已研究决定取消和调整了多批行政审批事项。江苏省政府也于 2013 年 8 月下发取消和调整行政审批事项的文件。而今后一段时期，国务院将会对行政审批事项作多批次取消和调整，取消和调整行政审批事项将成为政府的一项常态性工作。因此，扬州市各地应当根据国务院和省政府的要求，明确简政放权职能部门，及时对行政审批事项作出相应调整，做好衔接工作，重点对取

消和调整后的落实情况进行督察,杜绝个别地方和部门在实际操作过程中明减暗增,变相行使。

(四)统一规范"三区"权力亟待加强

深化市区融合发展对进一步科学配置区政府权力提出了要求,要在做好前期权力取消与下放后的管理衔接工作,确保简政放权工作得到贯彻落实;在督察、规范前期市级部门向广陵区归还、下放或派驻权力的基础上,按照"同城同权同责"的要求,厘清各区现有权力运行的基本情况,标准化推进"三区"权力统一,逐步统一"三区"行政权力名称、数量、运行程序等。

三 对策建议

2014年,全市各级政府法制机构要紧紧围绕法治政府建设这一主线,把握服务发展和法治惠民这两个方面,突出提高制度建设质量,规范行政权力运行,加强和创新社会管理,具体做好以下四项工作。

(一)抓创新驱动,努力打造工作特色

创新是前进发展的不竭动力,做好政府法制工作同样需要创新来加以驱动。十八大以后,省委省政府提出了努力实现"一个先导区、五个位居前列"的法治建设目标总要求,这些都对政府法制工作创新提出了更高的要求。各地政府法制部门要在创新项目推进上狠下功夫,按照既定的创新项目计划要求,进一步采取措施,明确步骤,扎实推进创新项目得到有效开展。在推进自选创新项目开展的同时,要按照省、市要求,积极推进行政执法情况通报制度、行政复议委员会试点、相对集中行政处罚权向建制镇延伸等创新工作。

(二)抓重点突破,破解难点热点问题

进一步研判形势,准确认知政府法制机构在新时期的职能定位与工作重点,正确把握领导与群众关切的热点难点问题,努力使政府法制工作与党委政府的要求相适应,与人民群众的需求相适应。在提升法治思维和运用法治方式

能力上取得突破，持续深化推进行政审批、行政权力下放工作。按照国务院行政审批制度改革的要求，进一步取消和减少审批项目，进一步优化行政审批程序。在行政调解和行政指导上取得成效，为全市社会经济发展创造和谐稳定的环境。在执法监督针对性、有效性上取得突破。通过行政复议规范化建设这个契机，在方便当事人、优化接待受理环节方面取得突破，充分体现行政复议解决行政争议主渠道的作用。

（三）抓层次提升，优化质态提高水平

在夯实常规工作基础之上，进一步加大创新优化力度，努力培植各种工作抓手，通过深入推进县级政府法制工作规范化示范单位创建，在政府法制机构建设上注重基础性突破；在现有行政复议工作规范化建设的基础上，进一步吃透国办、省办复议工作规范化建设新要求，拾遗补阙，在行政复议规范化建设上注重持续性深化，更加方便群众，保障群众合法权益；始终坚持规范行政执法行为这一关键，开展行政执法规范化创建活动，提高行政执法监督的针对性和实效性，着力构建从行政执法资格准入到行政执法资格退出的一体化行政执法规范化体系建设，在行政执法监督上注重系统性推进。

（四）抓自身建设，增强服务大局能力

政府法制机构自身建设是政府法制工作健康有序开展的前提与保障，是发展政府法制事业的主线。随着经济社会的快速发展，政府法制部门工作内涵与外延发生很大的变化，工作领域越来越宽，涉及面越来越广，承担的任务越来越繁重，必须更加高效地整合资源、配置力量，更有针对性地抓重点、带一般，确保各项工作融入全局，取得实效。要重视提升服务党委政府中心工作和重点工作的能力水平，重视将工作触角向基层延伸，更好地服务群众，重视加强政府法制工作队伍专业化、知识化建设，重视形成争先创优、服务大局的氛围。通过有针对性地系统培训研讨和开展形式多样的宣传培训，不断提高政府法制干部专业化水平。通过开展县级政府法制工作规范化建设示范单位创建、基层法制队伍示范活动，把工作更多地向基层延伸。

B.25
扬州"双高"人才引进与培养对策研究

扬州市政协社会和法制委员会课题组*

摘　要：

　　本文阐述了近年来市委市政府在"双高"（高层次、高技能）人才引进和培养方面取得的成绩，全面分析了面对激烈的人才竞争环境和建设"世界名城"的要求，扬州市"双高"人才在总体发展、引才主体作用发挥、创新创业空间、人才支撑环境及人才工作机制等方面存在的问题，最后从实现人才战略、推动扬州经济和社会发展等角度，针对性地提出了发挥企业主体作用、打造人才创新创业的事业平台、营造宜居宜聚的人才环境等相关对策建议。

关键词：

　　"双高"人才　成绩　问题　对策建议

2013年，扬州市政协社会和法制委员会课题组就全市的"双高"（高层次、高技能）人才引进和培养情况进行了专题调研。本次调研范围以市区为重点、企业为主，调研组听取了组织部、人社局、财政局、经信委、国资委、科技局、工商联、企业家协会、技师学院等部门情况通报，在市、县两个层面召开了企业代表和"双高"人才代表座谈会，深入了解扬州市"双高"人才引进和培养情况，听取意见和建议。现将调研情况汇报如下。

---

* 课题组负责人：王少鹏。课题组成员：苏迎春、徐跃、杨哲、周晓华、仲子午、曹卫国、宗有伟、何永桂、沈芳（执笔）。

扬州"双高"人才引进与培养对策研究

一 扬州市"双高"人才引进和培养的主要成绩

近年来,市委市政府强化"人才强市"理念,坚持"项目为王、人才为纲",采取一系列有效举措推进扬州市"双高"人才引进和培养工作,取得明显成效。

1. 领导重视,"双高"人才工作机制逐步健全

市和各县(市、区)均成立了人才工作领导小组和专门机构,明确了领导小组及成员单位职责;建立了目标考核机制,将人才工作考核结果纳入党政正职考核范畴;编制"十二五"人才发展规划,将人才工作规划纳入全市经济社会发展总体规划;召开全市人才工作大会,制订市人才发展行动计划,明确了到2020年全市人才发展的总目标;全市已形成党委政府统一领导,组织部门牵头抓总,有关部门各司其职的人才工作格局。

2. 重点突出,"双高"人才工作力度不断加大

一是人才政策相继制定出台。先后出台《关于进一步加快引进并用好优秀人才的若干规定(试行)》《关于加强高层次人才队伍建设的意见》《关于加快建设科技产业综合体 推进企业人才加速集聚的意见》《关于加强企业人才引进和培养工作的意见(试行)》;各县(市、区)也制定出台了相关人才政策,初步形成扬州市人才引进、培养、使用和激励的政策体系。二是经费投入优先保证。市、县两级严格按照财政一般预算收入的3%提取人才专项资金,用于人才引进、培养、使用和奖励,2012年市级财政人才工作专项资金达1亿元,占市本级财政一般预算收入的4.5%,同时鼓励企业按不低于销售额0.6%的标准设立人才发展资金。三是部门工作有序推进。例如:人社部门积极开展全市"十万职工大练兵、万名职工大比武""扬州技能状元大赛"等职业技能竞赛活动,发现和培养了一大批高技能人才;经信部门通过各种专家讲座(论坛)、举办高级研修班等形式,加强优秀企业家培养工作;科技部门主动配合做好政策解读和"千人计划""双创计划""企业博士集聚计划""绿扬金凤"等国家、省、市项目申报工作,积极引进高层次科技创新人才。

3. 形式多样,"双高"人才引进和培养途径不断拓宽

一是依托载体聚才。充分发挥平台聚才作用,依托扬州市汽车及零部件、

数控金属板材加工、智能电网等特色产业基地，中科院扬州应用技术研发与产业化中心、南大—扬州光电研究所等产业研发平台，国家级、省级企业"两站三中心"等载体建设，筑巢引凤，吸引创新创业团队、科研机构和专业服务机构进驻，集聚研发人才。二是举办重大活动招才。多次主办、承办高层次人才交流活动，组团赴海外招聘高层次人才，赴重点高校举办专场招聘会，参与国内高层次人才交流，定期举办"院士扬州行"等活动；充分发挥省"科技镇长团"资源优势，开展"百名博士进百家企业""教授博士柔性进企业"等活动。2013年邗江举行"博士进企业集中签约活动"，147名博士与企业集中签订了20个产学研合作项目。三是组织特色工作引才。宝应县积极组织"三排三寻"活动，近两年来先后引进百名博士在宝应创新创业；江都市通过实施三大计划、推进三大工程，引进集聚各类人才，提升了人才队伍素质。

4. 效果初显，"双高"人才集聚逐步推进

2012年底，全市人才总量达55.24万人（周边地区南通84.6万人、泰州60.8万人），其中高层次人才3.61万人（南通4.4万人、泰州3.09万人），占比达6.5%；高技能人才12.33万人（南通19.25万人、泰州11.51万人），占人才总量的22.3%。累计有27名"千人计划"人才落户扬州，140名创业创新人才入选省"双创计划"，86名企业博士入选省"博士集聚计划"，2个科技创新团队入选"省创新团队计划"，累计获国家、省级人才专项资助资金达1.2亿元，帮助扬州市企业引进445名教授、博士开展科技创新，实施横向合作项目168个。市"绿扬金凤计划"实施以来，带动项目投资资金达4亿多元，新增销售18.96亿元、税收6100万元，引进专利1000项，其中发明专利500多项，带动引进具有国际化背景的高层次人才2000多名，初步形成人才带动项目落户、推动科技进步、引领产业发展的良好效应。

二 扬州市"双高"人才引进和培养中存在的问题

面对激烈的人才竞争环境以及建设"世界名城"对人才工作的新要求，"双高"人才的引进和培养仍存在如下问题。

1. "双高"人才的发展不够平衡

一是人才总量和活力相对不足。人才总量偏少，且项目合作的多，安家落户的少，符合产业发展需求、引领企业实现技术转型升级的领军型人才和团队紧缺。高端经营管理人员和技术人员引进难，为产业领军型人才配套的中低端人才合理结构也尚未完全形成。二是对高技能人才重视不够。据调查，高级技师的求人倍率达到2.75，企业对高技能人才的需求迫切，部分工程的高技能人才紧缺，培养滞后。但政府人才政策侧重管理和研究型人才，企业技能人才因待遇落实难到位，造成流动频繁、流失快。三是本土人才的吸引和培养不到位。潜在的人才储备流失严重，2008年扬州市共录取大学本科学生1.49万人，2012年，扬州市共吸纳大学本科毕业生0.9万人，人才净流出39.6%；据了解，高邮等地的本科以上学生回原籍就业的数量不到1/4。

2. 引才主体的作用发挥不够充分

人才引进政"热"企"冷"现象客观存在。科技型及规模实力较强企业对"双高"人才的引进和培养使用较为重视，部分企业则对省市各种人才引进洽谈活动积极性不高，参与意识不强，缺乏长远的人才培养计划及引进、使用和激励机制。分析原因，一是全市规模以下中小企业约占总数的95%，经营方式粗放，缺乏科研基础条件和信息、技术来源，引才难度大；二是企业管理理念落后，顾虑引才成本高、风险大，缺乏企业人才发展规划和举措；三是人才引进及使用市场配置程度高，企业担心核心技术泄露，技能人员流失；四是职校生源质量普遍下降，专业设置不尽合理，实践教学薄弱、短缺，多数企业也仅限于简单操作技能上岗培训，缺乏人才培养的长远眼光。

3. 创新创业的空间不够充足

一是产业集聚度不高。劳动密集型企业居多，资金及技术密集型企业较少，企业自有研发中心为数不多，具有自主知识产权的产品比例偏低，高科技企业特别是龙头企业偏少，人才的发展空间偏窄。二是平台承载力不强。人才创新创业载体总量不足、层次不高，国家级和省级平台不够多。因可获政府资助，企业建设博士后工作站、研究生工作站等载体积极性高，但使用率并不高，一些县（市、区）、开发园区的企业博士后科研工作站（博士后创新实践基地）建成多年，无博士进站；有的创新载体缺少科研院所、院校等科技资源的支撑，特色产业园区和专业化创新创业平台不多，人才集聚不易。

4. 人才环境支撑不够有力

一是激励政策缺少配套措施。高层次人才住房、家属就业安置、子女入学等方面的政策操作性不强。据调研了解，高层次人才子女上优质幼儿园或小学要求难以满足；有的博士反映家属就业难以安排同类岗位。二是城市配套设施有待完善。各产业园区周边的医院、商场、学校、公交等设施不足，档次不高，缺乏对人才特别是高端人才的吸引力。有的园区没有或只有一路公交车，出行很不方便；有的企业地处沿江，离市中心较远，未成家人才因生活圈子受限，难以解决个人婚姻问题或将来子女教育问题。某企业反映1年引进20人，辞职的就有8人。三是人才服务有待提升。据调研，国家"千人计划"创业性企业——"伯克生物"部分用地指标未完全落实，企业环评无法通过，消防审批手续无法办理，区域内道路及配套基础设施未到位、所需供热管网无法铺设等问题已严重影响了企业发展，至今无法解决。同时有人才代表发出疑问：扬州到底有哪些人才政策？流程是什么？扬州虽很宜居，但行业学术交流不畅。有企业表示，对本地初创的科技型企业，政府扶持、推动发展不够；相关人才政策如省拨经费等，兑现不及时。

5. 人才工作机制不够完善

一是考核不够科学。考核指标设定侧重于数量，引进人才所发挥的作用未充分体现，且未充分考虑各县（市、区）之间的经济差距和产业发展规律，可能会出现"为招才而招才"现象。二是衡量标准略显单一。学历、资历仍是引进人才的主要标准，不利于工作实践中创新能力强、操作技能高的各类人才人尽其才、才尽其用，脱颖而出。三是工作方式有待提升。企业迫切需要带技术、带项目的高端人才，政府大规模拉网式的组团招聘方式针对性并不强，企业回应冷淡。人才专项资金的使用主要集中在高端产业化人才，对现有人才、本土人才的后续培养及技能提升方面重视不够，促进作用不强。

三 "双高"人才引进和培养的建议和意见

"双高"人才的引进和培养对于推动扬州市经济和社会发展，实现"人才强市"战略，建设"世界名城"目标，有至关重要意义。为此，针对以上存在的问题,调研组提出如下建议和意见。

1. 进一步优化"双高"人才的质量和结构

一要加大高技能人才培养力度。构建高技能人才培养体系,加大政府购买高技能人才培训成果力度,通过对培养高技能人才方面作出突出成绩的职业院校、企业给予支持和奖励,企业"革新奖""能手奖"等技能人才评价,职业资格鉴定等相关措施,来提升企业自主培养技能人才、技术工人劳动技能主动提升的双重积极性。鼓励重点企业与技师学院等职业院校合作办学,以共同需求为纽带,量身定制技能人才;依托职校和一批骨干企业,加强高技能人才培训基地的建设,以企业为主体,结合技术创新和技术改造,以集中培训、岗位培训、劳动技能竞赛、校企合作等形式,加大高技能人才特别是支柱产业高技能人才的培养。二要重视本土人才培养。继续实施创新型企业家培养、能力提升计划,有计划地选派优秀企业经营管理人才到高等院校、国内外知名大公司接受创新能力培训,举办产业发展高层论坛、国家职业经理人资格认证培训班等,不断提升企业家的战略思维和创业创新创优能力;加大对扬州市高等院校、职业院校的教育投资,提升教学科研水平、优化专业设置,积极培养符合扬州市产业需求的创新创业人才和应用技能型人才;加强本市高校学生留扬情况及扬州学生在外地就学回流情况的调研,做好渠道畅通等工作。三要将重点人才引进和结构优化并重。结合扬州市产业分类和人才实际需求,将以下三类人员列为引才重点,即掌握产业核心技术的实用型创新创业人才、企业高级经营管理人才和高级技工人才;同时,要重视高端人才团队引进,注重高、中、初级专业技术人员和技能工作人员的年龄及层次的优化,使"双高"人才在产业、区域间的分布及其结构更加趋于合理。

2. 进一步发挥企业引才育才的主体作用

正确界定政府在人才工作中的引导和推动地位,充分发挥市场机制在"双高"人才配置中的基础性作用,有效提高引才效率。一是完善以企业为主体的技术创新体系。充分发挥扬州市科技创新奖励等相关政策的引导作用,强化企业在产学研结合中的主导作用,支持大企业建立研发中心,为中小企业技术创新搭建服务平台,扶持引导科技型、成长型企业的技术创新活动,形成拥有自主知识产权的主导产品,激励企业成为研发投入的主体、技术创新的主

体、创新成果应用的主体,并以科技项目为依托,最终成为引进、培养、使用高端人才的主体。二是服务企业人才需求。建议深入企业进行人才需求的调研走访,了解企业的人才和技术需求情况,发挥部门优势,有针对性地帮助企业与高校、科研院所搭建桥梁纽带,指导、帮助企业开展人才招引、技术攻关、开发技术创新项目等。支持和鼓励企业因企制宜,"不求所有,但求所用",既重视带项目带技术的人才引进,也重视技术服务、科研合作、解决技术难题等的灵活引智。三是提高企业人才开发水平。积极帮助企业申报"千人计划""双创计划""绿扬金凤"等国家、省市人才项目及各类科技项目;充分发挥工商联、行业协会、人社等部门作用,引导企业将人才培养纳入企业发展规划,依法提取人才发展专项经费并确保用于职工技能培训;鼓励企业建立健全"培训、考核与使用相结合、与待遇相联系"的激励机制,如对突出的优秀技能人才提高社保缴费基数等,吸引人才,留住人才;对引进的高层次人才既可实行"年薪制""弹性工作制"等"按智分配"的薪酬制度,还可探索实施收入、带薪休假、进修学习等相结合的综合激励,同时引导企业强化科研团队建设,建立一支学科、年龄结构合理的核心研究人员与科研辅助人员队伍,强化企业知识产权保护意识,加强企业文化建设,增强人才对企业的认同感、归属感,实现人才发展与企业发展有机统一。

3. 进一步打造人才创新创业的事业平台

俗话说"家有梧桐树,引来金凤凰"。调研中,有人才代表说得好,人才不是招聘会招来的,他们注重的是"四看",即"看发展空间、看薪资待遇、看企业文化、看人文环境",但最终是看"事业平台、发展空间"。一是增强产业吸引力,筑巢引凤。围绕汽车及零部件、机械装备等基本产业,新光源新能源、软件与信息服务业等战略性新兴产业,船舶及配套件、石油化工等基地型产业以及食品加工、工艺美术等特色产业,加快转变发展方式,促进产业结构优化升级,积极培育一批重量级、骨干龙头企业,带动产业链形成,做大产业规模,推进产业集聚;除重视扶持重点企业更快发展外,积极推动中小企业转型升级,做大做强扬州市科技创新型企业,加大对初创、科技型企业的扶持力度,如对符合要求的产品在政府采购中能优先选用等,为扬州市"双高"人才集聚奠定重要基础。二是加强项目、园区、站点等载体建设。项目聚人才、人才引项目,加快引进和建设一批龙头型、基地型大项目,打造更多的高层次岗位和更广的发展舞台,吸引、培养、集聚高层次人才,促进项目工程与人才工程的有机结合;进一步提升园区集聚功能,通过强化项目招商引资工作,大力推进一批创新创业团队和专业服务机构入园,吸引和支持更多省内外研发机构在园区设立分支机构,加大园区与扬州大学及省内外高校的合作,着力开发拥有自主知识产权的核心技术,培育核心竞争力较强的规模骨干企业;积极发挥博士后工作站、工程技术研究中心等平台的引才作用,建议对扬州市已建的博士后工作站等平台进行调研和梳理,加强立项研究,消除"空壳"站点,切实推进产学研合作及企业的技术创新。三是加快科技产业综合体建设。认真落实有关文件,建设一批专业化的科技产业综合体,着力打造吸引高层次、国际化领军人才创业创新的新平台,切实增强各类平台在人才聚集、技术研发、科技孵化、成果转化等方面的承载力和吸引力,实现与产业的良性互动发展、高新技术与高层次人才的有效集聚。

4. 进一步营造宜居宜聚的人才环境

目前,各兄弟城市在人才引进、环境营造等方面纷纷出台优惠政策,面对逐步加大的潜在压力,扬州市应在人才环境建设方面有所突破。一是建立完善的政策环境。增强扬州市已有人才政策的操作性,建议借鉴广州等地的做法,教育、房管、人社和卫生等部门紧密结合工作实际,尽快研究制定人才子女入学、住房、家属安置、就医等配套政策和具体实施办法,针对吸引培养高层次人才工作中存在的经费支持、住房解决、医疗保障、子女入学、配偶就业等突出"瓶颈"问题,提出具体明确的系列扶持措施,建立强有力的政策体系。同时,加强与企业及人才的沟通联系与服务,及时将各类人才激励政策送进企业、送予人才,扩大政策知晓率,并切实兑现相关优惠政策。加强引进人才创新创业项目的跟踪服务,"伯克生物"的用地、道路等掣肘问题建议及时解决,助推项目早建成、早投产、早出效益,树立引才典型。二是建立优质的服务环境。建设更加完善的城市基础设施,在人才密集区域,大力推进人才公寓建设,积极发展公共交通,适当增加或开通公交线路和公交班次,逐步建设适合人才生活需求的就学、商贸、文化、体育及休闲场所等配套设施;加大公共卫生和医疗服务体系建设力度,提升医疗服务水平,加强人才医疗保障,在基

本医疗保险制度的基础上,可探索建立适用于引进人才的医疗保险,设立人才定点医院,积极开展高端医疗服务;加快落实引进人才的市民待遇,提升扬州市高层次人才服务中心的服务质量和服务档次,增加服务中心的科技政策咨询、投融资等服务功能。三是建立优雅的人文环境。充分发挥科技团体、学术团体、行业协会等社会组织联系面广、层次高、信息多,有助于拓展人才推荐和交流等优势,通过人才之家、人才沙龙等丰富多彩的活动平台,扩大政府、企业与人才的参与面,提高参与率,促进政府、企业与人才之间,人才与人才之间的学术交流和行业交流;繁荣和发展扬州文化产业,打造一批高水平的文化设施,提升城市的魅力与活力,适应和满足高端人才在信息、艺术、文化、学术交流等方面的多层次需求,以多元、活力、竞争的城市氛围引才留才。

5. 进一步完善科学的人才工作机制

要创新思维、开拓方法,实现扬州市"双高"人才的"引得进""留得住""用得好"。一是完善考核机制。建议充分考虑地区经济差距和产业发展规律,细化人才工作考核指标,可借鉴其他省市实行的数据考核与实地考核相结合、定性考核、定量考核与满意度测评相结合的考核方式,淡化人才数字观念,强化引进人才发挥作用的考核,通过科学的人才工作考核机制有效推动人才引进和培养工作健康发展。二是完善激励机制。引进人才应提倡能力本位,将学历、职称与专业技能、管理经验、职业操守等综合考虑。建议梳理、整合政府现有人才投入项目和资金,完善分级分类激励体系,重点加大先进制造业和科技创新领域高层次人才创新创业的支持力度,重点扶持带技术、带项目、带团队的高层次领军人才;注重奖励方式的科学性,奖励应与人才的工作业绩及贡献大小相结合,如一次性奖励重大成果与长期奖励相结合、争取上级组织奖励资金、所得税减免,对作出突出贡献的优秀企业家、高层次与高技能人才进行表彰,提高政治荣誉等。三是完善公共服务机制。建议对扬州市紧缺人才和人才总体状况及其需求情况进行调研,编制并公开发布扬州市紧缺人才需求目录,有效引导人才合理流动和配置;进一步加强扬州市人才市场及其网站建设,提供政策动态、人才招聘、服务流程、最新资讯等多角度、全方位的信息及服务,推进人才配置的市场化、信息化进程;加强人才工作相关部门之间的沟通、联系与合作,简化工作流程,实现信息、数据等资源共享,提高工作效率,提供有效服务。

B.26
扬州世界名城建设路径分析与研究

扬州市历史文化名城研究院、世界名城研究院课题组*

摘　要：

经过数千年文化积淀和改革开放以来具有个性的建设，扬州完全有建设成为世界名城的条件和基础。但就目前来看，扬州距离成为名副其实的世界名城，还存在一定的差距。扬州要厘清"世界名城"的概念与内涵，紧紧抓住名城建设的核心，在古代文化方面突出"两古一湖一非"（古城、古运河、瘦西湖、非物质文化遗产），在现代文明方面突出便捷化、国际化、现代化和人性化，着力建设"古代文化与现代文明交相辉映"的世界名城。

关键词：

扬州　世界名城　路径

"世界名城"概念的提出，应该是"中国名城"概念的扩大和深化，是将中国名城放在世界城市体系中考察，在更广阔的城市群体中提炼个性，是自身特色、品牌的再一次提升。所谓世界名城，就是具有较高的国际知名度和国际美誉度的城市。世界名城是在发达的经济、悠久的历史、特色的文化、特有的产品、独有的自然资源等某个方面或多个方面在全球具有重要影响，并在世界上得到广泛认可的城市。知名度和美誉度一般源于城市特色，举凡城市的自然环境、人文景观、经济实力上升到城市名牌的高度，在世界城市体系中脱颖而出，乃至成为国家或地区的重要标识并为世界所认同，这座城市就是世界名城。因此，"世界名城"称号具有"三无"特点：一无评选标准，二无认定机

---

* 课题组负责人：杨正福。成员：高永青（执笔）、张福明、邱正锋、方亮。

构，三无认可标志。显然，世界名城不是某个城市可以自我认定的，也不是某个国家可以认定的，而是世界公众公认的结果。

建成世界名城是扬州城市长期的目标和追求，是城市特色与文化长期积淀的结果，不是短期行为，不能急功近利，更不能将"世界名城"建设作为一场新的"造城运动"。建设世界名城离不开学习和借鉴，而学习和借鉴要慎选标杆，因为不是所有世界名城都具有借鉴意义，有的世界名城的成功经验是不可复制的。扬州要建设世界名城，一定要从扬州的实际出发，深入发掘潜力和特质，走出一条适合自己的世界名城之路。

一 扬州成为世界名城的可能性

经过数千年文化积淀和改革开放以来具有个性的建设，扬州完全有条件、有基础建设成为世界名城。

（一）扬州建设世界名城的有利条件

1. 扬州具有成为世界名城的历史基因

有着近2500年建城史的扬州，自古以来就是一座繁荣开放的城市。她历经汉代兴盛、唐代繁盛、清代鼎盛的三度辉煌，同时也是对外交往最广泛、最频繁的地区之一，可以说千年之前扬州就已经跻身世界名城行列。

唐代，扬州作为万里长江的尾闾、浩瀚大海的门户，其地理位置、经济地位相当于今日之上海。江河海交汇，城以水兴。便利的交通使扬州成为海上丝绸之路的重要港口，也是东方四大商港之一。扬州成为世界性的大都市。清代，扬州占漕运、盐务、河务三大要政之利，成为我国东南沿海一大都会和全国重要的贸易中心。富商大贾，四方云集，尤以盐业兴盛，富甲东南。扬州成为当时世界上十个拥有50万以上人口的大城市之一。近代，由于区域、交通、生产方式等多方面的原因，扬州失去了昔日的辉煌和繁荣。但不可否认的是，现今的扬州仍具有成为世界名城的巨大优势：扬州是目前国内少有的通史式城市，历代城池四至清晰，汉广陵城、隋宫城、唐子城遗址还保留着较为完整的地面遗存；扬州城遗址（隋—宋）是全国重点文物保护单位；5.09平方公里的明清古城历史风貌保存完好,古迹、遗址、文物众多。对扬州来说,国际性是扬州的历史基因。

2. 扬州具有成为世界名城的文化资源

悠久绵长的历史积淀了扬州深厚的文化底蕴。扬州诗文书画、国学研究、工艺传承蔚为大观。扬州剪纸、广陵琴派、扬州雕版印刷作为中国剪纸、古琴艺术、中国雕版印刷技艺的重要支脉,被列入世界非物质文化遗产名录。以评话、戏曲为代表的曲艺文化,以"三把刀"为代表的美食休闲文化,以玉器、漆器、剪纸、盆景等为代表的工艺文化和以扬州学派、扬州八怪为代表的学术文化等,是扬州传统文化的重要标志,在中国文化领域独树一帜。从扬州走出去的画家潘玉良在国际美术界享有盛誉,历史上新罗(今韩国)人崔致远、意大利人马可·波罗先后在扬为官,让扬州文化走向国际。在1915年巴拿马万国博览会上,扬州的传统特色谢馥春鸭蛋粉和"三和四美"酱菜获奖。颇受欢迎的扬州炒饭已走向世界,欧美、日本、中国香港等地的扬州风味菜馆,也纷纷挂牌售此美食,成为"外国人最爱吃的十大中国菜"之一。扬州这些独具特色的文化资源具有世界级影响力,不仅是联系城市过去与现在而且也是沟通中国与世界的文化纽带,是发展扬州特色旅游的宝贵资源,有助于将扬州打造成为国际人士体验中国文化的首选城市。

3. 扬州具有成为世界名城的交通格局

一般来说,世界名城都有较为发达的交通网络,这是一座城市成为世界名城的基本条件。扬州不仅有长江、运河等天然水运优势,也具有国际通达的立体化交通体系。环城高速、润扬长江大桥、宁启铁路、扬州泰州机场陆续建成,使扬州形成"公铁水联运、江河海沟通"的大交通格局,与世界的空间距离空前缩短,具备了相当高的国际通达能力。

4. 扬州具有成为世界名城的生态环境条件

生态优美的环境对于提升城市的美誉度和吸引力具有十分重要的作用。扬州河湖相映、碧水绕城,近年按照"保护水资源、改善水环境、建设水景观、弘扬水文化"的思路,通过持续开展水环境综合整治,城区水系实现活化、净化,形成了"水清、岸绿、景美"的系列水上游览线和生态休闲带,水体质量全面达到规划功能区标准。扬州绿意葱茏,风景秀美,全市绿化覆盖率达

43%，森林覆盖率达20.07%，呈现出一幅"城在园中、居在绿中、人在景中"的生态园林城市美景，先后获得"国家卫生城市""国家环保模范城市""国家园林城市""中国人居环境奖""国家森林城市""联合国人居奖"等称号。这些成为我们建设世界名城的生态基础。

（二）扬州建设世界名城的差距

就目前来看，扬州距离成为名副其实的世界名城，成为全世界人们向往的地方，成为外国人来中国的目的地城市之一，还存在一定的差距，主要表现在以下方面。

（1）文化深度挖掘不够。尽管扬州古城保护做了不少的工作，也取得了一定的成绩，在全国也具有一定的影响，但是，我们更注重历史街区、古建筑等物质层面的保护，而对文化的挖掘和传承不够，难以让外地游客在细节和内涵上真正感受到扬州悠久的历史文化，难以引起他们的认可和共鸣。如何使更多的国际游客产生"I found China in Yangzhou"的体验，还有不少工作要做，一些文化资源还需要深入挖掘。以隋炀帝为例，其与扬州渊源甚深，他最终死葬于扬州，其陵墓与其他皇陵的知名度不可同日而语。此外，扬州还有不少在中国文化领域独树一帜和具有世界影响力的文化资源仍有待挖掘和利用。

（2）城市推介乏力，知名度不够高。目前，扬州城市的国际知名度还远远不够高，这与扬州城市宣传投入少、推介手段单一、深度不够等有很大关系。例如，国内知道扬州是运河名城的人很多，但很少有人知道千里大运河是在扬州挖的第一锹。在国际宣传上则缺乏广度和深度。世界上知道扬州炒饭的多，但对扬州的城市形象了解的却很少。

（3）城市环境及设施与国际化要求尚有差距。城市环境及设施与国际化要求尚有差距，难以和国际接轨。尽管城市的路牌、停车场、公园等处进行了改造提升，实现了中英文双语，但是目前外国人进入扬州无障碍地游览或生活，许多方面仍有欠缺。

（4）缺乏国际知名产品。工业产品目前尚缺少国际知名品牌。农产品方面，虽然扬州稻米、荷藕、鸭、鹅等品种享有一定声誉，有"中国十大名蟹"之一的"宝应湖"牌大闸蟹、获得"国家地理标志"的宝应荷藕制品等有机农产品曾在国际农产品交易会上亮相过，但与国际知名农产品还有一定差距。旅游产品还停留在牛皮糖、毛绒玩具、酱菜、包子的层次，虽然有剪纸、漆器、玉器等高层次的文化产品，但外地游客接受程度不够，更难以走向国际市场。

（5）城市文明素质有待提高。作为城市文明的重要载体，市民的文明程度至关重要。市民中会外语的比例较低，对外沟通能力欠佳，距离国际化的市民还有不小的差距。政府服务窗口、行业服务窗口、通关服务窗口和服务行业等部门的服务质量参照国际标准，仍有进一步提升的空间。

此外，城市之间的竞争更趋激烈，扬州发展面临压力。建设世界名城尚未形成全民共识，建设世界名城的长期性与政府追求目标的阶段性之间存在矛盾等，都是建设世界名城面临的问题。

二　扬州建设世界名城的路径对策

"世界名城"显然不是一个筐子，任何东西都可以扔进去，各行各业各项日常工作不能都和"世界名城"捆绑在一起，不必求全责备，而是要紧紧抓住扬州名城建设的核心，即"古代文化"与"现代文明"，使二者交相辉映。在古代文化方面突出"两古一湖一非"（古城、古运河、瘦西湖、非物质文化遗产），在现代文明方面突出便捷化、国际化、现代化和人性化，这是扬州建设世界名城的最佳途径。

（一）推进历史文化保护与利用、改造与复兴

1. 将扬州建成世界遗产城市，为世界名城建设奠定坚实基础

扬州是1982年国务院公布的首批24座历史文化名城之一，当时，江苏仅有三座城市入选，另外两座是南京、苏州。南京明孝陵、苏州古典园林都已列入世界文化遗产名录，而扬州目前还没有一项世界文化遗产。扬州在中国历史文化名城中具有独特优势，保存完好的通史式的古城，虽然为扬州建成世界遗产城市奠定了很好的基础，但仍有许多工作要做。

扬州古城指18.22平方公里的扬州城大遗址范畴，包括唐宋城遗址、明清

古城区及北郊、西郊等区域。其中5.09平方公里的明清古城区（简称老城区），是国内少数保持完好的古城之一，较好保留了原有的空间风貌、街巷肌理、民居建筑以及民俗风情、人文生态等。全国像扬州这样遗产分布密集、格局完整、规模大、等级高、保存好的城市实为少见。

近年来，扬州投入30多亿元，按照"保护与利用、改造与复兴"的总体方针和"护其貌、美其颜、扬其韵、铸其魂"的保护思路，围绕5.09平方公里的明清古城区，精心组织实施了一系列工程，使古城整体形象和人居环境发生了显著变化。保护古城重要历史街区，对"双东"、仁丰里、康山文化园、彩衣街等历史地段进行整治改造，修缮"双东"街区历史建筑11万平方米；完成了街南书屋的复建，再现了街南12景；东关历史文化旅游区创成国家4A级景区。彩衣街综合整治过程中，变"居民搬迁"为"就地退让"，保持了原居民的生活状态。整治古城主干道街景，从2007年开始先后对文昌路、泰州路等8条古城主干道进行街景整治和美化亮化，对近50万平方米的乱搭乱建、不协调建筑和棚户区进行搬迁改造，有效保持了老城区传统风貌的协调统一。整治修缮传统民居建筑。对老城区500多户传统民居按照"自主参与、政府补贴"的原则进行整治修缮，提高了老城区居民的居住条件和生活质量。传承和展示历史文化，对古城区35处、17万平方米的盐商遗迹等历史建筑进行保护性修缮，利用修缮后的历史建筑建成并开放了中国剪纸博物馆等一批文化展示项目；挖掘并展示了东门、南门历史遗迹；通过标牌、立碑等方法，对古城350多处文物古迹、名人故居、古树名木、特色街巷等进行解读。探索老城改造低碳模式。2012年7月实施南河下老城低碳社区示范项目，探索采用现代工艺和低碳节能技术改造老城区传统民居的新路径。

以上工作无疑对扬州成为世界遗产城市有极大的推动力，今后要围绕建设世界名城的目标，着重提升古城整体质态，更好地发挥文化载体作用，使其成为中国古城保护的典范，并不断探索和创新，在国际古城保护工作中提升到举足轻重、有重大影响的地位。

扬州虽然有三个世界非物质文化遗产项目，但还没有一处世界文化遗产，是制约扬州成为世界遗产城市的瓶颈，如果拥有一处世界文化遗产，依托保护完好的古城，扬州成为世界历史文化名城是完全可能的。除了积极参与大运河申遗外，应创造条件，独立申报世界文化遗产项目。2012年底，国家文物局更新的《中国世界文化遗产预备名单》正式公布。扬州瘦西湖及盐商园林文化景观被列入，扬州与其他省市联合申报的"丝绸之路"项目也同时列入。一旦独立申遗成功，扬州加入世界遗产城市联盟，跻身世界遗产城市行列，扬州的知名度、美誉度和影响力将空前提高，届时扬州将无疑成为国外人士向往的世界名城。

2. 放大瘦西湖品牌效应，将蜀冈—瘦西湖风景区打造成世界级公园

世界上不少园林、公园景观在全球范围内享有盛誉，有的以优质卓越的自然资源著称，如美国的黄石公园；有的以悠久的文化历史享誉全球，如英国最大的皇家园林海德公园；还有的以辽阔的地理面积为世人知晓，如荷兰阿姆斯特丹Bos公园；有的以景色秀美、人文历史文化积淀深厚闻名，如日本东京的上野公园是日本的第一座公园（建于1873年），也是日本最大的公园，面积达52.5万平方米，园内有多处名胜古迹，并建有博物馆、西洋美术馆、东京都美术馆及上野动物园林等等，每年樱花开放的季节，都要在此举办隆重的"樱花祭"。这些公园在世界上具有较高的知名度与美誉度，堪称世界公园。

世界公园不是着眼于公园本身属性，而是着眼其产生的世界级影响力。所以世界公园一般具有很高的品性，在世界上具有高知名度，具有国际影响力。其内涵包括公园的品质、公园的知名度、公园的国际影响力、公园对当地经济发展的影响、公园能够成为各国民众的首选旅游目的地等五个方面。高品质、人性化的公园特质与高知名度、美誉度的国际影响力是世界公园的主要标志和特征，是构成世界公园的基本要素，也是定义世界公园的必要条件。

瘦西湖全长4.5公里，一个线形的水体两岸，北端的蜀冈之上密集地分布了园林寺庙以及其他文化景观20多处，形成了"两堤花柳全依水，一路楼台直到山"的独特卷轴画式园林景观，是扬州申报世界文化遗产的重要遗产点。

扬州蜀冈—瘦西湖风景区具有成为世界公园的特质，主要表现在四个方面：第一，蜀冈—瘦西湖风景区具有稀缺性和独立性，是世界唯一的历代城壕型文化遗址景观，城市园林和湖上园林是瘦西湖景区的最大特色；第二，蜀冈—瘦西湖具备非常好的景区品质，是国家第一批4A级景区，2010年又成为

国家5A级景区,是全国重点风景名胜区、全国唯一的文化旅游示范区;第三,蜀冈—瘦西湖景区内部管理规范;第四,对游客的抽样调查表明,到蜀冈—瘦西湖游览过的游客对景区评价都非常高。

蜀冈—瘦西湖景区近十年每年的游客总量都呈上升势态,但境外游客占比还较低。景区涉外接待能力有限,尤其是能熟练运用外语全方位进行讲解的导游数量还有限。许多外宾对扬州瘦西湖评价最多的就是,没想到瘦西湖会这么美,扬州会这么好。从中可以看出,瘦西湖、扬州在国际上的知名度不够、影响力也不够。

近年来,扬州实施了瘦西湖景区扩容和提升工程,先后完成了万花园、宋夹城考古遗址公园、傍花村、瘦西湖文化休闲广场等项目,瘦西湖景区扩大了5倍,也成为首个全国文化旅游示范区。当前要着重于提质、升级、扬名。按照国际化的标准和要求,在更大的参照系中,提升品质内涵,完善功能配套,改善服务水平,在立足现实的基础上努力提高旅游附加值,放大国家级文化旅游示范区的品牌效应,在更多的国际场合全方位宣传、推介,全面推进景区品牌由国家级向世界级转变,使其名扬海内外,成为名副其实的世界公园。

目前,蜀冈—瘦西湖风景名胜区扩容后的面积已远远超过温哥华的斯坦利公园和阿姆斯特丹的博思公园,成为世界上最大的城市公园。精致的园林造景、迷人的湿地景观、内涵深刻的文化遗存、休闲的生活方式将成为这座公园的突出特点。在建设世界名城的背景下,借鉴国外世界公园的发展经验,完全有可能将蜀冈—瘦西湖风景名胜区打造成为中国的世界级公园。

3. 将古运河打造成世界级旅游产品,积极推动大运河申遗

扬州是与运河历史共生同长的城市。千年大运河肇始于扬州,扬州是一座始于运河、兴于运河的历史文化名城,扬州和运河互为依存,相依为命,共兴共荣,运河成就了扬州的繁荣富庶,蕴含了扬州的开放包容,创造了扬州的灿烂辉煌。扬州段运河是最为古老、原有风貌保存最为完好、历史遗迹和人文景观最丰富的一段,扬州段大运河河道遗存包含中国最早的运河邗沟,以及东晋、隋唐、明清、现代各个历史时期的重要河段,见证了中国运河的发展,是中国运河历史悠久的见证。同时,扬州段运河航道等级最高、水面最深最阔,扬州又是南北交通枢纽、南水北调东线水口。正是由于上述各种原因,国家文物局优先推荐扬州为运河申遗牵头城市（参与运河申遗的城市共有 35 个）。

悠久的历史、丰富的文化，不仅确定了扬州成为中国运河文明的核心，也是扬州打造世界名城的宝贵资源。扬州古运河沿线自然环境优美，人文资源丰富，沿线有中国十大历史文化名街——东关历史文化街区、瓜洲古渡和个园、何园等特色园林景观，有闻名的杜十娘怒沉百宝箱、王播饭后钟等故事，还有众多的佛教、道教、伊斯兰教、基督教、民间宗教的场所。佛教有护国禅寺、禅智寺（上方寺）、香阜寺、长生寺、龙衣庵、宝轮寺、高旻寺等；高旻寺与镇江金山寺、常州天宁寺、宁波天童寺，合称我国佛教禅宗的四大丛林。道教有琼花观、天宝观等。伊斯兰教最著名的是城区的仙鹤寺、普哈丁墓园。基督教有天主教耶稣圣心堂等。

扬州历来重视运河保护工作。早在 20 世纪 80 年代，扬州在古城保护规划中就明确了运河保护的内容。90 年代末，扬州决定对全长 13.5 公里的古运河城区段进行综合整治，疏浚河道，拆违植绿，布置景灯，美化环境。把河道建成清水走廊，把城市建成亲水乐园。2008 年，扬州市又启动实施"运河文化公园"工程，通过东岸环境整治、西岸景观提升和沿线街景的美化亮化，形成古今辉映的运河文化长廊。

2013 年 3 月，由国家旅游局牵头，相关省市部门共同参与制定的《京杭大运河旅游线路总体规划》已通过专家评审。扬州成为该规划设计的"十六节点"重点城市之一。未来，将在扬州建设世界级运河旅游目的地，打造运河旅游产品集群，培育运河旅游品牌。

在《国际运河遗产名录》中，法国米迪运河、加拿大里多运河和中国京杭大运河作为运河遗产的代表而广受瞩目。米迪运河和里多运河已经是世界文化遗产，中国京杭大运河与其相比毫不逊色。

作为中国京杭大运河联合"申遗"的牵头城市，扬州借大运河申遗这一契机，做了大量工作。坚决保护文化遗产，把运河孕育的深厚传统文化传承好，守住城市的根和魂。自 2007 年 3 月以来，先后多次承办大运河保护和申遗工作会议，对推进大运河保护和申遗作出了重要贡献。自 2007 年开始，在扬州举办的世界运河名城博览会也很好地宣传了扬州大运河的价值。2012 年世界运河大会在扬州顺利召开，来自世界主要运河管理机构和数十个运河沿线

城市的代表来到扬州,感受中国京杭大运河的魅力和活力。

总之,利用国家发展运河旅游的机遇及运河申报世界文化遗产的契机,延伸整治古运河,全面提升古运河沿线景观,加快南门外街区域的改造,建设三湾湿地公园,深度挖掘运河文化内涵,加大古运河品牌("到北京看长城,到扬州看运河")推广力度;同时,把每年一度的世界运河名城博览会打造成更具全球影响力的国际盛会。今后将策划世界沿运河骑游大会、国际烟花大会、国际龙舟公开赛、国际运河音乐节、国际运河美食节、运河国际婚礼等一系列主题活动,进一步提升运河和扬州的知名度。

4. 重视传统文化遗产价值,为世界名城建设提供有力支撑

众多的非物质文化遗产展示了扬州古城深厚的文化底蕴。早在2006年5月,国家公布的第一批非物质文化遗产名录中,扬州就有7个项目榜上有名,第二批有8个。省级项目则有40个,市级首批项目更多达104个。其中雕版印刷技艺、古琴艺术、扬州剪纸均于2009年入选世界人类非物质文化遗产名录。扬州炒饭、扬州包子、扬州"三把刀"等在世界各地都可以见到。

要继续加大名人、名园、名宅的挖掘和展示力度,进一步加大世界非物质文化遗产的申报和宣传力度。在体现中国元素特别是扬州地方元素的前提下,利用扬州炒饭、扬州包子、扬州"三把刀"等具有世界影响的美食休闲文化,打响"世界美食休闲之都"品牌,并以此来带动扬州传统文化的推广。用这些扬州传统文化资源来为世界名城建设提供有力的支撑,使扬州成为感受中国文化的品牌城市,成为守望中国文化的历史名城。

(二)加快建设现代城市文明

扬州应该抓住难得的发展机遇,特别是区划调整的机遇,产业转型的机遇,城镇化的机遇,长三角地区作为世界级区域城市国家战略的机遇,乘势而上,对照国际化标准,建设文明现代城市,塑造名城形象。

1. 构建与世界名城相符的便捷、快速、现代化的交通体系

扬州要建设世界名城,必须构建快捷的现代交通体系。近期,要实现扬州区域交通长三角1小时到达,宁镇扬半小时到达。全面完善"一环七射"高速公路网。七射为:京沪高速、江海高速、沪陕高速江广段、京沪高速南延、扬溧高速、沪陕高速江六段以及扬宿高速，其中沪陕高速江六段、扬溧高速和京沪高速构成扬州高速公路环线。构建"一横一纵一联"铁路网，"一横"为宁启铁路，"一纵"为连淮扬镇铁路，一联为宁扬城际铁路。加快建设城市快速路网，构建"236"市域便捷交通圈，即城镇节点、重点园区、主要景区20分钟上高速、30分钟到火车站、60分钟到机场。加快启动宁扬、扬泰通和扬镇跨江轻轨前期工作，实现宁镇扬城市轨道线网无缝衔接。

2. 建设绿色、生态、人文、宜居的环境体系

良好的人文和自然生态环境是建设世界名城的前提和保障。继续大力推进"绿杨城郭新扬州"工程，每年新增城市绿地100万平方米以上，建成以蜀冈—瘦西湖景区、三湾城市公园和廖家沟风光带为核心的三大城市生态中心。大力实施"清水活水、不淹不涝"城市建设；全面整治城区河道，沟通活化市区水系。建设宜居的城市环境，参照新加坡"花园城市"的管理体系，加大城市管理的力度。

宜居城市不仅有青山绿水和蓝天白云，也应有良好的人文环境和鲜明的城市特色。扬州在建设宜居城市环境过程中，在借鉴国外世界名城经验的同时，一定要注意从扬州实际出发，突出扬州人文特色。扬州古城内建筑、街巷、路灯等要营造古典氛围。墨尔本是澳大利亚第二大城市、维多利亚州首府，号称"澳大利亚的文化首都"，是澳大利亚全国的文化、商业、教育、娱乐、体育及旅游中心。墨尔本多次获评全球宜居城市，是一座充满活力和欢乐的城市，不仅景色优美，而且具备深厚的文化底蕴，传统得到很好的保护与延续，19世纪的古老教堂和火车站依然在现代生活中发挥作用。从1859年建成至今，维多利亚女王市场已经有近150年的历史，其外观一直保留着原来的风格。昔日淘金者聚集的疏芬山现已成为一座大型的露天博物馆。城区内古老的商店、旅馆、邮局、作坊鳞次栉比，卖货的店主、巡逻的警察，甚至乘凉的婴童和老妇人都是19世纪淘金小镇的装扮，在21世纪生动再现着19世纪中期澳大利亚淘金热时轰轰烈烈的生活画卷。墨尔本的做法很值得扬州借鉴学习。

3. 完善更加人性化的城市服务体系

扬州建设世界名城，必须完善国际化的城市基础设施，处理好公共空间、城市环境、现代人三者的关系，充分考虑到城市基础设施的物质使用功能和精

神功能，提高其整体的艺术性，体现出城市特有的人文精神与艺术内涵，提高一个城市的文化品位。例如：一片绿荫下的几条座椅，一个汽车站牌与电话亭，甚至是一组社区的指示牌，这些虽然不如某一标志性建筑那么引人注目，但对城市的居住者和使用者更具有直接意义，它们能随时给人提供休息、活动、观赏功能，并为人们提供便捷的交流与互动空间。在完善城市基础设施时，特别要注重彰显人性化。瑞士苏黎世的公交车站安装了扬声器，以便在交通堵塞或车辆出现故障不能准时到达时及时通知旅客。扬声器也是指挥调度系统的一部分，其人性化的设置令人惊叹，值得学习。坚持以人为本的城市建设理念，优先解决群众最急、最盼的问题，确保让更多的群众分享城市发展成果。继续推进"八老"改造，加快各类农贸市场、邻里中心、城市公共停车场、社区医疗服务中心等便民服务设施建设，进一步改善市民的生活条件。

4. 树立融入世界文明的城市形象

要有科学明确的城市形象定位。国内一些城市在宣传推介城市形象时往往希冀多方面、立体化呈现，这容易分散人们对城市形象的集中关注，从而消解对城市形象的整体性认知。因此，需要对扬州城市形象进行科学提炼和大力传播，建构起令人印象深刻的城市形象。北京的恢宏与博大、巴黎的浪漫与优雅，均是这些城市对城市自身优势资源长效传播的结果。要研究不同的目标受众，细分沟通目标。不同的国家和地区在思想文化、风俗传统、审美习惯等方面存在较大的差异，这需要城市形象传播在把握目标受众文化心理的基础上，细分沟通目标，实现理想的传播效果。在进行城市推介时，借助鉴真，加强与日本的交往；借助马可·波罗，推进与欧洲城市的交流合作；借助崔致远，加强与韩国在经贸、文化等领域的交流；以普哈丁为媒介，加强与埃及、沙特等中东城市的交往。整合营销传播，善于运用新媒体。整合营销传播理论的核心是借助广告、促销、公关、新闻、包装等传播方式，用"一个声音"塑造城市形象。要善于运用新媒体对城市加以宣传，如开设城市博客、旅游微博等。韩国首尔的城市营销传播值得学习。首尔在新浪开有博客，详细介绍首尔的风景、美食、生活、旅游等，赢得极高的人气，点击量逾百万；首尔还在中国最大的视频网站优酷上搭建官网，投放广告并多次举办活动,使首尔的城市形象在中国获得巨大成功。必须着力提升市民素质,培养面向国际化的现代市民。市民素质是衡量城市现代化水平和综合竞争力的决定性因素,市民素质的提升也是建设世界城市的主要问题和挑战。借鉴国内外先进城市的经验,结合扬州市的实际情况,提升扬州市民的市民素质以适应国际化的要求,通过素质的提升,逐渐培养起适应现代化和国际化的市民群体。

5. 不断壮大经济实力,夯实世界名城建设的经济基础

扬州打造世界名城的最终目的是让居民有幸福感,不断提升居民的幸福感,这主要靠经济实力。只有不断壮大经济实力,才能为世界名城建设夯实经济基础。一座现代城市的发展,离不开产业支撑。纵观世界名城,总有一些与这些城市特质相吻合、发展相伴随、经久不衰的支柱产业、特色产业,如底特律的汽车、米兰的服装、曼彻斯特的创意、威尼斯的旅游等等,这些就是它们的"基本产业"。这些"基本产业"代表着城市的实力、特色和品牌。扬州的基本产业,应当是符合扬州城市特质的产业,其吸纳的用工、集聚的人群要与城市的定位和气质相匹配;应当是在扬州有一定的发展传统、具备一定的产业基础,并具有成长性的产业;应当是覆盖第一、二、三产业,能够做大规模、提供就业、创造税收,同时又不引发污染、不破坏环境的产业,可以在全市范围内普遍发展的产业。只有基本产业稳定发展,经济的基本面才能稳得住,税收、就业的波动性才小。扬州的基本产业有哪些?汽车产业是第一优先发展的基本产业。汽车产业是产业链最长、配套企业多、带动能力最强、对地方产业发展集群效应最为明显的一个产业。扬州的汽车产业有着良好的发展基础,随着上汽仪征整车、潍柴亚星客车、江淮汽车等一批重大项目的落户,扬州汽车产业迎来了千载难逢的发展机遇。旅游、软件和信息服务、建筑、机械和教育等产业也应该是扬州大力发展的"基本产业"。旅游业是扬州的传统优势产业,不仅创造了大批就业岗位,带动了城市服务业发展,也成为营销城市的品牌产业。软件和信息服务业对环境、资源的要求低,对高端人才的吸纳能力强,可以促进创业、就业、置业,对城市经济的拉动作用不可估量。建筑业是扬州农村劳动力转移的重要渠道,是致富群众的特色产业,也是扬州的传统优势产业。机械制造是扬州的五大支柱产业之一,波动性较小、抗风险能力强,要着力推进这一产业的高端化发展。扬州提出发展"基本产业",无疑为建设世界名城提供了强有力且稳定持久的产业支撑。

参考文献

陆军:《世界城市研究:兼与北京比较》,中国社会科学出版社,2011。

付宝华:《城市主题文化与世界名城崛起》,中国经济出版社,2007。

韩欣主编《世界名城》,东方出版社,2008。

段霞:《世界城市发展战略研究》,中国经济出版社,2013。

周武忠、林宝荣、周康、邹春丽:《世界公园评价指标体系初探》,《中国名城》2012年第9期。

姜煜华、甄峰、魏宗财:《国外宜居城市建设实践及其启示》,《国际城市规划》2009年第4期。

B.27
基于世界名城建设要求的诚信体系研究

扬州市纪委课题组*

摘　要：

诚信是发展社会主义市场经济的基本条件，也是整个社会生活有序运行的重要基础。推进诚信体系建设，对于进一步优化经济社会发展环境，保护知识产权，促进企业诚信经营，维护市场运行秩序，招引优质新兴产业和高端人才，使扬州成为最受境外人员青睐的旅游地、最吸引国际资本投资的集聚地，真正建成古代文化与现代文明交相辉映的，具有中国特色、民族特点、江苏典范的世界级城市具有十分重要的意义。加强诚信体系建设是扬州建设"世界名城"必不可少的重要内容和核心指标。

关键词：

扬州　社会治理　诚信体系

一　扬州诚信体系建设的现实基础和发展背景

（一）建设成效

"十一五"期间，在市委市政府的正确领导下，扬州市按照"以法制为基础，信用制度为核心，以健全信贷、纳税、合同履约、产品质量的信用记录为重点"[①] 建设社会信用体系的总要求，有步骤、有计划、分层次地推进了社会诚信体系建设，有力地规范了市场经济秩序，丰富了"名城"建设的内涵，

---

* 课题组负责人：张勤。成员：费迅（执笔）、李锋、吴林斌（执笔）、杜彪。
① 国务院办公厅：《关于社会信用体系建设的若干意见》（国办发〔2007〕17号），2007年3月23日。

增强了扬州城市的软实力和吸引力。

——全社会信用水平得到提升。通过政府、企业和个人三大信用主体建设，有效地提升了全社会的信用水平。积极实施阳光政务，加大政务信息公开力度，健全行政决策程序，推行公共财政行政审计，落实行政执法责任制，政府行政公信力得到提升，政府信用形象得到明显改善，并以此引领了全社会的信用建设。通过行业部门信用监管、社会舆论监督和企业自身信用建设，全市企业的整体信用水平显著提升，市场交易活动日趋规范，信用交易快速发展。

——政府征信系统建设稳步推进。目前，已将全市108个部门（单位）列入政务信息公开范畴，将69个行政部门列入电子政务监察的范畴，将19个部门（单位）列入信息共享范畴。330万人建立信用信息档案户，在建筑系统为1270家企业和11700名执业人员建立基础信用记录，已形成各类评价标准共823条，其中不良行为评价标准639条，优良行为评价标准184条。全市已有330万人建立信用信息档案，在建筑系统为1270家企业和11700名执业人员建立了基础信用记录，市级数据已开始向信用服务中介机构免费提供信用信息数据①。

——信用信息应用成效显著。目前，企业和个人的信用信息已经在低保认定、缴纳公积金信用风险防范、产品质量检测、纳税信用监管、住房保障体系信用协查、企业信用评级等方面发挥重要作用，强化了对市场主体及分类人群的信用联合监管。中国人民银行的两大查询系统已成为扬州市商业银行贷款前审查的必经环节，在商业银行贷款后管理中也发挥着重要作用。

——信用监管与奖惩体系建设初见成效。"十一五"期间，扬州市信用政策法规体系不断完善，信用信息披露机制不断健全。发布实施了多项信用规章制度，为政府联合征信系统的运行提供了基础性政策保障。初步建立了市场性、行政性、司法性、行业性和社会性惩戒相结合的"失信惩戒、守信奖励"奖惩机制，综合惩戒效果得到发挥。工商、公安、质检、劳动人事、环保等政府部门结合各自的工作职责，依托联合征信系统的共享信息以及本部门的信用信息，切实加强了行业信用监管，查处了一批失信行为。

---

① 江苏省信用办：《诚信江苏建设综述》，wenku.baidu.com/view/9042221da76e58faf，2013年2月23日。

(二)存在问题

近年来扬州社会诚信体系建设取得显著成效,但征信系统建设、信用监管、市场运营和失信惩戒机制等方面,需要在今后进一步改进和完善。

——社会诚信体系建设的制度与文化环境仍需要大力改进。社会信用体系是社会主义市场经济体制的有机组成部分,其建设是一项长期性、系统性、探索性的工作,需要依靠各个方面的协调和配合。当前,一些制度性、文化性的因素还困扰着社会信用体系的建设。

——社会诚信体系建设的统一性和系统性有待加强。受政策限制,市政府联合征信系统和中国人民银行征信系统还未实现连接。行业部门、区域信用体系建设进展不均衡,公安、工商、建设等行业部门信用体系建设起步较早,成效较为显著,有些部门则进展缓慢。一些部门在信用体系建设中协同作业不够,可以共享的信息被人为分割,一定程度上造成了重复建设。

——市场主体诚信意识有待加强。市场主体的信用意识虽有所增强,但仍不能为信用行业提供坚实的市场基础。目前的信用一定程度上仍处于"熟人信用"和"关系信用"的阶段,"市场信用"和"契约信用"还未深入人心,信用产品还没有规模化的市场需求,制约着整个社会信用体系的良性运转。

——信用行业建设发育层次较低。信用行业的业务体系还不健全,信用咨询、信用评价、商账追收等现代信用行业的业务分支还没有发展起来;信用服务企业尚不成熟,尤其是信用中介服务机构数量较少、实力较弱、竞争力不强。政府对信用行业的监管也处于起步阶段,相关监管法规与行业协会建设均有待进一步提升。

——信用信息产品的应用领域有待拓展。信用档案和信用报告在政府采购、工程建设、公务员招录用、专业技术资格评定等领域的运用尚有限,制约了信用信息产品应用的社会化和市场化。

(三)发展背景

"十二五"前后,扬州经济社会进入"转型发展"的关键时期:市场经济体制将进一步完善,经济及产业将持续转型升级,和谐社会建设会更加紧迫,开放性城市建设管理将迈上新台阶，行政管理体制改革大力推进。所有这些，将对社会诚信体系建设提出更新、更高、更急迫的要求。

一是经济转型。经济结构转型、品牌经济崛起和服务业的加速发展对社会信用体系建设提出了迫切要求。以提升效率为核心的经济结构转型，需要社会信用体系降低信息不对称，降低交易费用。品牌经济中的商标、专利和专有技术等知识产权保护需要信用体系提供基础支撑。服务经济中商家与消费者信息不对称现象尤其需要加快信用建设。

二是社会转型。扬州整体社会的转型进程加快，和谐社会建设任务繁重。城市化进程继续推进，城乡统筹发展进入新时期，社会流动性进一步增强。社会行为主体从三缘（地缘、血缘、人缘）人向契约人转型，凌乱割裂的信息社会向网络信息社会转型，人口管理从户籍管理向居住地管理转变，促发了人事管理制度的改革创新。社会诚信体系建设是解决和谐社会建设上述几个方面问题的根本性方案。

三是政府转型。全能管理型政府向市场经济体制"守夜人"的服务型政府转型，要求不断完善经济制度体系，创新监管模式。通过信用体系的建设，用信用这条纽带将各个部门的监管连接起来，改变不同部门各自为政的现状，变具体行为监管为信用监管，变被动行政监管为行业的主动自我约束。

四是区域转型。随着国内统一市场的形成，行政区经济走向经济区经济。"十二五"时期，扬州将基本完成三个层次的区域经济一体化进程：长三角一体化，宁镇扬一体化，城乡统筹下的市域一体化。在这一进程中，企业和个人的跨区域经济活动将大大增加，成熟的社会诚信体系将成为促进区域经济一体化和区域转型的重要力量和关键因素。

二 扬州诚信体系建设的指导思想、基本原则、建设目标

（一）指导思想

遵循中国特色社会主义理论，按照世界名城建设的总体要求，以诚信道德

建设为基础,以社会信用体系建设为重点,以政务诚信、商务诚信、社会诚信、司法公信力建设为主要内容,加强诚信宣传教育,营造诚信文化氛围,加快信用法规建设,形成较为完善的社会信用体系。

(二)基本原则

按照上述指导思想,扬州社会诚信体系建设必须牢牢把握以下主要原则。

——规划协调,分类指导。根据现有基础和条件,加强规划协调,有步骤、分阶段地推进诚信体系建设;根据不同地区、部门和行业的特点,分类指导,稳步实施。

——政府主导,市场运作。充分发挥政府政策扶持和组织协调的作用,通过政务诚信的示范带动,促进诚信扬州建设健康有序发展;努力发挥市场机制的基础性作用,推进信用产品开发,培育信用市场,加快完善信用服务。

——健全法规,强化监管。加快制定地方信用法规规章,依法规范信用行业管理和信用服务;建立健全信用奖惩机制,加大对失信行为的惩戒力度,努力保障社会公众的合法权益。

——消除壁垒,协同推进。加强对信用信息资源的整合,消除部门和条块分割,实现信用信息互联和资源共享;调动社会各界积极性,加强协调配合,共同推进诚信体系建设。

(三)建设目标

到"十二五"期末,基本建立起符合国际惯例、适合中国国情、体现扬州特色、覆盖经济社会生活各个方面,与"世界名城"、全面小康社会协调,满足经济社会发展需求的社会诚信体系。把扬州建设成为信用制度比较完善、信用服务业比较发达、诚信环境国内一流的东部沿海地区社会信用体系建设样板城市。

扬州社会信用体系建设主要指标见表1,具体建设目标如下。

——政府联合征信系统进一步完善。企业联合征信数据平台覆盖率达到85%以上,个人联合征信数据平台城镇居民覆盖率达到80%以上,其中重点涉信人群(包括企业高管、个体工商业者、银行贷款者、会计、律师、评估

表1 扬州社会信用体系建设主要指标

序号	大项	指标名称	基准年	2017年目标	指标属性
1	政务诚信建设	应用联合征信平台的县(市、区)、乡镇(街道)级地方政府比重	—	90%以上	指导性
2		公务员信用培训覆盖率		80%以上	指导性
3		公务员考录、晋升信用审查率		100%	强制性
4	商务诚信建设	企业征信数据覆盖率		90%以上	
5		从业人员(有资质)信用数据覆盖率		90%以上	
6		国资项目信用审查率		95%	强制性
7	社会诚信建设	个人征信数据平台城镇居民覆盖率	—	80%以上	指导性
8		其中:重点涉信人群覆盖率		90%以上	指导性
9		中介机构征信数据平台覆盖率		90%以上	指导性
10	司法公信建设	法官、检察官从业信用覆盖率		80%	指导性
11		错案追究率		80%	指导性
12	信用行业建设	信用服务业企业数量	—	较快增长	指导性
13		信息采集数据规范化、标准化		95%以上	指导性
14		行业信用评估体系制订率		大幅度增长	指导性
15		行业信用评估开展率		大幅度增长	指导性
		企业联合征信数据平台覆盖率	—	85%以上	指导性
16	公众满意度	公众对扬州总体诚信环境的好评率	19.3%	80%以上	指导性
17		公众对扬州企业信用好评率	26.3%	80%以上	指导性
18		公众对政府部门的好评率	29.3%	80%以上	指导性

师等)覆盖率达到90%以上,信息采集数据规范化、标准化达到95%以上。应用联合征信平台的县(区、市)、乡镇(街道)两级地方政府比重达到90%以上。建成政府联合征信系统市场化服务接口,依法向符合条件的社会信用中介机构适当开放信息。

——信用监管体系较为系统。出台"企业信用信息征集和使用管理办法""个人信用信息征集和使用管理办法""政府信息资源共享管理办法""社会法人和自然人失信惩戒办法""商业秘密保护办法"及"个人隐私保护办法"等地方性政府规章,基本形成具有扬州特色的信用监管系统。

——行业信用建设取得实质性进展。以行业主管部门和行业协会为建设主体,相关行业的信用评价体系建设成熟,有效地规范企业行为,提升企业守信意识,形成良好的社会评价。行业信用评估体系制订率和行业信用评估开展率有大幅度增长。

——信用服务市场发展比较成熟。信用服务业企业数量较快增长,个人、企业信用产品日查询量比2012年有大幅度增长,信用中介服务机构的规模和素质同步提高。

——信用培训全面普及。公务员信用培训覆盖率达到80%以上,规模以上企业高管信用培训覆盖率达到50%以上。

——信用环境大大改善。公众对扬州总体诚信环境的好评率、对扬州企业信用的好评率和对政府部门的好评率都提高到50%以上。有80%以上的公众认为扬州信用环境五年间有明显改善。

——区域信用合作迈上新台阶。政府联合征信系统实现"省内融入、市际联网、金融衔接、县(市)接入",在国内率先打造成为开放型的综合系统,在信用采集规范、信用体系运作、信用信息交换等对接方面取得长足发展。"信用扬州"品牌在长三角区域和全国范围内成为引导区域信用合作的典范和榜样。

三 扬州诚信体系建设的主要对策

(一)强化四大信用主体建设

1. 建设诚信守法的服务型政府

牢固树立"诚信政府"理念,强化政府的责任意识、法制意识和为民意识,努力建设诚实守信的服务型政府。

加强对各级政府职能部门诚信状态的监督,推进政务诚信建设。制定"扬州市政府部门信用信息记录标准"和"扬州市政府信用信息管理办法",逐步将政务公开内容不实、服务承诺不兑现等不诚信行为的信息纳入信用信息管理范围。加强政府部门诚信信息记录和管理,建立信用信息记录、管理、使用制度。将政府部门诚信状态作为年度绩效评估、领导干部提拔使用的重要依据。

加强公务员考录信用管理,强化公务员招录的信用审查;建立公务员信用管理制度，强化公务员岗位承诺和履职监督，适当增强公务员信用奖惩力度；研究制定"扬州市公务员信用征信管理办法"，划定公务员职务信用信息的记录范围、类别和标准等；逐步形成信用建设长效机制和较完备的公务员信用管理体系。实施公务员职业信用全员培训计划，广泛开展公务员诚信实践活动，大力提升公务员信用能力。

2. 培育诚信守法的市场主体

按照"强化外部监督，规范内部管理，规避信用风险，促进诚信经营"的原则，提升企业信用意识和信用管理水平，有效引导企业诚信经营，逐步培育诚信守法的市场主体。促进企业健全内部信用管理系统，建立信用档案，设立信用管理岗位，建立健全经营决策、财务管理、采购销售、人事等方面的信用风险防范与控制制度。引导企业在市场交易中积极运用现代信用产品，扩大信用交易规模，降低市场交易风险。改善中小企业信用状况，完善中小企业信用担保制度，增强金融机构对中小企业的支持力度，改善中小企业融资难问题。

3. 培育诚信守法的社会个体

以法律法规为保障、以道德文化为约束、以政府联合征信数据平台的应用为切入点，提高个人信用水平，形成"诚信为本、操守为重"的良好社会风尚，发挥个人信用对社会信用体系乃至市场经济的基础性支撑作用。

在全市范围内开展信用教育，尤其是重点涉信人群的信用培训工作。完善个人"信用档案"，扩大个人信用产品应用范围。切实发挥扬州市民卡的个人信用建设载体功能，运用现代先进技术更新市民卡形式，拓展市民卡的属地化信用服务功能。

4. 司法公信力建设

司法公信力是指司法权凭借自身的信用而获得公众信任的程度。采取有效措施，努力提升人民法院的司法公信力，牢固树立正确的司法理念，坚持司法为民的根本宗旨，依靠司法民主和优良的司法作风，加强宣传教育，确保司法权力在阳光下运行，确保公正司法、廉洁司法。

（二）着力推进行业信用建设

把行业信用建设作为扬州社会信用体系建设的突破口，作为政府联合征信平台应用推广的重要领域。适应扬州经济社会发展方式转变的要求，优先开展现代服务业领域的信用建设，积极推进农业、工业和建筑业等领域的信用建设。

1. 完善行业信用建设的运行机制

深入贯彻商务部和国资委联合发布的《商会协会行业信用建设工作指导意见》，结合《江苏省企业信用征信管理暂行办法》《江苏省社会法人失信惩戒办法（试行）》等文件精神，加强行业管理，提高行业自律水平，规范行业竞争秩序，维护行业利益和促进行业发展。

完善行业信用征信机制。以政府联合征信平台的信用记录为基础，建立健全行业信用征信机制。根据各行业发展的实际情况，形成行业内部信用信息收集渠道，依法收集和记录企业在生产、经营中产生的有关信用信息，包括企业自身的信用信息和交易伙伴的信用信息，对企业开展服务，帮助企业在经营中减少风险。

开展行业信用评价工作。在主管部门的引导和监管下，在企业自愿的前提下，积极引入第三方信用评价机构，开展行业信用评价。鼓励信用评价机构开发适宜行业特点的信用评价指标体系，规范评价程序，做到科学规范、公正、公开。鼓励和引导企业开展信用评级活动。对中小企业参与信用评级业务给予政策和财政上的支持，促进行业信用评级活动的开展。

启动行业信用评价的动态复审机制。每两年组织一次行业企业信用评价活动，严格降低不达标企业的信用等级，提升信用记录改善的企业的信用等级。加强行业自律，对严重损害消费者权益、采取不正当手段竞争的企业实施惩罚。

积极推广信用评价结果。采用行业信用评价结果，作为加强行业监管的重要依据。利用各种渠道，广泛宣传、推广信用评价结果，使诚信企业获得更多的市场机会。促进上下游行业间互认评价结果，实现企业信用评价结果的上下游共享，帮助企业有效规避信用交易风险。

2. 加强主要行业的信用建设

紧紧围绕促进扬州经济发展方式转变这一主题，把握行业信用建设的重点，切实解决突出问题。

优先开展现代服务业领域的信用建设。大力建设金融保险、交通物流、商务商贸（含电子商务）、旅游餐饮、科技服务（研发、设计、咨询）、房地产和中介服务等现代服务业领域的信用制度，改善信用环境，提升扬州现代服务业市场竞争力。

切实提高民生服务行业的信用水平。建立水、电、气、医疗、保险、通信、数字电视、教育、汽车销售维修、餐饮娱乐等民生服务行业的社会公众评价制度，开展民生服务行业满意度调查和公示活动，以此推进诚信经营水平，提高服务质量。

积极开展制造业领域的信用建设。实施"质量强市"工程，加强对食品药品等行业重点企业的质量监管，健全企业的信用监管，建立质量诚信档案。以建立和推广实施块状产业质量诚信联盟标准为载体，推进块状产业质量诚信建设；以名牌培育为载体，推进企业质量诚信制度建设。

积极开展建筑业领域的信用建设。建立健全建设行业企业与从业人员信用征信机制，编制信用采集和发布的标准与规范，形成包含信用调查、信用评价、信用自律、信用档案等内容的信用管理信息系统，落实工程建设不良行为和黑名单记录管理等制度，实现工程质量安全的动态监管。

探索推进农业领域的信用建设。开展信用农户、信用村、信用乡（镇）创建工作，培养信用示范户，逐步提高农民信用意识。探索建立农民专业合作社等农村新型经济组织信用评级机制，推动建立农村中小企业信用约束机制。创造条件办理个人住房、汽车和家电等消费贷款，激活农村信用消费市场。切实加强农业生产资料、农产品质量的安全监管。

3. 加强对行业信用建设的分类监管

政府行政管理中的信用分类监管，是信用体系建设的重要组成部分，是政府联合征信系统建设成果最直接有效的应用领域。要围绕信用信息的记录、归集、依法公开和共享，通过信用产品的使用，形成政府各部门在行政中的分类监管机制，形成条块优势互补的综合性社会信用监管体系，有效提高行政监管效能。

（三）继续推进政府联合征信系统建设

政府联合征信系统建设是扬州市社会诚信体系建设的核心任务之一，是打通信用信息共享渠道，发挥政府对市场信用行为监管作用，形成信用联防惩戒机制的有力抓手。

进一步加强信用信息归集。继续扩大部门数据来源渠道，特别是增加公共事业单位的信用信息归集。建立健全准确、及时的信息更新机制和信用信息数据归集的长效机制。

完善信用档案。以应用为引导，进一步完善企业、个人信用档案的内容和功能。重点丰富诚信档案中处罚与荣誉信息、个人和企业资质信息、教育程度等信用信息，实现企业与个人信用信息关联，为信用档案在多个领域的应用创造条件。

开展信用宏观决策分析。基于扬州市政府联合征信系统归集的企业和个人信用信息，按照信用理论和模型，分析和动态监测扬州市企业和个人的信用状况、变化情况，判断扬州市社会整体信用的发展状况，为加强社会管理提供依据。

加大农村信用宣传力度，以征信体系为载体，以信用评价为手段，以构建奖惩机制为重点，探索建立农村信用体系。完善农村中小企业和个人信用信息基础数据库。突出抓好重点农户、农村合作专业组织、农村中小企业信用档案建设。

搞好信用信息公示。建立信用信息发布平台，归集各共建部门公开发布的信用信息，进行集中公示，分类别对失信信息和良好记录予以公示。

（四）推动信用服务行业快速发展

依照"政府主导、市场运作"的原则，坚持"信用数据开放、信用服务市场开放"的政策取向，培育和建设信用服务机构，有效激发信用需求，健全行业监管制度，发展壮大信用服务行业。

培育专业的信用服务机构和从业人员。引进国内外知名信用服务机构，大力发挥扬州市信用协会等现有机构的作用，大力培育以中小企业为服务对象的信用服务机构，逐步形成层次多样、业务各有侧重、差异化竞争的信用服务机构阵容。探索行业专业技术水平认证制度，培育一批具备较高执业水平和职业操守的从业人员。

引导和鼓励信用服务机构建立科学的信用调查和评价体系。增强创新能力，对信用信息进行深度开发，努力提供有特色、多样化、高质量的信用产品。促进个人征信、商业征信、资信评级、信用管理咨询以及信用保险等信用市场业务的健康发展。

引导信用服务机构规范发展。建立信用服务机构退出机制，增强信用服务机构的信用风险和责任意识。建立从业人员资格管理制度，提高从业人员专业技能和公信力，完善信用服务机构长效监管机制。

营造良好的市场环境，显化社会潜在的信用需求。鼓励企业在经营活动中使用信用产品，提高信用交易在经营活动中的比重，倡导城乡居民开展信用消费。鼓励和支持在政府采购、招投标、国债资金项目、政府贴息项目中，使用企业、个人信用评价信息和信用报告，努力激发社会潜在信用需求。

四　扬州诚信体系建设的保障措施

（一）加强组织领导

提升市信用建设领导小组级别，进一步充实与强化工作职能。市信用办要加强对全市社会信用体系建设的组织、指导、综合协调工作，充实平台运行维护和日常管理的专门人员。按照轻重缓急的原则，将主要任务、主要指标按年度进行分解落实。市各有关部门要切实做好行业信用监管职责，确保各项工作落到实处。各县（市、区）政府要提高思想认识，健全组织机构，将信用体系建设纳入日常工作，因地制宜，扎实推进。

（二）完善政策法规

在现有基础上，在国家法律框架内，立足扬州，继续完善包括规范征信活动、信息标准、共享与披露、信用奖惩、市场监管等内容在内的信用政策法规体系，增强社会信用体系建设的外在约束。研究出台"扬州市企业信用信息征集和应用管理办法""扬州市个人信用信息征集和应用管理办法"。加强有关信用监管的地方性法规建设力度，研究出台"扬州市信用服务机构管理办法""扬州市社会信用管理条例"等地方性法规,作为扬州市社会诚信体系建设的综合性法规。继续完善信用监管与奖惩体系,逐步形成失信惩戒和诚信褒奖机制。

(三)加强监督检查

做好规划实施的评估和监督工作,实施动态跟踪和管理,及时研究完善对策。建立健全信用建设工作的督察和考核制度,明确各部门在公共征信数据平台建设、运行维护和日常管理中的权责关系,将信用信息征集和应用等工作列入各级政府及相关职能部门的年度工作目标责任制考核范围,增强各部门工作的积极性和主动性,构建征信数据平台有效运转的长效机制。

(四)提供资金保障

加强财政资金在个人和企业征信基础设施建设以及信息技术应用方面投入的引导作用,鼓励民间资本、社会法人资本、风险投资资本进入信用服务市场,形成多元化投融资机制,为诚信体系建设提供资金保障。

(五)加强队伍建设

采取切实措施,努力培养一支素质全面、业务过硬的信用人才队伍。注重对信用专业人才的信用教育培训,对信用从业人员实施资质认证。加强信用人才培训基地建设,推动在高等院校开设信用相关专业及课程,培养信用专业人才。鼓励在扬高校开展信用专业研究和学术交流。

(六)推动区域合作

在国家及省的指导下,积极主动推进区域信用合作。稳步推进征信系统与中国人民银行有关信息的连接。加强和江苏省企业征信系统与个人征信系统的合作,扩大采集信用信息的来源。积极参加长三角区域社会信用体系一体化建设。落实《信用服务机构备案互认协议》,积极推动扬州政府联合征信平台与"信用长三角"网络共享平台连通。在信用信息标准、评级标准、评级流程等信用标准化方面与长三角区域其他城市进行交流研讨，推行区域信用服务行业的标准化建设。

（七）营造诚信环境

加强诚信宣传教育。利用各类传播工具，广泛开展诚信宣传活动，持续做好信用理念和知识的宣传普及工作，增强公民维护信用的自觉性。推动不同层面的信用教育培训工作，提高重点涉信人群的信用认知水平。国民教育中加强信用理念和知识的教育教学，促进诚实守信真正成为公民道德、职业道德的重要基础。倡导诚信自律。政府部门、社会团体、企事业单位等要开展面向社会的诚信服务承诺，制定和履行诚信公约，自觉接受社会监督，通过诚信自律促进自身品牌形象提升。

参考文献

胡锦涛：《坚定不移沿着中国特色社会主义道路前进，为全面建成小康社会而奋斗》，《人民日报》2012年11月18日。

《中共中央关于深化文化体制改革 推动社会主义文化大发展大繁荣若干重大问题的决定》，中共十七届六中全会通过（2011年10月18日）。

杜金富：《"十一五"时期我国的社会信用体系建设》，www.pbc.gov.cn/publish/goutongjiaoliu/524/2011/20110116165825581437790/_.html。

《关于社会信用体系建设的若干意见》（国办发〔2007〕17号），国务院办公厅2007年3月23日。

《国务院常务会议部署制订社会信用体系建设规划》，《人民日报》2011年10月20日。

《征信业管理条例》，国务院令第631号，2013年1月21日。

《全国城市文明程度指数测评体系（2013年版）》。

《刘奇葆强调推动形成诚实守信的社会风尚》，新华网，2013年3月22日。

江苏省信用办：《诚信江苏建设综述》，wenku.baidu.com/view/9042221da76e58faf，2013年2月23日。

《江苏省政府关于加快推进社会信用体系建设的意见》（苏政发〔2004〕93号），2004年11月10日。

《中共江苏省委、江苏省人民政府关于加快推进诚信江苏建设的意见》（苏发〔2007〕14号），2007年9月30日。

《江苏省社会信用体系建设三年行动计划》（苏政办发〔2008〕8号），2008年2月4日。

《省辖市社会信用体系建设工作考核办法》（苏政办发〔2012〕209号），2012年12月14日（附：2012~2013年省辖市社会信用体系建设工作考核指标体系及评分标准）。

《2013年各省辖市社会信用体系建设工作目标任务分解》，江苏省信用办，2013年3月。

《江苏省个人信用征信管理暂行办法》，2007年9月13日。

《江苏省企业信用征信管理暂行办法》，2007年9月13日。

《江苏省社会法人失信惩戒办法（试行）》（苏政办发〔2013〕99号），2013年5月27日。

《江苏省自然人失信惩戒办法（试行）》（苏政办发〔2013〕100号），2013年5月28日。

《江苏省行政管理中实行信用报告信用承诺和信用审查的办法》（苏政办发〔2013〕101号），2013年5月28日。

《江苏省政府召开社会法人和自然人失信惩戒等三个办法新闻发布会》，《新华日报》2013年7月6日。

B.28 扬州市水生态文明建设研究报告

扬州市水利局课题组*

摘　要：

党的十八大报告首次单篇论述生态文明，把生态文明建设摆在了与经济、政治等建设同等重要的位置，同时将水利放在生态文明建设的突出位置。为贯彻党的十八大精神，水利部于2013年初启动了水生态文明城市试点建设，对水生态文明建设作出明确要求和具体部署。2013年7月31日，扬州市正式被列为46个全国水生态文明建设试点城市之一。本文通过对扬州水资源管理、水资源开发利用、水资源配置、防洪排涝、水系连通、水环境、水生态、水文化等方面现状的评估，剖析扬州水生态文明存在的问题，并在此基础上提出扬州水生态文明建设的基本原则、总体布局以及下一步的主要任务。

关键词：

水生态文明　现状　研究

一　水生态文明现状评估

（一）水资源管理

1. 最严格水资源管理制度有效落实

严格实行用水总量控制，取水许可、水资源论证、水资源有偿使用等制度全面实施；节水型社会建设稳步推进，用水效率显著提高；水功能区管理逐步加强，水质监测能力明显提升，入河排污口监督管理力度不断加大，饮用水源地保护工作进一步加强，完成了集中式饮用水源地一级保护区的集中整治任

---

* 课题组负责人：李春国。成员：吕为龙、傅桂明、徐敏（执笔）。

务，全面开展了饮用水水源地达标建设。市政府出台了《关于实行最严格水资源管理制度的意见》，为实施最严格的水资源管理提供了政策保障。

2. 法规体系逐步完善

制定出台了多部规范性文件，建立了相对完善的水资源管理法规体系，如《扬州市节水供水管理办法》《扬州市水文管理办法》《扬州市河道管理办法》《扬州市浅层地下水管理办法》《扬州市水土保持管理办法》等。

3. 水利管理与改革不断深化

河湖管理与保护进一步规范，有省管湖泊的4个县（市、区）均建立了湖泊管理单位，开展了湖泊管理与保护和考核工作，湖泊管理已迈向制度化、规范化、常态化；市政府出台了《关于加强全市河道管理"河长制"工作的实施意见》（扬府办发〔2013〕157号）。水管理体制改革工作全面完成，完善竞争上岗和激励考核机制，基本实现了水利管理单位内部管养分离。开展了水利普查工作，建立了普查档案。市政府成立了"水务投资集团"，水利投融资机制初步建立。

4. 水利规划体系进一步完善

《扬州市节约用水规划》《扬州市城市饮用水水源地安全保障规划》《扬州市"十二五"水利发展规划》《扬州市水资源综合规划》《扬州市节水型社会建设"十二五"规划》《扬州市"十二五"环境保护和生态建设规划》《扬州市水利现代化规划》及《扬州市城市供水、节水"十二五"规划》已经市政府批准实施。目前，正在编制或修编的有《扬州市城市防洪规划》《扬州市城市水系规划》《扬州市水中长期供求规划》《水资源保护规划》《扬州市水资源调查评价》等。

（二）水资源开发利用

1. 供水量（见表1）

表1 2012年扬州市供水量

单位：万立方米，%

	地下水（深层）	地 表 水			合 计
		当地	外来	小计	
合 计	3708	23522	355738	379260	382968
占总量比例	1	6.1	92.9	99	100

2. 用水量（见表2）

表2 2012年扬州市用水量

单位：万立方米，%

	农业	工业	林牧渔	生态环境	生活用水	城镇公共	合计
全 市	198904	127505	20059	8032	23076	5392	382968
占总量比例	51.9	33.3	5.3	2.1	6.0	1.4	100

3. 水资源利用效率

2012年，扬州市万元GDP用水量131立方米，人均综合用水量835立方米，农田亩均灌溉水量489立方米，农业灌溉水有效利用系数0.6，万元工业增加值用水量13.4立方米。

（三）水资源配置

全市现有主要湖泊6个，中型水库1座，小型水库61座，加上大量蓄水塘坝，蓄水工程总计230处，主要集中在仪邗丘陵地带，兴利库容7.1亿立方米。全市引水工程94处，引水总规模1840立方米，现状年供水能力73亿立方米（包括江水北送）。现有各种类型的固定提水工程97处，提水总规模327立方米，现状提水总能力5.33亿立方米。利用河网蓄水也是全市重要的供水水源。沿江各条河流上的闸站工程，不仅能挡潮，亦能控制内河最优水位，增加了蓄水容量，提高了回归水的利用率。现状全市地下水源供水工程共计约1017眼，全部为深层承压水井。

全市目前共有12个集中式饮用水源地。长江因水质稳定性较好，水量大，是扬州市的主要饮用水源地。高邮市和宝应县取水水源主要依托大运河水源地。

从供需现状来看，丰水和平水年份，全市供水基本可以满足需要，在干旱年份局部地区出现缺水。中心城区河道干旱年份生态用水不能得到有效保证；高宝湖地区和仪邗地区的丘陵山地中等干旱年份供水保障不足；里下河地区干旱年份东北部地区供水保障能力不足；通南高沙土区中等干旱年份灌溉高峰期供水不足。

（四）防洪排涝

到 2012 年，长江干堤防洪能力基本达到《长江流域综合规划》标准（相当于 50 年一遇），长江河势基本稳定，淮河干流防洪基本达到 50 年一遇的标准。区域防洪基本达到 10 年一遇的标准；区域排涝里下河和沿江地区基本达到 5 年一遇，不足 10 年一遇，通南高沙土区仅能达到 5 年一遇，沿湖圩区仅达到 3 年一遇标准，丘陵山地冲涧行水能力不足 5 年一遇标准。扬州中心城区防洪标准达到 20 年一遇标准，县城防洪标准达到 10～20 年一遇。

（五）水系连通

扬州市具有独特的水系连通格局。首先是长江与淮河连通，长江和运河、里下河互通，沿江水系与长江互通。特别是城区古运河连通了江淮水系，而且在正常年份，高邮湖、邵伯湖富余水资源基本保证了古运河与城区水系 6 亿立方米左右的生态基流。从城区内部水系来看，东部城区处于古运河与京杭大运河之间，七里河、横沟河等河道沟通了古运河和京杭大运河；古运河西部地区水系主要通过古运河上端实施补水，基本满足了该片区活水需求；京杭大运河以东片区主要引大运河水，自西向东自排入廖家沟；江都城区和通南地区西引芒稻河水，向东自排，形成了"西引东排"格局。

（六）水环境

1. 水功能区

扬州市地表水水功能区共划分为 68 个，其中重点水功能区 41 个，共布设 79 个水质监测断面，其中重点水功能区 51 个。2012 年水功能区水质达标率为 54.4%，其中，重点水功能区达标率为 70.9%。

2. 集中式饮用水源地

扬州市共 12 个集中式饮用水源地，水质以 Ⅱ～Ⅲ 类为主，基本符合国家规定的集中式饮用水源地水质标准，水质达标率为 100%。

3. 南水北调干线

扬州市境内南水北调干线包括京杭大运河及与其平行的三阳河、潼河及新通扬运河,水质均为Ⅱ~Ⅲ类。汛期局部河段受里下河排涝影响,水质短时间内为Ⅳ类。

4. 流域性输水干线

扬州市域内流域性输水干线主要指长江、大运河、新通扬运河、三阳河、潼河、夹江、芒稻河、廖家沟、白马湖、宝应湖、高邮湖、邵伯湖。流域性输水干线水质主要为Ⅱ~Ⅲ类,占总监测站次的93.8%。

5. 城市河流

城市河流有古运河、新城河、七里河、小秦淮河、瘦西湖、老通扬运河、北澄子河、宝射河、仪扬运河、仪征城河等。2012年,城市河流水质较差,达到国家地面水环境质量标准Ⅲ类及Ⅲ类以上水仅占总站次的29.2%;水质为Ⅴ类或劣Ⅴ类的监测断面占总站次的40.6%。

6. 地下水

2012年,扬州市共设15眼深层地下水水质定点监测井,监测结果显示总体水质良好。水厂水井卫生指标除原高邮沐家水厂和甸垛水厂细菌总数为Ⅳ类外,其余均检测合格。

7. 污水排放

2012年,工业排放方面,扬州市工业废水排放总量为9387万吨,COD排放量为12103吨,氨氮为977吨;农业源排放方面,COD排放量为11440吨,氨氮排放量1798吨;生活排放方面,生活废水排放量18209万吨,COD排放量32862吨,氨氮排放量4825吨。

(七)水生态

1. 横向连通性

扬州市连通性水面主要分布在市域西边的淮河下游入江通道和京杭大运河,南侧的长江扬州段连通性良好,从遥感影像水体分类结果上看(见图1),东部里下河区域受人为干扰围垦严重,湿地有一定程度退化;东北部的射阳河及兰亭荡、广洋湖连通性较好。

2. 重要湿地保留率

扬州市的重要湿地包括湖泊湿地、河流湿地和沼泽湿地。从遥感影像分类

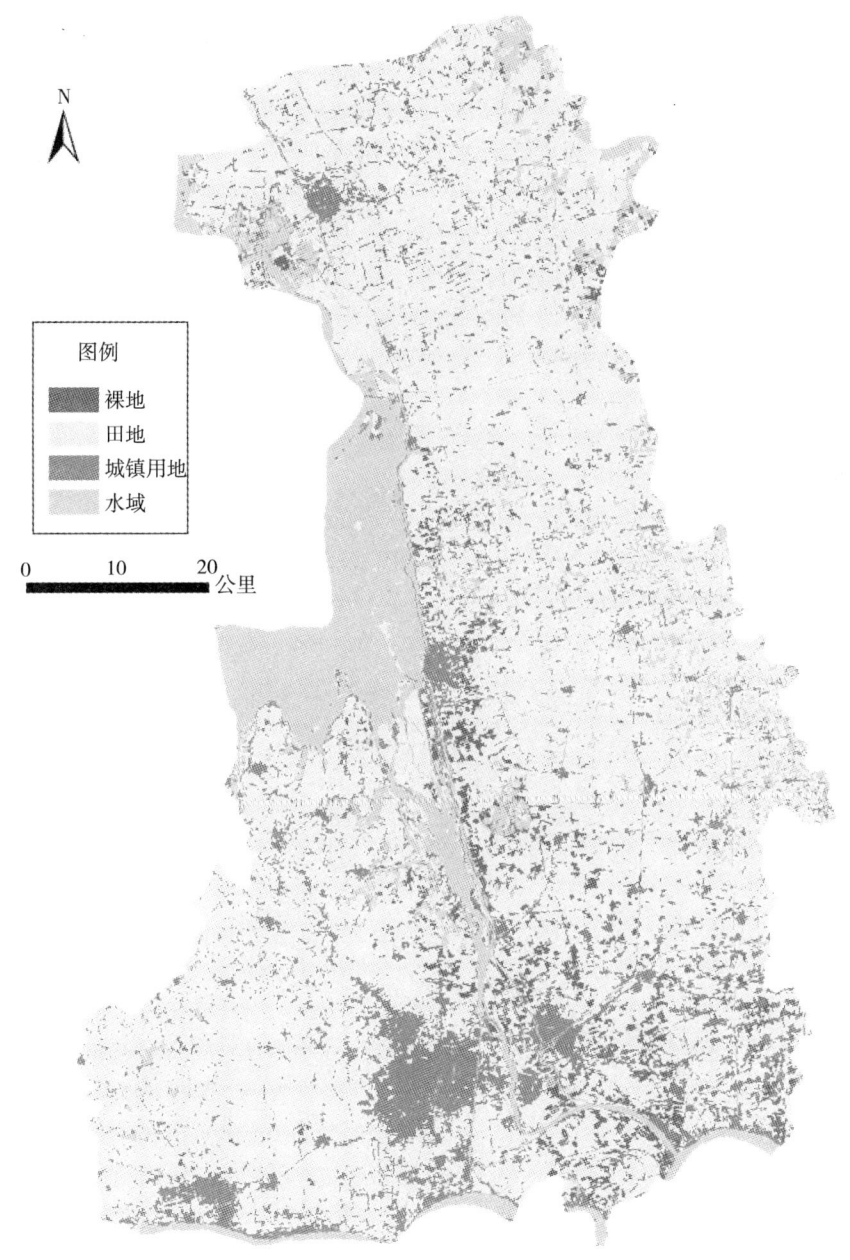

图 1　2009 年扬州市水面连通性

结果看，对比 1989 年、1995 年和 2009 年的湿地分布图，扬州市的湿地面积有所增加（见图 2～图 4），突出表现在 20 世纪 80 年代和 90 年代裸地逐步被稻田荷

图 2　1989 年扬州市湿地分布图

塘等人工湿地代替，湿地总面积增大。重要湿地保留率在 95% 以上，其中市域西侧的淮河下游入江通道和京杭大运河、南侧的长江扬州段湿地保留率达到

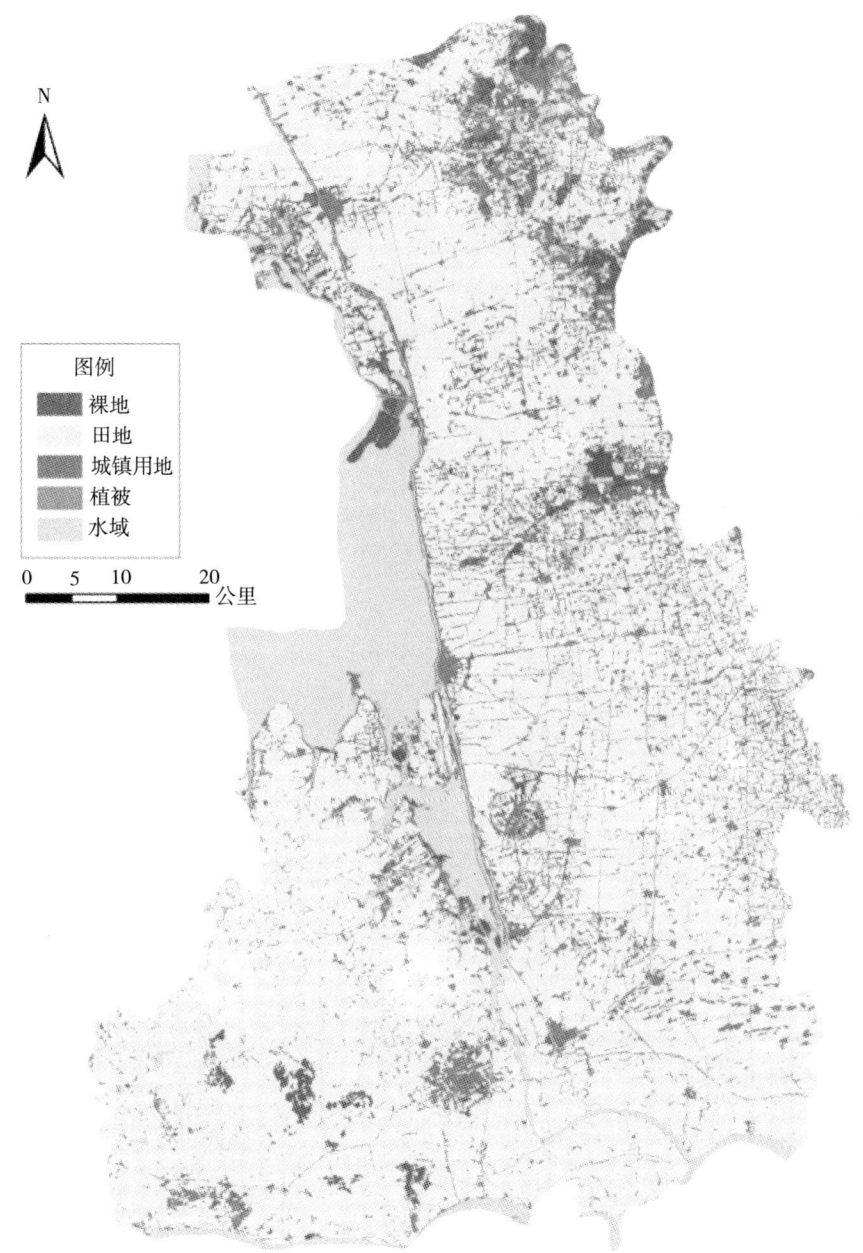

图 3 1995 年扬州市湿地分布图

98%以上。里下河地区变化最为明显,主要体现为人工湿地(水田和荷塘)水面面积增加。随社会、经济和人口的发展,耕地需求量增加,扬州水资源丰富,

图4 2009年扬州市湿地分布图

因此大片的裸地被开发成为人工湿地。另外，1998年洪水后，当地政府加大了退耕还湿力度，同时与扬州市大力推进河道疏浚也有一定的关系。

3. 水生生物生境状况

目前，扬州市有长江扬州段（四大家鱼）、白马湖（泥鳅沙塘鳢）、宝应湖、高邮湖（大银鱼湖鲚）、邵伯湖、射阳湖6处国家级水产种质资源保护区。根据国家或地方有关名录及水产部门相关调查成果（扬州市的主要鱼类产卵场、索饵场和越冬场状况，包括分布、面积及保护情况），扬州市水生生物生境状况保护良好。

4. 水土流失

土壤侵蚀评价结果表明，扬州市绝大多数为土壤侵蚀不敏感区，在西南角的胥浦河流域、月塘水库、刘集镇分布有轻度的水力侵蚀区域，中度侵蚀区域分布更少，全区没有强度侵蚀、极强度侵蚀和剧烈侵蚀区分布。通南高沙土地区也存在一定程度的水土流失。此外，开发建设项目在施工期水土流失较为严重。

总体上来看，扬州市水生态系统状况良好，生态斑块较为完整，重要生境保存完好，湿地类型丰富，水系连通性好，有较强的自然修复能力和可持续能力。

（八）水文化

1. 历史悠长的大运河文化

扬州是世界上较早也是中国唯一的与运河同龄的"运河城"。古运河经过市区和近郊段30余公里，历史遗迹密布，人文景观众多，文化底蕴深厚。

2. 因运而兴的漕运文化

漕运文化是农业时代经济、社会和科技发展水平的集中体现。扬州历史上数度兴衰与大运河漕运的起落有着密切的关系。

3. 独领风骚的园林水文化

扬州园林素负盛名，有"扬州以园亭胜"的说法，这多半得益于扬州城市的水系为园林景观营造提供了很好的环境条件。水文化在园林营造中得到了充分的体现，并处处展现了与园林相关的水文化内涵。

4. 美轮美奂的滨水建筑文化

扬州古城四面环水，水网密布，因而扬州建筑有着鲜明的水文化特征。瘦西湖则是这一文化的典型代表。

5. 底蕴深厚的治水历史文化

从春秋时代吴王夫差开邗沟到三国时期陈登兴建陈公塘,从隋炀帝开凿大运河到归江十坝兴建等等,拥有悠久的治水历史。

6. 独具特色的水休闲文化

历史上的扬州作为典型的商业型都市,商业发展使得休闲文化蓬勃兴起,内容不仅丰富精致,而且水"味"儿十足,别具一格。扬州最典型的场所要数"游船""茶馆"和"浴室"。

二 存在的问题

当前,扬州市水生态文明建设已经拥有了良好的基础,但随着扬州市经济建设步伐的加快,水资源、水环境、水生态、水安全等面临的压力也越来越大,诸多水问题也随之出现,主要体现在以下六个方面。

(一)城市部分河道水质较差,部分地区农业面源污染较为严重

扬州市除流域和区域骨干水源地水质全年基本达标外,其他河道均不能稳定达标,特别是城区部分河道呈劣Ⅴ类水质,有的河道甚至出现黑臭现象。造成城区水质较差的原因是多方面的。一是城区河道水源不足;二是城区雨污合流现象普遍,且部分区域截污不彻底;三是城区换水能力(泵站)不足,水不能常态化流动;四是部分河道水系尚未沟通、整治不到位,河道污染严重;五是市区部分及位于城中村的河道,周边公共卫生设施不健全,大量生活建筑垃圾污染河道。

农村生活污水处理及面源污染面临严峻形势。农村分散型生活污水总体上未能处理,大都采用简易的化粪池等处理。农田土壤中含有大量化肥和农药残留物,随着灌溉退水或雨水冲刷进入河道中,对水质造成污染,特别是里下河地区汛期排涝期间尤为明显。畜禽和水产养殖缺乏统一规划,多以一家一户的形式为主,加之布局不合理,养殖业污染治理能力弱,加重了农业面源污染。

（二）天然湿地过度开发，部分地区水生态功能呈下降趋势

历史上，扬州市河湖众多，湿地资源丰富，但自20世纪70年代至20世纪末，扬州市里下河地区大面积围垦种植、挖塘养鱼、开发造林，以芦苇为代表的沼泽湿地植物大幅减少。开垦、围垦使大量自然湿地面积消失或转变为人工湿地，生态环境功能趋于退化。近十年来，湿地面积已趋于稳定，但由于大面积的水产养殖导致湿地生态功能退化，同时天然湿地面积的减少给行洪蓄洪、灌溉用水也带来了一定影响。

（三）水资源配置格局尚需完善，局部供水保障能力相对不足

水资源配置方面，沿江、沿淮现有水工程大多建于20世纪70年代初，主要以满足农业高峰期用水需求为目的，设计标准低，工程老化严重，提（引）能力仅能满足平水年需求。随着社会经济的发展，在需水结构上，生活及工业用水增加，农业用水降幅不大，生态环境用水将要提升；在需水时程分布上有经常性用水增加、用水高峰峰值降低的趋势；在需水空间上有向城市、工业集聚区集中的趋势，局部地区水资源配置工程和能力已不能满足当地需水要求。

城乡供水方面，随着城镇化进程的加快，许多乡镇划入城区范围，市区供水管道系统的延伸、增压站建设等实现较快发展，但供水支管网漏失率较高。此外，受季节、气候、温度、昼夜变化以及其他因素的影响，供水消费需求的高峰和低谷差别很大，给城市输配管网都造成了极大的压力，增大了供水难度。

（四）防洪减灾能力不高，饮水安全保障体系有待完善

防洪减灾方面，虽然扬州市水利工程的防灾减灾能力已经有了很大的提升，但是洪涝旱灾的威胁尚未完全消除，防洪除涝标准与社会经济发展要求不相适应。外围江淮堤防病险未除，现有临城段长江堤防挡洪能力对照重点防洪城市百年一遇防洪标准相对不足。沿淮归江堤防仍存在部分险工患段和病险涵闸，且堤防裸堤段多。长江六圩弯道、嘶马弯道和归江河道部分河势

不稳。区域部分河道行水及挡洪能力达不到标准。现有排涝标准低，部分工程老化严重。

饮水安全保障方面，扬州市的城市饮用水水源地水量能够满足要求，水质总体情况良好，但部分水源地尚存在安全隐患、安全保障体系建设相对薄弱、监测体系不完善等问题。

（五）水文化挖掘不充分，部分水景观打造缺乏生态理念

扬州市拥有丰富的历史文化遗产，特别是水文化遗产众多、古遗迹分布广泛，但一些文化和历史遗迹尚未完全得到充分挖掘和有效保护。在水景观打造中生态功能考虑不充分，如部分河道整治方式单一，偏重于简单的河道硬化、裁弯取直、护坡陡直等，缺乏生态的理念和经济的视野。

（六）水务体制改革进展不快，涉水事务管理需进一步加强

当前，扬州市各县（市）已经实现了水务一体化管理，但市一级水务一体化管理体制尚未建立。涉水事务管理有待强化，扬州市区河道管理权责有待进一步理顺和落实。

三　开展水生态文明建设的对策措施

（一）基本原则

1. 尊重自然，科学发展

牢固树立人水和谐、可持续发展理念，遵循区域水资源和水系的自然分布及其演化规律，增强水生态系统自我修复能力，规范各类水事活动，加强监督，维护河湖生态。

2. 以人为本，改善民生

将改善城乡人居环境、提升水安全保障能力作为水生态文明建设的核心，通过水生态文明建设切实提高全市人民的水福利水平，通过区域水生态环境质量的提升和特色水文化品牌的培育，进一步彰显"人文、生态、精致、宜居"

的城市特色。

3. 统筹推进，突出重点

发挥政府的主导作用，动员全社会积极参与，把构建制度完善、体制健全、机制合理的水生态文明建设管理体系放在更加突出的位置。统筹流域与区域、城市与农村之间的关系，科学谋划水生态文明建设布局，着力解决制约民生改善、影响重点生态的关键问题。

4. 突出特色，示范引领

立足世界名城定位，充分发挥扬州"州界多水，水扬波"水资源优势，以水为媒，积极探索和创新，彰显"鱼米之乡""运河名城""绿杨城郭"的特色韵味，努力形成平原水网地区水生态文明建设模式。

5. 立足当前，放眼长远

既立足当前着力推进水利现代化建设、水环境整治和水生态保护工程，有效改善环境质量，提高城市品位，又着眼于长远，科学谋划水生态文明建设战略思路，切实解决当前各级政府和社会各阶层关注的焦点和难点问题，全面指导中长期水生态文明建设的各项工作。

（二）总体布局

根据扬州自然地理特点、水资源、水环境以及水生态系统条件，紧紧围绕"一带一轴"空间发展布局和市域经济发展总体目标，以可持续发展的治水思路，着力进行水生态文明"六大体系"建设，通过实施"十大工程"，最终形成"一轴、一带、两区、多点"的水生态文明建设格局。

1. "六大体系"

（1）严格高效的水资源管理体系。以科学发展观为指导，以服务民生为宗旨，以水资源可持续开发利用为目标，构建以最严格的水资源管理为核心，以法制建设为依托，以节水型社会建设为抓手，以创新为导向、以完善体制机制为落脚点的水资源管理格局。

（2）可防可控的水环境保护体系。以完善水功能区划为基础，以提高水环境承载能力为目标，构建"以防为主，防、控、治、收相结合"的水环境保护格局。"防"即预防，严格控制高耗能、高耗水、高污染行业和企业；

"控"即控制，建立入河排污口总量控制制度和排污权管理制度，严格控制入江、入湖、入河排污口门的设置；"治"即治理，包括城镇污水处理厂和配套管网建设，河湖水环境综合治理，农村面源污染综合治理；"收"即回收再利用，包括城市雨污分流工程建设，再生水利用工程建设。

（3）健康良性的水生态保护与修复体系。以实现水生态系统的完整性、稳定性和可持续性为目标，以自然修复为主、人工干预为辅，通过保护区范围划定、保护设施建设，构建以水源涵养区、重要生境保护区、重要河湖湿地为面，以国家特种质水产资源保护区、湿地保护区、湿地公园、水利风景区为主要节点的水生态保护与修复格局。

（4）合理易调的水资源配置体系。通过用水总量控制、现有供水工程的挖潜及新增供水工程、水系连通等各类措施，优化扬州市水资源配置布局，基本形成"以江为主、蓄引结合、江淮共济"的水资源配置格局。

（5）安泰无虞的防洪与饮水安全保障体系。按照《长江流域防洪规划》、《淮河流域防洪规划》和《扬州市城市防洪规划》、"不淹不涝"城市建设等相关要求，统筹流域、区域、城市的防洪除涝工程建设，形成"洪涝兼治、蓄泄兼顾"的防洪除涝格局。加强城乡饮水安全工程建设，完善"主备结合"的饮用水源供给格局，提高生活供水保证率。

（6）丰富的水文化和优美的水景观体系。以满足人民日益提高的物质文化生活需要为目标，加强城市水景观、水文化建设，打造宜居扬州。加大对现有水利工程建筑的时代背景、人文历史以及民风民俗的挖掘与整理，丰富历史悠久的扬州水文化。以现代景观水利的理念和现代公共艺术、环境艺术设计思路与手段建设和改造水工程，实现水利与园林、治水与生态、亲水与安全的有机结合，展现治水兴水的人文关怀和文化魅力，打造优美的水景观。

2."一轴、一带、两区、多点"

（1）一轴：以南水北调输水干线为主轴，保护与修复京杭大运河、淮河入江水道沿线生态环境，保障供水水质安全，打造江淮生态廊道。

（2）一带：以沿江城市集中发展区为带，合理利用岸线，控制污染，保障沿江城镇防洪安全与供水安全，协调沿江经济发展与水生态保护关系。

（3）两区：以中心城区和里下河地区为重点区域，通过实施城区防洪排涝、清水活水、控污截污工程，实现"不淹不涝"，改善城市水环境；通过实施区域排涝、河道疏浚、灌区改造、农业面源污染治理等工程，保障里下河地区排涝通畅，改善农村水环境。

（4）多点：以湿地、湖泊等重点水生态功能保护区为节点，开展水生态保护与修复，发挥其生态功能；保护京杭大运河等历史文化遗产，打造水景观，建设水利风景区，弘扬水文化。

"十大工程"即节约用水工程、污水处理工程、水环境综合治理工程、水源涵养林建设与水土保持工程、重要生境保护与维护工程、水资源配置工程、防洪除涝工程、饮水安全工程、水文化与水景观工程以及护水工程（见表3）。

表3 "十大工程"建设内容

序号	工程名称	建设内容
1	节约用水工程	农业节水工程、工业节水工程、城镇生活节水工程、非常规水源利用工程、园区循环化改造工程
2	污水处理工程	新建污水处理厂工程、污水处理厂提标改造工程、截污管网完善工程
3	水环境综合治理工程	城区水环境综合治理工程、区域河道水环境综合整治工程、城市活水工程、农村面源污染控制工程
4	水源涵养林建设与水土保持工程	仪征西部丘岗水源涵养林建设、江都区小流域治理工程、仪征市小流域治理工程
5	重要生境保护与维护工程	重要水生生物生境维护工程、河湖湿地保护与修复工程、水利风景区保护工程
6	水资源配置工程	跨流域调水工程、蓄水工程、引水工程、提水工程、河湖连通工程
7	防洪除涝工程	流域防洪工程、区域防洪除涝工程、城市防洪骨干工程、"不淹不涝"城市建设工程
8	饮水安全工程	水源地保护工程、备用水源地建设工程、农村安全饮水工程
9	水文化与水景观工程	江广融合区生态走廊建设、三湾城市公园建设、古运河大王庙以东段北岸风光带综合整治、新城西区拓展区基础设施及景观建设、唐子城护城河疏浚及双峰云栈建设、唐子城大遗址保护及利用等重点景观工程建设。
10	护水工程	宣传倡导人水和谐文化，强化水权、排污权管理，落实管水、护水责任，提升公众惜水、节水、爱水、护水意识，加强水资源综合利用

（三）主要任务

1. 水资源管理

一是落实最严格的水资源管理制度。建立水资源开发利用红线，严格实行用水总量控制；建立用水效率控制红线，全面推进节水型社会建设，加快推进园区循环化改造工程建设；建立水功能区限制纳污红线，严格控制入河湖排污总量；实行预警管理，构建水生态保护体系；建立最严格水资源管理考核制度。

二是健全河湖管理与水工程管理体系。建立健全河湖管理体系，加强城区河道管理；明确和落实水域管理责任制度，加强水域、岸线和滩地的管理；完善水利工程管理制度建设，加强和规范水利工程管理；继续推进水管体制改革，改革水工程的运行管理；加强基层水利技术推广与服务体系建设，全面提升农村水利管理水平。

三是完善法规及规划体系。完善法规体系，强化水行政执法能力建设；完善规划体系，科学规划水资源开发利用与节约保护。

2. 水环境保护与水污染防治

一是加强水功能区管理。严格落实水功能区限制纳污红线，充分发挥水功能区的基础性和约束性作用，建立和完善水功能区分类管理制度，严格入河湖排污口设置审批，加强排污口整治与监管。

二是控制污染源。严格控制工业污水排放，强化对开发园区和工业园集中区污染的专项整治，并实施排污口整治工程。提高城镇生活污水收集率、污水处理能力及出水水质标准。

三是改善河道水环境。清除河道内源污染，对重点湖泊和骨干河道及淤积严重的城区河道实施清淤和水环境综合整治，清除污染底泥，建设截污和雨污分流工程，沟通水系，保持河道生态基流，消除城区黑臭河段，改善河网水环境。

四是提高农村水环境质量。整治农村水环境，提高水环境质量。加强农村河道、河塘整治与管理，通过河道清淤、河岸垃圾清除等措施恢复农村水环境，推广农村有机废弃物资源化利用与无害化处理技术，发展生态农业等措施保护农村水环境。

3. 水生态系统保护与修复

通过水源涵养林建设、小流域综合治理、水生动植物保护、人工湿地建设、河湖岸线保护等措施，对水源涵养区、国家级特种质水产资源保护区、重要湿地保护区、重要湿地公园、国省级水利风景区等主要节点全面开展水生态保护与修复工作，大力提升水生态系统修复能力和服务功能。

4. 水资源配置

根据水资源配置方案明确水资源配置重点工程。通过实施跨流域调水工程，"蓄、引、提"工程，水系连通工程建设，提高区域水资源调配能力，进一步完善水资源配置格局，使城乡居民生活用水、工农业用水保证率得到进一步提升。

5. 防洪与饮水安全保障

一是提高淮河流域防洪能力。淮河流域防洪依托入江水道治理，实施切滩、抽槽、固堤工程，加大入江水道行洪能力，加固沿线堤防和建筑物，提高防洪能力。

二是提高区域防洪除涝标准。中心城区主要采取"外防""内排"等措施，建设"不淹不涝"城市。其中，"外防"主要指通过堤防达标和沿线建筑物除险加固建立"防洪保护圈"，拒江淮洪水和仪扬山洪于"保护圈"之外，完善以中心城区及水系拓展区为中心的防洪治涝系统；"内排"主要指通过城市防洪骨干工程解决城区内部洪涝水出路问题，重点建设古运河瓜洲站和扬州闸站，彻底解决中心城区西片江淮高水位时的外排问题；主要整治排水不畅河道和城市积水点，里下河地区通过骨干河道治理工程全面提升除涝能力。

三是提升城乡饮水安全保障能力。以饮用水源地达标建设和备用水源地建设为主，加强饮用水源地保护，同时建立和完善饮用水源地突发事件应急预案，提高突发性水污染事件应急管理能力。结合小城镇和新农村建设，优化调整供水管线，通过管网延伸、管网改造提升农村居民饮水保证率及安全水平。加快整合农村供水服务资源，加强行业监管能力，建立健全农村供水水质日常监测管理制度，编制乡镇级农村供水应急方案。

6. 水文化与水景观

一是以可持续发展的理念、生态的理念为指导，将水文化元素与内涵融入水工程建设与水景观建设中，在水生态文明建设和管理中强化文化意识。

二是在对扬州水文化深入调查研究的基础上，科学编制水文化建设规划，抓紧实施水文化保护工程，充分挖掘、弘扬水文化。

三是通过开展水主题活动、水文化产品创作、水文化培训教育、水文化载体建设等措施大力开展水文化宣传教育。

四是通过重点水景观工程建设，为市民提供良好的休闲娱乐场所。

B.29
扬州运河文化旅游开发对策研究报告

扬州市旅游局课题组*

摘　要：

　　大运河是扬州旅游业发展新的增长点，资源类型的丰富多样为扬州运河文化旅游开发提供了良好的基础条件。开发扬州运河文化旅游，应该坚持遗产保护优先战略、生态保护战略、产品创新战略、联合开发战略，要加强开发运河文化旅游的统一管理和统一规划，对运河实现"旅游化"改造升级，将运河旅游与古城旅游全方位结合起来，创意开发运河旅游产品，加快运河文化内涵的外化，做好运河旅游品牌的宣传和营销，办好世界运河名城博览会等品牌活动。

关键词：

　　运河文化　旅游开发　旅游资源　对策研究

　　扬州是世界运河名城，是中国大运河的发祥地，承载着扬州悠久的历史，带来扬州千年的经济文化繁荣。缘于运河千百年的流淌，扬州被赋予了历史、文化，被赋予了生态、生机和生活。大运河是发展扬州旅游的一块金字招牌，是扬州旅游业发展新的增长点。扬州要根据国内外旅游市场的需求，遵循可持续发展的原则，以扬州运河丰富的旅游资源为基础，精心策划，大力开发，将文化资源转化为旅游产品，构建运河旅游产品体系，展示运河文化的丰厚内涵和独特价值，创造出融观光、休闲、体验、参与为一体的功能全面、极具魅力的旅游空间，吸引中外游客。

---

* 课题组负责人：王志海、许金如。成员：董广智、张莉、李芸、胡章鸿、程嘉同、刘小中。

一 扬州运河文化旅游资源分析

运河是扬州建城肇始,也是扬州繁华之源。运河给扬州留下了众多的旅游资源,这些资源为扬州发展运河文化旅游提供了丰厚的、无可替代的条件。根据国家标准《旅游资源分类、调查与评价》(GB/T 18972 – 2003)中的旅游资源分类系统,我们对扬州运河文化旅游资源进行归纳分类,共有水域风光、遗址遗迹、建筑与设施、旅游商品、人文活动五大主类,33 个基本类型,150 多个单体旅游资源(见表1)。资源类型的丰富多样为扬州运河文化旅游开发提供了良好的基础条件。

表 1 扬州运河文化旅游资源分析表

主类	亚类	基本类型	单体旅游资源
B 水域风光	BA 河段	BAA 观光游憩河段	乾隆水上游览线、夜游古运河
		BAC 古河道段落	大运河、古邗沟、宝应明清运河故道、泾河、邵伯明清运河故道
	BB 天然湖泊与池沼	BBA 观光游憩湖区	瘦西湖、邵伯湖、高邮湖、东湖
		BBB 沼泽与湿地	宝应湖国家湿地公园、凤凰岛公园
E 遗址遗迹	社会经济文化活动遗址遗迹	EBF 废城与聚落遗迹	扬州城遗址(唐子城、罗城、宋大城、宝佑城、夹城、明清城、南门遗址、东门遗址、北门水门遗址)
		EBE 交通遗迹	刘家堡减水闸、高邮御码头、平津堰遗址、马棚湾铁犀、邵伯老船闸、茱萸湾古闸、龙首关(钞关)、东关古渡(双瓮城)
F 建筑与设施	FA 综合人文旅游地	FAB 康体游乐休闲度假地	瘦西湖温泉度假村、红山体育公园
		FAC 宗教与祭祀活动场所	天宁寺、重宁寺、大明寺、高旻寺、仙鹤寺、盐宗庙(曾公祠)、武当行宫、琼花观、天主教堂
		FAD 园林游憩区域	斗野亭公园(邵伯湖铁犀)、茱萸湾公园、瘦西湖公园、个园、何园、东荣园、逸圃、古运河文化公园、荷花池公园、小盘谷、卷石洞天、二分明月楼
		FAE 文化活动场所	高邮古文游台
	FC 景观建筑与附属型建筑	FCA 佛塔	高邮镇国寺塔、净土寺塔、白塔、文峰塔、高旻寺塔、唐代石塔
		FCC 楼阁	文昌阁、四望亭

续表

主类	亚类	基本类型	单体旅游资源
F 建筑与设施	FD 居住地与社区	FDA 传统与乡土建筑	盂城驿、两淮都转盐运使司衙署门厅、两淮盐务稽核所
		FDB 特色街巷	高邮南门大街、彩衣街、洼字街、皮市街
		FDC 特色社区	东关街历史街区、东圈门历史街区、南河下历史街区、邵伯古镇
		FDD 名人故居与历史纪念建筑	史公祠、高邮二王故居、汪氏小苑、卢宅、汪鲁门故居、胡仲涵故居、朱自清故居、扬州八怪纪念馆、吴道台宅、马可·波罗纪念馆、鉴真纪念堂、水文化博物馆、淮扬菜博物馆、盆景博物馆、民俗博物馆、中医博物馆
		FDE 书院	梅花书院(扬州书院博物馆)
		FDF 会馆	山陕会馆、岭南会馆
		FDG 特色店铺	谢馥春、三和四美、富春、冶春
	FE 归葬地	FEB 墓(群)	普哈丁墓、隋炀帝墓(曹庄)、隋炀帝陵(槐泗)、汉广陵王墓
	FF 交通建筑	FFA 桥	五亭桥、大虹桥
		FFC 港口渡口与码头	东关古渡、乾隆御马头、瓜洲古渡
	FG 水工建筑	FGD 堤坝段落	宝应明代古堤
		FGF 揠水设施	江都水利枢纽
G 旅游商品	GA 地方旅游商品	GAA 菜品饮食	淮扬菜系
		GAB 农林畜产品与制品	牛皮糖、扬州酱菜、秦邮董糖、双黄鸭蛋(高邮)、黄珏老鹅、江都方酥、界首茶干、绿杨春茶叶、邵伯龙虾等
		GAE 传统手工产品与工艺品	扬州玉器、漆器、刺绣、剪纸、盆景、雕版印刷、毛绒玩具等
H 人文活动	HA 人事记录	HAA 人物	刘细君、董仲舒、张若虚、杜牧、鉴真、李邕、欧阳修、苏轼、秦观、施耐庵、史可法、石涛、郑板桥、金农、王念孙、王引之、阮元、邓石如、朱自清、李涵秋、汪曾祺、王少堂等
		HAB 事件	虹桥修禊、史可法抗清
	HB 艺术	HBB 文学艺术作品	《广陵散》《春江花月夜》《黄鹤楼送孟浩然之广陵》《扬州慢》《红楼梦》等
	HC 民间习俗	HCC 民间演艺	古琴(广陵琴派)、扬剧、扬州评话、扬州清曲、扬州木偶戏、扬州小调等
		HCG 饮食习俗	喝早茶
	HD 现代节庆	HDA 旅游节	烟花三月经贸旅游节、高邮市乡村旅游节

二 扬州运河文化旅游开发的宏观环境分析

近年来，在旅游业相对发达的欧美国家和地区，水上观光旅游已经蔚然成风，法国巴黎塞纳河每年接待游客500多万人次，荷兰阿姆斯特丹13条运河的旅游收入占该城旅游业总收入的1/10强。

从国内运河沿线旅游城市来看，尽管以往旅游开发的热点都不在运河，但随着大运河申遗步伐的加快，其文化内涵及旅游价值已经被越来越多的有识之士所认识。2013年3月份，由国家旅游局牵头，京、津、鲁、冀、苏、浙六省市旅游部门共同制定的《京杭大运河旅游线路总体规划》已通过专家评审。国家旅游局表示，穿越我国六省市的京杭大运河，将被打造成除万里长城、丝绸之路之外我国第三条世界级旅游线路，成为吸引世界游客的一张"大名片"。京杭大运河之淮扬文化旅游区段成为规划中重点突出的"六段"之一，今后游客可以从京津顺大运河直抵扬州，重走马可·波罗之路，实现"慢游"大运河的设想。毫无疑问，这个总体规划将对扬州旅游产生深远影响。

江苏省人民政府颁发的《江苏省旅游发展总体规划（2001~2020）》认为："大运河是江苏旅游发展开拓国际市场的重要品牌，选择纵贯南北、文化积淀深厚的大运河作为重要的旅游发展带，从地域上、文化上、主题上整合沿线的旅游产品，形成独特的竞争优势。"《江苏省"十二五"旅游业发展规划》提出了打造"三圈三带三轴"覆盖全省域的新江苏旅游空间总体布局。其中一带即"古运河风情文化旅游带"，串联八市。立足水城、水乡、水弄堂、水城门、水利工程、古堰、枕河人家、码头古渡等原真性景观，加强与大运河沿线省市合作，融入中国京杭大运河国家旅游线路，衔接苏锡常旅游圈和宁镇扬旅游圈，将其打造成国际精品文化旅游带和世界知名的文化遗产旅游品牌。扬州要抓住机遇，利用丰富的运河旅游资源，发展独具特色的运河文化旅游。

在2009年9月25日由国家文物局主办、在扬州召开的大运河保护与申遗工作会议上，国家文物局局长单霁翔曾对扬州的运河编制规划给予高度评价：在推动大运河申遗过程中，扬州在资源调查、文物维护修缮、环境整治方面做了大量细致的工作，在35个地市中，扬州起到了牵头单位的重要示范作用，为扬州段运河遗产的保护开发奠定了很好的基础。2010年10月，国家旅游局"十一五"重点项目"京杭大运河旅游线路规划"座谈会在扬州举行，专家们考察了大运河扬州段相关景点遗存后，一致认为，大运河扬州段历史遗存丰富、旅游开发价值极高，可按照国家5A级旅游景区的标准，打造成享誉海内外的精品旅游线路。

运河作为扬州的"母亲河"，一直得到扬州政府和市民的高度关注和精心呵护。2012年8月，市政府常务会议通过了《扬州市大运河遗产保护办法》，同年10月1日起施行。扬州成为中国大运河沿线第一个制订保护办法的城市，为其他相关城市提供了良好的范本。

三 扬州运河文化旅游开发现状

扬州利用大运河申遗的契机，通过古运河水上游览线及沿岸风光带、景区、客栈、文物的建设，塑造河岸景观走廊，体现古城历史风貌，使运河两岸形成立体的"古运河博物馆"，取得了显著的成效。

1. 着力开发古运河游览线，打造世界级水上旅游精品

扬州充分利用水上旅游资源，整合沿线生态资源，挖掘历史遗迹，串联人文景观，全方位解读古运河历史，打造一条水上文化长廊。目前已经开通的线路有：麦粉厂遗址到南门遗址段的古运河水上游览线；瘦西湖古运河水上游览线，从瘦西湖的东堤码头登船，经二道河进入荷花池，过二钓桥、通江门船闸，至东关古渡；"乾隆水上游"，从冶春的御码头上船，经大虹桥，循瘦西湖，抵大明寺。2014年，将开通"扬州—邵伯—高邮"水上游览线路，采用水陆联动的形式，集文化观光、休闲娱乐和度假体验于一体。这条水上游览线与以往内河水上游不同，它的通行平台是一个开放的航道。游览线分为一日游和二日游两种方案：一日游为"扬州—邵伯"，从东关古渡出发，经古运河出扬州闸到京杭大运河，到达邵伯后可逛古镇、尝龙虾。二日游为"扬州—邵伯—高邮"，可游览镇国寺、盂城驿，看高邮湖日出，还可泛舟芦苇荡，到生态园采摘果蔬等。

2. 打造运河风光带，发展运河沿岸的游览区

扬州一直致力于运河沿岸风光的美化，改造提升沿岸观光带景致，着力提升游览通航条件，打造一条"水清岸绿"的休闲观光带。运河两岸运用五彩灯光效果，打造运河夜景，使古运河显得如梦如幻。重点发展高邮镇国寺、盂城驿、邵伯古镇、湾头古镇、茱萸湾风景区、东圈门东关街历史街区、何园—南河下历史街区、南门遗址、文峰寺三湾游览区、瓜洲古渡历史文化游览区等风景区（点）。

3. 丰富蜀冈—瘦西湖景区功能，打造世界级精品

瘦西湖与运河水脉相通，瘦西湖已经逐渐从观光旅游形态向多功能旅游形态转变。2009年9月，扬州蜀冈—瘦西湖风景区被文化部和国家旅游局授予国家文化旅游示范区，这是一块金字招牌，是一个有影响、有特色、有分量的品牌。瘦西湖依托景区人文、生态、温泉等优质资源，瞄准现代休闲度假游，对长春路以东、平山堂路以南、友谊路和相别路以西8平方公里区域进行全新打造，形成一个养身、养气、养心的国际休闲度假社区。瘦西湖南门东堤区域正在改造，将建成瘦西湖休闲文化广场项目，同时重点推进温泉SPA、豪华小型精品酒店、花艺坊康体会所、长春路特色街区等一批高端休闲项目建设，围绕打造融"遗址保护、文化展示、考古科研、历史体验、观光休闲"为一体的旅游新亮点，加快推进唐子城护城河水系的恢复和展示，再现双峰云栈景点。

4. 提升拓展扬州古城街区游，延伸运河文化旅游

运河与扬州古城唇齿相依，扬州古城是运河旅游的重要依托。扬州正对古城深度设计、创意包装、立体打造，将古城建设成一个集旅游、商贸、文化、创意于一体的大服务业集聚区。正建设一批旅游特色集聚区，如东关街—国庆路"老字号"集聚区、教场—仁丰里"三把刀"集聚区、淮扬菜集聚区、旅游购物集聚区等，培育打造文化会馆、商务会所、休闲娱乐街区、创意街区，集聚人气财气，拉长旅游产业链。扬州以"双东"历史文化街区、教场市井民俗生活街区、何园及南河下盐商生活街区保护复兴、完善功能为重点，推进改造东关古渡、长乐客栈、谢馥春、武当行宫、东关街历史文化展示馆、南门遗址等精品项目。

四 问题和困难

1. 航运对运河旅游开发存在制约

江苏水运占货运总量的1/4，货运周转量的1/2。运河自古以来承担着漕运、商运、客运的任务，造就了运河灿烂的经济文化，现在仍然具有极高的航运价值。"十一五"期间，江苏实施了苏北运河"三改二"项目，扬州京杭运河是重点航道工程，将原来三级航道标准升格为二级航道，增强了运河的运输通过能力。由于货运与客运对航道的要求不一样，大运河航运开发对运河水上旅游形成了较大的制约。货运容易污染河水，引起水质恶化，降低景观的美感度和旅游吸引力。目前扬州开通的运河水上游览线，都是利用封闭货运的市区古运河及其支线开展营运。要做大扬州的运河水上旅游，甚至开通城市之间的水上旅游线，就必须处理好游览航线与货运航道之间的矛盾。近期即将开通的"扬州—邵伯—高邮"水上游线，就充分考虑了旅行安全问题，经过多部门协调，得到了交通、海事、旅游部门以及沿线各级政府的大力支持，才基本得以准备就绪。

2. 运河旅游点分散，功能不明晰

扬州运河流经城市、农村，沿岸散落着大大小小几十个景点，虽然各有特色，能发挥一定的观光休闲功能，但很难形成集聚效应。只有扬州古城区域的各景点能统一发挥观光、休闲、体验旅游的功能，其他处于城镇、城郊结合部、农村的景点，则显得形单影只，功能单一，旅游吸引力不强。

3. 许多运河文化遗迹毁损，修缮、复建难度大

扬州古城的运河旅游资源，有的保存较好，有的近年来加强了修复，状况较好，具有很高的旅游价值。但运河其他段的旅游资源，由于历经岁月沧桑，许多旅游资源损毁严重，如邵伯古镇、宝应明清运河故道、高邮御码头、瓜洲古镇等，已经难现历史风貌，需要巨大投入和精心修缮或复建，才能成为旅游亮点。

4. 管理体制不顺，条块分割

运河文化旅游资源涵盖河道、水工设施以及会馆、园林、寺庙、聚落等，涉及产权单位或管理部门众多，增大了运河旅游资源整合开发的难度。河道、水工设施属于水利局主管，航道属交通局管理，会馆、园林、寺庙、博物馆、街区属于园林局、文物局、宗教局、房管局或城建公司等管理。

5. 市场定位模糊，旅游产品单一

扬州运河旅游形象不鲜明，市场定位不清晰。运河旅游产品结构单一，水上游览与岸上旅游基本隔绝，休闲、体验、参与性旅游项目很少，尚未形成运河文化旅游产品体系。

五 扬州运河文化旅游发展战略

1. 遗产保护优先战略

在旅游开发中，遗产保护是最高原则和第一战略，是扬州运河文化旅游可持续发展的基本保障。要重点保护运河的水利设施、生态环境、聚落、非物质文化遗产遗存，保持历史原貌，加强修缮。新建的建筑和设施不能破坏运河整体环境风貌。

2. 生态保护战略

良好的水生态是运河旅游之本，碧水绿树给游客带来放松和美感，有助于休闲、体验性旅游项目的开展。长期以来，排污设施不完善、监管不到位导致运河水质下降，影响了运河的旅游吸引力。因此，发展运河旅游，必须致力于提升运河生态环境。

3. 产品创新战略

运河旅游产品创新是打造旅游品牌、扩大旅游容量、吸引中外游客的核心策略。产品创新应着力于凸显扬州文化特色、强化旅游亲水性、水岸旅游结合、水陆空立体旅游、拓展体验参与性项目等方面。

4. 联合开发战略

要加强运河沿线城市的合作，协同治理生态环境、整合旅游资源、优化品牌、开发产品、共享客源、拓展市场，逐步开通城际运河水上游览线。要建立统一管理机构，联合各方面力量，合理高效地开发运河旅游资源。

六 扬州运河文化旅游开发对策

（一）加强开发运河文化旅游的统一管理和统一规划

1. 开发运河文化旅游，规划是龙头，是总纲

在全市旅游规划中，要把发展运河文化旅游放在突出位置；尽快制定扬州运河旅游发展专项规划，指导和协调运河旅游的健康发展。规划要充分注重整合旅游资源，发挥扬州运河文化的特色优势，要与大运河申遗保护规划紧密结合，共同推进运河保护与开发工作。

2. 保护开发大运河，统一的组织领导是关键

目前大运河牵涉的管理部门包括水利、航运、文化、文物（申遗）、环境、建设、旅游、宗教、园林、房管等。各方面对大运河遗产保护与旅游开发的重要性认识不一，这就需要有一个有效的组织管理体系。开发运河文化旅游是一个系统工程，需要各部门通力合作。为了加强协作，建议组建有权威、能高效工作的运河文化旅游开发领导协调机构，协调各方面的关系，形成合力，统一规划与管理运河旅游资源、旅游布局、形象包装、市场拓展、基础设施建设、旅游项目建设、生态环境保护等。该机构应直属市政府，从各相关部门抽调人员组成。

3. 要创新开发机制，拓宽投资融资渠道，为运河旅游资源的开发利用提供支持

加大政府引导性资金的投入力度，建立运河旅游发展的专项资金，主要用于运河旅游基础设施、旅游开发软件的配套完善。争取国家建设资金的支持。充分发挥政府引导性资金的带动作用，以调动社会各方面资金更多地投入运河旅游开发。加大旅游招商引资力度，采取多种招商方式。

（二）运河的升级提升要实现"旅游化"改造

市委市政府重点加快江广融合地带建设的发展战略，给运河旅游带来了前所未有的良好机遇，特别是对"七河八岛"的保护开发直接推动了运河旅游的发展。水利部门、建设部门对运河进行疏浚改造，对沿河岸线、码头、绿化带进行了升级，我们认为应一如既往地进行"旅游化"改造。所谓"旅游化"改造，就是遵循旅游发展的原则和需求，所有改造的项目均符合旅游业发展的标准和规律。例如，码头做成游船码头，岸线的园林绿化、小品考虑游步道的科学性、合理性，运河沿线重要节点规划生态停车场建设，部分河段考虑自然驳岸的改造，等等。

要抓住"江广融合区域"建设开发的有利时机，充分整合茱萸湾、凤凰岛、湾头古镇等资源，盘活周边"一河两岸""七河八岛"资源，使生态景区与生态水城相得益彰，打造高层次滨河养生休闲度假区。以高旻寺、三湾、原农药厂为节点，加快推进三湾湿地保护区、高旻寺佛教文化区规划建设，打造扬州南部运河文化游、生态游新亮点。以古镇风情、大观楼景区、滨江休闲为依托，做亮瓜洲古镇旅游度假区。要进一步放大瓜洲"江河都会""古渡古镇"的独特优势，加快推进大观楼景区复建、瓜洲老街开发等项目，打造临河滨江的时尚休闲度假旅游区。

（三）将运河旅游与古城旅游全方位结合起来

扬州5.09平方公里的明清古城东、南两边有似彩练的古运河镶嵌。古运河本身及古运河沿线的古城区域，其历史遗存和文化底蕴非常丰厚，品质在国内同类资源中属极其罕见。两个如此"巨"类资源目前在旅游层面上基本属于"各敲各的锣鼓"，未进行全面融合。其实这一思路十多年前就开始讨论、推进，迄今未有好的结果。我们认为深度的古运河旅游不完全在其本身，应与古城旅游全面融合。

（1）同类或有内在联系的资源可融为一体增加产品的吸引力。例如，东关古渡与双东街区的关系，钞关与南河下盐商住宅群的联系，长生寺、龙衣庵与旌忠寺、祗陀林的产品同质性等等。

（2）"两古"线路结合的多样化可形成"线路超市"。游客的线路可实现"水→陆→水→陆……"。在"陆"中，可有多点。"水""陆"的组合及"陆"中的多点，可由游客自由组合，随意购买。"两古"旅游全面融合，焕然一新。

（3）游览方式上可多种形式并举。龙船、画舫、自助船、步行、自助自行车、观光电瓶车、黄包车、轿子等，满足游客的不同心理和生理需要。

（四）创意开发运河旅游产品

运河旅游产品的开发应凸显扬州文化特色，旅游线路要注重水陆组合，开发水陆空立体旅游，旅游项目要强化休闲、体验、参与功能。开通高邮到瓜洲的运河水上巴士，增设摇橹船、水上自行车等游览工具，为游客游览提供多种选择。开发"空中看运河"旅游项目，通过飞艇、直升机、水上飞机、热气球、滑翔伞等空中游览方式俯瞰运河，俯瞰古城，构建水陆空立体旅游线路。充分利用凤凰岛、邵伯湖、高邮湖以及宝应湖等水资源，开发一系列参与性水上旅游活动，如在湖边建天然浴场和水上游乐区，方便游客进行水浴、沙浴、日光浴、滑沙、垂钓、捕鱼、采菱、划船等多项野趣活动；利用水面湖滩等开展多种体育运动项目，如赛艇、龙舟、摩托艇、沙滩足球、沙滩排球等。保护运河避风塘和一些小岛上的"水上人家"生活方式，作为原生态的旅游景观向游客展示。以大运河和扬州城市历史文化为主线，融合扬州丰富的艺术形式，运用现代高科技手段，打造"运河千古情"实景演艺节目。举办世界沿运河骑游大会、国际烟花大会、国际龙舟公开赛、国际运河美食节等主题活动，打响"灵动运河、闲情扬州"旅游品牌。用足、用好运河的水系资源，推动各类相关衍生产业的发展。

深化运河旅游产品的开发，离不开配套设施的建设（见表2）。要在运河区域增设形式多样的亲水平台，如悬挑式、漂浮式、双层亲水平台，方便游客亲近运河。建设与完善运河码头、沿河步行小道、自行车道、运河游览公交车站等设施，形成便捷合理的水陆交通网络。在运河两岸建设或改造民居客栈，让游客切身体会古城人文风貌。在运河两岸建设以运河为主题的休闲度假酒店，引入国际设计理念和管理方式，打造融会议展览、旅游度假、休闲娱乐为一体的集聚区。开设水上老茶馆、咖啡厅、茶吧酒吧等休闲场所，建筑样式应与运河景观协调，产生相得益彰的效果。在运河上安排小船兜售旅游纪念品、食品甚至菜肴，形成"水上市场"。开发以运河为主题的旅游纪念品，走产业化、规模化、特色化的道路。

表2 扬州运河旅游产品开发体系表

旅游开发类型	旅游产品形式	旅游产品内容
观光游	空中看运河	使用直升机、热气球、滑翔伞等低空俯瞰运河
	水上巴士赏运河	用龙形、凤形船或仿古官船,游船外形古典,内部配置现代,水陆观光结合,设有地方特色文艺表演、品尝美食等项目
	游艇乐运河	使用赛艇、汽艇、帆船、摩托艇,开设漂流、滑水、比赛等水上娱乐项目
度假游	水上慢生活 真正心享受	让游览者吃住在游船上,在缓慢的空间变换中欣赏主题演艺节目(评话、清曲、木偶戏、扬州小调),设有垂钓、足浴、茶座等休闲项目
访古游	寻访活态遗产 同走申遗之路	以访问沿岸古迹遗存为重点,如古镇、码头、寺庙、碑刻、墓葬、驿站等,安排参加、体验性活动,如水上婚礼、皇帝出游、船娘摇橹、纤夫拉船等
风情游	游千年运河 品别样人生	以了解民俗风情、体验别样生活为目的,游客可以逛古街、游古巷、拜寺庙、放河灯、采菱藕、剪纸秀、住民居客栈等
其他		旅游纪念品开发(如运河纪念邮票、剪纸、明信片)、手工绘运河、徒步走运河、乡镇休闲游、工业遗产游、运河拓展训练游、文学艺术寻迹游、盐商生活体验游、美食休闲游、水利工程科学考察游等

(五)加快运河文化内涵的外化

文化内涵是决定旅游产品的品位、级别及其生命力的首要因素。因为旅游资源的文化内涵具有无形性,只有将无形的文化内涵用具体的物化产品或某一动态过程加以外化,才能吸引众多游客,才能将文化资源优势转化为产品优势。应从运河文化资源的实际出发,通过不同物质载体,把运河文化遗产的文化内涵更加生动、形象地展现出来,以满足现代游客的不同文化需求。

充分发挥桥梁、闸坝在运河文化展示中的重要作用。桥梁、闸坝不仅是交通设施,还是美化河流景观及城市环境的重要元素。例如,大运河扬州城区段的五台山大桥、便益门大桥、解放桥、跃进桥、徐凝门桥、渡江桥等,它们不是造型别致,就是具有典故、传说,本身就是值得观赏的旅游景点。运河桥梁整治充分尊重运河的内涵和特质,体现桥本身的结构美和形态美,与周边环境及建筑相协调,以一桥一景、日景夜景交相辉映的原则,营造运河桥梁游览、观景、休憩的氛围。大运河的开凿、兴衰与扬州的发展息息相关,众多历史名人在扬州留下了许多足迹。我们可以在沿岸树立一些雕塑、碑刻,展示夫差筑邗城、杜牧二十四桥听箫、欧阳修挥毫饮钟、苏轼三过平山堂、史可法抗清、文人修禊、帝王南巡、纤夫拉纤等历史场景，体现古运河的神韵，渲染运河历史文化。

（六）做好运河旅游品牌的宣传和营销

加强运河文化旅游的宣传营销力度，打造和经营扬州运河旅游的强势品牌，树立扬州"世界运河名城"的形象。由于扬州运河在自然资源和历史文化等方面，与其他城市运河存在一定相似性，所以，扬州运河旅游形象定位必须要凸显自身优势，展示鲜明特色。扬州运河文化的优势在于：①通史式的运河文化（运河发祥地，历代繁华地）；②高度的运河经济文化（腰缠十万贯，骑鹤下扬州）；③运河文化与"皇家文化"的结合（隋炀帝、清乾隆、康熙等帝王留下众多遗迹）；④运河造就高度的盐商文化（园林住宅、淮扬菜系等）；⑤扬州是大运河申报世界遗产的牵头城市。开展扬州运河旅游形象口号征集活动，形成全社会关心运河保护开发的良好氛围。

旅游形象的建立有赖于系统、高效的形象传播手段。可以采用网络营销、新闻报道、旅游会展、旅游节庆、专题促销、电视广告、旅游专题片、旅游宣传册、运河文化研讨会、户外广告等形式，建立全方位、立体化营销网络，以更强势的知名度和美誉度开拓更大的市场，进行以旅游产品为主体的旅游促销。

（七）办好世界运河名城博览会等品牌活动

扬州市多年来坚持举办世界运河名城博览会，使得扬州的形象在国际层面上有了很大的提升，扬州运河文化旅游也顺势发展，如火如荼。2013年在扬州举行的世界运河名城博览会本着节俭、务实、百姓更多参与的原则，取得了很大的成功。扬州市要坚定不移地继续办好世界运河名城博览会这一世界知名品牌活动，在举办的同时可适当创新其内容与形式。例如，在继续保持每年一个主题的情况下，可每年以一个世界运河城市为重点，加以宣传。如"苏州日"，辅之以"苏州图片展""苏州民间艺术表演""苏州名特产品展"等活动，既丰富了博览会的内容，也调动了世界运河城市参会的积极性。此外，也

可增加"扬州八怪船游古运河"、"隋炀帝下江都"、"运河修禊"、"运河情"美文大赛、"运河之子"杰出人物荟萃展、运河生态船餐等表演项目和活动,以进一步增加博览会的吸引力。

参考文献

刘马根:《大运河江苏段旅游开发研究》,载《提升江苏省旅游业综合竞争力》,苏州大学出版社,2012。

王虎华、陈跃:《百舸竞流汇运河,申遗名城看扬州》,《中国文化报》2012年5月29日。

王健:《大运河文化遗产的分层保护与发展》,《淮阴工学院学报》2008年第4期。

张京祥、刘雨平:《沿京杭大运河地区的空间发展——以京杭大运河扬州段为例》,《经济地理》2008年第1期。

沈山、安宇等:《苏北沿运河旅游轴合作发展策略》,《徐州工程学院学报》2009年第1期。

扬州市旅游局课题组:《扬州旅游业发展对策研究报告》,载《扬州经济社会发展报告(2012)》,社会科学文献出版社,2013。

B.30 扬州市劳动力就业创业对策研究

扬州市人力资源和社会保障局课题组*

摘　要：

　　2013年以来，扬州市就业创业工作坚持以"推动实现更高质量就业"为目标，围绕建设充分就业城市这一个重点，坚持服务经济发展和保障改善民生这两条主线，通过开展公共就业服务、自主创业、失业保险、基层平台建设四项重点工作，着力实现各类人群的充分就业。

关键词：

　　劳动力　就业　创业

一　扬州市劳动力就业创业工作开展情况

1. 落实更加积极的就业政策，就业质量逐步提高

　　一是落实财政补贴政策。通过落实社保补贴、岗位补贴等政策，采取公益性岗位安置、职业技能培训等措施，继续开展"充分就业示范社区"创建活动，促进下岗失业人员再就业。2013年以来，向2522名下岗失业人员兑付社保补贴1635.28万元，岗位补贴337.52万元，为439人发放小额担保贷款6247万元，开发公益性岗位503个。加强高校毕业生的政策帮扶，开展了实名登记工作，启动困难家庭高校毕业生享受各项就业优惠政策工作，增加了400万元社保补贴和20万元培训补贴的财政资金，着力帮助离校未就业高校毕业生尽快就业。2013年以来，城镇新增就业7.36万人，城镇登记失业率为2.28%，城镇劳动力就业总量达到143.6万人。二是落实失业保险政策。稳步

---

* 课题组负责人：臧民。成员：颜军、胡凤霞、李德江、林强、陆军、黄旭（执笔）。

推进失业保险市级统筹，及时调整失业保险金待遇，从2013年1月1日起，调整市区领取失业金人员基本医疗保险支付标准。其中：市直、广陵、邗江支付标准调整为216元，江都区调整为204.25元。7月，对在市区（市直、广陵、邗江）社保机构以自由职业者身份参加医保的失业人员，医保报销标准统一调至230元/月，江都区调至218.41元/月。同时，调整市区（广陵区、邗江区、江都区）失业保险金上下限标准，其中失业保险金上限比2012年提高180元/月，失业保险金下限调整为631元/月，比上年提高111元/月。三是落实获证奖补政策。全市各地根据本地产业特色，开展了针对农村劳动力就业的技能培训，共培训农村劳动力3.98万人，对培训合格获得职业资格证书的实行获证奖补，兑付资金557.52万元。2013年，农村劳动力就近就地转移就业4.15万人。

2. 实施更具活力的创业政策，全民创业有效推进

一是用足用好创业引导资金。2013年初，与财政部门就500万元的创业引导资金使用制订了绩效管理项目目标书，按照创业培训、创业项目征集、初始创业补贴、创业租金补贴、孵化基地建设、创业实训、创业宣传表彰七个项目列出支出计划表。到年底，全市创业引导资金已全部兑付，其中：创业培训189万元，创业项目征集20万元，初始创业补贴100万元，创业租金补贴66万元，孵化基地建设补贴75万元，创业实训补贴30万元，创业宣传表彰20万元。通过引导资金的使用，扬州市全民创业活力和满意度为历年最高。二是开展针对性创业培训。从6月份起，开展创业培训"进高校、进社区、进乡村"活动。先后在汶河街道、双桥街道、曲江街道等辖区内商户比较集中的初始创业人员开展SYB培训；利用农民农闲时间走进湾头、杭集、沙头、施桥等乡镇，将创业课堂搬到农民家门口。9月份，又邀请资深创业培训讲师到扬州大学、扬州技师学院、江海职业技术学院、扬州职业大学等高校进行巡讲，增强大学生的创业意识，帮助其提升创业能力。到9月底，共举办社区乡村创业培训班31期，高校校园创业培训班15期。全年创业培训17024人。三是大力搭建创业载体。2013年，认定扬州市运河种兔场、江都区仙女镇迎春茶社、扬州北河下科技信息咨询有限公司等10个创业孵化基地；认定江海职业技术学院、江都区仙女镇农民工技能培训中心、江都区商业学校、邗江区邗城培训中心等4家定点培训基地；认定扬州大学、扬州工业职业技术学院为该市首批创业实训基地。同时，扬州市申报单位邗江区高新技术创业服务中心获批省级大学生创业园，为大学生创业提供了良好的平台。四是不断优化创业服务。举行了2013年度优秀创业项目评选会，评出了215个优秀创业项目，录入网上创业项目资源库，制成《优秀创业项目选编》并免费宣传推介。组团参加了新疆伊犁哈萨克自治州创业成果展示暨创业项目推介会，扬州市的"五彩缤纷毛线总汇"和"米米农资超市"两个优秀项目参展，受到了当地群众的好评。积极开展创业明星评选，通过基层申报、现场介绍、专家打分等环节，评选出25名年度创业明星。

3. 构建更加畅通的信息网络，信息化公共就业服务体系基本形成

一是人力资源配置服务网功能全部实现。经过项目筹备调研、认证、招投标、软件研发、项目测试后，市劳动就业服务中心邀请8名扬州市政府采购评审专家，对人力资源配置服务网的六大功能进行了评审验收。系统开发的会员实名制、诚信管理体系、即时交流工具（IM）、企业会员后台功能扩展、智能系统客户端、职业素质能力在线测评6个模块的功能全部实现。2013年，通过人力资源配置服务网举办的网络招聘会近100场。二是失业、社保数据联网运行。与社保中心和信息中心共同制订了就业和社保数据实时交换方案，开发了"失业人员就业信息与社保信息比对软件系统"，4月底，就业与社保数据实现了实时交换。通过数据的实时交换，能及时查询到单位及个人缴费相关数据项，避免已就业人员再次领取失业保险金的行为。

二 扬州市当前就业创业存在的问题

1. 就业结构性矛盾长期存在，就业形势仍然严峻

随着经济发展方式的转变、产业结构的调整、城镇化进程的加快和现代服务业的加速发展，扬州市多数企业正在从劳动密集型向技能密集型、智力密集型转变，这就对劳动者的学历层次、技能水平提出了更高要求。从目前人力资源市场供求关系看，广大劳动者的整体素质还达不到岗位的要求，难以在一段时间内实现人岗有效对接，这是一个需要长期谋划、逐步缓解的突出矛盾。

2. 高校毕业生就业压力较大

随着每年高校扩招，离校未就业的毕业生缺乏社会经验，缺乏一定的工作技能，高校毕业生就业矛盾突出。2013年，扬州市有3万人左右的高校毕业生，加上在外就读的扬州籍高校毕业生回本籍就业，这类群体的就业总量较大。当前面临国内经济增长放缓下行，外贸出口下降的严峻形势，特别是扬州市造船行业、金融行业、光伏行业的岗位需求下降，加大了高校毕业生顺利就业的难度。

3. 创业的扶持政策还需完善

近年来，扬州市出台了一批含金量高、覆盖面广、优惠力度大的创业扶持政策，全民创业的意识、能力在不断增强，创业工作已进入一个新的阶段，群众对创业政策、创业环境和创业服务有了新的期盼。如何进一步扩大创业融资渠道、降低小额担保贷款门槛，如何依托创业孵化基地、实训基地来提高创业成功率和稳定率，如何进一步提升创业培训质量、优化创业服务、打造创业品牌等等，这些创业政策都需要进一步加以完善。

4. 基层平台建设和基础管理工作有待加强

虽然扬州市基层平台早已全覆盖，但由于城乡之间、地区之间发展不平衡，基层平台规范化、标准化和信息化建设跟不上基层就业工作发展的步伐。同时，利用基层平台加强数据收集分析，不断完善和提升就业管理服务的制度和能力。

三 劳动力就业创业的对策

1. 紧密关注宏观政策形势和经济发展趋势，创造更多的就业岗位

创造就业岗位是改善就业结构、提高就业质量的基础和条件。一是发展现代农业，推进农业产业化。抓住扬州市连片农业特色产业基地建设、培育农产品加工龙头企业、发展农业专业化服务等契机，从农产品的种植、加工、运输、销售等环节中，挖掘一批适合农民特征的就业岗位，实现农民一产就业员工化管理模式，促进就近就地转移就业。二是摸清二产岗位增量，加快科技创新。把扬州市的重大项目建设与促进就业紧密结合起来，明确项目开工投产所必需的就业岗位数量、技能要求等就业指标，事先做好安排，加强对项目建设中就业工作的考核。进一步增强纺织、食品等劳动密集型企业吸纳就业的能力，把对要求不高的操作性岗位推介给学历、技能层次低、年龄偏大的劳动者。加强小微企业发展的扶持，在推动小微企业"专、精、特、新"发展过程中，积极引导其通过技术革新转化为知识密集型、技术密集型的新兴产业，以吸纳高校毕业生和高技能人才就业。三是大力发展现代服务业。现代服务业是吸纳就业的"蓄水池"，突出扬州市服务业特点，重点做大做强旅游业、现代物流业、软件信息业、文化创意产业以及家庭服务业，全方位促进扬州市各类群体的充分就业。

2. 加强分析和引导，切实转变就业和用人观念

一方面，政府加强政策制定和形势分析。重点是研究制定创业扶持、托底就业、培训奖补等更加优惠的政策，通过各类公共就业服务平台和媒体媒介，加强政策宣传引导，做到家喻户晓。进一步做好就业形势分析、供求分析、未来企业发展趋势分析、未来市场人才需求分析等，科学安排培训课程和高校专业设置，引导劳动者主动转变就业观念，增强就业创业信心。另一方面，用人单位加强技能培训和职业规划，留住人员。组织开展招录人员的岗前培训、在岗人员技能提升培训，通过职业技能鉴定，帮助职工获得职业资格证书。积极帮助新招录人员规划职业生涯，建立健全职工职务升迁机制和工资收入增长机制，加大软硬件投入，改善劳动条件，优化工作环境，丰富企业文化，做到待遇留人、环境留人、感情留人，稳定职工队伍。同时，劳动者加强自我审视。劳动者是就业观念转变的主体，要自觉转变就业观念，就必须"知彼知己"。"知彼"就是通过人力资源市场等机构，了解和掌握招聘单位在用人方面的具体条件和标准；"知己"就是对自身的素质和特点有一个清醒的认识，准确、适当定位职业生涯，积极参加针对性的职业教育和培训，从而树立就业信心。

3. 突出重点群体的帮扶就业

一是出实招促进高校毕业生就业。贯彻实施离校未就业高校毕业生就业促进计划，小微企业招用高校毕业生就业扶持政策，广泛开展高校毕业生信息调查核实工作，强化对实名制登记信息的跟踪管理服务，为高校毕业生免费提供2次就业服务和岗位推荐。突出对零就业家庭、经济困难家庭、残疾等就业困难的未就业高校毕业生的就业帮扶,实施"一人一策"的个性化援助,积极引导高校毕业生参与就业见习,实现兜底就业或优先落实就业见习岗位和补贴政策。二是大力推进农村劳动力转移就业。认真落实农民就业失业登记、求职登记、创业服务和农村困难家庭就业援助制度,加大转移培训力度,支持和鼓励各地围绕地方产业特色,做大做强劳务品牌,发挥品牌效应,促进转移就业。推进户籍制度、教育制度、社会保障制度的改革,打破农村劳动力转移就业的地域限制和制度障碍,建设农民工综合服务中心,为进城务工人员提供就业、培训、维权的"一站式"服务。三是多渠道帮扶困难群体就业。实施更加积极的就业政策,通过社保补贴、岗位补贴、培训补贴等资金支持,引导企业吸纳困难群体就业,扶持企业开展职工转岗转业培训。大力开发保绿、保洁、保安等社区公益性岗位,实现托底安置就业。继续深入开展国家、省"充分就业示范社区"创建活动,保持"零就业"家庭动态清零的良好成果。

4. 积极引导全民创业

创业是最主动的就业方式,也是收入倍增的一条重要途径。一是优化创业扶持政策。认真落实好扬州市创业引导资金、创业项目、创业实训基地、创业孵化基地四项管理政策,积极开展创业型城市创建活动,努力在小微企业税收、小额担保贷款、创业补贴等政策方面有较大突破。二是提高创业培训质量。不断充实创业师资队伍,丰富创业培训内容,面向各类群体开展创业培训"进高校、进社区、进乡村"活动。充分发挥创业实训基地的作用,开设创业模拟实训课程,进一步提升他们的创业能力。三是提供优质创业服务。继续实施"创业金领"工程,通过孵化基地这个平台,把推进创业的政策、项目、资金等"打包"向有志创业者推介,扶持他们成功创业。进一步健全创业专家志愿团队伍,不定期组织开展项目征集评选、创业沙龙、创业讲堂、创业大赛、创业明星评选等活动,宣传创业理念,努力营造勤劳创业、实业致富的良好社会氛围。

5. 加强失业预防和调控

建立失业统计制度和失业预警机制。完善就业和失业登记管理办法,建立覆盖全市的就业信息监测制度,实现各类劳动者就业状况、享受政策和接受服务信息的全市共享。完善失业动态监测制度,逐步扩大监测样本的取样范围,及时准确监测企业岗位变化情况。探索实行失业预警制度，加强预警预测。完善失业保险制度，对结构调整和重大灾害及遇到危机情况下出现的失业风险进行积极预防和有效调控，制订应对预案，采取切实措施，保持就业稳定并将失业控制在社会可承受范围。鼓励企业履行稳定就业的社会责任，规范企业规模裁员行为。将失业人员组织到相应的就业培训、指导、服务、援助等就业准备活动中，缩短失业人员失业周期，分散失业风险。

6. 加快形成统一、规范、灵活的公共人力资源市场

一是突出统一性。积极适应公共就业服务均等化的现实要求，按照机构改革的部署，在学习调研外地先进经验的基础上，加快整合公共就业服务机构和人才交流服务机构，推进劳动力市场与人才市场贯通融合，更好地发挥市场在人力资源配置中的基础性作用。二是突出规范性。按照星级人力资源市场建设标准，对全市各级人力资源市场的标识功能、服务制度、服务场所、服务设施、信息系统、就业失业管理等方面，进行规范清理，已达到五星级的市场，不定期巡查复查；对申报星级的人力资源市场，加强建设指导，确保申报成功。三是突出灵活性。认真抓好实体人力资源市场建设，不断完善服务功能，优化服务环境，提升服务水平。进一步创新举措，开发完善网上人力资源市场，推广应用人力资源配置服务网和手机"就业云"软件，实现实体市场与网上市场的同步运行，增强就业服务的灵活性。同时，加强与省内各地人力资源市场的数据联网，加快实现跨地区人力资源市场信息共享，做到就业岗位信息发布、就业招聘活动、就业跟踪服务跨地区操作。

7. 加强政策协调融合，形成一体化的政策体系

一是处理好就业与社会保险、劳动维权的政策协调。就业政策与社会保险、劳动维权政策是相互依赖，密不可分的，较高的、稳定的就业率会为社会保险提供良好的财政条件，能够有效减少社会矛盾。而在劳动者遭遇就业风险时，强大的社会保险、和谐的劳动关系可以缓解风险，保证劳动者就业的可持续性。因此，处理好这三者的关系，就必须：一要完善失业保险制度，充分发挥其在促进就业方面的作用；二要扩大社会保险覆盖面，将非正规就业和灵活就业人员纳入社会保障体系；三要提高社会保险统筹层次，完善社会保险转移接续办法，减少劳动力流动过程中存在的障碍；四要强化行业工会对劳动关系的管理，完善三方协调机制，加大劳动监察力度，切实维护劳动者合法权益。同时，在制定就业政策和社会保险、劳动关系政策的不同阶段，要通过建立内部不同职能机构交互征求意见机制，成立专家咨询委员会，建立制度安排与政策出台前的综合评估机制等办法，形成三者之间的有机协调。二是促进就业与其他政策的融合。通过组织部门，利用党员远程教育平台，把政策、培训、活动带到基层党员中去，以党带群、人传人的模式，促进政策落实；加大与残联、妇联、共青团等部门的沟通协调，在研究制定就业政策时，突出对残疾人、妇女、新成长劳动力的政策扶持，避免歧视性政策，确保公平就业。加强与经济、金融部门政策的融合。特别是在创业政策制定方面，在创业引导资金、创业补贴、小微企业税收减免、个体工商户登记、小额担保贷款、社保补贴等方面，争取税务、工商、财政以及银行等部门的支持，以完备的政策体系促进实现更高质量的就业。

B.31 扬州市民生幸福工程研究报告

潘学元 乔裕胜 胡萍*

摘 要：

"两个率先"的出发点和落脚点是让人民更幸福，民生幸福工程建设是"两个率先"的根本要求，对民生幸福工程的监测将会大大推进"两个率先"的进程。按照省委省政府的决策部署，2012年扬州市对民生幸福工程"六大体系"建设进行了监测统计。本文立足民生幸福工程"六大体系"指标体系的评价标准，全面分析扬州市民生幸福工程推进进程以及存在的不足，提出推进扬州市民生改善的路径选择和对策建议，对推进民生幸福有着重要的实际意义。

关键词：

民生幸福工程 六大体系 监测 对策

民生幸福主要是指民众在物质利益、个人价值、情感安全及社会承认等方面需求的满足和实现，其实质是要实现人的全面发展和人的幸福，维护广大人民群众的切身利益。

一 扬州市民生幸福工程推进进程评价

按照省委省政府的决策部署，2012年扬州市对民生幸福工程"六大体系"建设进行了监测统计。同时，为了解人民群众的真实感受，江苏省统计局开展了百姓对民生幸福"六大体系"建设满意度的电话调查。

---

* 潘学元，扬州市统计局局长、党组书记；乔裕胜，扬州市统计局综合处处长；胡萍，扬州市统计局综合处副处长。

（一）指标体系

江苏民生幸福"六大体系"监测统计指标体系共有终身教育体系、就业服务体系、社会保障体系、基本医疗卫生体系、住房保障体系和社会养老服务体系6大类、41个指标加上幸福感满意度指标，共42个具体指标。其中终身教育体系指标5个、就业服务体系指标7个、社会保障体系指标9个、基本医疗卫生体系指标7个、住房保障体系指标7个和社会养老服务体系指标6个。共涉及扬州市教育、人社、卫生、民政、房管等5个部门。

（二）计算方法

民生幸福"六大体系"监测统计体系对13个市采用综合指数法进行评价。用功效函数法分别计算各市水平指数和发展指数，最后将水平指数和发展指数用等权法相加计算综合指数。幸福满意度调查是由省统计局通过计算机辅助电话调查系统（CATI），采用配额抽样和简单随机抽样的方法调查各地老百姓对当地民生幸福工程建设的切实感受，每个市各抽取样本966个，调查问卷参照民生幸福"六大体系"建设监测指标设计了19道题目。

（三）评价结果

1. 监测统计综合得分列全省第6位

扬州市民生幸福"六大体系"监测综合得分77.89分，在13个省辖市中列第6位，在苏中列第1位。从六大体系分别得分在全省的排名看，最高的为住房保障体系，列全省第5位；最低的为社会保障体系，列全省第12位。

其中，终身教育体系得分85.41分，列全省第6位，在苏中列第1位；就业服务体系得分77.31分，列全省第7位，在苏中列第2位，低于南通3.5分；社会保障体系得分73.47分，列全省第12位，仅高于宿迁；基本医疗卫生体系得分75.39分，列全省第8位；住房保障体系得分79.85分，列全省第5位，在苏中列第1位；社会养老服务体系得分75.93分，列全省第8位，在苏中列第2位，低于南通2.01分。

2. 百姓满意度得分全省第 7 位

根据省统计局开展的百姓对民生幸福"六大体系"建设满意度调查结果，扬州市综合满意程度得分 70.58 分，比省平均分 69.94 分高 0.64 分，在 13 个省辖市中列第 7 位，在苏中列第 2 位。在六大体系满意度分别得分中，除社会保障体系得分低于省平均分，其他得分都高于省平均分。排名最高的是终身教育体系和就业服务体系，均列第 5 位；最低的为社会保障体系，居第 10 位。

其中，终身教育体系满意度得分 72.85 分，列全省第 5 位；就业服务体系得分 70.08 分，列全省第 5 位；社会保障体系得分 77.29 分，列全省第 10 位；基本医疗卫生体系得分 72.42 分，列全省第 7 位；住房保障体系得分 66.55 分，列全省第 7 位；社会养老服务体系得分 63.73 分，列全省第 6 位。

二 扬州市民生幸福"六大体系"建设成果与推进措施

近年来，市委市政府把保障和改善民生作为扬州市发展的根本出发点和落脚点，把民生幸福工程的实施摆在更加优先的位置，连续以"一号文件"的形式部署民生幸福工程。2012 年是推进民生幸福工程建设的关键一年，一年来，全市上下全面贯彻省委省政府文件精神，积极围绕民生幸福"六大体系"建设要求，扎实推进各项工作，民生建设取得显著成效。

（一）教育体系不断完善，教育事业全面发展

一是学前教育良性发展。2012 年全市新（改扩）建公办幼儿园 10 所，新创省优质园 8 所，市优质园 13 所。至 2012 年底，全市学前教育在校生人数达 9.89 万人，学前三年教育入园率为 98.5%，高于全省水平 2.4 个百分点。二是义务教育均衡发展。新创省义务教育现代化示范学校 50 所。对全市 3.2 万名农村儿童开展"54321"关爱活动，对来扬务工人员子女给予"市民待遇"。小学适龄儿童净入学率约 100%，九年义务教育巩固率 99.9%。三是协调发展高中教育。创成省三星级高中 1 所，2 所高中顺利通过了省四星高中现场评估。全市高考再创佳绩，本二上线人数连续 6 年突破万人大关，高中阶段毛入

学率达100%，高出全省两个百分点。四是老年教育健康发展。2012年全市参加老年学校学习的老人总数达8.08万人，占全市老年人比例为8.5%，比2011年提高2.1个百分点。

（二）就业服务体系日臻完善，城乡统筹就业有序推进

一是就业规模进一步扩大。2012年，全市城镇新增就业6.81万人，新增农村劳动力转移人口4.43万人，城镇登记失业人员2.97万人，比2011年减少0.24万人，期末城镇登记失业率控制在2.4%，低于全省0.74个百分点。二是劳动者素质普遍提高。突出抓好农村劳动力转移培训、就业困难人员再就业培训，提升劳动者职业技能。实施农村劳动力转移培训以奖代补政策，抓好就业困难人员再就业培训，全年共培训城乡劳动者18.4万人，比上年增加0.25万人。三是劳动者合法权益进一步维护。规模以上企业中已签订书面劳动合同的人数达65.72万人，劳动合同签订率达99.51%，比2011年提高0.06个百分点。已建工会企业总数达10677个，其中签订集体合同的企业达9823个，分别比上年增加1942个和1228个，已建工会企业集体合同签订率达92.0%。

（三）社会保障覆盖面持续扩大，保障水平不断提升

一是保障覆盖面持续扩大。企业职工养老保险净增缴费5.7万人，工伤保险新增参保3.7万人。企业职工养老、城镇职工医疗、失业、工伤和生育保险参保人数分别达92.97万人、107.45万人、59.39万人、67.81万人和49.77万人。积极推进城乡居民养老保险，城乡基本养老保险参保人数达298.42万人，城乡居民养老保险参保覆盖率达96.66%。稳步开展被征地农民转参城市保险工作，被征地农民社会保险覆盖率达100%。二是新农合管理质态不断优化。2012年，全市新农合人均筹资300元，参保率99.8%，政策范围内住院补偿比75.98%，最高补偿限额18万元，超额完成省市政府确定的目标任务。三是城乡低保标准增长机制逐步完善。城市最低生活保障标准提升至4692元，达到扬州市2011年城市居民人均可支配收入的21%，实现城乡低保标准与居民收入的同步增长。

（四）基本医疗卫生事业快速发展，服务能力明显增强

一是医疗卫生资源总量不断增加。2012年末，每千人口医疗机构床位数为3.96张，比2011年增加0.17张。每千人口执业（助理）医师数1.97人，比2011年增加0.16人，每千人口注册护士数1.84人，比2011年增加0.11人。二是城乡医疗救助比例稳步提高。2012年，城乡居民经基本医疗保险补偿后，政策范围内个人自付医疗费用的救助比例达到55%，比2011年提高5个百分点。三是农村饮用水安全程度稳步提升。2012年全市农村饮水水质卫生合格率为85.26%，比2011年提高1.35个百分点。四是群众健康指数有所回落。2012年5岁以下儿童死亡率3.27‰，比2011年下降0.39个千分点；孕产妇死亡率均保持为0。

（五）保障性住房建设力度加大，保障覆盖面明显扩大

一是住房保障水平逐步提高。城镇保障性住房覆盖率11.8%，比2011年提高2.5个百分点。城镇中等偏下收入住房困难家庭保障率达92%，比2011年提高2.5个百分点，各类棚户和危旧房片区改造覆盖率达85.6%，比2011年提高10个百分点。二是住房保障体系更加健全。2012年，全市新增保障性住房16275套、公共租赁住房7851套、经济适用房2000套，均超额完成省政府分解下达扬州市目标任务。其中，新增保障性住房完成率为107.07%。新增公共租赁住房（含廉租住房）完成率为107.6%，比2011年提高1.1个百分点。新增经济适用住房完成率107.5%，比2011年提高1.5个百分点。

（六）社会养老服务加速推进，居家养老实现新跨越

一是社会养老服务逐步规范。全市养老护理员持证上岗人数达464人，持证上岗率为50.5%，比2011年提高47.89个百分点；五保供养服务机构事业单位法人登记率逐步提高，登记率已达15%，比2011年同期提高12.53个百分点。二是社会养老服务模式逐步完善。全市共有养老床位2万多张，占全市老年人口的2.15‰。每千名老人拥有各类养老床位数24.84张，比2011年提高15.3%。社区居家养老服务中心实现城镇农村全覆盖，覆盖率达100%。建

成"扬州市养老服务平台",设立"12349养老服务热线",虚拟养老院实现零的突破,新建4个,虚拟养老院比率(含居家呼叫服务系统)达66.7%。

三 扬州市民生幸福工程推进进程中的薄弱环节

(一)总体建设水平有待进一步提高

近年来扬州市在改善民生、推进民生幸福工程建设方面做了大量工作,取得了明显成效,但仍存在总体发展水平还不高,提升的幅度还不快,与省平均水平的差距还较大,部分公共服务领域不均等现象,部分指标在全省的发展状况与扬州市的经济地位还不相适应。

(二)民生投入有待进一步加强

民生幸福"六大体系"涉及教育、卫生、社会保障、就业、养老等方面,与老百姓切身相关,需要政府大力投入,积极发挥好政府的主导性作用。从扬州市财政支出的力度看,无论是总量还是增速,扬州市都排名靠后,其中,教育、文化体育与传媒、社会保障和就业、医疗卫生、城乡社区事务等项目支出的总量排名均靠后,财政对民生幸福工程建设投入的力度还有待加强。

(三)综合满意度与百姓要求仍有差距

扬州市民生幸福"六大体系"群众综合满意度在全省13个市中列第7位,但"六大体系"中只有全省排名第10位的"社会保障体系"群众的认可度达到"比较满意"的75分以上,其他5个体系均没有达到比较满意的75分,其中住房保障体系和社会养老体系得分均没有达到70分,与人民群众的要求还有一定的距离。

四 推进扬州市民生幸福工程的对策建议

民生幸福工程是一个内涵丰富、政策性强、关联度高的系统工程。科学推进民生幸福工程必须正确处理好发展经济与改善民生的关系、民生保障与民生幸福的关系、统筹兼顾与突出重点的关系,在不断创造社会财富中更加公平地分配社会财富,实现经济持续增长,民生持续改善。

(一)着力加大民生投入

加大民生投入,保障和改善民生,努力增加人民群众的幸福感。一方面,要重视加大财政公益性投入,突出保障民生功能,继续加大对就业安居、社会保障、科学教育、文化卫生、城乡一体化、生态环保、公共交通等民生方面投入,促使经济发展成果更多惠及全体市民。另一方面,要充分调动民间资本的积极性,鼓励和引导民间资本进入基础设施、市政公用事业和政策性住房建设、社会事业等民生领域。同时,要大力发展和扶持民营经济,充分发挥其对经济增长、扩大就业、提高收入的支撑功能,为促进和谐社会建设作出更大贡献。

(二)着力完善城乡社会救助体系

按照居民收入倍增计划的要求,提高困难群众收入增幅,探索制定支出型贫困社会救助办法,进一步规范社会救助现代化运行机制。不断提高救助标准,增强减灾救灾能力,完善以最低生活保障为基础,专项救助相配套,应急救济、社会互助为补充的新型社会救助体系。继续巩固和落实孤儿养育标准增长机制,全面拓展困境儿童福利工作。积极推进应急避难场所和灾害信息员队伍建设,确保高标准完成全国综合减灾示范社区创建任务。

(三)着力推动充分就业和自主创业

就业是民生之本,也是提高城乡居民收入的根本出路。一要大力发展经济,在制定重大政策、推进转型升级和安排重大项目过程中,重视增加就业岗位,增强吸纳就业能力。二要注重统筹城乡,加快将城镇的就业制度框架和政策体系向农村延伸,基本实现城乡就业一体化。三要推进素质就业,大力推行就业导向的培训模式,不断提升就业质量和水平。四要积极鼓励自主创业。创业是富民之源,也是促进城乡居民收入增长的有效途径。要优化创业环境,认真落实税费减免和创业补贴政策,积极开发符合产业政策、适合社会需求的创业项目库,用好创业投资引导基金,争取在融资、项目、补贴政策等方面实现新突破。

（四）着力完善社会养老服务体系

充分发挥政府、市场、社会、家庭等各方面的积极性，健全完善社会养老服务体系。强化居家养老功能，增强机构养老服务能力，进一步完善居家养老服务网络，完善社区养老服务网络，提高养老服务水平。加强养老床位建设，力争2013年底每千名老人床位数达26张。协调市相关部门落实税费减免、土地使用、费用优惠等扶持政策，引导和扶持社会力量兴办养老服务业。积极推动建立养老服务补贴制度或政府购买服务制度，为符合条件的高龄、独居、失能半失能困难老人提供基本养老服务。

（五）着力开展民生幸福工程"六大体系"监测

推进民生幸福工程是市委市政府为民办实事的重要举措，要高度重视民生幸福工程"六大体系"监测工作，确保各项指标能全面反映扬州市的实际水平。一是明确职责分工。各相关部门按照工作职能，加强组织推进，细化任务分解，靠实各项举措，在做好各项推进工作的同时，重视监测统计和数据质量控制，搞准搞实扬州市各项指标数据。二是完善部门台账。各部门要制定相应的统计报表制度，建立完整的行政记录和台账资料，重视年报上报数据，加强和完善监测统计基础。三是强化督察宣传。强化对民生幸福工程建设推进工作的督察，加大在推进民生幸福工程中的宣传，提升人民群众的知晓率和满意度，确保民生幸福工程取得实效。

参考文献

夏建国、徐霞：《唯物史观价值旨归的时代意蕴——科学发展观视域中的民生幸福》，《湖湘论坛》2013年第3期。

张慧芳、牛芳：《中国发展的中级目标是什么——一个基于幸福悖论的视域》，《人文杂志》2013年第7期。

李学勇：《大力推进民生幸福工程 让群众共享改革发展成果》，《群众》2011年第9期。

B.32
2013年扬州医疗卫生事业发展报告

扬州市卫生局课题组*

摘　要：

　　本文介绍了2013年扬州市进一步深化基层医疗卫生机构综合改革、新型农村合作医疗支付方式改革，规范公立医院及其工作人员绩效考核，推进医疗卫生服务模式转变，以及建立医疗机构分工协作机制等情况。对扬州医疗卫生事业现状进行了具体分析，提出了2014年扬州医疗卫生事业发展的对策建议。

关键词：

　　扬州　医疗卫生　发展　现状　对策建议

一　2013年扬州医疗卫生事业发展现状

（一）基本情况

2012年末，全市卫生机构总数1903所（含诊所、医务室、卫生所、社区卫生服务站、村卫生室）。其中：国有251所，占13.19%；集体1065所，占55.96%；联营1所，占0.05%；私营医疗机构349所，占18.34%；其他机构237所，占12.45%。公立1316所，占69.15%，民营587所，占30.85%。

全市医疗机构床位17704张，其中：医院床位12786张（占72.22%），社区卫生服务中心（站）床位1185张（6.69%），卫生院床位3067张（占17.32%）。与上年比较，医疗机构床位增加795张，每千人口床位数达到3.8张。

---

* 课题组负责人：杨军。成员：潘惠、朱正文、周信、陆盛华（执笔）。

全市卫生人员总数 27618 人,其中乡村医生和卫生员数 2841 人。其中:卫生技术人员 23928 人,其他技术人员 861 人,管理人员 1030 人,工勤技能人员 1793 人。卫生技术人员中:执业(助理)医师 8818 人(其中:执业医师 7581 人),注册护士 8240 人。每千人口卫生技术人员为 5.36 人,每千人口执业(助理)医师为 1.97 人,每千人口注册护士为 1.85 人。

全市各级各类卫生机构万元以上设备总价值 23.33 亿元,万元以上医疗设备达 13973 台,其中:10 万元以下设备 10913 台,占 78.1%;10 万~50 万元设备 2534 台,占 18.13%;50 万~100 万元设备 294 台,占 2.1%,100 万元以上设备 232 台,占 1.66%。

全市 23 家二、三级医疗机构的资料统计显示,2013 年 1~9 月,医疗服务总量有所增长。全市 23 家二、三级医疗机构总诊疗人次为 653.71 万,同比增长 16.62%,其中:门诊 577.29 万人次,同比增长 15.55%;急诊 71.95 万人次,同比增长 21.09%;出院 27.65 万人次,同比增长 18.42%。平均每个职工完成诊疗 545.61 人次,同比增加 50.86 人次;人均出院 21.10 人次,同比增加 3.06 人次。

工作效率指标有所提高。出院者平均住院日 12.97 天,同比减少 0.51 天,同比减少的有 17 家;术前平均住院天数为 1.89 天,同比减少 0.18 天;择期手术病人 3 天手术率达 79.44%;病床使用率 99.94%,同比上升 6.04%。

医疗质量指标基本持平。出入院诊断符合率平均 98.07%,同比下降 0.57%;术前术后诊断符合率 100%,同比上升 1.22%;临床病理诊断符合率 92.96%,同比下降 1.71%;住院危重病人抢救成功率 85.83%,同比上升 4.91%;医院感染率 1.11%。

医院业务收支基本持平。业务总收入 402830.02 万元,同比上升 13.76%,其中,药品收入 188904.45 万元,占 46.89%;检查化验收费 75645.02 万元,占 18.78%;治疗费 39911.76 万元,占 9.91%。总支出 393649.48 万元,同比上升 12.55%。平均药品加成率 25.51%,有三所医院加成率高于 40%。欠费总额 42990.11 万元。

医疗费用增幅有所控制。平均每诊疗人次医疗费 200.90 元,同比上升 17.37%,有 6 家医院出现下降,4 家医院基本持平。平均每出院病人医疗费用 7545.24 元，同比上升 5.29%，有 6 家医院出现下降，4 家医院基本持平。

截至 2013 年 10 月，中央、省、市三级财政投入扬州市卫生事业经费总计 5.26 亿元。其中：争取中央级经费 0.71 亿元，同比下降 67.72%；争取省级经费 3.28 亿元，同比增长 1.86%；争取市级财政经费 1.27 亿元，同比下降 17.53%。其中，基本公共卫生服务补助资金人均 30 元，市区实施基本药物制度，市、区财政和医保补助人均各 69 元。

（二）主要工作成效

1. 医改重点工作任务取得新的突破

公立医院改革试点工作积极推进。出台了改革实施方案及相关配套文件，着力改革公立医院补偿机制、运行体制、医保支付方式、规范药品采供和使用，探索建立公立医院与基层医疗卫生机构以及上级医院的上下联运、分工协作机制，推进医改措施的落实。人事分配制度改革取得新进展。各医疗卫生单位按要求完成了岗位设置，并以千分制考核、奖励性绩效工资制等为抓手，建立起激励性绩效考核机制，体现多劳多得、优绩优酬，有效调动了基层医务人员的工作积极性。基本药物制度全面推广。全市 107 家政府办乡级和 1000 多家村级卫生机构全面实施基本药物制度。仪征市（县级公立医院综合改革试点县）三家县级公立医院全面取消药品加成，除中药饮片和医院制剂外，所有药品实行零差率销售。全市 18 家二级以上公立医疗机构按规定比例配备使用基本药物，并逐步提高使用比例，初步形成基本药物在一、二、三级医疗卫生机构的联动质态。基层医疗机构"以药补医"的弊端得到有效扭转，群众医药费用不断降低。基层医疗卫生机构债务化解任务完成。目前，所有基层医疗卫生机构债务已经剥离，交政府相关部门统一管理，全市完成债务化解任务 28898 万元，其中争取省级投入 2170 万元，化解率为 100%。

2. 医疗卫生服务质量不断提升

以医疗机构集中校验为抓手，开展医疗卫生机构规范执业专项整顿，医疗机构准入和执业行为监管力度加大。以实施临床路径管理为切入点，落实"三合理规范"，促进二、三级公立医院优先使用基本药物，严格控制药费占比。积极推进日间手术按病种收付费试点以及二级以上公立医院试行分时段预

约、基层转诊预约等工作，患者平均住院日、抗菌药物平均使用率得到有效控制并不断下降。深入开展无偿献血宣传，无偿献血工作保持了良好发展势头，蝉联"全国无偿献血先进城市"称号，并有637人荣获全国无偿献血奉献奖。继续大力推进"三好一满意"活动和优质护理服务示范工程，全市二级以上公立医院全部开展预约诊疗服务，并与省集约式预约诊疗服务平台实现直连上线，全市二、三级医院优质护理服务病房覆盖率达到规定要求。继续深化"细节感动患者，真情温暖职工"服务及竞赛活动，将感动患者服务细节服务规范增加至60条，出台温暖职工真情举措15条，群众与广大干部职工满意度不断提高。

3. 基层医疗卫生服务体系日臻完善

坚持以标准化建设为抓手，着力提升基层医疗卫生机构服务群众的能力，目前全市社区卫生服务中心（乡镇卫生院）标准化建成率达97.1%，建成全国示范社区卫生服务中心1家、省示范社区卫生服务中心14家、省示范乡镇卫生院16家。全面实施家庭医生和健康管理团队服务制度，开展健康管理团队服务的乡镇卫生院比例达100%，实行家庭医生制度的社区卫生服务中心比例达100%。狠抓在职医护人员继续教育和考核，推行全科医生制度，培训社区卫生服务中心业务骨干300多人，组织乡村医生免费培训1500人次，基层医务人员素质整体提高。结合市区区划调整现状，增加城乡医疗急救点，培训急救人员600多人（次），初步实现急危重病人院前急救、转运、院内救治以及突发公共卫生事件应急救援有效衔接和"无缝隙救治"，急救能力明显提升。

4. 农村医疗保障水平稳步提高

至2013年10月底，全市新农合参保率99%以上，最低筹资标准提高到人均350元，其中各级财政补助不低于280元。参合农民政策范围内住院报销比例达73.3%，人均住院补偿2799.13元，最高补偿限额提高到18万元，超额完成省定标准。新农合大病保险稳步推进，启动实施农村儿童白血病、先天性心脏病等20种重大疾病的保障工作，出台《农村居民大病保险实施方案（试行）》。乡镇卫生院住院人次占比稳中有升。全市乡镇卫生院领办村卫生室比例达68.62%，乡村卫生机构一体化管理率达100%，基层医疗机构服务能力整体上升，乡镇卫生院人均住院费用较往年同期下降9.65个百分点。市级财政的基本公共卫生服务经费已足额到位。

5. 公共卫生服务工作切实强化

全市基本公共卫生服务项目管理体系健全，规范实施10类41项公共卫生服务项目。2013年上半年，全市城乡居民电子健康档案建档率85%以上，有序组织对全市50万65岁以上老年人的健康体检。全市重大妇幼项目按序时进度推进，妇女病普查率98.34%，婚检率89.39%以上，剖宫产率降到44.5%。全市孕产妇死亡率为0，婴儿死亡率2.58‰。组织开展餐饮服务"健康、诚信、节俭、精致"示范月活动，及时启动食品污染物监测工作，食品污染监测率100%。先后组织开展餐饮环节食用油脂、食品添加剂、学校卫生、生活饮用水、医疗市场等8个专项的检查和整治，加大卫生监督执法力度。组织开展卫生监督体系评估"回头看"活动，体系建设实现常态化管理。广泛开展了农村改厕"百日突击"活动，至9月底，全市新增农村卫生改厕68433座，全市累计建设无害化卫生户厕82.1万座，普及率84.1%，居苏中第一。农村生活饮用水水质卫生监测全覆盖，枯水期水质监测合格率为90.5%。3个乡镇通过省卫生镇市级考核。全市组织开展检查钉螺面积1.69亿平方米，超额完成目标任务的13%，完成灭螺3414万平方米，超额完成目标任务的18%，血吸虫病防治工作位列全国先进。甲、乙类传染病防控有力，儿童计划免疫接种率达99.85%。2013年4月江苏省及周边省市出现人感染H7N9禽流感疫情后，市卫生部门迅速启动预案，建立起全市防控工作网络，配备应急物资、成立应急分队、确定收治医院。层层组织疫情防控技术培训，直接培训2925人次。发放资料126740份，指导群众科学防控。先后共设立疫情监测点129个，筛查发热病人23023人，向各县（市、区）拨发检测试剂和装备18176件，药品8652盒，由于各项防控措施扎实有效，成功阻断疫情流入扬州市，有效确保群众生命安全。

6. 全民健康促进行动全面实施

市政府办公室印发了"十大主题健康促进行动"实施方案，明确了行动的总体目标、工作要求以及保障措施。市卫生局充分发挥主力军作用，举办健康教育与促进工作培训班，召开工作现场推进会，与市教育局联合下发推进健康学校创建的通知，与广电传媒集团（总台）联合开办"967健康学堂"。至2013年9月底，全市已经建成的健康医院有33家、健康学校130家、健康机关23家、健康企业5家、健康社区17个、健康家庭160户、健康厨房40家、健康公园（广场）29个、健康步道25条，开展"健康扬州社区行"活动912场次。广陵区积极开展慢性病综合防控示范区创建工作，相关做法被《健康报》专题报道。市直有9家单位申报创建健康促进示范企业，其中3家申报省级健康促进示范企业。深入推进卫生创建和整洁行动，至10月底，全市共建成国家卫生镇9个，省级卫生镇和扬州市卫生镇各31个，省级卫生村275个，国家和省级卫生镇分别居全省第三位和第二位。

7. 中医药服务体系建设不断加强

全市综合医院全部设立中医科、中药房，其中，80%达到国家建设标准。市中医院肿瘤科创成全省第一个肿瘤专业国家级临床重点专科。大力实施基层中医药服务能力提升工程，全市100%的社区卫生服务中心（乡镇卫生院）设立了中医科、中药房，93.7%的中医科、90.6%的中药房达到国家建设标准。所有基层医疗卫生机构均能提供10项和4项以上中医药适宜技术服务。宝应县、江都区通过全国农村中医药工作先进单位市级评审。新申报全国名老中医专家传承工作室项目3个。先后启动省、市中医重点学科及中医临床诊疗中心建设活动，新增省级中医重点学科培育项目1个，申报江苏省中医临床诊疗中心项目2个。举办江苏省"西学中"研究生课程班临床课程班扬州班，组织中医"三基"学习考试活动，县及县以上中医医疗机构培训率达97.63%。积极推广"多学科一体化诊疗服务"活动，全市6家中医医院共建立了6个病种9个服务平台，初步建立起中医药工作县乡村"六统一"一体化管理模式。开展第三届"中医药就在你身边"中医药文化科普巡讲、扬州中医药基层行系列活动。1~10月全市共开展中医药"六进"服务活动700次，发放宣传材料83545份，受益群众48057人次。

8. 卫生科技创新能力不断提升

重点学科建设和重点人才培养工作加强。制定本市"科教兴卫工程"医学重点学科建设和医学人才选拔培养管理办法并组织实施，全市评出重点学科14个，学术技术带头人22名、重点人才30名和重点后备人才50名。组织申报2013~2014年度省中医药局科技项目30项。市直医疗机构有22人被增选省"333工程"培养对象，6名博士被确认为"绿扬金凤"资助对象。全科医生制度建设大力推进。按计划落实全科医师转岗等培训项目，1~10月已完成全科医生培训621人，超过全年计划的50%。适宜卫生技术深入推广。1~10月遴选推广农村（社区）卫生适宜技术9项，覆盖率超过90%，受众人数923人。卫生信息化建设步伐加快。围绕实现公共卫生、医疗服务、行政管理、社区卫生等业务领域的综合应用、信息互通和协同应用的目标，着力推进区域卫生信息平台建设。目前，"区域卫生信息平台""社区业务支撑应用""居民健康服务应用""卫生协同服务应用""卫生综合管理应用"5大类12项信息系统设计已完成，卫生应急指挥、卫生监督信息系统投入使用，市直部分医疗卫生单位实现信息联通共享，城乡社区卫生服务信息系统积极推进。

二 扬州医疗卫生事业发展影响因素

（1）公共卫生和基本医疗服务发展不充分、不平衡，重医疗救治轻预防保健、重城市轻农村、重西医轻中医的问题未全面转变，影响了医疗卫生服务的公平性与叮及性。全市城乡卫生资源分配不合理，基层乡镇卫生院医疗服务基础设施条件还较薄弱，服务的能力和水平相对较低。少数地区由于财力不足，基层医疗卫生机构财政补偿机制还不完善，特别是县、乡（镇）两级配套资金尚不能及时足额到位，基层卫生人员工作积极性受到一定影响，乡镇卫生院、村卫生室工作重点仍侧重于完成基本医疗任务，基本公共卫生服务难以落实到位。农村慢性病防治、健康教育等工作水平较低，其中基层重性精神病防治资源严重匮乏，高邮、宝应、仪征、江都等四区、县级精神病防治机构实际住院人数超过核定床位数的两倍以上，无法满足实际需求，给病人家庭、社会带来很大的安全隐患。同时受经费影响，对重性精神病患者的筛查、评估、诊断等工作亦不能有效得到落实。

（2）随着医改的逐步深入，涉及各领域的矛盾和问题越来越多，难度也越来越大。一是"新农合"仍处于广覆盖、低水平状态，筹资机制还不健全，筹资标准偏低，保障水平不高，与城镇居民的医疗保障水平差距还较大。二是实施基本药物制度和推进公立医院改革，已经触及深层次问题，如基本药物零差价销售后医疗卫生补偿机制尚未完善和落实，医保基金调节医疗机构和规范医疗市场的杠杆作用未能有效发挥，群众看病就医费用仍相对较高，医疗卫生公益性还未能充分体现。三是医改政策研究有待破题。主要包括探索公立医院制度的创新，建立多元化办医机制、医药分开运行模式、基本药品招标采购管理机制等，均有待于下一步深化医改加以解决。

（3）基层医疗卫生机构人才匮乏，业务素质偏低。一是基层医疗机构由于待遇偏低、工作生活条件差、业务提高和晋升较困难等因素，一些医学院校毕业生不愿意选择到基层工作。仪征市、江都区等地区连续两年出现招录人员报名不足，招录编制名额空落的现象。二是基层医疗机构核编较紧，编制不足，造成基层医疗机构人才进编困难。高邮市存在在岗在编人员多于省核编人数，核编较少导致人为超编，难以引进人才。江苏省实行"定向协议"培养基层卫生大专层次人才的政策较好，但由于编制不足，有的定向协议培养人员进不了编制，一定程度上导致"定向协议"招录报名少，基层医疗卫生队伍建设步履艰难。

（4）政府财政对公共卫生事业投入不足长期客观存在，制约了卫生事业的发展。市直医疗卫生单位人员经费、离退休人员费用财政投入比例较低，各类社会保障支付比例高，退休人员生活补贴未实行社会化统筹发放，医疗卫生机构筹资压力大；市区基层医疗卫生机构提档升级缺乏必要的引导资金；医疗卫生机构基本设施建设和设备购置等存在较大资金缺口，重点学科、特色专科建设项目也主要靠医疗机构自筹资金，影响医疗卫生服务体系建设和发展的速度。

三 2014年推进扬州医疗卫生事业发展的对策措施

1. 加大财政卫生经费投入，增强医疗卫生事业发展的动力

卫生事业是社会公益性事业和民生工程，公立医院和基层医疗卫生机构对社会的公益性和对患者福利性的体现要靠政府财力投入的力度和持久度，建议政府一方面要加大医改资金投入力度，明确财政、医保的支付渠道和补偿比例,切实消除以药补医的弊端,使医改成果普惠于民。另一方面要加大财政对基层特别是农村医疗卫生服务机构的投入,通过推行乡村一体化管理和基本药物制度全覆盖等,保障村医获得合理收入,保证村卫生室作为农村基层医疗卫生服务体系的"网底"不破。另外要调整对医疗卫生机构人员经费、离退休人员经费的投入比例,增加医疗卫生基本设施建设投入,设立重点学科、特色专科建设的引导和奖励资金,增设公共卫生专项补助,保障政府指令性任务等公共服务经费,给力卫生事业发展。

2. 坚持深化公立医院改革,提升基层医疗卫生服务能力

不断加强公立医院的规划和调控,根据《扬州市区域卫生规划》和《医疗机构设置规划(2012~2020年)》要求,对现有医疗卫生资源进行优化配置,做到新增卫生资源必须符合区域卫生规划,推动公立医院结构布局的优化调整。切实转变政府职能,运用法律、行政、经济等手段对医院实行宏观调控和监督管理,促进医疗机构的多样化竞争,营造和维护规范有序、公平竞争的市场环境。进一步改革和创新公立医院目前的管理体制,健全法人治理结构。在明确政府拥有公立医院所有权和公益性职能基础上,成立医院理事会和监事会,完善公立医院的法人治理结构。进一步完善绩效分配机制,坚持多劳多得、优绩优酬,收入分配重点向关键岗位、业务骨干和作出突出贡献的人员倾斜,注重考核工作数量和工作质量。在平稳实施绩效工资的基础上,有条件的地方可适当提高奖励性绩效工资的比例,合理拉开收入差距。鼓励基层医疗卫生机构按规定将收支结余部分的50%用于改善福利待遇,调动医务人员积极性。建立职业精神激励机制,教育和激发广大基层医务人员弘扬职业精神,自觉改善服务,建立和谐医患关系,全心全意投入为人民健康服务之中。

3. 合理调整基层卫生技术人员准入政策,加强基层卫生人才队伍建设

人才是医疗卫生事业发展的决定因素,建议市政府就医学类人才招录和引进出台专门办法。一是根据核定病床数,配套相应编制。二是鼓励医疗卫生单位招录和引进硕士以上专业人才,根据医疗卫生特点,改变参加事业单位统一考试为单独进行相应专业测试。在基层卫生技术人员的招考录用工作中,对于报名人数较少的职位,应适当放宽限制条件。三是制定政策,对于能够胜任岗位职责、工作履历较长的现有编外人员,通过评、聘结合的方法,逐步纳入编制管理，充实基层卫生队伍。

4. 创新机制，探索医疗卫生多元化发展新模式

一方面，大力推进卫生科技创新，整合区域内外科技资源，广泛开展与国内外知名医疗卫生机构、高校和科研院所的交流合作，加强医学重点学科和学科群建设，努力构筑区域性医学中心，形成高端医疗服务平台和医疗产业链，满足本地及周边居民日益增长的医疗保健需求。另一方面，积极引入市场竞争机制，消除政策障碍，实行同等待遇，鼓励社会资本发展非公立医疗机构，构建多元办医格局，形成公立医院与非公立医院互相促进、互相激励的机制。

参考文献

《中共中央、国务院关于深化医药卫生体制改革的意见》（中发〔2009〕6号），2009年3月17日。

国务院：《"十二五"期间深化医药卫生体制改革规划暨实施方案》（国发〔2012〕11号），2012年3月14日。

江苏省政府：《"十二五"时期深化医药卫生体制改革的实施意见》（苏政发〔2012〕90号），2012年6月30日。

《江苏省爱国卫生条例》。

国家卫生计生委、国家中医药管理局：《中医药健康管理服务规范》（国卫基层发〔2013〕7号），2013年7月31日。

江苏省卫生厅：《关于印发〈江苏省医院志愿者管理办法（试行）〉的通知》（苏卫办医〔2010〕159号），2010年12月29日。

江苏省卫生厅：《关于印发"十二五"期间"科教兴卫工程"实施方案的通知》（苏卫科教〔2011〕6号），2011年4月20日。

中共扬州市委：《中共扬州市委扬州市人民政府关于深化医药卫生体制改革的实施意见》（扬发〔2009〕59号），2009年12月20日。

中共扬州市委、扬州市人民政府：《关于加快推进民生幸福工程，着力提升民生幸福水平的意见》（扬发〔2012〕1号），2012年1月18日。

扬州市人民政府：《市政府关于建立健全基层医疗卫生机构补偿机制的实施意见》（扬府发〔2011〕113号），2011年5月8日。

扬州市人民政府：《扬州市公共场所控制吸烟暂行规定》（第75号令），2011年6月2日。

扬州市人民政府办公室：《关于实施国家基本药物制度的意见》（扬府办发〔2010〕27

号),2010年2月21日。

扬州市人民政府办公室:《关于印发〈扬州市实施基本药物制度基层医疗卫生机构经费补助办法〉的通知》(扬府办发〔2010〕48号),2010年3月18日。

扬州市人民政府办公室:《市政府办公室关于印发〈扬州市基层医疗卫生服务体系建设与发展规划(2011~2015)〉的通知》(扬府办发〔2010〕166号),2010年8月26日。

扬州市人民政府办公室:《市府办关于印发〈扬州市卫生事业"十二五"发展规划〉的通知》(扬府办发〔2011〕169号),2011年8月2日。

扬州市政府办公室:《扬州市"十二五"社会主义新农村建设规划》(扬府办发〔2011〕175号),2011年8月4日。

扬州市政府办公室:《扬州市"十大主题健康促进行动"实施方案》(扬府办〔2013〕65号),2013年4月11日。

扬州市机构编制委员会:《关于做好基层医疗卫生机构编制核定工作的通知》(扬编办〔2009〕26号),2009年12月10日。

扬州市卫生局、扬州市财政局、扬州市人力资源和社会保障局:《关于印发〈扬州市基层医疗卫生机构内部管理机制改革实施意见〉的通知》(扬卫财〔2010〕26号),2010年3月8日。

扬州市财政局、扬州市发展和改革委员会、扬州市卫生局、扬州市人力资源和社会保障局、扬州市民政局:《关于完善政府卫生投入政策的实施意见》(扬财社〔2010〕29号),2010年4月2日。

扬州市卫生局、扬州市财政局、扬州市人口和计划生育委员会:《关于促进扬州市基本公共卫生服务逐步均等化的实施意见》(扬卫基妇〔2010〕17号),2010年3月24日。

扬州市卫生局、扬州市财政局、扬州市民政局、扬州市农工办:《关于完善和发展新型农村合作医疗制度的意见》(扬卫基妇〔2010〕18号),2010年3月19日。

扬州市卫生局、扬州市财政局、扬州市人力资源和社会保障局:《关于印发〈扬州市基层医疗卫生机构绩效考核办法〉的通知》(扬卫基妇〔2011〕22号),2011年5月30日。

扬州市财政局、扬州市发改委、扬州市卫生局、扬州市审计局、扬州市监察局:《关于清理化解基层医疗卫生机构债务实施意见的通知》(扬府办发〔2011〕250号),2011年12月3日。

扬州市卫生局、扬州市发改委、扬州市财政局:《扬州市农村居民大病保险工作实施办法(试行)》,2013年7月18日。

B.33
2013年扬州民政事业发展报告

杨向林 曾漳龙 章 咪*

摘 要：

近年来，扬州市民政事业发展确定了推进民政服务人本化、民政事业社会化、民政管理法制化、民政工作信息化、民政队伍专业化的总体目标，具体明确了完善社会救助体系、深化基层政权和社区建设、巩固提高优抚安置工作、大力发展社会福利、加强社会组织的发展与规范管理、加强专项社会事务管理、加快构建社会养老服务体系和着力推进项目建设八大主要任务。在民政事业发展过程中，也发现了体制机制不顺、法律法规滞后、经费投入不足、基层力量薄弱等问题，本文针对这些问题提出了若干建议。

关键词：

民政事业 总体目标 八大主要任务 建议

一 扬州民政事业的发展现状

（一）城乡社会救助统筹推进，基本民生保障水平持续提升

扬州市社会救助已从单一性、临时性向制度化、综合性转型，构建起了以低保救助为主，以五保救助、医疗救助、临时救助、重残补助、物价补助、危房改造、受灾救助等救助政策为配套的多层次、广覆盖、立体化的社会救助体

---

* 杨向林，扬州市民政局办公室主任；曾漳龙，扬州市民政局法制处副处长；章咪，扬州市民政局办公室办事员。

系,及时、准时、适时地为困难群众提供稳定可靠的民生保障。2013年全市城乡低保平均保障标准分别达到468元和396元,城乡差距为1.18:1,在全省排名居中。着力构建和完善了救助申请家庭经济状况信息核对机制,组织各地开展对居民家庭经济状况的核对比对,排查不符合低保条件的对象,市区核对试点工作全国领先,获得"全国居民家庭经济状况核对试点工作优秀单位"。各地全面建成使用"一站式"医疗救助同步结算平台,取消医疗救助起付线和病种限制,救助比例稳步提高到60%,救助封顶线3万元。全市各地设立了临时救助基金专户,市区人均救助基金超过2元,宝应、高邮、仪征人均超过1元。重新修订了《扬州市自然灾害救助应急预案》。进一步完善灾害应急响应机制,探索建立了自然灾害民生保险制度,推进各地成立减灾委员会,指导各地创成7个省级以上的综合减灾示范社区。

(二)推进基层社会管理创新,城乡基层基础建设成果突出

开展和谐社区创建,城乡社区直接选举率分别达到60%和100%,依法自治率分别达到99.5%和99.5%以上;2013年城乡和谐社区建设达标率分别达到75%、65%。进一步深化社区、社会组织和社会工作人才为重点的"三社联动"机制建设,全力推进了社区网格化管理。"一委一居一站一办"社区管理模式全面覆盖,全省领先。探索试点推进基层社会管理体制改革,推行扁平化、网格化、信息化"三化并举"。全面落实社区经费保障,目前市区社区工作经费平均达32万元。建立社区工作者待遇自然增长机制,探索完善社区用房机制。制定实施两年内解决市区社区用房方案,力争两年实现主城区社区用房达标全覆盖。建成了85个标准化的社区服务中心,市区社区服务中心建设覆盖率达到88%,序时推进。探索实施社区信息化工程建设,会同市综治办、市电信就开发统一的市级社区综合管理服务信息平台进行了大量的调研和策划,已在广陵区文昌花园社区先行试点。起草制定了《扬州市社会工作人才队伍建设的实施意见》《扬州市社会工作岗位开发指导意见》和《扬州市社会工作专业人才继续教育暂行办法》,完善社工人才培养体系,社会工作专业化、职业化氛围进一步浓厚。组织实施"社会组织服务年"活动,着力增强社会组织服务功能和成果转化功能。市本级、广陵区、宝应县落实了社会组织发展专项资金。市本级建成扬州市社

组织公益创投中心,现已入驻孵化34家社会组织。开展了首届社会组织公益创意征集大赛,组织实施"百个项目万人受益"社区公益创投项目。大力发展基层服务性、公益性、互助性社会组织,万人(户籍)拥有社会组织数达到了6个以上,获得3A级以上评估等级的社会组织数比2012年增长了1倍。强化社会组织内部治理,建立社会组织年检、评估联动机制。开展社会组织促优退劣行动,依法实施行政监管和处罚。

(三)国防保障服务全面推进,双拥优抚安置政策有效落实

实现了优抚信息管理系统全国联网。创新和完善退役士兵免费职业技能培训管理办法,安装了指纹签到设备,实际参训人数达到应参训人数的96.8%。制定出台了军休干部医疗保险、住房保障、生活补助等相关制度。完善优抚对象抚恤补助标准自然增长机制,补助标准再次提高,各类抚恤补助标准实现城乡一体化。深化退役士兵安置改革,全面统一城乡退役士兵经济补助金标准,自谋职业义务兵一次性经济补助发放不低于当地上年度城镇居民人均可支配收入的1.5倍,自主就业的退役士兵地方一次性经济补助加上一次性退役金不低于同等条件退役士兵自谋职业一次性经济补助标准。减轻优抚对象医疗负担,将基本医疗费自付比例降低到30%以下。进一步规范做好军休人员接收安置工作。加强军队离退休干部服务管理中心争创省级示范性标准建设。认真组织实施评残、调残、提残、烈士评定、审批、褒扬工作以及见义勇为人员的权益保障工作。

(四)居家养老和机构养老稳步推进,社会福利适度普惠不断深化

扬州市社会福利实现了由补缺型向适度普惠型的转变,受惠范围逐渐由孤寡老人、残疾人、孤残弃婴等特殊群体向全社会拓展。组织实施了"居家养老服务建设推进年"活动,突出了居家养老服务工作的基础地位,对全市居家养老服务提档升级。全市新建成81个社区日间照料中心。全市城镇和农村社区居家养老服务中心(站)覆盖率分别达100%和78%,每千名老人拥有床位数25.2张,完成过半指标。全市90~99周岁老年人的尊老金标准翻了一番,提高到每人每月200元,完成了"十二五"目标。拓展市养老服务平台功能,已有856家企业加盟,为市区2100户老年人提供了服务。实施老年人

"安康关爱行动",全面推行老年人意外伤害综合保险。加强农村敬老院的管理服务,实施"养老护理员培训工程",2013年免费培训4期251名养老护理员,持证上岗率达60%。拓展困境儿童福利服务,探索建立困境儿童生活补贴制度。社会散居孤儿和集中供养基本生活费标准分别提高到每月800元、1331元。开展第十二次"5·19"慈善一日捐活动卓有成效,首次评选"扬州市慈善功臣奖",市级慈善基金突破亿元大关。

(五)推进民政公共服务优化,社会专项服务能力明显提高

稳妥推进市区部分行政区划调整、蜀冈—瘦西湖风景名胜区代管区域扩容,审慎指导高邮市开展乡镇合并和区划调整工作。积极推进县(市、区)政府驻地镇改设街道办事处。加强平安边界建设,启动第三轮边界联合检查工作。加强地名文化建设,组织编纂《扬州地名掌故》。推进志愿者队伍建设和志愿服务发展,创新志愿服务记录制度做法,联合市文明办、区政府在市区开展志愿服务记录试点工作。健全流浪乞讨人员救助管理和保护工作机制。街道(乡镇)及社区(村)级救助点50个,实现市区全覆盖。落实省收养家庭评估制度,组织收养家庭评估知识培训,规范收养行为。进一步加大流浪未成年人救助保护,联合有关部门开展"流浪孩子回校园"专项行动。完善了市、区、街道(乡镇)、社区(村)四级救助服务信息网络体系。继续实施殡葬惠民免费政策,免除婚姻登记工本费,再添一项普惠性福利。推进婚姻登记规范化建设,仪征、邗江、广陵创成了国家3A级婚姻登记机关。

(六)民政项目建设扎实推进,民政事业发展基础不断强化

组织实施社区平台、养老服务、福利事业、优抚安置、减灾防灾、民政信息化六大工程。市区社区办公服务用房平均面积超过了780平方米,比2009年翻一番。全市新建成81个社区日间照料中心。实施信息化建设三年行动计划,确定2013年为"信息化建设推进年",按照"新建一批、提升一批、完善一批"的要求,2013年新建民政综合业务平台、数据库中心、视频会议系统等16个民政信息化项目。成立了扬州市社会公益创投中心,建成了扬州市社会组织孵化基地。进一步完善建设市社会福利院、儿童福利院、精神病人福利院等、社会救助

管理站、西屏山殡仪馆等建设项目,加强了附属设施、设备的建设。提升了烈士陵园、江上青史料纪念馆、熊成基故居等爱国主义教育基地建设水平。

二 扬州民政事业发展中存在的主要问题

(一)体制机制不顺,与职能增加的趋势不相适应

在传统民政向现代大民政转变的过程中,民政管理体制和运行机制没能随着形势的发展而同步协调发展创新,工作地位、机构设置、人员编制、队伍素质、经费投入、工作手段等,滞后于形势的发展,影响了民政职能作用的发挥,制约了民政事业的发展。

(二)法律法规滞后,与依法行政的要求不相适应

一是法律法规不完善,还存在立法空白点。民政部门至今没有一部综合性民政法律,慈善、民间组织、城乡低保、社会救助、社会福利、福彩发行等都没有专门法律。二是已有法律法规过时,与形势发展不相适应。例如,退役士兵安置省级政策未出台,一直沿用计划经济时代的《兵役法》和安置办法,而随着市场经济的快速发展,单位劳动用工制度发生了重大变革,致使退伍安置举步维艰。三是现有法律法规刚性规定少,约束力不强。例如,《中华人民共和国城市居民委员会组织法》对居委会办公用房、选举等都作了相关规定,但对违法行为的处罚则没有规定。民间组织管理工作规范文件虽有两个条例、一个办法,但操作性不强。

(三)经费投入不足,与事业发展的需要不相适应

扬州市每年救助和资助的对象20余万人,占全市总人口的5%左右,而民政社会救助资金总量偏少,以致有的救助工作没有完全铺开,已开展的救助标准也较低。例如,优抚对象的抚恤补助,尽管国家近几年来多次调整抚恤补助标准,扬州市也多次调整增长,但因原来基数低、未建立增长机制,而物价指数不断上升,使得优抚对象相对贫困而上访现象增多。

（四）基层力量薄弱，与日益繁重的任务不相适应

当前，基层民政工作量激增，而基层工作力量十分薄弱。低保比对工作也没有专门的组织机构承担，开展工作临时抽调人员，造成队伍不稳定，人员积极性不高。基层民政工作力量严重不足，使得基层民政工作逐渐失去了工作载体和平台，影响了民政工作的开展和政策的落实。

三　几点思考和建议

（一）关于基层民政机构和人事情况

（1）督促各县（市、区）落实省市有关文件要求。成立督察组，对完成情况相对薄弱的县（市、区）所属乡镇民政机构建设情况进行专题督察。

（2）在下发的全市民政工作意见中，提出基层民政岗位设置的指导意见。各乡镇民政办应设立主任（助理）、社会工作员、会计员3个岗位，明确职责和准入制度。乡镇民政办主任（助理）的任免应征求县（市、区）民政部门意见，社会工作员岗位人员应当具备社会工作专业背景或参加社会工作专业培训考试取得相应证书，民政会计员岗位人员应取得会计上岗证。

（3）联合市编办、市人社、市财政等部门，出台"关于加强全市乡镇敬老院建设的实施意见"，明确乡镇敬老院的事业单位法人性质，核定每个乡镇敬老院1个事业编制，明确乡镇敬老院经费保障和其他人员管理办法。

（二）关于财务保障方面

1. 加大财政保障力度

积极向政府相关领导汇报，从领导层面树立保障民生、民生优先的思想，在年初财政预算时，主动与财政等相关部门协调沟通，争取在政策范围内给予最大支持。争取政府进一步加大民政事业投入，优化财政支出结构，确保政府对民政事业的投入与经济社会发展同步增长，争取年度占比超过2%。新增财政投入优先用于救灾救济、城乡低保、五保供养和优抚安置、社会福利等方

面。加大社会服务和管理方面的投入,积极支持公益性社会组织发展和社会工作专业人才队伍建设。

2. 建设多元化筹资渠道

建立健全以公共财政为主导,彩票公益金、慈善捐赠资金、社会资金相结合的民政事业经费筹措机制,支持信贷等资金投向民政公共服务设施建设。进一步放宽准入门槛,充分运用财政税收等多种优惠政策,鼓励和引导社会资金投向民政事业。充分调动各界热心公益事业人士的积极性,将一些民生项目在社会公开,鼓励引导社会上有能力的人士,通过捐款、赞助、自建等多种方式,积极灵活参与民生项目的建设,积少成多,逐步壮大民生事业。

3. 深化财务管理

一是科学编制部门预算。通过精心周密测算,科学合理地编制部门预算,积极争取经费。二是加大民政自身经营力度。民政系统的事业单位要充分利用积极经营,开源节流。推进福利彩票的销售力度,争取上级返还更多的福利彩票公益金来弥补民政发展的资金缺口。殡葬单位等经营性单位要挖掘潜力,开展一些殡葬特色服务,增加收入。老年公寓等社会福利单位在做好本职工作的同时,要积极开展特色服务,以服务收入来进一步推动民生项目的建设。三是加强财务绩效管理。按照目标管理的相关要求,制定处室、直属单位目标管理责任制财务考核指标,从加强财务收支和会计基础管理工作入手,逐步完善直属单位财务管理方法和考核指标体系。四是规范财务支出行为。从加强财务管理上入手,进一步规范内部支出管理。从经费分配、使用、监督、管理等方面作出明确的规定,减少或避免在经费分配使用上一些不规范行为的发生。

4. 加强民政项目管理

一是建立项目管理制度,在项目论证、资金使用、安全生产、廉政建设等多个方面制定一系列制度,使所有项目在阳光下运行,确保民政公共服务设施建设公开透明。二是吸引社会资金参与,优先组织开展与民生关系密切、社会高度关注、有利于扩大内需的项目,在服务中实行"绿色通道"制度,吸引社会资金参与民政项目建设。三是健全项目督察机制。实行一个项目、一个预算、一套班子、一个审计的督察方法,确保资金有保障、财务有责任、落实有专人。

（三）关于社会工作人才队伍建设

加强扬州市社会工作人才队伍建设，依据中央提出的"以人才培养为基础、以人才使用为根本，以人才评价激励为重点，以政策制度建设为保障"，把社会工作专业人才队伍建设融入扬州市人才强市战略，从加强和创新社会管理全局的高度进行谋划和部署。

1. 加大宣传力度，提高全社会对社会工作的认识

在宣传中要突出专业性，加强对社会工作专业理念、价值观和技术方法的宣传。突出实效性，大力开发社会工作案例，加强对社会工作专业成果的宣传。

2. 大力开发社工岗位，加快社会工作职业化进程

加强对社会工作岗位开发的研究。一方面，在编制体制内的单位，如民政、残联、司法、学校、医院、人口计生服务机构等从事社会服务的单位，要结合事业单位改革和岗位设置要求，开发社会工作专业岗位并纳入专业技术岗位管理。另一方面，在基层民政办、社区、社会组织等部门设立社会工作岗位，每个乡镇民政办至少设立一个社会工作员岗位。在城市社区，社会工作专业技术岗位不低于社区岗位的30%。在农村社区，社会工作专业技术岗位不少于1个。申请政府购买服务的公益性社会组织，社会工作专业技术岗位不低于社会组织岗位数量的20%，完善岗位职责要求，建立岗位准入制度，并作为考核检查内容之一。

3. 大力扶持社会工作专业机构发展

成立扬州市社会工作协会，加强对社会工作政策的研究，实行社会工作者网上登记管理、加大社会工作人才培训力度。积极推行"三社联动"，引导扶持专业社工机构的成立运转，加强社会工作人才队伍的平台建设，通过政府购买服务的办法，将社会工作具体化、项目化、职业化。

4. 研究制定社会工作人才保障措施

研究出台全市社会工作专业岗位薪酬指导办法，落实编制体制内社会工作专业技术资格人员的工资待遇。通过建立继续教育、优先提拔、考核激励等制度，使社会工作人才保障措施系统化、长效化。

B.34
扬州市养老服务体系建设研究报告

扬州市地方人大工作研究会课题组*

摘　要：

　　扬州市养老工作任务重、压力大，在养老服务体系建设中存在社区养老服务不健全、机构养老供需矛盾突出、养老服务队伍亟待加强等问题和不足。进一步健全和完善全市养老服务体系，政府必须高度重视养老工作，强化宏观政策调控，鼓励家庭发挥养老功能，扶持社区发挥养老依托作用，引导社会力量发展养老产业，并加强养老服务队伍建设。

关键词：

　　养老服务体系　建设　思考和建议

一　扬州市养老服务体系存在的问题

尊老养老是社会文明的标志，是社会主义物质文明和精神文明的综合体现。养老问题涉及千家万户，关系人民群众的切身利益。老有所养、老有所乐理应成为中国梦的重要篇章。近年来，市委市政府高度重视养老服务工作，连续出台扶持政策措施，大力发展社区居家养老服务，逐步推进机构养老建设，具有扬州特色的养老服务体系初步形成。但与苏南等地相比，在社区养老服务、养老机构建设和服务方式创新等方面还存在一定差距，我们的自我感觉与群众感受也有不小的差距。

1. 人口老龄化提速加大养老工作压力

早在1986年，扬州市就已进入人口老龄化城市行列，比全国提前13年。

---

* 课题组负责人：桑光裕。课题组成员：王康华、陈勤、唐文波、毛奇、张日才、罗庆玖（执笔）、殷荣（执笔）。

截至 2012 年末，全市 60 岁以上老年人口达 94.78 万（常州为 77.2 万），占总人口的 20.69%，其中 80 岁以上的高龄老年人口 11.52 万，占 60 岁以上老龄人口的 12.15%。据预测，未来 10 年全市老年人口将以年均 3.5% 的速度持续增长，到 2020 年全市老年人口将占总人口的四分之一。扬州市老龄化呈现出程度高、增速快、空巢化现象和失能半失能老人比重高等特点，在尚未实现现代化、经济还欠发达的现状下提前进入老龄社会，"未富先老、未备先老"，养老工作任务重、压力大。而我们在积极应对方面，发展规划（顶层设计）滞后、市场培育不充分、发展机制欠缺、部门间协作配合不够等等，使得人口老龄化问题在社会转型期显得尤其迫切和突出，给我们的执政能力带来严峻考验。

2. 居家养老格局面临巨大挑战

目前，扬州市保持以居家养老为主要形式的养老格局。从社会现实情况和发展趋势看，支撑居家养老的物质基础和精神基础都发生变化，以居家养老为基础的格局正面临巨大挑战。一是独生子女政策后续效应凸显，家庭成员结构发生变化。"421" 家庭结构开始普遍，三代同堂的家庭日渐稀少。二是家庭居住结构大多以中小户型为主，传统的四合院越来越少，子女和老人分居，不利于子女对老人的照料。三是现代社会人口流动迁徙现象比较普遍，子女外出不在老人身边已成为常态，老人居家养老缺少依靠，留守老人成为 "被遗弃的一代"，流动人口随迁子女成为 "回不去的一代"。即使在同一城市，生活节奏提速，社会竞争激烈，工作压力加大，使得年轻人照顾老人的时间和精力越来越少。四是社会传统道德文化机制受到冲击，孝道观念的文化和社会基础趋于淡薄，儿女根据市场经济的新道德观来对待父母，两代人关系更多的是一种经济理性交换，缺乏人文关怀。"养儿防老" 观念渐成历史，养老意识趋向淡薄，保障居家养老的社会舆论环境不佳，孝老敬老的道德约束渐趋弱化。尽管《老年人权益保障法》对子女看望老年人提出明确要求，但配套措施跟不上，难以实行。

3. 社区养老服务缺乏有力支撑

以社区为依托的养老服务体系，对社区工作提出了严峻考验。从现状来看，社区养老服务缺乏有力支撑，远不能满足居家养老的需求。一是养老服务

设施协调难。从法律地位上来讲，社区是居民自治组织，但在实际工作中，社区工作力量与承担责任不相匹配，出现"小马拉大车"现象。比较突出的是，社区在养老服务网络建设中，既无权力亦无财力，全靠社区主任的个人活动能力。用地、用房、经费等诸多事项都要倚赖政府部门，通过"化缘"来进行，少数搞得像模像样的社区基本上都有一个"能人"主任、"明星"主任。调研中，我们了解到，不少社区在老年人日间照料中心用房上存在很大困难，但在与部分部门和单位协调闲置用房时，却大费周折，个别单位甚至长期空置也不愿提供给社区使用，往往需要有关部门主要负责人多次协调。二是养老服务内容社会化程度不高。从多个社区开展的居家养老服务来看，承诺的服务项目和内容很多，如短期托养、日间照料、助洁、助浴、助医、助行等等，甚至有应急求助、精神关爱、权益维护等项目。但实际上很难真正做到，与老年人的有效需求还有不小的差距。养老服务的覆盖面比较窄，服务的目标人群主要是低保、五保等民政救助对象，社会受益面还不宽，市场化程度还不高。例如，市区为"三无"老人发放了2000只老人机，但这些老人占总量比例有限，对于广大老人如何享受养老服务平台还缺少有效服务措施。居家养老急需的助餐、助浴、助医、助购等服务存在有市无价、有价无市、价格混乱、质量不一等问题，还没有建立起由政府主导、社会参与、企业运作的正常机制，仍然存在老人求助难、居家养老难的实际问题，急需政府牵头解决。三是养老服务方式不可持续。市政府为了推进社区养老服务建设，以"以奖代补"的形式，鼓励社区开办老年食堂等，丰富社区老年服务形式，分担政府职能。这本来是一项利民惠民的好事，但不少社区为了争取政府的奖励资金，不顾实际情况，纷纷新建社区老年食堂。一些社区原本与附近小饭店长期合作为老年人代伙，既经济又方便，但是为了能通过政府考核，争取奖励资金，也办起了老年食堂，造成资源浪费和重复建设。文昌花园社区的日间照料中心，成熟运行了10多年，中午也只有十几位老人正常就餐。社区同志说，养老服务要实事求是，多样化，不能大呼隆，更不能一哄而上、一哄而下。

4. 机构养老供需矛盾突出

通过整合资源和调整布局，鼓励扶持社会力量兴办，全市各类养老机构进一步发展壮大。但是，现有养老机构的存量与养老服务需求的增量相比，还不相匹配,扶持社会力量兴办养老机构的政策操作性不强,养老机构总量不足,供给结构不合理,远不能满足实际需要。较为突出的是高端养老机构床位收费高、入住率低,亏本运行;而适合广大中低收入老年人的中低档养老机构却排队难进、一床难求。例如,扬州曜阳国际老年公寓和颐和养老康复服务中心是扬州市高端养老机构的代表,开扬州新型养老模式先河。曜阳国际老年公寓由中国红十字总会事业发展中心创建,得到了市政府的大力支持,用地由市政府划拨。颐和养老康复服务中心是市政府民生幸福工程重点项目,有政府财力支撑,由市民政局主办。这两家高端养老机构虽对社会养老机构有示范引领作用,却难以复制、无法推广。而且由于收费高,本地老人受收入所限,只得望而却步;现入住的不少是外地高收入的老人。而收费较低、适合中低收入老人的普通老年公寓,如广陵区湾子街、福寿、北苑等老年公寓,虽然服务标准不高,但床位仍然供不应求。由于收费不高,又无财力支撑,目前这类老年公寓只能算是勉强维持,难以发展。特别是福寿老年公寓,由于消防设施不合格,被消防部门责令整改,因财力有限,面临无法自行整改的尴尬局面。位于梅岭东路的璨阳老年公寓,是企业利用废旧厂房改办的,现人满为患。企业打算在原址上扩建,但受用地性质所限,在政府批准立项、规划审批上受阻,跑了几年也没有结果。

5. 养老服务队伍建设亟待加强

一是从业人员数量严重不足。根据专业化养老服务机构中每4~5张床位需要1名护理人员的通常做法,全市约2.38万张床位,至少需要4600名护理人员;而扬州市112所养老机构中,养老床位与护理人员的比例仅为20∶1,远远不能满足老年人的服务需求。二是从业人员专业素质不高。由于观念和待遇的原因,绝大多数青壮年不愿意从事养老护理工作。目前,扬州市养老机构中的服务人员大多为下岗失业人员或农村妇女,年龄多在50岁左右,有的甚至是60岁以上的老人。文化水平低,年龄偏大,大多没有经过专业培训,护理技能和服务水平较低,精神慰藉等服务项目人才奇缺。三是养老服务队伍不稳定。大多数养老护理员月工资在1200~1500元,待遇低,工作既脏又累,社会地位不高,基本处于社会底层,导致许多养老机构护理员流失严重,后续乏人。

二 构建和完善养老服务体系的对策建议

逐步构建和完善养老服务体系是一项长期工作，关键是政府要立足于市情、针对现状去着力解决问题。我们认为，"居家为基础、社区为依托、机构为补充、服务为支撑"的中国式养老服务体系是一项系统工程，居家养老为基础是初级阶段的应对之策。目前，我们紧迫的任务是，未雨绸缪，既抓当前，又思长远，以推进专业化（专业化是关键，决定质量）、市场化（市场化是核心，决定可持续性）和社会化（社会化是趋势，体现文明和谐）服务来完善居家养老，加快服务设施建设，扩大机构养老的比例，培强壮大养老服务业，逐步向社会化养老过渡。

（一）高度重视养老工作，切实承担应尽职责

2013年8月16日，国务院常务会议专题研究部署政府养老工作，对当前及今后一个时期的养老工作提出明确要求，为地方各级政府树立了榜样。建议市政府正视扬州市"未富先老、未备先老"的严峻态势，切实增强忧患意识，把养老工作作为全局工作的重要内容之一，补上养老服务业发展的"短板"，在"保基本、兜底线"的基础上，锐意改革创新，激发市场活力，科学制定规划，一年接着一年干，一届连着一届干，持之以恒地抓好这项民心工程。

通过调研，扬州市老年人口总体结构呈橄榄形，而不是三角形。橄榄的上部总体数量不大，以家庭经济条件好或高收入的老年人群为主；橄榄的底部总体数量也不大，以家庭经济条件差和收入低的老年人群为主；橄榄的中部是老年人口的主体，数量巨大，主要是家庭经济状况一般、收入一般的老年人。因此，立足于现实国情和市情，基于这一结构判断，在加大养老服务业财政投入的同时，政府要进一步研究细化橄榄形结构的投入方向和比例，运用有限的物力和财力，切实提高资金使用效益，满足人民群众最基本、最迫切的养老需求。建议市政府侧重于底部老人的"雪中送炭"（保障基本）和中部老人的"釜底加薪"（改善服务），上部老人的"锦上添花"（提升质量）应由社会和

家庭来承担。也就是说，在相当长的一段时间内，橄榄结构的上部主要由高端养老机构承担，通过市场化形式提供有偿服务解决，政府给予引导和鼓励。橄榄的底部则主要是福利机构养老，由政府和民政部门优抚兜底为主。橄榄的中部主要采取居家养老为主的方式，政府出台政策，鼓励家庭、社区和社会等各方力量共同参与。

（二）强化引导调控，鼓励家庭发挥养老功能

现阶段，养老服务体系以居家为基础，必须加强舆论政策法律引导，发挥家庭作用，夯实家庭这一基础。

一是加强舆论宣传，营造尊老养老社会氛围。针对尊老养老道德观念文化基础弱化的倾向，要充分利用各种宣传平台和载体，宣传尊老爱老典型事迹，弘扬尊老敬老的传统文化，倡导以尊老助老养老为荣、以厌老弃老不孝为耻的良好风尚。要借创建全国文明城市的东风，放大"扬州好人"特别是孝老爱亲典型的正能量，注重对青少年人群尤其是中小学生的教育引导，让"一群好人，满城新风"代代相传，常吹常新。

二是研究法律配套措施，切实保障老年人权益。《老年人权益保护法》对老年人权益保护作了很多规定，但是在实际生活中往往难以执行。例如，该法明确规定，家庭成员应当关心老年人的精神需求，不得忽视、冷落老年人；与老年人分开居住的赡养人，应当经常看望或者问候老年人。政府应出台相应政策，督促用人单位按照有关规定，保障赡养人探亲休假的权利，让"常回家看看"成为现实；人大应加大执法检查力度，使法律条文能真正执行到位。

三是探索政策调控措施，支持家庭发挥养老功能。以新加坡为例，"乐龄人士"（新加坡对老年人的称呼）不仅不是家庭里的负担，相反，还是家庭里的宝贵财富。"家有一老，胜有一宝。"新加坡法律规定，单身青年除非愿意与父母同住，否则不可租赁或购买组屋。而如果子女愿意与丧偶的父亲或母亲一起居住，则可以享有对父母遗留房屋给予的遗产税减免优待；如果纳税人愿意和父母或患有残疾的兄妹一起居住，则可享受"父母及残疾兄弟税务扣除优待"或者"三代同堂花红"。新加坡的做法为我们鼓励居家养老

拓宽了思路，政府政策能促进居家养老。因此，在引导家庭成员履行赡养义务的同时，要制定相应的支持政策，优化居家养老物质基础，鼓励家庭发挥养老功能。在实施廉租住房、公共租赁住房等住房保障制度或者进行危旧房屋改造时，应当优先照顾符合条件的老年人。鼓励家庭成员与老年人共同生活或者就近居住，为老年人随配偶或者赡养人迁徙提供条件，为家庭成员照料老年人提供帮助。

（三）加大对社区服务的扶持，充分发挥其依托作用

社区养老服务是整个养老服务体系的依托，这是社区作为目前传统"熟人社会"的生态环境决定的。因此，政府必须加大对社区服务网络建设的扶持和投入，让社区养老既办得了事，也办得了好事，把政府牵头的养老服务落到实处。

一是加强社区养老服务机构建设。要把解决社区养老服务用房紧张问题作为重点，根据不同情况，分类实施，新建和改造一批社区养老服务中心、日间照料中心、托老所、老年助餐点，增强社区养老服务功能。政府要认真落实国务院关于新建小区同步配套建设养老设施的规定，督促相关部门与社区打交道时，要支持社区工作。在新建小区同步配建设养老设施的同时，要特别重视老小区养老设施建设，政府要主动协调，出台政策鼓励将闲置的市政设施、学校、村（居）办公楼及各类活动中心、宾馆改造用于养老服务场所，整合公用资源，提高利用效率。国资部门要通过政府部门服务用房的集中管理，挖掘潜力，盘活资产，为发展老年事业作出贡献。

二是拓宽社区养老服务的内容。目前社区养老服务基本是通用模式，老年人就餐、床位等大多采用同一收费标准，虽然受益人群普遍，但不利于提高养老资源使用效益。建议按照不同层次老年人多元化的服务需求，提供个性化分级服务，给养老服务开展较好的社区提供空间，指导社区研究分析享受日间照料老人的具体情况，区别高中低收入人群实行差别收费（同一价格，以补助方式调整中低收入者负担），让老年人能真正享受到最急需的养老服务。社区服务要充分利用家政服务、医疗保健、心理咨询、餐饮行业等现有市场服务资源，通过市养老服务中心将社区与政府、市场和老年人有机联系起来，丰富服

务内容。政府购买公益岗位要向养老服务倾斜,部分政府购岗补贴可改为现金补贴。

三是不断创新社区养老服务形式。积极推动爱心企业和专业化养老机构合作,探索建立社会力量经办、专业化养老机构管理运营的新模式,使专业养老服务机构向社区延伸和辐射,真正在社区层面建立起一个支持家庭养老的社会化、专业化服务体系。借鉴苏州经验,利用现代信息技术,搭建瞬息反应的养老服务信息平台,完善应急呼叫系统,整合社区优秀服务企业加盟,扩展服务人群,实现社会服务资源和居家老人服务需求点对点对接,为居家养老的老年人提供紧急救助、生活照料、商品配送等全方位服务。

(四)运用市场机制,引导社会力量发展养老产业

在鼓励家庭养老的基础上,政府应大胆探索创新,发挥市场活力,推动社会力量成为发展养老服务业的"主角"。

一是积极扶持民办养老机构发展。目前,民间资本进入养老领域面临的主要难题是"融资难""用地难""运营难"和"用人难"。建议政府认真落实国务院《关于加快发展养老服务业的若干意见》,放宽行业准入,简化和规范程序,加强行业监管和退出制度建设,分类协调解决现有民办养老机构的困难,在性质界定、土地供应、资金投入、税费减免、财政补贴等方面出台细化的优惠政策,制定出可操作的落实办法和措施,引导爱心企业家投身慈善事业,引导更多民资、外资兴办养老机构,大幅提升社会投资兴办养老机构床位比重,使民办养老机构切实发挥支撑作用,替政府分忧,为老人解难。

二是大力推进养老业与其他产业互动,做大做强服务业。老年群体的扩大,必然带来老龄服务需求的日益增长和老年市场的不断拓展,这不仅为老龄产业发展拓展了广阔空间,也为吸纳就业开辟了新的渠道。养老服务业作为"夕阳红"事业,具有产业链长、涉及领域广、环境友好、可持续等特点,涉及教育、保险、健身、旅游等多个产业,并对上下游产业如建筑、钢材、机械等具有明显的带动效应,因此,养老事业也是蓬勃发展的朝阳产业。建议:积极探索医疗机构与养老机构合作新模式,推动医养融合发展。

老、病相连，养老则必须养医。政府要重点鼓励和扶持"护理型"养老机构建设。扬州市颐和养老康复服务中心与香港康复医疗机构合作，在提供养老服务的同时，提供规范的医疗和康复服务，在这方面作了有益的尝试，值得借鉴。进一步完善景观设置、旅游服务、基础建设、产品开发等公共配套设施，细分目标市场，锁定对接老年群体，为旅游业发展注入新活力；改变华南服务公司一家独大、一花独放的现状，扶持培植2~3个家政服务龙头企业，造就家政服务业百花齐放、相互竞争的局面。抓住2014年省试点契机，发挥扬州市房价相对稳定的优势，协调金融保险机构，降低设置门槛，开展老年人住房反向抵押（倒按揭）养老保险试点，探索开辟"以房养老"新模式。

三是做优软硬环境，打造"养老型"产业。市委六届五次全会提出，进一步完善"宜居、宜游、宜创"城市功能，推动"就业、创业、置业"有机融合。唐诗云："人生只合扬州老，禅智山光好墓田。"建议坚持不懈地在提升城市产业品质、人文品质、建设品质、生态环境品质等方面下功夫（如市医保部门要改进作风，研究落实进入机构养老的老年人医保服务的衔接问题），打响联合国人居奖城市和全国文明城市等品牌，放大"宜居、宜游、宜创"效应，吸引外地乃至境外资本来扬投向老年服务业，把扬州打造成名副其实的"养老型"城市。

（五）注重教育培训，加强养老服务队伍建设

一是注重对从业人员的培养和储备。要引导有条件的普通高等院校和中等职业学校开设与养老服务相关专业，或在相关专业开设老年学、老年心理学、老年护理服务等课程，培养大批有专业技能的养老护理人员。同时，在养老服务业和社区中设置社会工作岗位，鼓励相关毕业生到养老服务机构和社区养老服务中心就业。

二是继续推行养老服务从业人员职业资格认证和持证上岗制度。把现有养老机构的服务人员纳入职业技能培训范围，制定详细培训规划，有计划地培训养老服务从业人员，经考试合格后发给相应的职业资格证书；对通过职业技能鉴定的，给予培训补助和岗位津贴，逐步实现全员持证上岗。

三是研究制定养老服务从业人员的就业政策、工资待遇、社会保障和激励政策，建立养老护理员特殊岗位津贴，提高养老服务队伍稳定性。

四是壮大养老助老志愿者队伍。积极倡导志愿服务，使志愿服务成为一种社会风尚和长效机制。动员广大志愿者为老人提供送餐上门、洗衣、打扫卫生或陪医、陪护等服务。同时建立服务水平监督机制。设置规范透明的监管程序，形成专业化、标准化的监管体系，不断提升服务水平和质量。

B.35
住房公积金归集缴存不公问题对策研究

扬州市住房公积金管理中心课题组[*]

摘　要：

　　住房公积金在制度设计和操作执行中的公平性问题日益凸显，主要表现为制度覆盖和缴存、使用等方面的不公平。针对住房公积金制度公平性存在的问题，扬州市住房公积金管理中心用3个多月的时间，在扬州市范围内开展了住房公积金"保底""提低""限高"专项调研，发放问卷调查表3000份，召开人大代表、政协委员、缴存单位和职工等参加的座谈会，对扬州市住房公积金制度覆盖和缴存、使用的公平性状况作了深入的定量分析，提出了相应的对策建议。

关键词：

　　住房公积金　制度　公平

　　公平正义作为人类社会追求的基本价值，既是社会进步的标志，也是一个国家社会发展的重要推动力量，而制度的公平正义则是所有公平正义的起点和基础。针对住房公积金制度公平性存在的问题，住建部按照国务院要求，再次组织对《住房公积金管理条例》（以下简称《条例》）的修订。在市委市政府的重视和市人大、市政协的关心下，扬州市住房公积金管理中心按照市住房公积金管委会的决策要求，紧密结合扬州市经济社会发展实际，努力克服和缩小因制度设计带来的公平性问题影响，积极开拓创新，着力扩大制度覆盖范围，切实执行限高保低的政策措施，认真落实差别化贷款使用政策，向低收入、低

---

[*] 组长：杨云。成员：杨传林、茅于龙、梁硕、徐建国（执笔）、朱银龙。

缴存职工适度倾斜，扩大提取使用范围，努力营造住房公积金制度覆盖和缴存、使用公平的小气候。为进一步提高扬州市住房公积金制度公平性管理水平。本课题组在扬州市范围内开展了住房公积金"保底""提低""限高"专项调研，发放问卷调查表3000份，召开有关座谈会，对扬州市住房公积金制度覆盖和缴存、使用的公平性状况作了深入的定量分析。

一 扬州市住房公积金归集缴存的总体情况

1992年，根据国家统一部署，扬州从市区开始建立住房公积金制度，随后在各县（市）区推开。20多年来，住房公积金制度覆盖面不断扩大，归集金额持续递增，使用效率大幅提升，风险防范有效控制，资金安全完整。至2012年底，扬州市住房公积金开户缴存单位10828个，缴存职工62.6万人，其中，正常缴存住房公积金39.4万人，封存23.2万人。缴存标准规定为：以职工上年月平均工资为缴存基数乘一定缴存比例，缴存基数每年调整一次，最高缴存基数2012年为11200元，最低缴存基数为当地劳动人事部门公布的最低工资标准，如扬州市区为1100元；缴存比例，机关事业单位统一为12%，其他为8%~12%，县（市）区为5%~12%。以此计算，最高月缴存额为2688元，最低为176元。个人、单位分别缴纳到个人账户，全部为职工所有。各县（市）区缴存职工数详见图1，城区（包括广陵区、原维扬区、市开发区、蜀冈—瘦西湖风景区、新城西区以及市级机关、事业单位、市属企业等）缴存人数最多，接近一半，达44%；江都区、仪征市次之，各占13.3%；邗江区、高邮市、宝应县占比10%左右。

至2012年底，扬州市累计归集住房公积金192.8亿元，归集余额93.20亿元。城区无论是归集总额还是余额占比均最高，分别占43.58%和41.25%，江都区、仪征市次之，分别占10%左右，高邮市、宝应县、邗江区基本相当，分别占6%~7%①（见表1）。

---

① 注：此处归集总额、余额包括仪化和油田住房公积金数据，本文以下的标本分析和调查均不包括仪化和油田。

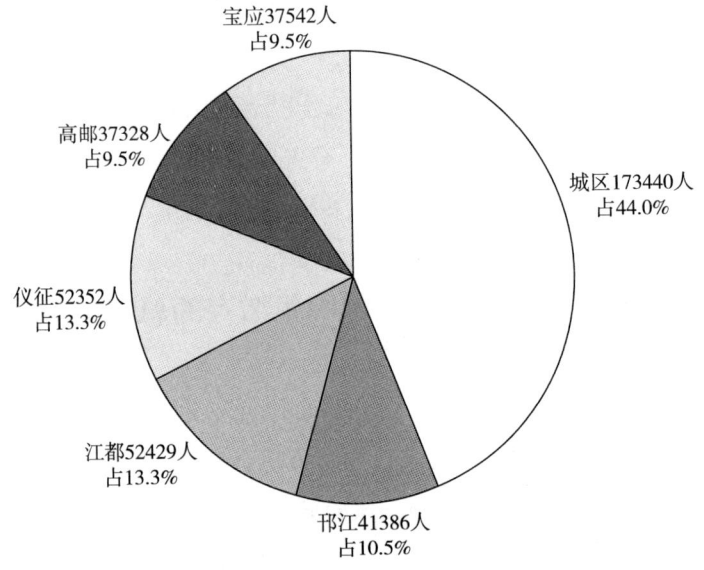

图1 扬州各地住房公积金缴存人数构成情况

表1 2012年底扬州市住房公积金归集总额、余额情况

单位：万元，%

区域	归集总额	占比	归集余额	占比
城区	840080	43.58	384449	41.25
仪征	193317	10.03	101354	10.87
邗江	129927	6.74	66590	7.14
江都	188520	9.78	100698	10.8
高邮	120546	6.25	56792	6.09
宝应	135530	7.03	68109	7.3
仪化	117281	6.08	65681	7.05
油田	202434	10.5	88324	9.48
合 计	1927635	100	931997	100

扬州市缴存住房公积金的单位中，民营（私营）企业所占份额最多，为30.9%；其次为机关事业单位，合计占29.4%；个体和自由职业者从2011年才开始缴纳，因此份额最少，仅占0.2%（见图2）。

平均月缴存额详见图3、图4。机关月缴存额最高，人均1121.3元；其次为事业单位和国有企业，人均800元左右；民营企业和社会团体人均月缴存额

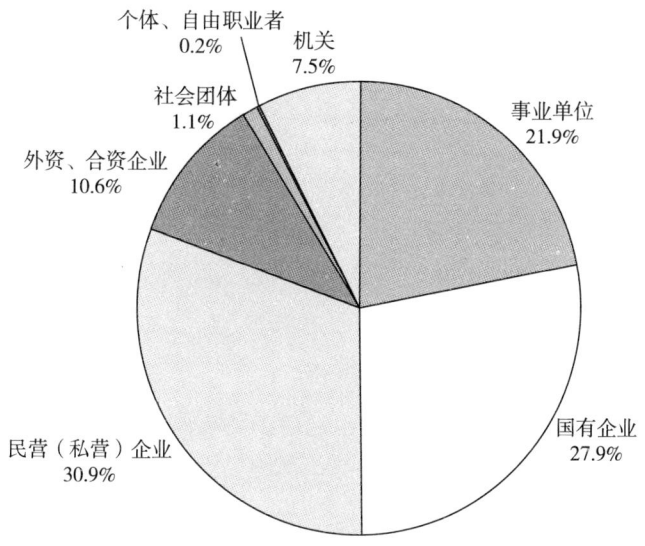

图 2 全市住房公积金缴存构成情况

最少。从缴存额度的构成看,份额占比最大的是最低缴存额 176 元到平均缴存额 614 元,占 43.08%;平均缴存额 615~1499 元的其次,占 36.02%;最低缴存额以下和 1500 元到最高缴存额 2688 元的占比最少,分别为 14.28% 和 6.62%,呈两头小中间大的橄榄形。

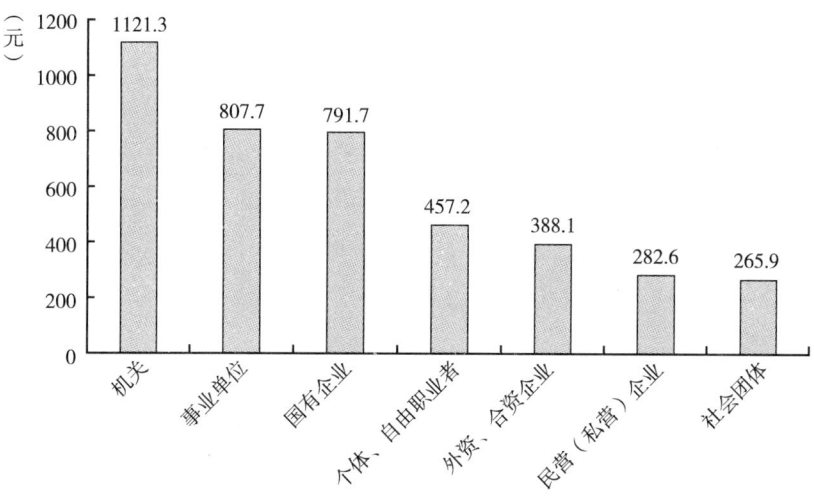

图 3 各行业住房公积金月均缴存额情况

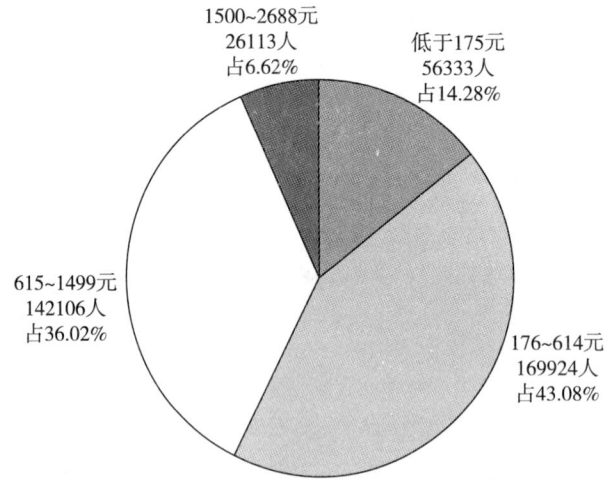

图4 全市住房公积金缴存额度分类情况

二 目前住房公积金制度公平性方面存在的主要问题

经过20多年的发展,住房公积金制度在促进我国住房体制由福利分房向货币化分房转轨,推动住房的市场化、商品化方面发挥了重要的历史性作用,近年来在帮助职工实现改善住房需求,支持中低收入家庭解决住房困难等方面发挥了十分重要的作用。但同时也存在以下几个方面的问题。

(一)住房公积金制度覆盖面不够广泛

从住房公积金建制缴存人数分析,至2012年底,扬州市住房公积金开户缴存职工625634人,虽在全省13个省辖市中位列第四,且首次突破60万人,但正常缴存人数只有39.4万人,占62.9%,封存23.2万人,占37.1%,与医疗保险职工缴存人数86.4万人相比,只有72.5%。如剔除封存人数,仅为45.6%,不到一半。

从未建制开户缴存住房公积金的职工类别分析,大都是低收入职工、新就业职工和进入城镇就业的农民工群体。据扬州市住房公积金管理中心2010年组织开展的住房公积金制度支持低收入家庭解决住房困难的典型调查反映,扬州市区调查 295 户家庭，1 人正常缴存住房公积金的 91 户，占 30.8%，2 人正常缴存的 12 户，占 4%，从未缴存的 98 户，占 33.2%；高邮市调查 470 户低收入家庭，未建立住房公积金的占 99%；宝应县调查 200 户低收入家庭，仅 2 户缴存住房公积金。据江苏省住建厅和省总工会 2009 年对全省城镇低收入职工住房保障调查，只有 21.1% 的低收入职工缴存住房公积金，农民工缴存住房公积金比例更低，全省平均为 8.6%，地级市为 13.4%，县级市仅为 6.9%。据有关资料反映，全国农民工缴存占比平均不到 3%。这部分人群正是住房保障的重点，也正是需要通过建立住房公积金制度实现住房保障的重点。

（二）住房公积金缴存差异较大

此次专项调查重点是针对住房公积金归集缴存的公平性问题，现剖析如下。

1. 总体情况

（1）扬州没有"天价公积金"。全面调查反映，扬州市各行业、单位中没有类似媒体报道的每月缴纳万元以上、年缴纳 10 万元以上的违规超额缴存情况。

（2）扬州没有一例超最高标准 2688 元/月缴存的单位和个人。由此也反映出扬州市各级住房公积金管理部门执行省控高规定是严格的。公积金管理部门在实际操作中从信息系统上采取限高措施，超过最高标准缴存的，信息系统不予支持，业务无法办理，有效控制了超额缴存。

（3）县（市）与城区月平均缴存额基本均衡。扬州市平均月缴存额为 613.4 元，市区（包括城区、邗江区、江都区）与仪征市、高邮市、宝应县三地平均水平基本相当。但区与区比较差距较大，江都区平均 650 元，城区 640 元，但邗江区 512 元，比江都区平均少 138 元，且低于宝应县、高邮市等地。邗江区经济发展水平总体高于宝应、高邮等地，但由于经济结构中民营企业较多，缴存标准低，影响了平均缴存水平。

（4）行业之间缴存有差距，但没有媒体上披露的其他地区差距那么大。机关事业单位和国有企业高于扬州市平均缴存水平，其他缴存单位均低于扬州市平均缴存水平。平均缴存水平最高的机关单位是 1121.3 元，是最低社会团体 265.9 元的 4 倍。同样是企业，国有企业是民营（私营）企业的 2.8 倍，是外资、合资企业的2倍。

（5）最低缴存额以下的单位占有一定比例。扬州市平均占14.3%，江都区占比最高（21.6%），在扬州市住房公积金份额占比最大的城区为16.6%。调查发现，在最低缴存额以下的单位中，也有极少数只为职工缴纳10多元的情况，但不是普遍现象，更不能把最高缴存标准与这种非正常的低额缴存相比较来反映住房公积金的缴存差异情况。

（6）最低缴存额至当地平均缴存水平的比例占大多数。处于这一区域缴存水平的单位扬州市平均占43.1%，邗江区最高，占65.3%。

2. 详细情况

（1）从缴存单位分类情况分析（见表2）。

表2　扬州市住房公积金缴存单位分类情况

单位性质	缴存人数（人）	缴存比例（%）	平均月缴额（元）	占比（%）
机关	29393	12	1211.3	7.5
事业单位	86373	12	807.7	21.9
国有企业	110007	8~12	791.7	27.9
民营（私营）企业	121798	5~12	282.6	30.9
外资、合资企业	41865	8~12	388.1	10.6
社会团体	4276	8~12	265.9	1.1
个体、自由职业者	765	8	457.2	0.2
合　计	394477		613.4	100

①平均月缴存额最高的机关单位为1121.3元，其次为事业单位和国有企业，最低为社会团体和民营企业，分别为265.9元和282.6元，其中民营（私营）企业缴存人数占比最多，为30.9%。

②扬州市月平均缴存额，江都区国有企业缴纳最高，为1418元，高邮的民营企业缴存最低，为198元。

（2）从月缴存额度分析（见表3）。

①最低缴存额至平均月缴额的占43.1%，平均月缴额至最高缴存额的占42.6%，最低缴存额及以下的占14.3%。再进一步细分，平均月缴额至1000元的占绝大多数（67.8%），1000元以上至最高月缴额的占17.9%。平均月缴

表3 扬州市住房公积金月缴额构成情况表

区域	最低额			最低额至当地平均缴存额			当地平均缴存额至2688元			平均月缴额（元）
	缴存人数（人）	平均月缴额（元）	占比（%）	缴存人数（人）	平均月缴额（元）	占比（%）	缴存人数（人）	平均月缴额（元）	占比（%）	
城 区	28749	168.4	16.6	82723	334.9	47.6	61968	1266.1	35.7	640
邗 江	1592	143.4	3.8	27057	267.7	65.3	12737	1077.1	30.7	512
江 都	11344	113.7	21.6	17697	359.3	33.7	23388	1130.1	44.6	650
仪 征	6605	104.8	12.6	24592	342.0	46.9	21155	1118.8	40.4	626
高 邮	2788	86.8	7.5	18094	325.8	48.4	16446	997.7	44.1	604
宝 应	5255	92.3	13.9	14594	330.2	38.9	17693	971.2	47.1	599
扬州市平均	56333	138.1	14.3	169924	318.7	43.1	168220	1147.3	42.6	613.4

额100元以下的仅占3.3%，其中江都区占比最高，占9.12%，邗江区最少，占0.04%。

②从区域分析，最低月缴额以下的，江都区最多，占21.6%，其次为城区（16.6%），高邮市最少，只有7.5%；最低额至平均月缴额的，邗江区最高，为65.3%，江都区最少，为33.7%；平均月缴额至最高月缴额的，宝应县、江都区、高邮市均超过平均水平，城区、邗江区最少，分别占35.7%和30.7%。最低月缴存额至1000元的，邗江区、江都区最高，分别为80.9%和79.9%，江都区和城区最低，占比分别为57.8%和62.9%；最低额以下的，江都区和城区占比最高，分别为21.6%和16.6%；邗江区最低，占3.84%；1000元以上至最高缴存额的，城区和江都区最多，占比为20.6%，高邮市、宝应县最低，为12.6%。

（3）从缴存额较高行业构成分析（见表4、图5、图6）。

①缴存额度较高（1500元以上）的单位，分布在电力/发电行业、银行、机关、事业单位和少数外资/合资企业、民营企业，其中最高的为电力、发电和通信、烟草等国有企业，平均分别为2412.1元、2125.1元；占比最多的为银行（1.99%）；外资、合资企业占比最低，仅占0.17%。机关事业单位平均缴存在1800元左右，占1.97%。

②在扬州市缴存额度较高（1500元以上）占比最多的区域是城区，占62%，江都区次之，占13.08%，最低为宝应县，占5.3%。

表4 扬州市住房公积金缴存额较高行业构成情况

行业	缴存人数	平均月缴额(元)	占比(%)
电力、发电	3969	2412.1	1.01
银行	7838	2099.7	1.99
机关	5443	1832.8	1.38
事业单位	2337	1861.8	0.59
外资、合资企业	655	1896.9	0.17
民营(私营)企业	1294	1999.3	0.33
其他:通信、烟草等国企	4577	2125.1	1.16
合计	26113	2064.6	6.62

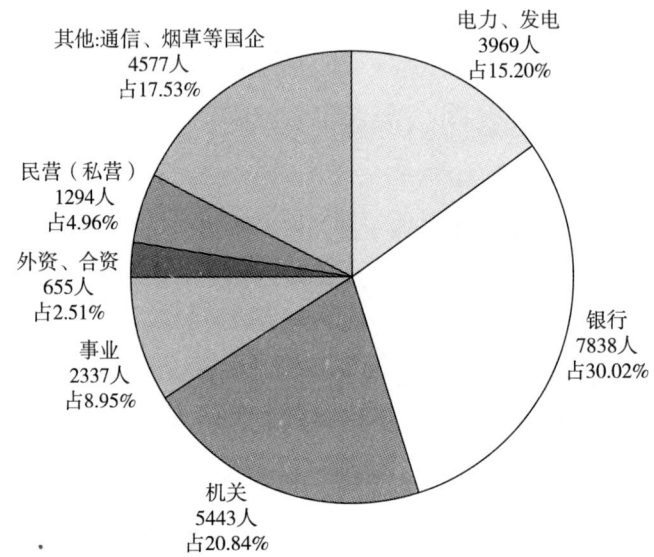

图5 全市住房公积金缴存额较高行业分布情况（1500元以上）

（4）从机关事业单位缴存额较高区域分布情况分析（见图7）。

因为城区覆盖市、区以及乡镇三级机关，所以所占份额最高，达61.49%，其余各县（市、区）合计只占不到40%，宝应县最低，只占3.82%。

（5）从扬州市住房公积金缴存额偏低情况分析，缴存额偏低分为两种情况：一是月缴额在平均水平以下，最低缴存额以上；二是在最低月缴存额以下。

①扬州市住房公积金缴存额偏低的单位主要分布在企业，占本区域全部缴存职工数的36.6%，其中机械制造类最多，占比为9.8%，其次为人力资源和

住房公积金归集缴存不公问题对策研究

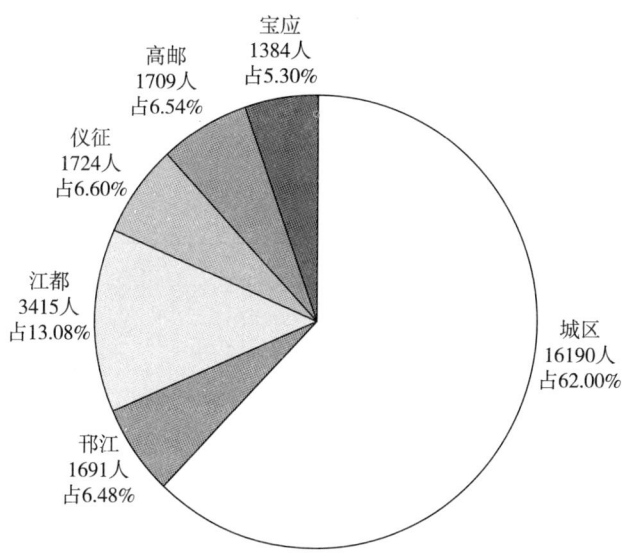

图6　全市住房公积金缴存额较高区域分布情况

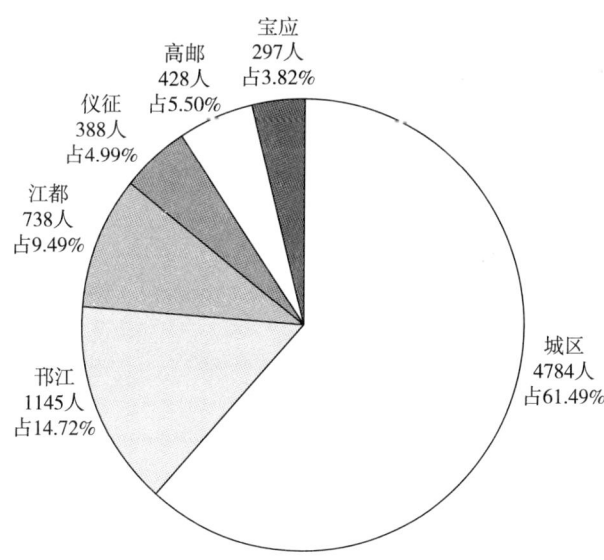

图7　机关事业单位住房公积金缴存额较高区域分布情况

劳务派遣类,占6.8%,建筑、房地产最低,占1.6%（见表5）。

②最低缴存额以下的区域,城区最多,占51.03%,其次为江都,占

20.14%,最少的为邗江,占2.83%(见图8、图9)。

③从最低缴存额至平均缴存额度区域分布看,城区最多,占45.31%,宝应最少,占8.28%(见图10)。

表5　扬州市住房公积金缴存额偏低行业构成情况

行　　业	缴存人数(人)	平均月缴额(元)	占比(%)
人力资源、劳务派遣类	26980	187.1	6.80
机械、制造类	38810	181.5	9.80
网络、科技类	15554	190.8	3.90
药品、医疗类	7274	202.3	1.80
交通、物流类	8305	188.9	2.10
餐饮、食品类	9119	189.7	2.30
纺织、服装类	8024	155.5	2.03
商贸、销售类	10728	200.1	2.70
建筑、房地产	6114	187.8	1.60
其他:教育、保险等	13675	190.5	3.40
合　　计	144583	186.6	36.60

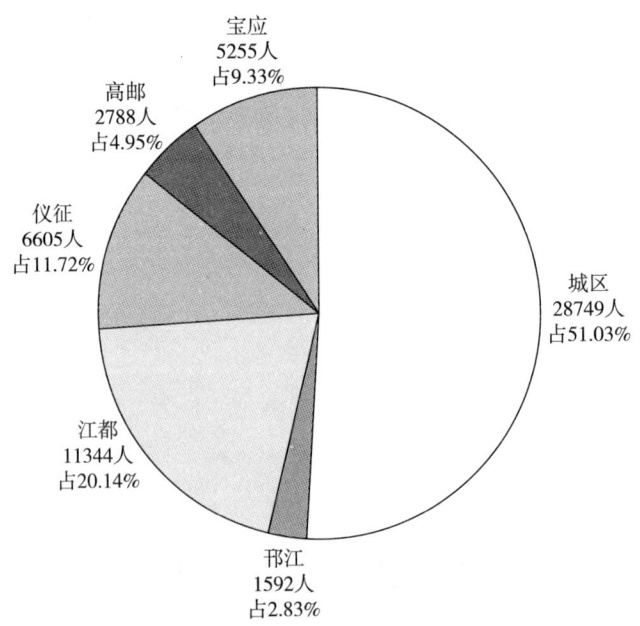

图8　全市住房公积金最低缴存额(176元)以下区域分布情况
(占总人数的14.28%)

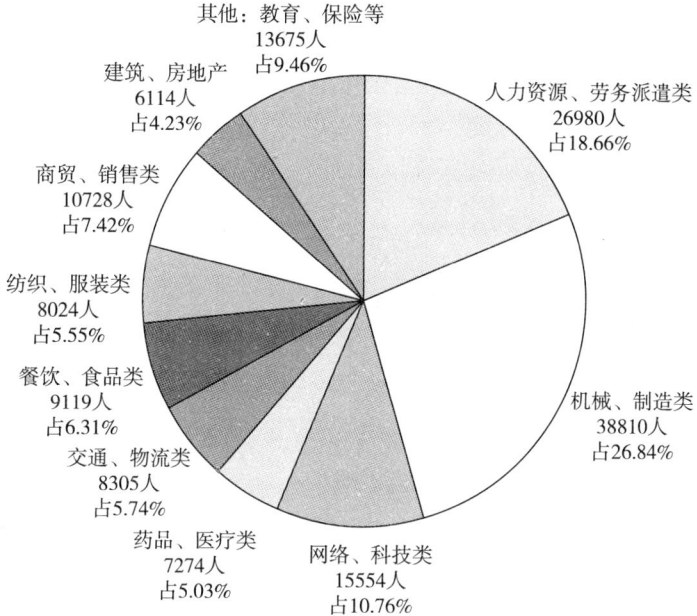

图9 全市住房公积金缴存额偏低行业分布情况（300元以下）
（占总人数的36.6%）

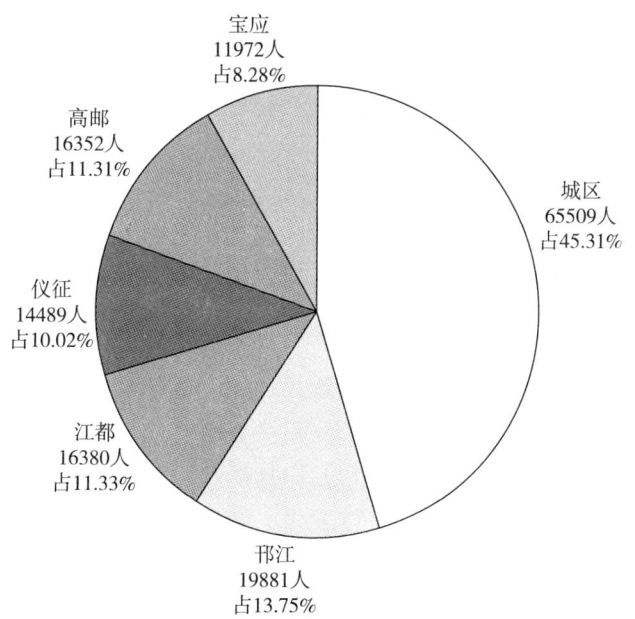

图10 全市住房公积金缴存额偏低区域分布情况

（6）从平均缴存额至最高缴存额的区域分析，也主要分布在城区，占41.32%，江都区、仪征市次之，宝应县、高邮市再次之，邗江区最少，仅占7.63%（见图11）。

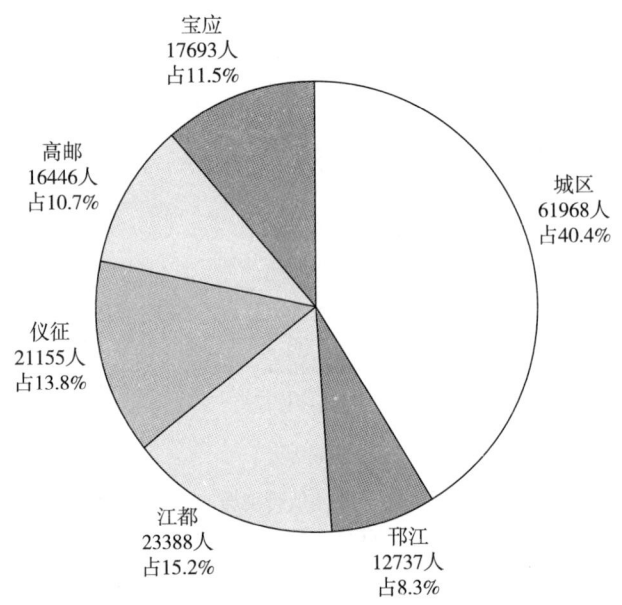

图11 全市住房公积金平均至最高额（2688元）区域分布情况
（占总人数的42.6%）

（三）存贷额度挂钩存在使用不公平情况

一是存贷额度挂钩的政策设计导致贷款使用不公平。《条例》规定，按一定基数和比例缴存的住房公积金归职工个人所有，其住房公积金存储余额按低于市场利率计息（当年余额按商业银行活期存款计息，上年末余额按三个月定期计息）；缴存人在使用住房公积金贷款时，按照职工、单位缴存的住房公积金余额多少，结合当地资金流动状况及贷款人收入状况、资信状况等确定具体贷款数额，一般缴存多贷款多，缴存少贷款少，其贷款的利率按中国人民银行规定执行，目前五年以下为年息4%，五年以上的为年息4.5%。从扬州市住房公积金贷款人群构成看，机关、事业单位和国有企业缴存额列前三位，平均936元，贷款人数也最多。以2012年为例，以上三类单位贷款占总贷款量的77.69%（见图12）。贷款额度也最高，平均单笔30万元左右。而民营（私营）企业、外资和合资企业由于缴存额相对较少，单笔贷款额度只有25万元左右（见图13）。高邮市反映特别明显，2012年该市机关、事业单位和国企470人贷款1.31亿元，平均27.87万元，而私营、民营企业、社团等只有226人贷款3890万元，平均贷款17.21万元，单笔相差10.66万元。

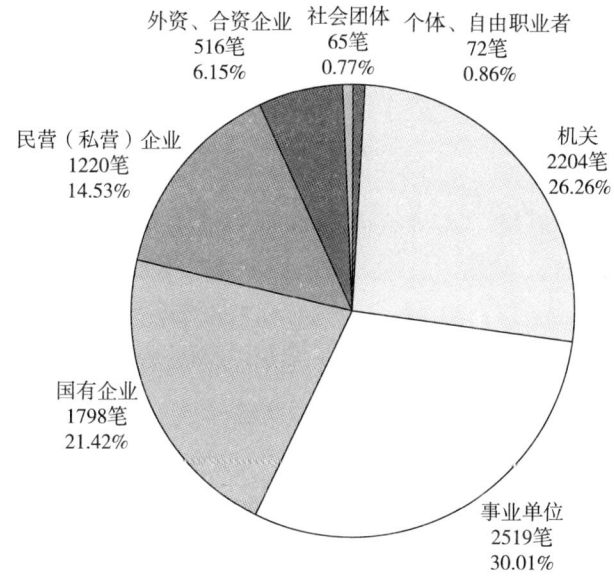

图12　2012年度全市住房公积金贷款构成情况

二是在提取使用方面存在不公现象。低收入、低缴存职工因诸多原因既不能实现贷款使用，也不能满足其住房消费需要或其他提取要求时，其账户的住房公积金余额只能享受低息政策，从而为其他贷款人群提供资金来源，而自身住房公积金"缩水"贬值；职工在离职、辞工后存在提取不便或不符合提取规定无法提取的问题，有的劳务代理公司甚至截留企业应当缴存的住房公积金，不及时解缴公积金中心至个人账户，离职、辞工人员因不了解情况或单位不配合无法提取公积金；封存职工的住房公积金由于单位破产解散或改制等原因，不能正常缴存，长期处于封存状态，而又不办理销户提取使用，造成个人经济利益损失。

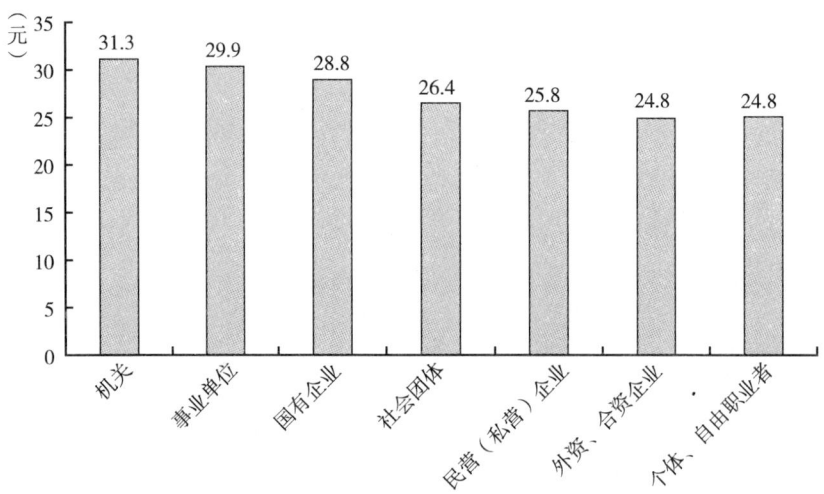

图 13 2012 年全市住房公积金平均贷款额情况

三 问题原因分析

1. 从制度覆盖方面分析

推进住房公积金制度覆盖的刚性不强。作为一项重要的住房保障制度必须依靠法制保障，目前保障住房公积金制度的最高法律依据，仅是 10 多年前由国务院颁布的行政法规《住房公积金管理条例》，与保障养老、医疗保险等由全国人大常委会通过的《社会保险法》相比，立法层次低，法律效率低。且 10 多年后社会经济形势发生了较大变化，许多立法条款已过时或不适应新的形势。立法严重滞后带来的直接后果：一是各级政府对住房公积金制度覆盖的重视度、关注度及行政推动的效能不强，各相关部门配合支持的力度不大；二是必须建制开户的缴存单位认为，社会保险等"五险"是国家强制的，住房公积金可缴可不缴，能少缴就少缴，不按规定缴。加之各地住房公积金管理部门编制少，力量不够，特别是行政执法的力度严重缺乏，造成住房公积金制度覆盖面不充分。

2. 从归集缴存不公方面分析

一是制度设计和政策规定的不公。《条例》第 16 条规定住房公积金缴存计算方法是："职工住房公积金的月缴存额为职工本人上一年度月平均工资乘以职工住房公积金缴存比例；单位为职工缴存的住房公积金的月缴存额为职工本人上一年度月平均工资乘以单位住房公积金缴存比例。"《条例》第 18 条规定："职工和单位住房公积金的缴存比例均不得低于职工上一年度月平均工资的 5%；有条件的城市，可以适当提高缴存比例，具体缴存比例由住房公积金管理委员会拟订，经本级人民政府审核后，报省、自治区、直辖市人民政府批准。"

建设部、财政部、中国人民银行《关于住房公积金管理若干具体问题的指导意见》（建金管〔2005〕5 号）规定："缴存住房公积金的月工资基数，原则上不应超过职工工作所在设区城市统计部门公布的上一年度职工月平均工资的 2 倍或 3 倍。具体标准由各地根据实际情况确定。职工月平均工资应按国家统计局规定列入工资总额统计的项目计算。""单位和职工缴存比例不得低于 5%，原则上不高于 12%。"

根据《条例》和国家部委有关规定，客观上形成了同一项住房公积金制度，在同一座城市，同为住房公积金缴存人，但由于单位不同，按工资总额设定的缴存基数不同以及缴存比例的差异带来了住房公积金缴存额度的差距，这是政策规定的不公。以扬州市区 2012 年为例，按现行执行的标准计算，最高与最低缴存基数相差 10.2 倍，最高与最低缴存比例相差 1.5 倍，最高与最低月缴存额相差 15.3 倍。这是合法的不公平，要解决"合法"的不公平就必须调整政策，从合法不公平向既合法又相对合理的公平转变。

二是实际工作操作上的不到位。例如，在归集缴存公平问题上认识不足，控高容易，保底、提低较难，对低水平缴存提高办法不多；为鼓励企业开户建制，公积金管理部门按低门槛进入的原则，先低标准缴存后逐步提高；单位有条件按高比例缴存的，或有条件按实际工资收入缴存的，但只按最低比例或最低基数缴存，不能实现应缴尽缴；一些单位按实际工资缴纳"五险"，但未按实际工资缴纳住房公积金。对住房公积金缴存额与职工实际工资收入比对显示，凡缴存额在平均水平以下的，均大大低于实际收入缴存。例如，扬州市平均缴存额 182 元的单位，职工月实际平均收入 2188 元，按规定应缴 350 元，比实际的少缴 168 元；平均缴存额 392 元的单位，职工月实际平均收入 2593 元，按规定应缴存 415 元，比实际的少缴 23 元。对存在的这些问题住房公积金管理部门由于诸多原因不能督促其纠正，无制约措施。

3. 从使用不公平方面分析

一是没有认识到使用不公平是归集缴存不公平的延伸体现，从一定程度上又反过来加剧了住房公积金归集缴存不公平，必须加以改善和调整；二是现行住房公积金使用政策设计的原因，如个人贷款额度与个人缴存多少挂钩，低缴存人员往往使用很少，或根本不使用，只为其他使用人提供资金来源，加之提取使用政策规定严格，形成既不能贷款也不能提取的事实。

四 加强住房公积金归集管理，促进缴存公平的政策建议

（一）从顶层设计入手，修订完善《条例》

住房公积金归集缴存不公已成为公众关注、社会质疑的一个重要问题，对收入分配制度改革和住房公积金制度的发展都具有十分重要的影响。住房公积金制度是国家住房保障制度的一项重要内容，既要发挥其保障作用，更要体现公平、公正。针对住房公积金归集缴存不公的问题，首先必须从顶层设计入手，切实加强住房公积金归集管理，促进缴存相对公平。结合国家正在修订的《条例》，对住房公积金归集缴存的顶层设计进行完善，这是根本。只有规则公平，才能实现缴存公平。

（1）明确完善住房公积金制度体系的总体目标和方向。在制度覆盖面上坚持突出重点、全面覆盖；在归集缴存上坚持确保底数（基本），提高水平、适当限高的原则，增强公平性，适应流动性，保证可持续性；在使用上，不断加强制度设计和工作创新，形成普遍使用与差别化相结合的使用办法，加大对住房保障家庭和人群的政策性支持和倾斜；通过加强和完善制度设计形成与当地经济社会发展和住房保障目标要求相适应的覆盖全体城镇职工的住房公积金制度体系。

（2）加大对住房公积金制度覆盖的刚性要求。明确各级政府和有关部门在推进住房公积金制度覆盖方面的职责和要求，进一步强化措施；明确凡与单位签订劳动合同的都必须开户缴存，不开户缴存的加大行政处罚力度；特别是要加大对农民工群体住房公积金建制开户的要求，变"有条件"或"有条件

的地方"应该开户建制的软约束,变为"必须开户建制"的硬要求。

(3)在住房公积金缴存方面,逐步提高最低缴存比例和缴存基数,适当控制最高缴存的增长速度,不断缩小与最高缴存和平均缴存职工的差距,实现相对公平。

(4)进一步扩大住房公积金使用的范围,支持住房消费,对低收入、低缴存职工给予政策性倾斜。

(二)建立长效机制,推动住房公积金制度全覆盖

住房公积金建制以来,覆盖范围逐步扩大,缴存人数不断增加,但与《条例》和《扬州市住房公积金管理办法》的要求相比,还有相当多的单位特别是非公有制、民营企业应建未建、应缴未缴。建制开户是归集缴存以及体现公平的基础和前提,住房公积金覆盖范围是衡量和检验住房公积金制度完善程度的重要标志之一,是实现制度可行性和公平性的基本要求。必须建立和完善推动住房公积金制度全覆盖的长效机制。

(1)进一步强化行政推动。各级政府要把本区域住房公积金制度覆盖率列入住房保障工作和实现住有所居目标的指标体系,实行目标管理,摆上重要议事日程,一同布置、一同落实、一同考核和责任追究;要切实加强对推进制度覆盖的组织领导,人社、工商、质检等政府相关部门要发挥职能作用,形成合力,工会要把住房公积金制度覆盖作为构建企业和谐劳动关系的重要方面进行考核,并会同住房公积金管理部门联合开展年度检验,有关部门要积极支持配合住房公积金行政执法,进一步发挥行政推动的效能。

(2)进一步加强普及宣传。要把国务院《条例》列入"六五"普法工作。要采取多种形式宣传住房公积金制度及其作用,各新闻媒体要引导社会舆论,提高住房公积金制度的社会认知认同度。特别是要加强对企业经营者和扩面对象的宣传,切实提高宣传效果。

(3)进一步加强行政执法。要根据国务院《条例》加大住房公积金行政执法的力度,住房公积金管理部门要建立住房公积金行政执法机构,充实人员。对应建未建、应缴未缴的单位要依法执法。政府法制部门和法院等要积极支持住房公积金行政执法,对拒不执行处罚决定的要依法强制执行。

（4）坚持突出重点，全面覆盖。随着产业结构调整和经济转型升级，非公企业占比上升，传统住房公积金制度对国有企业已基本实现全覆盖，但目前非公企业覆盖率低，当前和今后一个阶段住房公积金制度扩面的重点是股份制、私营、外资企业等非公企业，目前非公企业覆盖率低，要加大非公企业的扩面力度；促进农民工、个体和自由职业者建制开户。随着工业化、城镇化步伐的不断加快，大量农村人口向城镇转移就业，形成了规模庞大的农民工群体和住房保障需求。为实现农民工住有所居，必须切实把农民工参加住房公积金制度作为完善住房公积金制度的重要方面，结合农民工就业特点，优化农民工缴存和使用办法，方便缴存和使用。同时要创新方法，积极推动个体和自由职业者参加住房公积金制度，共享发展成果。

（三）加强和完善管理，推进住房公积金归集缴存公平

（1）明确底数，作为基本。所谓底数就是一个区域住房公积金的最低缴存数。例如，目前扬州市区最低月缴存176元既是底数，也是必须开户缴存的基本数。

（2）提高底数并予确保。为缩小住房公积金缴存差距，体现相对公平，必须改变目前住房公积金最低月缴存额偏低的状况，可以考虑对新开户缴存住房公积金的单位和个体、自由职业者最低缴存基数与当地养老保险缴存基数一致。例如，扬州市区由1100元/月提高为2025元/月，最低缴存比例由单位和个人各5%提高为各8%。对已经开户缴存低于上述调整后最低缴存额的单位要求抓紧测算，在一定时间节点前调整到位。对逾期不到位的，加大行政制约措施，督促其调整到位。个体和自由职业者人员缴存相应调整。

（3）逐步提高住房公积金低水平缴存额度。已经开户缴存的单位凡低于当地住房公积金月缴存平均水平的要采取有力措施，分阶段（或一年、两年）逐步提高至平均水平。经济效益较好、重点骨干企业、上市公司要率先提高缴存标准，达到平均水平。例如，扬州市区住房公积金月平均缴存水平为640元，凡月平均缴存水平低于此标准的要逐步提高。

（4）适当控制住房公积金较高缴存水平的增长。对达到规定最高缴存基数和最高缴存比例的一律不得以任何形式多缴多存或变向多缴存；最高缴存基数的调整由一年调整一次改为两年调整一次。最高缴存比例按上级部门的规定执行。

经过上述调整,以扬州市区为例,住房公积金月缴存额最高与最低由相差15.3倍缩小为相差8.3倍,缩小7倍;月平均缴存额与最低相比,由相差4.2倍缩小为相差2倍,缩小2.2倍,住房公积金不公状况大大改善。

(四)加大支持力度,帮助低收入职工家庭实现住房保障

(1)严格执行住房公积金差别化信贷政策。认真执行一次贷款的有关政策,对自住和改善性住房公积金贷款优先保证;对二次使用住房公积金贷款的要严格审核把关,符合相关条件的,执行利率上浮的规定;严格禁止三次贷款。

(2)认真执行《市政府关于住房公积金制度支持城镇低收入家庭解决住房困难的若干意见》(扬府发〔2011〕8号)的各项规定,发挥住房公积金制度支持低收入职工家庭解决住房困难的作用,认真做好提取住房公积金支付房租和物业管理费工作,择机出台住房公积金支持住房装潢装修的措施。

(3)改革"低存低贷"政策。对月缴存住房公积金达到当地最低缴存标准的贷款申请,在计算贷款额度时上浮15%;对月缴存住房公积金达到当地平均缴存标准的贷款申请,在计算贷款额度时上浮10%;对达到当地平均缴存标准以上的贷款申请仍按原规定计算贷款额度。

(4)试行对未使用住房公积金贷款职工贴息办法。对开户缴存以来从未使用过住房公积金的职工,可利用住房公积金增值收益给予贴息,以历年结息额并含销户利息为基础,累计缴存5年以上(含5年),按累计支付利息额总额的5%给予补贴;累计缴存5年以上10年以下的,按累计支付利息总额的8%给予补贴;累计缴存10年以上的,按累计支付利息总额的10%给予补偿。

(五)加强住房公积金监管,确保资金安全、完整和增值

市住房公积金管委会和市财政、审计、人民银行、银监局等部门要加强住房公积金的经常性监督,认真开展年度审计检查,发现问题及时纠正;住房公积金管理部门要加强内部审计和风险控制,严格规范运作住房公积金,不得违反住房公积金法规政策,要定期向社会公开住房公积金运作信息,接受社会监督,确保住房公积金安全完整和增值,更好地发挥住房公积金在推进"三个扬州"和世界名城建设中的作用,为实现住有所居民生目标作出更大贡献。

B.36
扬州社会志愿服务发展报告

刘辕 袁岷 林英涛*

摘　要：

　　志愿服务是人全面发展和社会全面进步的重要标志，对推进"三个扬州"和"世界名城"建设具有积极作用。近年来，扬州志愿服务组织蓬勃发展，志愿服务逐渐融入日常生活，志愿精神得到越来越多市民的价值认同。本文在分析扬州社会志愿服务发展现状和存在问题的基础上，建议从完善组织领导机构、设置独立办事机构、健全工作运行机制、培育公民文化等方面，推进扬州社会志愿服务的发展。

关键词：

　　扬州　志愿服务　现状　建议

　　扬州市志愿服务工作坚持以社会主义核心价值体系建设为根本，围绕"关爱他人、关爱社会、关爱自然"志愿服务活动总品牌，坚持志愿服务与文明创建相融合，组织建设与活动开展同推进，基础建设与品牌打造共发展，志愿服务队伍不断壮大，志愿服务领域不断拓展，志愿服务活动精彩纷呈，吸引和感召了越来越多的人加入志愿者行列，为扬州创成全国文明城市，全面建设"三个扬州"和"世界名城"积极营造了文明和谐的社会环境。截至2013年9月，扬州市各类志愿服务组织超过1000个，注册志愿者24.5万人。

---

* 刘辕，扬州工业职业技术学院团委书记；袁岷，扬州市文明办志愿者工作处处长；林英涛，扬州工业职业技术学院团委秘书。

一 扬州社会志愿服务发展现状

1. 志愿服务成为"一把手"工程,立足推动建立志愿服务长效机制

扬州市委市政府对社会服务工作高标准、严要求,立足建立志愿服务长效机制,通过建立组织领导机制、宣传引导机制、管理运行机制、活动推动机制、考核激励机制,推动志愿服务长期深入开展。

扬州市文明委统一领导全市志愿者工作,2010年4月在文明办设立了志愿者工作处,负责统筹协调全市志愿者工作,在全省地级市文明办开创了先河。教育、民政、文化、工会、共青团、妇联、红十字会、老龄办等部门发挥自身优势,分类指导各条线的志愿者工作,搭建了较为完善的志愿服务组织领导架构。

扬州在志愿服务工作中注重发挥多种大众传媒作用,组织会歌征集、文化节、网上访谈以及先进典型展示、表彰等,多元化普及志愿服务文化,弘扬志愿服务精神,不仅营造了良好社会氛围,还实现了志愿服务文化引领。每年通过组织开展全国、全省、全市优秀志愿者和志愿服务组织推荐评选工作,选出树立了一批志愿服务工作典型,近三年来,共表彰了国家级、省级和市级优秀志愿者322人、优秀志愿服务组织45个。

在成立扬州市志愿者协会的同时,制定并实施《扬州市注册志愿者管理办法(试行)》,进一步规范了志愿服务活动内容。通过注册志愿者星级认定制度,为注册志愿者建立志愿服务档案、评定星级和评奖评优,充分保护、引导、发挥人们参加志愿服务的积极性,推动志愿者队伍的建设。同时,文明办还制订并下发《关于推进志愿服务工作常态化的实施方案》,积极推动志愿服务的阵地建设和工作平台建设。在发挥政府资金投入引导作用的同时,建立多渠道、多层次、社会化筹措机制,保障开展志愿服务工作所需要的基本工作条件和必要的经费支持。全市志愿者工作联席会议制度、信息报送制度、督促检查制度等制度也同步建立。

在志愿服务活动方面,以春运、学雷锋、国际志愿者日、关爱空巢老人、关爱农民工、关爱留守儿童和残疾人等常态化志愿服务活动为基础,集中力量做好"4·18"国际经贸旅游节、"9·26"世界运河名城博览会、文明城市创建等重要节点的志愿服务工作，不断开拓文明交通、科学普及、生态环保、全民健身、应急救援等志愿服务活动新领域，不断丰富作为志愿服务工作载体的志愿服务活动，不断扩展志愿服务工作内涵，推动了志愿服务活动整体成效的不断提升。

在体制内，志愿服务活动开展成效还被纳入市级文明单位考评、市级机关能力作风考评等体系，对推动志愿服务工作起到了一定的引导作用。

2. 注重志愿服务工作的宣传引导，营造良好的工作氛围，市民对志愿服务的认同感不断提高

扬州市志愿服务工作的广泛推广，依靠的是宣传工作的深入开展。扬州在志愿服务工作中，十分注重构建立体化的宣传工作平台，扎实做好报刊、广播、电视、手机短信等传统媒体的志愿服务宣传工作，通过传统媒体大力宣传志愿服务工作的宗旨、理念，跟踪报道全市志愿者服务社会、奉献爱心的生动事迹，广泛宣传政府和社会嘉奖优秀志愿者的各类信息，积极营造全社会关心、支持志愿服务的氛围。

重点打造扬州市志愿者协会专题网站。在网站开发上，以志愿者网站应有的功能模块为基础，重视志愿者使用网站的界面友好程度和用户体验；在网站内容上，注重及时发布志愿者招募信息、志愿活动动态、志愿项目宣传介绍、志愿者培训资料、志愿者风采等一系列志愿者关心的内容。志愿者在注册为网站用户后，不仅可以得到及时的志愿服务咨询，还可以进行相互交流，事实上成为志愿服务工作的宣传员，扩大了宣传面。

在节假日、志愿者日等重要节点，文明办有针对性地编发公益手机短信，推送至所有市民。编发的公益手机短信，从内容上看针对性很强，从表现上看朗朗上口，便于记忆和口口相传，对做好重要节点的志愿服务工作起到了一定的作用。在推送公益手机短信的同时，还长期在遍布全市的公交站台广告栏发布公益广告，对培养市民的志愿精神起到了潜移默化的作用。

积极探索微博、微信等新兴媒体在全民志愿服务工作中的重要作用。从志愿服务群体看，青年志愿者既是主力军，也是生力军。扬州市委宣传部、文明办、团市委、各团区委等部门或党群组织通过官方微博，实时发布志愿服务信息或公益信息,在新媒体领域和广大志愿者互动交流,扩大志愿服务活动的宣传成效。高校志愿服务组织、企事业单位志愿服务组织和社会志愿服务组织也通过各自微博、微信发布各自开展志愿服务活动的信息,既成为展示各志愿服务组织工作成效的窗口,又吸引了更多的人加入到志愿服务活动中来。

由于志愿服务宣传工作深入人心,近年来,扬州市市民对志愿服务工作的认可程度越来越高,直接表现为加入各级各类志愿服务组织的人数不断增加(见表1)。

表1 近年来扬州市区(不含江都)志愿者数量表

单位:万人

类别	2010年	2011年	2012年	2013年1~9月
注册志愿者	11.2	13.1	14.9	15.5

3. 完善服务项目,创新服务形式,扩大服务领域,志愿服务品牌效应逐步显现

扬州志愿服务工作紧紧围绕"党政关注、群众所需、志愿者能为"的原则,以"学习雷锋榜样、践行扬州精神、汇聚道德力量"为主题,以关爱他人、关爱社会、关爱自然为重点,坚持贴近实际、贴近生活、贴近群众。在推动"三个扬州"和"世界名城"建设方面,寻找工作突破口,打造了一批拿得出、叫得响的志愿服务品牌,涌现出了一大批志愿服务的先进典型。机场、车站、景点、广场等也都建立了志愿服务工作站(点),结合自身特点和工作实际,招募并组织志愿者广泛开展便民利民服务。

2012年,中央文明办在扬州举办了全国"学雷锋三关爱"志愿服务活动启动仪式。扬州作为牵头城市,联合8个省内城市在扬州举行"沿运河历史文化保护志愿服务行动"。在这类大型志愿服务活动的带动下,扬州各地、各行业根据自身特点和实际,纷纷推出了特色志愿服务活动。广陵区的关爱空巢老人志愿服务活动、邗江区的亲子岗文明交通劝导志愿服务活动、江都区的城市文明建设市民观察团服务活动、仪征市的"党群零距离,服务暖民心"志愿服务活动、高邮市的"爱心妈妈"志愿服务队活动、宝应县的"星星点灯"留守儿童合唱团活动、新城西区的民兵志愿者治安夜巡活动、蜀冈—瘦西湖风景名胜区的瘦西湖风景区管理处志愿者服务活动、市党员志愿者总队的"红马甲"义工党员志愿服务活动、市巾帼志愿者协会的巾帼"爱心妈妈"志愿服务活动、广电总台新闻女生志愿团"爱心助学"志愿服务活动、市科普志愿服务总队的科普大讲堂、市"五老"志愿服务总队和"五老"网吧的义务监督活动、出租车"爱心车队"关爱他人志愿服务活动等,这些特色志愿服务活动成为地方知名的志愿服务品牌。这些品牌项目和3月5日学雷锋活动、4月18日志愿者在行动、9月26日世界运河名城博览会志愿者服务、中国扬州国际半程马拉松锦标赛志愿服务活动、12月5日国际志愿者日活动等定期举行的常规志愿服务项目互为补充、相得益彰,整体上形成了具有扬州特色的志愿服务活动项目体系。

与品牌项目相对应,扬州涌现出了一批知名的志愿服务组织和优秀志愿者。"红马甲"义工队成为扬州最大的民间专职志愿者队伍,获全国优秀基层党支部表彰;新闻女生"学雷锋"志愿服务团以《新闻女生帮你忙》栏目为阵地,招募社会志愿者精英,依托热心公益事业的企事业单位,以关爱留守和残疾儿童等困难群体为重点,持续开展关爱行动,活动成效与团队影响日趋扩大,荣获全国优秀志愿服务组织表彰;扬州市民观察团广泛活跃在各条战线,成为市民和党委政府的桥梁,城市文明建设的"啄木鸟""报喜鸟";苏北医院学雷锋志愿服务队、"陈宏如"志愿服务队已成为卫生系统志愿服务队伍的两面旗帜。"献血大王"全国优秀百名志愿者王文清,扎根陕北高原的扬州籍好医生、省优秀志愿者陈宏如等一批优秀志愿者成为"扬州好人"代表人物。

4. 资源整合,志愿服务组织网络日趋完善

扬州市志愿者协会下设青年、职工、巾帼志愿者协会等11家下属协会和25支专业及民间志愿服务直属总队。志愿者网络以文明单位为重点,按"有阵地、有机构、有队伍、有制度、有台账、有平台、有活动、有成效"的"八有"标准,各级文明单位、社区和村镇基本建立了学雷锋志愿服务队,并把主要精力集聚到志愿服务工作上,形成了上下贯通、条块结合的志愿服务网络格局(见图1)。

在志愿者协会内部,整合团市委主管的青年志愿者协会,依托市妇联建立了扬州巾帼志愿者协会,依托市总工会建立扬州职工志愿者总队,依托县市区

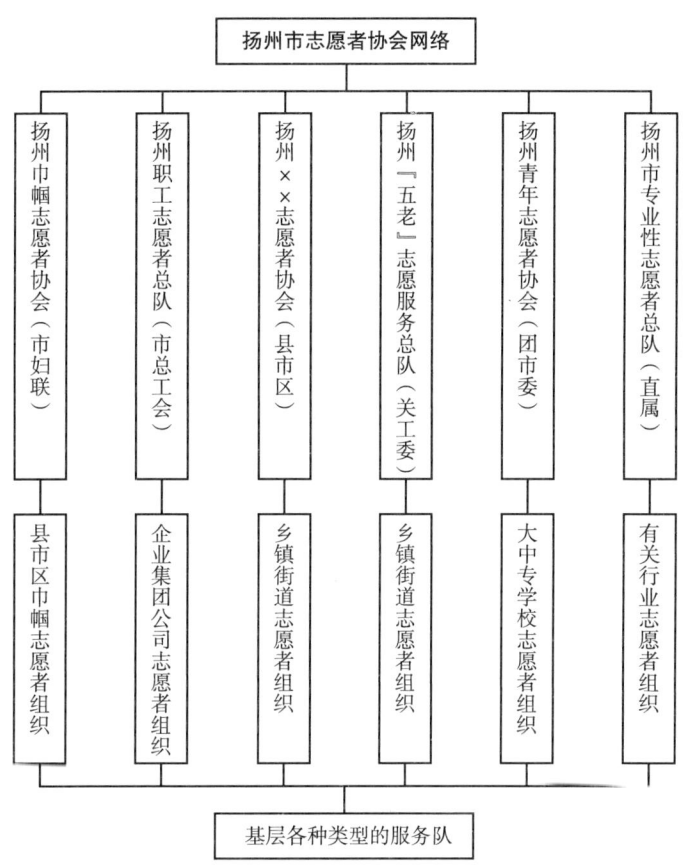

图 1　扬州市志愿者协会网络图

建立各县市区志愿者协会，依托关工委建立扬州"五老"志愿服务总队，同时还有直属的扬州市专业性志愿者总队。各总队或协会充分利用自身的网络组织，指导县市区、乡镇街道、企业集团、大中专学校和有关行业成立志愿者组织，设立各基层志愿服务队，广泛开展志愿服务活动。从直属总队层面看，除了1个专业性志愿者总队以外，还有依托各专业条线建立了24个总队。

二　扬州社会志愿服务目前存在的问题

随着扬州市志愿服务事业的发展，志愿服务活动常态化、长效化的要求越来越强烈，与之对应的是现有志愿服务工作在组织领导、运行保障和回馈激励机制等方面还不够完善的问题也越来越突出。

1. 志愿服务事业发展不均衡

一是志愿服务组织机构不完善、人员不落实。目前，仅市成立了志愿者工作处，增加了专职人员编制，但所属各县（市、区）和相关单位均是兼职。市志愿者协会秘书处（常设办事机构）由文明办志愿者工作处兼任，工作人员只有1人，远远不能满足志愿服务工作实际需要。从上海、苏州、无锡情况看，它们均设立了独立的志愿者协会日常办事机构，其中上海设志愿者协会办公室，内设综合协调部、项目协调部和网络与招募培训部（各2人）；苏州、无锡设立秘书处，各有4人分工负责相关宣传、协调、志愿者网站维护与志愿者培训等工作①。由于市区两级工作部门不匹配，市志愿者协会秘书处工作人员在实际工作中难免既要扮演教练员，又要扮演运动员，还要扮演裁判员，客观上导致了工作关系理不清、理不顺，影响了志愿服务工作的效率。

二是志愿服务组织场所无着落。由于市志愿者协会秘书处是由文明办志愿者工作处兼任，两块牌子一套班子造成了市志愿者协会秘书处无独立的办公场所。在实际工作中，广大志愿者遭遇到了没有志愿者之家的尴尬局面，从而使志愿服务工作交流、志愿服务工作咨询、志愿服务培训等都没有固定的场所，需要依靠秘书处工作人员的协调才能满足不同项目的需要。

三是志愿服务经费保障不足。目前，全市志愿服务工作的经费主要来源是财政拨款（每年有50万元从财政拨付到市委宣传部统筹使用），辅以企业团体会员赞助（受制于企业文化认同、政府优惠政策等因素，这种经费在实际中非常少）。从财政拨款总量看志愿者工作经费虽不算少，但按照全市24万注册志愿者人均工作经费计算，该项经费仍然是捉襟见肘。虽然近年来扬州市志愿者工作取得了较好的工作成效，但从志愿者工作发展阶段看，仍然处在培育期，因此，向个体会员收取会费的时机也不成熟。志愿者开展志愿服务活动不以利益、金钱为目的，但志愿服务工作运行本身是需要有足够经费作为支撑

---

① 上海、苏州、无锡编制基本为劳务派遣和志愿者。上海、苏州、无锡的有关情况是课题组成员袁岷在实地调研和电话访谈时了解的情况。

的。例如，配发统一的志愿服务装备、开展志愿服务培训、分发志愿服务培训教材，产生包含交通费、饮用水、工作餐在内的费用等等。由于缺乏有关专业人才，扬州市通过社会化运作的方式募集基金的水平还有待提高。

四是志愿服务缺少有约束力的文件进行规范。由于扬州市没有立法权，因此，扬州市没有关于规范志愿者和志愿服务工作的法律法规依据。在志愿服务项目发布、志愿者招募、志愿者培训、志愿者使用、志愿者评价激励等方面存在着较大的随意性。志愿者或志愿服务工作是否规范到位，很大程度上依靠领导个人的认识是否到位。

2. 志愿服务活动促进机制不完善

一是志愿服务的运行机制不健全。扬州市正在使用的志愿服务信息化管理系统是江苏省统一开发的平台，功能单一，如仅有志愿者注册但没有志愿者管理功能（如志愿者招募、服务绩效记录、星级评定等），远不能满足扬州市志愿服务的发展需要，与中央文明办明确要有志愿者招募、注册、培训、服务对接系统和志愿服务数据库有较大差距。总体而言，扬州市还未真正形成统一规范的志愿者招募机制、志愿队伍管理机制、志愿者培训机制、项目审核机制、志愿服务认定机制、星级评定机制、激励机制和档案管理制度等，缺乏对志愿服务工作的全过程、实效性、闭环式管理，不能充分调动广大市民及民间志愿服务组织参与志愿服务活动的积极性和创造性，已成为制约扬州市志愿服务工作深入开展一大因素。

二是志愿服务的企业激励机制未建立。在扬州经常会看见有热心于公益事业、积极开展志愿服务活动的企业，但这部分企业占扬州所有企业的比例还是偏小。这反映出企业对志愿服务的认可程度还不高。不可否认的是，在开展志愿服务活动的企业中，有一些是为了完成任务，或是借志愿服务活动之名作商业宣传、为企业造势，虽然这也是做了公益，但在实质上并没有体现志愿服务活动的要义和精髓。企业不得已而为之的志愿服务活动，与没有建立企业开展志愿服务活动激励机制有很大关系。在要求追逐利润的企业承担社会责任时，并没有对企业因开展志愿服务活动而造成的经济损失进行合理补偿，是企业开展志愿服务活动的后顾之忧。

三是志愿服务自组织与体制内志愿服务组织的良性互动机制没有形成。一

方面，体制内志愿服务组织的准入门槛虽有松动，但并未放开，造成想进入体制内享受公共资源的自组织进不来。另一方面，受传统管理观念的影响，志愿服务活动做得非常好的自组织，宁愿小规模地自主发展，也不愿进入体制内接受管理。体制内和体制外的志愿服务组织在平时各自发展，在重大突发事件中能够做到相互配合，但不能形成长效良性互动。

3. 志愿者权益保障不到位

一是志愿服务"强调付出淡化回报"的做法，影响了志愿者的内在动力。当前，扬州市志愿服务活动的组织开展主要以行政推动的方式来进行，志愿服务活动形式上看是志愿者及其组织在志愿服务，实质上是志愿者在无条件地完成各级党政部门下达的工作任务，在志愿服务结束之后，没有对志愿者的付出给予足够的认可，导致志愿者被动志愿或精神追求得不到满足。以行政力量推动大规模的志愿服务活动有其客观需要的必然性，较好地达到了传播理念、弘扬精神、营造氛围的目的，但不适应常态化、长效化的发展需要，志愿者的主体性、主动性、服务内容的专业对口性、服务方式和时间安排的自主灵活性、思维模式的创新性都受到了制约，表面热闹而无法长效，特别是缺乏对活跃的民间志愿服务团体的有效管理，志愿服务社会化水平不高，推动志愿服务的内在动力得不到释放。

二是志愿者个人权益维护不够。一方面表现在对志愿者的权益不够重视；另一方面表现在志愿工作"我为人人"之后，"人人为我"的机制缺乏。在开展志愿服务时，很少有组织主动为志愿者购买保险，导致志愿者在志愿服务中如有受伤，就会陷入责任主体不明确的漫漫维权路。在日常甚至是志愿服务前，能够为志愿者提供基础培训、业务培训的组织也是凤毛麟角，长此以往，志愿者已经意识不到自己还有接受培训的权益。广陵区推出了志愿服务"文明积分"做法，为探索志愿者工作补偿机制积累了经验，但还没有形成社会或政府主要领导的共识。

三 推动扬州社会志愿服务进一步发展的对策思考

根据当前扬州市志愿服务工作的现状，借鉴兄弟城市和广陵区"文明积分"试点的先进经验与做法,围绕"三个转变"目标,按照规范化管理、常态化服务、品牌化培育、项目化配置、信息化支撑、社会化运作的思路,按照总体设计、急用先建、分步实施、逐步完善的方法与步骤,不断壮大组织、优化结构、完善体制、丰富项目,使志愿服务理念深入人心、志愿服务成果惠及于民,实现扬州市志愿服务工作常态化、长效化、跨越式发展。

1. 健全志愿服务组织领导机构

鉴于志愿服务工作涉及的主管部门(单位)越来越多,建议在现有市社会志愿服务协调小组的基础上,扩大成立以文明办牵头的市社会志愿服务活动协调委员会,完善委员会例会等制度,切实加强全市志愿服务工作的组织领导。推广广陵区设立义工局的做法,在县(市、区)设立志愿服务工作专职部门,至少在文明办设立志愿者工作科并借鉴上海长宁区的做法,成立由文明办主管的志愿者服务中心,以切实加强志愿服务工作的组织领导和服务保障。

2. 设立志愿者协会日常办事机构

设立独立的市志愿者协会秘书处,负责志愿者日常的招募、培训、活动组织、活动宣传、志愿者绩效考核与记录以及志愿者组织的管理和志愿者网站的维护,接受文明办志愿者工作处的指导与监督,根据需要可联合组织大规模的志愿服务活动,有利于志愿者工作处抓好宏观上的组织、计划和协调指导。机构要有固定工作场所、设施和设备,人员至少需要4人,其中,1人总体负责,1人负责志愿者培训与志愿者绩效考核记录等,1人负责志愿者网站的建设与日常维护等,1人负责活动与优秀志愿者、组织的宣传报道等。可采取申请财政拨款的事业编制、宣传部劳务派遣、招募专职注册志愿者等方式方法选调工作人员。

3. 完善志愿服务工作运行保障机制

注重运用信息化网络技术,打造开放式市志愿服务信息化管理平台系统,实现志愿者和志愿服务组织网上注册与培训、志愿服务活动项目申报与发布、志愿者服务绩效记录与评星、志愿服务活动宣传与交流、志愿服务基地建设与管理,以及志愿服务资金募集与保障(保险)等功能。做到全市所有志愿服务组织和志愿者都纳入市志愿者协会统一管理,并在实践中不断优化组织结构;把全市所有志愿服务活动都项目化运作,建立和不断充实志愿服务活动项目库，并采取以奖代补等方式孵化、扶植和打造品牌志愿服务活动；真正实现志愿者服务绩效记录、星级评定，为志愿服务表彰奖励提供科学依据，激发志愿服务内在动力；以社会化运作的方式募集基金和为志愿者参加志愿服务活动提供免费保险，为志愿服务工作的持续健康发展提供保障。

4. 构建志愿服务系统完整培训体系

贯彻"让专业的人做专业的事"的指导思想，按照基础培训与专业培训相结合、网络培训与集中培训相结合以及骨干培训与面上培训相结合的方式，切实抓好志愿服务培训工作，努力实现志愿者"只有经过培训才能参加志愿服务活动"的目标。市志愿者协会重点抓好注册志愿者基础培训，利用志愿者网络平台开设培训频道，借鉴总工会义工教授网上教学的方式，制作上传教学视频，分专题解决志愿者的入门培训问题。依托驻扬高校相关专业，投入必要的资金签约设立志愿者骨干培训基地，培养志愿服务的中坚力量。各级各类志愿服务组织要根据志愿服务项目的要求，依托有关行业协会、专门学会和基层宣传教育阵地，逐步建立相对固定的志愿服务专业培训基地，对志愿者进行相关知识和技能培训，提高志愿者的服务意识、服务能力和服务水平。探索建立志愿者培训等级制度，跟踪记录掌握志愿者接受培训、参加服务的情况，合理安排服务时间和服务任务，实现志愿者、服务对象和活动项目的有效衔接。

5. 推广"文明积分"做法，积极维护志愿者权益

在全面总结广陵区志愿服务"文明积分"做法经验的基础上，进一步扩宽"文明积分"使用范围、深化"文明积分"内涵。通过"文明积分"的推广，不断增强社会对志愿者工作的认可度和对志愿者权益维护的认同度。探索将常规健康体检、家政服务、汽车保养等项目纳入"文明积分"兑换范畴，为志愿者提供更加个性化的服务，使志愿者能够感受到由志愿服务奉献带来的精神慰藉。

6. 建立志愿者之家，培育公民文化

在设置独立的市志愿者协会秘书处后，由市财政出资租用合适的办公用房，方便开展志愿者招募、培训、志愿服务活动组织等工作，通过定期举办志愿故事分享活动，加大体制内和体制外志愿服务组织的交流沟通，建立基于志愿者之家的志愿服务组织沟通交流长效化、常态化机制，在潜移默化中培育公民文化。各区县也要积极推动，解决办公用房问题并建立志愿者之家。

参考文献

〔美〕马克·A. 缪其克、约翰·威尔逊：《志愿者》，魏娜等译，中国人民大学出版社，2013，译者序第 1 页。

徐柳：《我国志愿者组织发展的现状、问题与对策》，《学术研究》2008 年第 5 期。

首页　数据库检索　学术资源群　我的文献夹　皮书动态　有奖调查　皮书报道　皮书研究　联系我们　读者赠购　搜索报告

权威报告　热点资讯　海量资源

当代中国与世界发展的高端智库平台

皮书数据库　www.pishu.com.cn

　　皮书数据库是专业的人文社会科学综合学术资源总库，以大型连续性图书——皮书系列为基础，整合国内外相关资讯构建而成。该数据库包含七大子库，涵盖两百多个主题，囊括了近十几年间中国与世界经济社会发展报告，覆盖经济、社会、政治、文化、教育、国际问题等多个领域。

　　皮书数据库以篇章为基本单位，方便用户对皮书内容的阅读需求。用户可进行全文检索，也可对文献题目、内容提要、作者名称、作者单位、关键字等基本信息进行检索，还可对检索到的篇章再作二次筛选，进行在线阅读或下载阅读。智能多维度导航，可使用户根据自己熟知的分类标准进行分类导航筛选，使查找和检索更高效、便捷。

　　权威的研究报告、独特的调研数据、前沿的热点资讯，皮书数据库已发展成为国内最具影响力的关于中国与世界现实问题研究的成果库和资讯库。

皮书俱乐部会员服务指南

1. 谁能成为皮书俱乐部成员？

- 皮书作者自动成为俱乐部会员
- 购买了皮书产品（纸质皮书、电子书）的个人用户

2. 会员可以享受的增值服务

- 加入皮书俱乐部，免费获赠该纸质图书的电子书
- 免费获赠皮书数据库100元充值卡
- 免费定期获赠皮书电子期刊
- 优先参与各类皮书学术活动
- 优先享受皮书产品的最新优惠

卡号：4365789193603948
密码：

3. 如何享受增值服务？

（1）加入皮书俱乐部，获赠该书的电子书

　第1步 登录我社官网（www.ssap.com.cn），注册账号；

　第2步 登录并进入"会员中心"—"皮书俱乐部"，提交加入皮书俱乐部申请；

　第3步 审核通过后，自动进入俱乐部服务环节，填写相关购书信息即可自动兑换相应电子书。

（2）免费获赠皮书数据库100元充值卡

　100元充值卡只能在皮书数据库中充值和使用

　第1步 刮开附赠充值的涂层（左下）；

　第2步 登录皮书数据库网站（www.pishu.com.cn），注册账号；

　第3步 登录并进入"会员中心"—"在线充值"—"充值卡充值"，充值成功后即可使用。

4. 声明

　解释权归社会科学文献出版社所有

皮书俱乐部会员可享受社会科学文献出版社其他相关免费增值服务，有任何疑问，均可与我们联系

联系电话：010-59367227　企业QQ：800045692　邮箱：pishuclub@ssap.cn

欢迎登录社会科学文献出版社官网（www.ssap.com.cn）和中国皮书网（www.pishu.cn）了解更多信息

社会科学文献出版社

皮书系列

"皮书"起源于十七、十八世纪的英国，主要指官方或社会组织正式发表的重要文件或报告，多以"白皮书"命名。在中国，"皮书"这一概念被社会广泛接受，并被成功运作、发展成为一种全新的出版形态，则源于中国社会科学院社会科学文献出版社。

皮书是对中国与世界发展状况和热点问题进行年度监测，以专业的角度、专家的视野和实证研究方法，针对某一领域或区域现状与发展态势展开分析和预测，具备权威性、前沿性、原创性、实证性、时效性等特点的连续性公开出版物，由一系列权威研究报告组成。皮书系列是社会科学文献出版社编辑出版的蓝皮书、绿皮书、黄皮书等的统称。

皮书系列的作者以中国社会科学院、著名高校、地方社会科学院的研究人员为主，多为国内一流研究机构的权威专家学者，他们的看法和观点代表了学界对中国与世界的现实和未来最高水平的解读与分析。

自20世纪90年代末推出以《经济蓝皮书》为开端的皮书系列以来，社会科学文献出版社至今已累计出版皮书千余部，内容涵盖经济、社会、政法、文化传媒、行业、地方发展、国际形势等领域。皮书系列已成为社会科学文献出版社的著名图书品牌和中国社会科学院的知名学术品牌。

皮书系列在数字出版和国际出版方面成就斐然。皮书数据库被评为"2008~2009年度数字出版知名品牌"；《经济蓝皮书》《社会蓝皮书》等十几种皮书每年还由国外知名学术出版机构出版英文版、俄文版、韩文版和日文版，面向全球发行。

2011年，皮书系列正式列入"十二五"国家重点出版规划项目；2012年，部分重点皮书列入中国社会科学院承担的国家哲学社会科学创新工程项目；2014年，35种院外皮书使用"中国社会科学院创新工程学术出版项目"标识。

法律声明

"皮书系列"(含蓝皮书、绿皮书、黄皮书)由社会科学文献出版社最早使用并对外推广,现已成为中国图书市场上流行的品牌,是社会科学文献出版社的品牌图书。社会科学文献出版社拥有该系列图书的专有出版权和网络传播权,其LOGO(▇)与"经济蓝皮书"、"社会蓝皮书"等皮书名称已在中华人民共和国工商行政管理总局商标局登记注册,社会科学文献出版社合法拥有其商标专用权。

未经社会科学文献出版社的授权和许可,任何复制、模仿或以其他方式侵害"皮书系列"和LOGO(▇)、"经济蓝皮书"、"社会蓝皮书"等皮书名称商标专用权的行为均属于侵权行为,社会科学文献出版社将采取法律手段追究其法律责任,维护合法权益。

欢迎社会各界人士对侵犯社会科学文献出版社上述权利的违法行为进行举报。电话:010-59367121,电子邮箱:fawubu@ssap.cn。

社会科学文献出版社